Materialien zur Soziologie der Be
Herausgegeben von Günther Cloe

Band 2

Walter Thimm

Behinderung und Gesellschaft

Texte zur Entwicklung
einer Soziologie der Behinderten

»Edition S«

Bibliografische Information der Deutschen Bibliothek
Die Deutsche Bibliothek verzeichnet diese Publikation in der Deutschen
Nationalbibliografie; detaillierte bibliografische Daten sind im Internet über
http://dnb.ddb.de abrufbar.

ISBN 3-8253-8329-6

Dieses Werk einschließlich aller seiner Teile ist urheberrechtlich geschützt.
Jede Verwertung außerhalb der engen Grenzen des Urheberrechtsgesetzes
ist ohne Zustimmung des Verlages unzulässig und strafbar. Das gilt
insbesondere für Vervielfältigungen, Übersetzungen, Mikroverfilmungen
und die Einspeicherung und Verarbeitung in elektronischen Systemen.

© 2006 Universitätsverlag Winter GmbH Heidelberg – »Edition S«
Imprimé en Allemagne · Printed in Germany
Umschlagdesign: Drißner-Design und DTP, Meßstetten
Druck: Memminger MedienCentrum AG, 87700 Memmingen

Gedruckt auf umweltfreundlichem, chlorfrei gebleichtem und
alterungsbeständigem Papier.

Den Verlag erreichen Sie im Internet unter:
www.winter-verlag-hd.de

Inhaltsverzeichnis   Seite

Vorwort   3
1.   Soziologie der Behinderten – erste Konturen   5
1.0   Einführung in die Texte (2005)   5
1.1   Kritische Anmerkungen zum Blindheitsbegriff
      (1968)   7
1.2   Soziologie – Soziologie der Behinderten –
      Rehabilitation (1972)   16
1.3   Behinderung und gesellschaftliches Leistungsideal
      – Soziologische Perspektiven zur beruflichen Rehabi-
      litation lernbehinderter Sehgeschädigter (1972)   27
1.4   Zum Begriff der Rehabilitationsbedürftigkeit (1973)   37
1.5   Zur Soziologie der Behinderten – Informationen
      zum Studium der Sonderpädagogik (1975)   48

2.   Versuche zu „Theorien mittlerer Reichweite"   55
2.0   Einführung in die Texte (2005)   55
2.1   Minderheitensoziologische Überlegungen zur
      Lage berufstätiger Blinder (1970)   56
2.2   Behinderung als Stigma (1975) – Überlegungen
      zu einer Paradigma-Alternative   68
2.3   Lernbehinderung als Stigma (1975)   77
2.4   Sozialpsychologische Prozesse in Schulklassen
      (1976)   93
2.5   Stigma-Management (1979)   103
2.6   Zur sozialen Herkunft behinderter Kinder und
      Jugendlicher (1977)   113
2.7   Einstellungen zu Behinderten und Möglichkeiten der
      Änderung von Einstellungen (1976)   118
2.8   Zur sozialen Situation von Familien mit behinderten
      Kindern (1974)   131
2.9   Soziale Rahmenbedingungen der Sondererziehung
      und Rehabilitation Sinnesgeschädigter (1977)   141
2.10 Soziologische Aspekte von Sehschädigungen (1985):
      Soziale Rolle, Identität und Minderheit   151

3.	Von der Sonderpädagogik zur umfassenden Behindertenhilfe	177
3.0	Einführung in die Texte (2005)	177
3.1	Zur Handlungsrelevanz von Behinderungsbegriffen (1979)	178
3.2	Behinderungsbegriff und Lebensqualität (1977)	185
3.3	Versuch einer Ortsbestimmung professioneller Behindertenhilfe (1978)	193
3.4	Für ein selbstbestimmtes Leben – Behinderte Menschen als „kritische Konsumenten" sozialer Dienstleistungen (1985)	205
3.5	Integration Blinder – Gedanken zur Neuorientierung der Blindenhilfe und Blindenpolitik (1979). In memoriam Günter Hartfiel	218
4.	Ausblicke	229
4.0	Einführung in die Texte (2005)	229
4.1	Gleichheit und Verschiedenheit. Über Zieldimensionen behindertenpädagogischen und sozialpolitischen Handelns (1998)	230
4.2	Leben in Nachbarschaften – Struktur und Konzeption eines gemeindenahen Systems besonderer pädagogischer Hilfen (2000)	243

Vorwort

In den letzten Jahren haben mich Kolleginnen und Kollegen, Doktoranden und Studierende der Sonderpädagogik immer wieder darauf aufmerksam gemacht, dass von mir verfasste Texte mit soziologischem Schwerpunkt zum Teil nur schwer oder überhaupt nicht erreichbar seien. Außerdem haben sie darauf verwiesen, dass dieses offensichtlich mit dazu beigetragen habe, dass – nach ihrer Meinung – für die Entwicklung einer Soziologie der Behinderten, aber auch für die Sonderpädagogik (Behindertenpädagogik) insgesamt wichtige, soziologisch akzentuierte Beiträge nur wenig, zum Teil überhaupt nicht im Wissenschaftsbetrieb zur Kenntnis genommen und wenn, dann aber nicht weiter verfolgt worden seien. Der ersten Beobachtung kann ich zustimmen. Ein nicht unerheblicher Teil der Texte geht auf Vorträge zurück, die sich jeweils an einen ganz bestimmten Zuhörerkreis richteten und daher zum Teil in kleineren Zeitschriften oder Tagungsberichten erschienen. Zur zweiten Feststellung – über die Bedeutung der Texte – möchte ich nicht Stellung nehmen. Ich gebe allerdings zu, wie wenig gelegentlich bei Verkündigungen von neuen Erkenntnissen in der Scientific Community ältere Veröffentlichungen zur angesprochenen Thematik gar nicht mit einbezogen werden. Eine solche Ignoranz und mangelnde Sorgfalt bei der Recherche schaden letztlich dem wissenschaftlichen Fortschritt.

Schwierige Zugänge zu einigen Texten, aber auch die Überzeugung, dass eine sich neu herausbildende wissenschaftliche Disziplin sich von Anfang an ihrer Wurzeln erinnern sollte – beide Anstöße haben mich zur Herausgabe der vorliegenden ausgewählten Texte bewogen. Sie entstanden im Schwerpunkt in den 70er Jahren. In diesem Zeitraum konnte sich das Fach Soziologie der Behinderten so nach und nach an den universitären sonderpädagogischen Studienstätten etablieren. Die erste Professur mit dieser Bezeichnung wurde am Institut für Sonderpädagogik der Pädagogischen Hochschule Heidelberg 1972 eingerichtet.

Die Herkunft des Autors aus dem „Blindness-System" (E. GOFFMAN) als Blindenlehrer bringt es mit sich, dass sich viele Texte auf die Gruppe der Menschen mit Beeinträchtigungen des Sehens beziehen. Die soziologischen Ansätze, die hier von „Blindheit als gesellschaftlicher bzw. sozialer Kategorie" (THIMM 1970) ausgehen, sind generell auf alle Gruppen von Menschen mit Behinderungen anwendbar. Mit diesem soziologischen Zugriff wurde vieles vorbereitet, was sich als kompatibel mit den viel später entwickelten Ansätzen zum Behinderungsbegriff der Weltgesundheitsorganisation (WHO) erwies (in der neuesten Version als International Classification of Functioning – ICF).

Zwei neuere Aufsätze, auf Älteres zurückgreifend und auf zukünftige Entwicklungen im Spannungsfeld von „Behinderung und Gesellschaft" hinweisend, beschließen den Band.

Die eingangs erwähnten aufmunternden Gespräche haben in mir die Überzeugung gefestigt, dass in der Tat vor allem viele Studierende und Auszubildende der Sonder-, Behinderten-, Rehabilitations- und Heilpädagogik, aber auch in den vielfältigen Feldern des Systems der Hilfen für Menschen mit Behinderungen Tätige, Gewinn aus diesem Sammelband ziehen können. Ich hoffe, dass von möglichst vielen Leserinnen und Lesern das Textbuch als willkommene Ergänzung zu dem Lehrbuch von Günther CLOERKES (Soziologie der Behinderten: eine Einführung, unter Mitwirkung von Reinhard MARKOWETZ, Heidelberg 1997: Winter, Programm Ed. Schindele) gelesen wird.

Viele Impulse hat die Soziologie der Behinderten dem Soziologen Christian von FERBER zu verdanken. In den nachfolgenden Aufsätzen wird immer wieder auf ihn Bezug genommen. Der Blick eines Soziologen, der nicht zum Zirkel der Behindertenpädagogik gehört, hat vieles aufgedeckt und angeregt. Ch. v. FERBER war Forschungspartner in dem von der Deutschen Forschungsgemeinschaft von 1978 bis 1984 geförderten und von mir geleiteten vergleichenden Normalisierungsprojekt (THIMM, v. FERBER, SCHILLER, WEDEKIND: Ein Leben so normal wie möglich führen ... Zum Normalisierungskonzept in der Bundesrepublik Deutschland und in Dänemark. Marburg 1985). Die sozialpolitischen Dimensionen des Normalisierungskonzeptes wurden im Wesentlichen von ihm entfaltet. Die Soziologie der Behinderten und damit die Behindertenhilfe insgesamt hat Ch. v. FERBER vieles zu verdanken.[1]

Der vorliegende Sammelband wurde ermöglicht durch die großzügige Unterstützung des Institutes für Sonderpädagogik, Prävention und Rehabilitation der Carl von Ossietzky Universität Oldenburg. Besonderer Dank gebührt Frau Birgit Kynaß, die mit großem Einsatz die Druckvorlage erstellte.

---

[1] Eine Würdigung findet sich in der Festschrift zum 65. Geburtstag Ch. von Ferbers: Kritik und Engagement. Soziologie als Anwendungswissenschaft. Hrsg. v. R.P. NIPPERT; W. PÖHLER, W. SLESINA, München 1991 (W. Thimm: Die Behinderten und die Soziologie – zur Lage der Behinderten in der Bundesrepublik Deutschland, 509-526).

1. Soziologie der Behinderten – erste Konturen

1.0 Einführung in die Texte (2005)

Wer Anfang der 1960er Jahre eine deutsche Blindenanstalt oder Taubstummenanstalt betrat – so hießen diese Bildungseinrichtungen für Blinde und Gehörlose damals – der betrat eine Terra incognita. Einem Lehrer mit 1. und 2. Staatsprüfung z. B., der sich als „Kandidat" einer einjährigen Überprüfung unterziehen musste, ehe er zur Ausbildung als Blinden- bzw. Taubstummenlehrer zugelassen wurde – einem solchen Kandidaten tat sich ein in sich geschlossener pädagogischer Kosmos auf, dessen Selbstverständnis geprägt war von einer bis in das 18. Jahrhunderts zurückgehenden Geschichte. Die ersten Taubstummenanstalten wurden 1770 in Paris gegründet durch Abbe de L'EPEE, in Deutschland von Samuel HEINICKE 1778 in Leipzig; die erste Blindenschulgründung in Paris 1784 geht auf Valentin HAÜY zurück, 1804 wurde die erste deutschsprachige Blindenanstalt durch J. W. KLEIN in Wien gegründet.

Das tief in seiner Geschichte wurzelnde Selbstverständnis der Blinden- und Taubstummenpädagogik und ihrer Lehrer war auch nicht unter der Naziherrschaft und nach 1945 in Frage gestellt.

In bemerkenswerter Weise wurden die wesentlichen Sichtweisen der Blinden- und Taubstummenlehrer von den betroffenen erwachsenen behinderten Menschen selbst übernommen und in ihren Selbsthilfeorganisationen mitgetragen. Das ist nicht überraschend, besuchten doch blinde oder taubstumme Kinder und Jugendliche die Sondereinrichtungen mit Internat von der Vorschulzeit bis zum Ende der Berufsausbildung, also bis ins junge Erwachsenenalter. Das trifft auf die Blindenpädagogik stärker zu als für die Taubstummenpädagogik.

Diese in sich geschlossenen Systeme wurden erst nach 1960 vereinzelt, dann verstärkt, in Frage gestellt. Für die Blindenpädagogik will ich das kurz nachzeichnen, weil es von besonderer Bedeutung ist für die Entstehung einer Soziologie der Behinderten in Deutschland.

Im Lichte der damals neuen Publikationen von Erving GOFFMAN (Asylums 1961, deutsch 1972; Stigma 1963; deutsch 1967) stellte sich das aus der Blindenpädagogik, den erwachsenen Blinden und ihren – schon Ende des 19. Jahrhunderts gegründeten – Selbsthilfeorganisationen bestehende „Blindenwesen" als ein System dar, das von neu Eintretenden die komplette Übernahme der in diesem „Blindness System" geltenden Regeln abverlangte, ehe sie als „Weise" (GOFFMAN) akzeptiert wurden.

1. Ein entscheidender Zündstoff dieser Jahre zwischen 1960 und 1970 für Erschütterungen des Selbstverständnisses der Blindenpädagogik lag in der neu aufbrechenden, schon seit Anfang des 20. Jahrhunderts schwelenden Diskussion um eine eigene Pädagogik für sehbehinderte Kinder und Jugendliche. Die päda-

gogische Abgrenzung der Sehbehinderung von Blindheit war herausgefordert worden durch den 1961 formulierten sozialrechtlichen Blindheitsbegriff des neuen Bundessozialhilfegesetzes.

2. 1960 legte die „Ständige Konferenz der Kultusminister der BRD" als einheitlichen Begriff für alle Schulen, in denen behinderte Kinder erzogen wurden, den Begriff der *Sonderschule* fest. Dieser wurde aber von den Blindenpädagogen vehement abgelehnt (ebenso in der Taubstummenpädagogik). Es wurde u. a. darauf verwiesen, dass diese Einrichtungen anders, als alle anderen Schulen einschließlich der bislang als Sonderschulen bezeichneten Hilfsschulen (Lernbehindertenschulen), wegen ihres umfassenden pädagogischen *und* sozialen, fürsorgerischen Auftrages seit jeher nicht den Kultus- bzw. Schulministerien sondern den Sozialministerien der Länder bzw. ihren Mittelinstanzen unterstanden. Blindenpädagogen sahen sich immer noch gegenüber blinden Menschen verantwortlich „von der Wiege bis zur Bahre" (so in einem programmatischen Buchtitel von PABLASEK 1867).

3. Die 1971 abgeschlossene Dissertation „Blindheit als gesellschaftliche Kategorie – Untersuchungen zu einer Soziologie der Blindheit" (W. THIMM), veröffentlich 1972 unter dem Titel: „Blinde in der Gesellschaft von heute", wurde über den Kreis der Blindenpädagogen und der Blindenselbsthilfeorganisation (Deutscher Blindenverband) hinausgehend lebhaft diskutiert. Im damals sogenannten „Blindenwesen" löste sie große Verstörungen aus und führte zu z. T. krass ablehnenden und polemischen Reaktionen. Zu provozierend, ja umstürzlerisch, von einigen auch als Verrat an den Blinden wurde die auf den pädagogischen und sozialen Mikrokosmos des Blindenwesens ausgerichtete verfremdende soziologische Perspektive empfunden. Das auf eine fast zweihundert Jahre während Geschichte zurückblickende blindenpädagogische Denken und seine daraus erwachsenen Institutionen sahen sich in Frage gestellt. Vorausgegangen waren kleinere soziologische Reflexionen des Verfassers als Blindenpädagoge THIMM 1964; 1967), der sein eigenes Hineinwachsen in das Blindness-System mit Hilfe soziologischer Fragestellungen reflektieren wollte.

4. Die Anfänge einer Soziologie der Behinderten in Deutschland entstanden also im Blindenbildungswesen. Begünstigt wurde das durch die Einrichtung einer Professur für Soziologie der Sehgeschädigten an der Pädagogischen Hochschule Heidelberg, die auf Wunsch des ersten Stelleninhabers als „Soziologie der Behinderten" erweitert wurde (1972).

5. Dieser Ursprung des neuen Faches leuchtet in der weiteren Entfaltung immer wieder auf. Insofern beziehen sich Beiträge in diesem Band immer wieder beispielhaft auf das Blindenbildungswesen, seine Institutionen und auf die gesellschaftlichen Teilhabechancen von sehgeschädigten Menschen.

6. In allen sonderpädagogischen Disziplinen ist ein Kernstück wissenschaftlicher Reflexion bis auf den heutigen Tag die Auseinandersetzung mit Definitionen, ihren Auswirkungen auf pädagogische und soziale Hilfen, ihren möglichen negativen Auswirkungen auf die Adressaten, bis hin zur Ablehnung jedweder Kategorisierung. In neuester Zeit steht die Behindertenpädagogik vor der Aufgabe, sich mit den Internationalen Bemühungen um ein Kategoriensystem für

Behinderungen auseinander zu setzen (Behinderungsbegriff der Weltgesundheitsorganisation (WHO), in der jüngsten Version als ICF – International Classification of Functioning, 2002 ff.). Die hier vorgenommenen Dimensionierungen, die auf der Unterscheidung zwischen Impairment – Disability – Handicap beruhen und in Abkehr von rein medizinischen Definitionen von Behinderung soziale Kontextfaktoren einbeziehen, werden in der sich entwickelnden Soziologie der Behinderten schon früh angesprochen. Das wird besonders deutlich in den Beiträgen zu diesem ersten Kapitel. Dem ersten kritischen Beitrag zur Reflexion des Behinderungsbegriffes aus der Blindenpädagogik kommt eine gewisse Signalwirkung zu. Er wurde daher als Beitrag 1.1 aufgenommen. Zu diesem Zeitpunkt (1968) war der Beitrag von RIVIERE (Classification of impairment of visual function, 1970), der schon deutliche Bezüge zur späteren WHO-Klassifikation aufweist, noch nicht erschienen.

7. Die Beiträge des ersten Kapitels zeichnen also erste Konturen einer Soziologie der Behinderten nach und bieten mit den Beiträgen 1.2 und 1.5 von 1972 bzw. 1975 einen ersten Aufriss des neuen Faches „Soziologie der Behinderten" an.

1.1 Kritische Anmerkungen zum Blindheitsbegriff (1968)[2]

Vorbemerkung

Die in den letzten Jahren geführte Diskussion um die Begriffe „blind", „hochgradig sehbehindert", „sehschwach" usw. und die Vorschläge für einheitliche und einigermaßen deutliche Maßstäbe zur Abgrenzung der verschiedenen Grade der Sehschädigung im Hinblick auf die Beschulung sowie arbeits- und sozialrechtliche Maßnahmen haben bisher nicht zum Erfolg geführt (BEERMANN 1964; 1967); GARBE 1962; 1965; LIEBIG; WEGBROD 1966/1967).

In diesen Überlegungen soll nicht das Für und Wider der einzelnen Standpunkte erörtert werden mit dem Ziel, einen neuen Vorschlag herauszuarbeiten. Hier geht es vielmehr darum, danach zu fragen, welche Meinungen, Interessen und Denkstereotypen in die akzeptierte oder zumindest dem Handeln – bewusst oder unbewusst – zugrundeliegende Begriffsbestimmung von „Blindheit" bei den Personen oder Personengruppen eingegangen sind, die aus verschiedenen Gründen daran interessiert sind, das, was als „blind" gelten soll, zu definieren. Die **„Blindheit" steht hier erstmals als *Kategorie sozialen Handelns*** zur Diskussion.

Unter diesem Gesichtspunkt sollen die Begriffe von „Blindheit" betrachtet werden, die dem Handeln der Gesellschaft (und zwar eingeschränkt auf das sozialpolitische Handeln), in den *Blindenschulen und* der Blindenselbsthilfeorganisation *(den Blindenverbänden)* zugrunde liegen. Eine Einbeziehung allgemeiner gesellschaftlicher Vorstellungen und Meinungen über „Blindheit" und „Blinde" würde den Rahmen eines solchen Aufsatzes sprengen (vgl. dazu Thimm 1964). In den weiteren Erörterungen wird deutlich, dass es sich bei den heraus-

---

[2] Zeitschrift für Heilpädagogik 19 (1968), 67-75.

gestellten Handlungsgefügen um drei relativ selbständige Handlungssysteme handelt im Hinblick auf den Blindheitsbegriff, der für sie jeweils maßgebend ist.

Blindheit in der Sozialpolitik

Es kann nur in wesentlichen Umrissen angedeutet werden, welche Stellung die Sehschädigung, insbes. die Blindheit, im sozialpolitischen System einnimmt. Die wichtigsten Regelungen finden sich im Gesetz über die Beschäftigung Schwerbeschädigter (SchwbG) vom 16. 6. 1953 i. d. F. v. 26. 7. 1957, im Bundesversorgungsgesetz (BVG) 1. d. F. v. 3. 9. 1958 und im Bundessozialhilfegesetz (BSHG) vom 30. 6. 1961. Diesen Gesetzen liegt eine gemeinsame Blindheitsdefinition zugrunde:

- „Blinde sind solche Geschädigte, die entweder das Augenlicht verloren haben oder deren Sehkraft so gering ist, dass sie sich in einer ihnen nicht vertrauten Umwelt allein und ohne fremde Hilfe nicht zurechtfinden können." (BVG)

- Diese Bestimmung ist verbindlich für den begutachtenden Arzt, und nur das Kriterium des „Nicht-zurecht-finden-könnens" in einer nicht vertrauten „Umwelt" entscheidet darüber, ob eine Person mit einer Sehschädigung als „blind" im Sinne des Gesetzes anzusehen ist und damit anspruchsberechtigt wird auf erhebliche Vergünstigungen.

- Die vom Bundesministerium für Arbeit und Sozialordnung herausgegebenen „Anhaltspunkte für die gutachterliche Tätigkeit im Versorgungswesen" (hier nach HENGSTEBECK, 1959, S. 6 ff.) versuchen die gesetzliche Definition durch ärztliche Kriterien abzugrenzen (Zentralvisus 1/50, Verfall des Gesichtsfeldes, Prüfungsvorschrift für Myopie). Die „Anhaltspunkte" haben aber nur den Charakter von Empfehlungen und sind nicht rechtsverbindlich.

In die Gesetzgebung eingegangen ist eine stereotype Vorstellung von Blindheit als das Unvermögen, sich in fremder „Umwelt" zurechtzufinden. Der hier benutzte Begriff stützt sich auf eine vage gesellschaftliche Vorstellung von dem, was blind ist, und nicht auf medizinische Kriterien. Die Ärzte geben also die Entscheidung darüber ab, ob eine Person zur *Kategorie der Blinden* zählt, wobei das Bestimmungsmerkmal dieser Kategorie – die Blindheit – mit außermedizinischen Argumenten „justifiziert" ist. Die Auswahl der „leistungsberechtigten Population" (v. FERBER 1967, 75) und damit die Entscheidung über die Zuwendung von Sozialleistungen, die von der Gesellschaft als notwendig erachtet werden, obliegt im Sinne des vorgeschriebenen Auswahlkriteriums Nichtfachleuten. Das muss zu Störungen im Mechanismus der Einordnung in den Kreis der Leistungsberechtigten führen. Einerseits verleitet es den Facharzt dazu, die von der gesetzlichen Bestimmung geforderten Merkmale der Blindheit aus medizinischen Daten abzuleiten – die „Anhaltspunkte" legen dieses nahe –, andererseits bietet es sich für den zu überprüfenden Sehgeschädigten an – sofern er von der vom Gesetzgeber geforderten „Orientierungsblindheit" weiß oder auch nur einfach die schlichte volkstümliche Vorstellung hat, dass von einem „Blinden" das

„Nichtzurechtfinden" erwartet wird – der an ihn gestellten Erwartung zu entsprechen.

Aber auch in einem weiteren Zusammenhang wird die Fragwürdigkeit der gesetzlichen Definition der Blindheit deutlich. Er kann nur kurz angedeutet werden. Die in sozialpolitischen Einrichtungen institutionalisierten Hilfeleistungen der Gesellschaft haben sich ihr Instrumentarium zur Definition der Anspruchsberechtigten, zur Typisierung der erforderlichen Leistungen und zur Festsetzung der Art und Höhe dieser Leistung geschaffen und unterstellen dabei, „dass die Transformation aus der individuellen Hilfsbedürftigkeit in die vom System geforderte typische Lage gelingt" (v. FERBER,1967,. 75), In unserem Falle besteht eine große Diskrepanz zwischen dem Auswahlkriterium und der Intention der sozialpolitischen Maßnahmen, nämlich „Hilfe in besonderen Lebenslagen" zu gewähren (BSHG, Abschn. 3). Die „hochgradig Schwachsichtigen" sind in diesem Gesetz erstmals ausdrücklich berücksichtigt, werden aber von den „Blinden" abgesetzt. Die hochgradige Sehschwäche ist in der Verordnung nach § 47 BSHG näher bestimmt als „Sehschärfe von weniger als 1/20 oder Veränderungen von entsprechendem Schweregrad". Sehgeschädigte, die eine Sehschärfe von mehr als 1/20 besitzen, sind in der Gesetzgebung nicht berücksichtigt.

Die „Hilfe in besonderen Lebenslagen" nach dem BSHG soll „qualifizierte Notstände" erfassen (SCHELLHORN u. a. 1961, 59). Für „Blinde" und „hochgradig Sehschwache" wird Eingliederungshilfe nach § 39 gewährt, die „Blindenhilfe" nach § 67 ist Blinden im Sinne des Gesetzes vorbehalten (monatliche Zuwendung in Höhe von jetzt 240,- DM vom 18. Lebensjahr ab, in den meisten Bundesländern schon ohne jede Einkommensbegrenzung; Blinde vom 6.-18. Lebensjahr erhalten den halben Satz). Die Begründung für die Gewährung der Blindenhilfe als „Ausgleich der durch Blindheit bedingten Mehraufwendungen" (§ 67, Abs. 1) ließe sich in vielen Fällen auf gleichartige „qualifizierte Notstände" anwenden bei Sehbehinderungen, die nicht Blindheit im Sinne des Gesetzes sind.[3]

Zum Kreis der Anspruchsberechtigten auf die im Schwerbeschädigtengesetz vorgesehenen Leistungen zählen bei den Zivilgeschädigten nur blinde Personen im oben definierten Sinne. So besitzen z. B. in der Niedersächsischen Landesblindenanstalt Hannover von 38 Jugendlichen und Erwachsenen, die sich auf den Beruf des Stenotypisten bzw. Telefonisten vorbereiten, nur 27 einen Schwerbeschädigtenausweis. Sie sind als „gesetzlich" blind anzusehen. 11 Sehgeschädigte dieser Gruppe, die vor der gleichen Ausgangssituation stehen (Einschränkung der Berufsmöglichkeiten, keinerlei Aussicht auf beruflichen Aufstieg, nur begrenzte Lesefähigkeit mit den Augen usw.) kommen – abgesehen von den ihnen nicht zustehenden Vergünstigungen nach anderen Gesetzen – nicht in den Genuss der Vorzüge des Schwerbeschädigtenausweises (u. a. Fahrpreisermäßigungen, Eintrittsermäßigungen zu verschiedenen Veranstaltungen; vgl. den Katalog bei HENGSTEBECK, S. 138). Das vom sozialpolitischen System aufgestellte Bestimmungsmerkmal „Blindheit" bevorzugt einen Personen-

---

[3] Diese frühe Form einer speziellen zusätzlichen Eingliederungshilfe wurde in Niedersachsen im Jahre 2004 ersatzlos gestrichen. Damit wurde eine neue, wenn auch kleine, Armutspopulation geschaffen.

kreis und gesteht dieser Gruppe besondere Hilfsbedürftigkeit zu gegenüber einem Kreis von Personen mit geringerer Sehschädigung, für den sich aber die gleiche Bedürfnislage in vielen Einzelfällen nachweisen ließe.

Blindheit und Schule

Das Verwirrende liegt für den Praktiker darin, dass diese Personengruppen, denen in der sozialpolitischen Gesetzgebung verschiedene Grade von Hilfsbedürftigkeit zugestanden werden, im Kindes- und Jugendalter und evtl. als Späterblindete gemeinsam die Blindenschulen besuchen. Ferner sei daran erinnert, dass die Sehgeschädigten, die mit einem Sehvermögen von 1/20 und besser allgemein als sehbehindertenschulbedürftig angesehen werden, aus der von der Gesellschaft aufgestellten Norm der Hilfsbedürftigkeit bei Sehschädigung ganz herausfallen. Entweder liegt dem sozialpolitischen Handeln der naive Glaube zugrunde, die Sonderbeschulung allein vermöge Sehbehinderten dieses Grades zur chancengleichen Eingliederung in die Gesellschaft zu verhelfen, oder es klafft hier einfach eine Lücke, weil diese Gruppe von Geschädigten ihren Interessen noch nicht organisiert Geltung verschaffen konnte. Die „Transformation aus der individuellen Hilfsbedürftigkeit in die vom System geforderte typische Lage" (v. FERBER, S. 75) gelingt im Falle der Sehgeschädigten völlig unzureichend.

Eine gesetzliche *Definition von Blindheit* im Hinblick auf die Sonderschulbedürftigkeit liegt nicht vor. Praktisch wird in der Bundesrepublik so verfahren, dass Kinder mit einer zentralen Sehschärfe von etwa 1/24 ab in die Blindenschule eingeschult werden, Behinderungen des Sehvermögens von 1/4 bis 1/24 (Fernvisus) gelten als Indikation für die Notwendigkeit der Beschulung in einer Sehbehinderten-(Sehschwachen-)schule. Wir wollen uns hier dem gestellten Thema gemäß auf die Problematik der Abgrenzung zwischen blind (= Blindenschulbedürftigkeit) und sehbehindert (= Sehbehindertenschulbedürftigkeit) und der Frage nach den sozialen Bedingtheiten und Folgen beschränken. Die Diskussion um gültige Abgrenzungskriterien zieht sich nunmehr über Jahrzehnte hin (Überblick bei WEGBROD 1966).

Es ist wiederholt auf die Fragwürdigkeit der augenblicklich gehandhabten Praxis hingewiesen worden, dass die Sonderschulbedürftigkeit und die Art der Beschulung ausschließlich aufgrund eines augenärztlichen Gutachtens festgestellt wird, das sich außerdem – auch darauf ist oft hingewiesen worden – in der Regel auf ein unzulängliches medizinisches Kriterium, den Fernvisus, stützt. Es hat nicht an Versuchen gefehlt, pädagogische Begründungen zur Blinden- bzw. Sehbehindertenschulbedürftigkeit aufzustellen (besonders WEGBROD 1957; zit. in WEGBROD 1966, 60 ff.). Ihnen ist der Erfolg bis heute versagt geblieben. Auf die merkwürdige Erscheinung, dass die sozialpolitische Einteilung der Behinderungsgrade von der geübten Praxis der Zuweisung zu den als erforderlich angesehenen Sonderbeschulungen abweicht, wurde im vorigen Abschnitt schon hingewiesen.

In der pädagogischen Terminologie herrscht auch heute noch weitgehend Unklarheit. GARBE (1962) schlägt zur begrifflichen Klärung das Schema vor: 1. Blinde (a) Amaurotische, (b) Lichtschein, 2. Sehbehinderte (a) hochgradig

Sehbehinderte = „praktisch Blinde", mit weniger als 1/20 bzw. Gesichtsfeldeinschränkung auf 20⁰ (b) Sehschwache, 1/20-1/10 zentrales Sehvermögen, und (c) Fehlsichtige, ab 1/10 und besser. Auch hier werden zur Feststellung der Blindenschulbedürftigkeit letztlich die immer schon praktizierten medizinischen Normen herangezogen. In die Blindenschule einzuschulen sind nach Garbe Blinde und hochgradig Sehbehinderte („praktisch Blinde"). LIEBIG greift für diese letztgenannte Gruppe wieder den Terminus „Pädagogische Blindheit" auf, setzt Sehschwäche generell synonym für Sehbehinderung und folgert aus den schon genannten medizinischen Abgrenzungen und der bestehenden Sozialgesetzgebung eine getrennte Unterrichtung der Gruppe, die einen Blindenausweis besitzt, von jener mit der im BSHG anerkannten Sehschwäche (a. a. 0. S. 48). Der Vorschlag von Liebig verwundert insbesondere wegen der daraus gezogenen Folgerung und hat auch terminologische Schwächen gegenüber GARBES Einteilung. So kann es nicht verwundern, dass in der pädagogischen Praxis der Blindenschulen Unklarheit der Begriffe herrscht. Für die Mehrzahl der Blindenlehrer ist der Streit um die Abgrenzungskriterien, der sich zudem in einer ihnen weitgehend unbekannten Fachsprache vollzieht, bedeutungslos für ihr praktisches pädagogisches Tun. Die Schüler der Blindenschule – also auch die mit erheblichem Restsehvermögen – werden von den meisten Lehrern automatisch den pädagogischen, didaktischen und methodischen Konzepten unterworfen, die den Blindenlehrern in ihrer Ausbildung und in der Fachliteratur als „blindengemäß" angeboten werden.

Viele Blindenlehrer (67 %, errechnet nach EIS (1964, 22-26) wurden noch in den älteren Ausbildungsstätten auf ihren Beruf vorbereitet und sind gar nicht oder unzulänglich auf die pädagogische Bedeutung eines Restsehvermögens hingewiesen worden und darum nicht in der Lage, aus den gegebenen augenärztlichen Befunden pädagogische Folgerungen zu ziehen. Die Konzepte ihres pädagogischen Handelns orientieren sich durchweg an der „Viersinnigkeit" des Zöglings, gehen also von einem engen Blindheitsbegriff aus, dem medizinischen Begriff der Blindheit im Sinne von Lichtlosigkeit. Ein großer Teil der Schüler in den Blindenschulen besitzt aber z.T. erhebliches Restsehvermögen (44,6 % der Schüler haben einen Visus von 1/10 bis 1/50, BEERMANN 1964, 40). Über die pädagogische Bedeutung eines vorhandenen Sehrestes ist inzwischen mehrfach gearbeitet worden (vgl. BEERMANN 1967).[4]

Die möglichen Quellen, die zu einer Stereotypisierung der dem pädagogischen Handeln zugrundeliegenden Vorstellung von Blindheit führen, können nur angedeutet werden. Die meisten Versuche zur Begründung einer Blindenpsychologie und zu einzelnen psychologischen Untersuchungen gehen von der Abstraktion „Blind = Nichts-sehen-Können" aus, und die zumeist deduktiv abgeleiteten „Ergebnisse" und „Erkenntnisse" gehen in das pädagogische Handeln der Blindenlehrer mit ein. Solche Generalisierungstendenzen lassen sich sogar in einem Werk nachweisen, das wohl im deutschsprachigen Raum zum ersten Ma-

---

[4] Für jüngere Leserinnen und Leser dürfte es von Interesse sein, dass erst 1994 mit den „Empfehlungen zur sonderpädagogischen Förderung in den Schulen der Bundesrepublik Deutschland" der Kultusministerkonferenz der Länder der Wandel von medizinischen/pschychometrischen Bestimmungen einer „Sonderschulbedürftigkeit" zum „Individuellen sonderpädagogischen Förderbedarf" amtlich vollzogen wurde.

le den Gesamtkomplex der Blindenbildung theoretisch darstellt (GARBE 1959). Das Problem der „Kinder mit Sehresten" (S. 70) wird nur gelegentlich gestreift. Diese pauschal genannte Gruppe macht aber immerhin – wie oben erwähnt – 44,6 % aller Schüler der Blindenschulen aus. Auch die Behauptung, dass den „Halbblinden" (eben diesem Rest von fast 50 %) „nur relativ unwesentliche Seherlebnisse zugänglich" seien (GARBE 1959, S. 70), lässt sich in dieser Verallgemeinerung nicht aufrechterhalten.

Es muss darauf hingewiesen werden, dass alle Untersuchungen über Blinde, blinde Kinder, Blindheit etc. vor dieser Schwierigkeit stehen: Soll man das ganze Spektrum möglicherweise vorhandenen Restsehvermögens in den methodischen Ansatz einbeziehen oder soll man von einem Abstraktum „blind" ausgehen? Es ist jeweils nach der Relevanz möglichen Restsehvermögens im Hinblick auf die zu untersuchenden Tatbestände zu fragen. Insofern ist die angeführte Arbeit von Garbe (1959) methodisch exakt durchgeführt: Für die meisten Erörterungen und Aussagen in der „Theorie" ist das evtl. vorhandene Restsehvermögen bei Schülern von Blindenschulen tatsächlich von geringer Bedeutung, weil ihm keine Bedeutung zugemessen wird. Wie leicht eine Grenzüberschreitung bei einem solchen methodischen Ansatz möglich ist, zeigen die angeführten Zitate. Die Kritik an Garbes „Theorie" bezieht sich nur auf diese Stellen. Es drängt sich eine Vermutung auf, die hier zunächst nur thesenartig formuliert werden soll, und für die an dieser Stelle der Wahrheitsbeweis nicht erbracht werden kann, die aber als Grundlage für weitere Untersuchungen dienen könnte:

Das bemerkenswerte Festhalten der Blindenlehrer an einem engen Blindheitsbegriff lässt sich auf eine Indoktrination durch Einzelmeinungen zurückführen, die um so leichter gelingt, wenn diese Meinungen den Anspruch auf Wissenschaftlichkeit erheben, sich auf traditionelle Vorstellungen stützen und damit den Anspruch der Blindenlehrer auf Exklusivität ihres pädagogischen Handelns legitimieren.

Ehe diese thesenartige Formulierung als bösartige Unterstellung abgetan wird, sollten folgende Tatsachen mitberücksichtigt werden: Bei der zahlenmäßig kleinen Gruppe der Blindenlehrer in der Bundesrepublik Deutschland (ca. 150) werden Veröffentlichungen zu Fragen der Blindenpädagogik, die wiederum meistens von Kollegen angefertigt werden, leicht allen Blindenlehrern bekannt. Aussagen eines einzelnen haben also die Chance, wenn sie sich mit dem allgemeinen, bisher vielleicht nicht artikulierten Konsensus zu einer Frage decken, Orientierungsmarken der gesamten Gruppe oder eines Großteils ihrer Mitglieder zu werden. Eine Revision des Blindheitsbegriffes in Richtung auf eine Korrektur der Ansichten über Notwendigkeit und Art der pädagogischen Maßnahmen zur aktiven Förderung des Restsehvermögens führt die Blindenlehrer zwangsläufig mit der Arbeit ihrer Kollegen von den Sehbehindertenschulen zusammen. In der Diskussion um diese Notwendigkeit besteht auf Seiten der Blindenpädagogik die Gefahr, vordergründig an die Konsequenzen zu denken, die sich aus dieser Zusammenarbeit bei einem weiteren Ausbau des Sehbehindertbildungswesens und damit dem Ansteigen der Lehrerzahlen auf diesem Gebiet für die Stellung der Blindenlehrer ergeben könnten.

Insgesamt darf gesagt werden, dass sich der Geltungsanspruch des in den Blindenschulen praktizierten Blindheitsbegriffs aus ärztlichen Vorentscheidungen (einer außerpädagogischen Kategorie) ableitet und dass sich der Glaube an die Richtigkeit des Verhaltens auf Aussagen führender Fachvertreter stützt. Nur so ist m. E. das konstante Festhalten an einem überholten Blindheitsbegriff zu erklären, und nur so ist – positiv ausgedrückt – eine gewisse Verhaltenssicherheit bei einer großen Anzahl von Blindenlehrern gewährleistet angesichts der Fülle von Tatsachen in der Praxis, die den eigenen Vorstellungen zu widersprechen scheinen (Problem der „Sehrestler").

Das kann nicht ohne Einfluss auf die Schüler der Blindenschulen sein, die zum größten Teil Internatsschüler über viele Jahre sind. Durch die – ärztlich begründete – Einweisung in die Schule ist ihnen zunächst das „Blindsein" im Hinblick auf die Sonderschulbedürftigkeit attestiert, unabhängig von noch evtl. vorhandenem Restsehvermögen. Sehr früh erfahren dann viele der sogenannten „Sehrestler", dass sie manche Vergünstigungen, die andern Schülern (den „Blinden") zustehen, nicht bekommen (keine Blindenhilfe, keinen Schwerbeschädigtenausweis, weniger Taschengeld, Schwierigkeiten bei der Hilfsmittelgewährung). Sie unterliegen jedoch den gleichen Anforderungen in der Schule wie die „blinden" Schüler. Hier sind sie auf weitgehenden Nichtgebrauch ihres Restsehvermögens festgelegt (Blindenschrift, Lehrmittel). Das noch vorhandene Sehvermögen macht sich u. U. sogar störend in der Ausübung der von der Schule erwarteten Rolle bemerkbar, insbesondere bei der Erlernung der zu ertastenden Blindenschrift. Es würde hier zu weit führen, die Folgen einer pädagogischen Umwelt umfassend zu beschreiben, die in ihrer Intention auf das vollblinde Kind eingerichtet ist. Hier ist noch viel Material wissenschaftlich zu erarbeiten. Es seien zwei konkrete Beispiele angeführt, welche die Richtung möglicher Untersuchungen andeuten sollen.[5]

Die Jugendlichen unserer Schule (*der Verf. war zum Zeitpunkt der Abfassung des Artikels Blindenlehrer in der Blindenanstalt Hannover*) waren es gewohnt, dass ihnen in regelmäßigen Abständen durch einen Lehrer Theaterkarten besorgt wurden. Wenn sie bestimmte Wünsche hatten, fragten sie den Lehrer nach dem Theaterprogramm der nächsten Wochen. Einige Mädchen mit Restsehvermögen wurden daraufhin angesprochen, ob sie denn nicht selbst auf das an Plakatsäulen aushängende Programm schauen könnten. Großes Erstaunen und Fragen, wo man das finden könne und ob man das auch lesen könne usw. Eine Generalprobe an der Plakatsäule unweit der Schule verlief so erfolgreich, dass diese Schülerinnen von nun an in der Lage waren, die gewünschten Informationen selbst einzuholen. Ein Nebenerfolg war es, dass nun auch andere Ankündigungen gefunden wurden. – Die systematische Suche nach Erfahrungsverlusten bei diesen „Sehrestlern" würde wahrscheinlich manches Erstaunliche zu Tage fördern! –

Bei einer Untersuchung über die Eheschließungen ehemaliger Schüler ergaben sich auffällige Abweichungen in der Zahl der Eheschließungen zwischen einer Gruppe ehemaliger Schüler der Niedersächsischen Landesblindenanstalt

---

[5] Im Beitrag 2.10 von 1975 in diesem Band sind das Hineinwachsen in die „Blindenrolle" und die sich daraus ergebenden Folgen ausführlich dargelegt. Ebenso ist in nachfolgenden Beiträgen die Funktion der Selbsthilfeorgansisation angesprochen (Kapitel 2.9; 2.10).

Hannover und einer Gruppe Ehemaliger der Hamburger Blinden- und Sehbehindertenschule. Beide Gruppen waren in ihrer Zusammensetzung hinsichtlich der Sehschädigungsgrade vergleichbar. In der Hamburger Gruppe war die Zahl der Eheschließungen dreimal so hoch wie in der hannoverschen Gruppe, besonders deutlich war die Abweichung bei den sehgeschädigten Mädchen (vgl. THIMM 1967, 61). Es ist eine Tatsache, dass die kombinierte Blinden- und Sehbehindertenschule Hamburg mehr als eine traditionelle Blindenschule zur optimalen Ausnutzung des noch vorhandenen Sehvermögens erzieht. Die Vermutung liegt nahe, dass das nicht ohne Einfluss auf den Mut geblieben ist, eine Ehe als Sehgeschädigte(r) einzugehen und die dazu notwendigen Fähigkeiten zu erwerben.

Blindheit und Selbsthilfeorganisation

Bedingung für die Mitgliedschaft in einer Blindenselbsthilfeorganisation (Dachverband der Zivilblinden: Deutscher Blindenverband e. V., Dachverband der Kriegsblinden: Bund der Kriegsblinden Deutschlands e.V.) ist die Blindheit im gesetzlichen Sinne. Diese Bedingung ist von den Blindenverbänden in ihren Satzungen aufgenommen worden und wird von ihnen gut geheißen. Das kann nicht verwundern, denn der Kreis der leistungsberechtigten sehgeschädigten Personen ist in der Sozialpolitik eng gezogen. Betrachtet man Aussagen führender Vertreter der Selbsthilfeorganisationen über den Zweck ihres Verbandes, so lassen sich deutlich zwei Ziele herauslesen: Zunächst geht es um die wirksame Vertretung bestimmter Interessen der Mitglieder gegenüber der Gesellschaft. Sodann lässt sich nachweisen, dass sich die Blindenverbände immer wieder als „Schicksalsgemeinschaft" verstehen. „Unser Verband ist Schicksalsgemeinschaft, und das Zusammenkommen von Kameraden bei fröhlichen und ernsten Anlässen birgt *gefühls*mäßige Werte in sich, die sich *nicht näher rational* erfassen lassen" (Gottwald, Vorsitzender des Deutschen Blindenverbandes, Hervorhebungen von mir.).

Von großem Interesse wäre es, in einer soziologischen Analyse der Blindenverbände das gegenseitige Verhältnis dieser beiden Ziele zueinander und ihre Präsenz bei den Mitgliedern zu untersuchen (zur Typologie von Organisationszielen vgl. R. MAYNTZ 1963, 59ff.) Inwieweit sind irrationale Begründungen („Blindheit als Schicksal"), die zudem auf eine positive emotionale Einstellung der Gesellschaft treffen, zur Durchsetzung konkreter Interessen herangezogen worden? Das alles muss vor dem Hintergrund des sozialrechtlichen Blindheitsbegriffes gesehen werden, der sich nicht nur auf ein fragwürdiges Abgrenzungskriterium stützt, sondern auch eine große Anzahl Sehgeschädigter mit gleicher Hilfsbedürftigkeit ausschließt. Mit großem Nachdruck legen die Blindenverbände immer wieder Wert auf eine scharfe Abgrenzung der Blindheit von der Sehbehinderung. Es wurde sogar die schulische Trennung der Blinden von „den" Sehbehinderten verlangt, da die gemeinsame Beschulung und Berufsausbildung und vor allem die gemeinsame Erziehung im Internat zum Nachteil der Blinden sei (vgl. die Stellungnahme von WEGBROD 1961). Die sozialrechtliche Blindheitsdefinition, die, wie es sich gezeigt hat, selbst im sozialpolitischen Bereich äußerst fragwürdig ist, soll in einem Bereich gelten, der in erster Linie nach pädagogischen Gesichtspunkten zu gestalten wäre. Hinter diesen Forderungen des Blindenverbandes steht das nüchterne Interesse, durch Einengung und möglichst eindeutige Abgrenzung des Personenkreises den sozialpolitischen Forderungen der Blinden größeren Nachdruck zu verleihen.

Zusammenfassung

In allen drei von uns herausgestellten Bereichen (Sozialpolitik, Blindenschulen, Blindenverbände) fußt die Begründung der Blindheitsdefinition, die für das Handeln maßgebend ist, letztlich auf der Alternative blind – sehend. Nur zögernd rücken die Probleme der Sehgeschädigten ins Blickfeld, die sich nicht in diese Alternative einpassen lassen. Es ist erlaubt, von einer kollektiven Normvorstellung zu sprechen, wobei wir im Falle der Blindenschule im Ansatz versucht haben, die Herkunft der Geltungsbegründungen abzuleiten. Diese kollektiven Normvorstellungen sind stereotyp und widersprechen nachweisbaren Tatbeständen. Sie sind daher als soziale Vorurteile zu bezeichnen. Es ergaben sich bei diesen Überlegungen auffällige Parallelen zum klinisch definierten Krankheitsbegriff der Gesetzlichen Krankenversicherung. Auch hier kann die angebotene Alternative krank (im medizinisch-klinischen Sinne) – gesund die im Zwischenfeld liegenden Existenzrisiken nicht erfassen (v. FERBER, 1967, 117 ff.)

Literatur

BEERMANN, U.: Die Auswertbarkeit geringer Sehreste. Der Blindenfreund 84 (1964), 37-48. DERS.: Erziehung von Sehbehinderten. Weinheim 1967.
EIS, W.: Statistische Nachrichten über das Blindenwesen. Hannover 1964.
FERBER, Chr. v.: Sozialpolitik in der Wohlstandsgesellschaft. Hamburg 1967.
GARBE, H.: Grundlinien einer Theorie der Blindenpädagogik. Diss. Göttingen 1959.
DERS.: Blindheit und Sehbehinderung. Der Blindenfreund 82 (1962), 1-7.
DERS.: Die Rehabilitation der Blinden und hochgradig Sehbehinderten. München 1965.
GOTTWALD, A.: Blindenorganisation heute und morgen. Die Blindenwelt (Sonderausgabe 1966), 21-28.
HENGSTEBECK, H.: Blindenrecht - Blindenhilfe. Neuwied-Berlin-Darmstadt 1959.
LIEBIG, F.: Blindheit und Sehschwäche. Der Blindenfreund 86 (1966), 44-48.
MAYNTZ, R.: Soziologie der Organisation. Reinbek 1963.
SCHELLHORN, W. u. a.: Das Bundessozialhilfegesetz (Textausgabe mit Erläuterungen). Berlin-Spandau 1961.
THIMM, W.: Blinde im Bewusstsein der Sehenden. Der Blindenfreund 84 (1964), 137-146.
DERS.: Untersuchungen zur sozialen Eingliederung Blinder. In: XXV. Deutscher Blindenlehrerkongress in Hamburg. Hannover 1967, 56-65.
WEGBROD, O.: Der Deutsche Blindenverband und die Sehbehindertenfrage. Der Blindenfreund 81 (1961), 130-138.
DERS.: Zur Frage der Abgrenzung zwischen hochgradiger Sehbehinderung und praktischer Blindheit. In: Die Rehabilitation der Sehbehinderten (Bericht über die Internationale Sonnenberg-Tagung 1965). Braunschweig 1966, 47-63.
DERS.: „Praktisch blind" oder „hochgradig sehschwach"? Der Blindenfreund 87 (1967), 24-27.

1.2 Soziologie – Soziologie der Behinderten – Rehabilitation (1972)[6]

Soziologie als Krisenwissenschaft – Soziologie der Behinderten

In den „menschlich-gesellschaftlichen Geschehenszusammenhängen" „finden sich Menschen ständig Zwangsläufigkeiten ausgesetzt, die sie sich zu erklären suchen, um mit Hilfe dieses Wissens den blinden Gang der für sie oft sinnlosen, oft zerstörerischen und Leiden verursachenden Zwangsläufigkeiten besser unter Kontrolle zu bringen und ihn so zu steuern, dass er weniger lebensvergeudend, weniger verlustreich und sinnzerstörend verläuft" (ELIAS 1970, 13 f.).

„Auch für die unmittelbare Erfahrung erscheint Gesellschaft zunächst als Norm: als Gesetz, Sitte, als Anspruch und als Gewohnheit. ... Gesellschaft ist so allgegenwärtig und zugleich so resistent, dass wir uns ständig an ihr stoßen und reiben; ... und immer sind es soziale Widerstände, die zwischen uns und die Verwirklichung unserer Wünsche treten: die Tatsache der Gesellschaft als Ärgernis. ... Wollte man die Erfahrung, um die es hier geht, allgemein formulieren, so könnte man vielleicht sagen, Gesellschaft, das Gesellschaftliche sei der Zwang der Regel" (DAHRENDORF, 1967a, 50).

„Und selbst da, wo es um weithin erreichte Normen geht, hat ihre Vielfalt den Effekt, viele Personen zu disqualifizieren. Zum Beispiel gibt es in einem gewichtigen Sinn nur ein vollständig ungeniertes und akzeptables männliches Wesen in Amerika: ein junger, verheirateter, weißer, städtischer, nordstaatlicher, heterosexueller protestantischer Vater mit Collegebildung, voll beschäftigt, von gutem Aussehen, normal in Gewicht und Größe und mit Erfolgen im Sport" (GOFFMAN 1967, 158).

„So schält sich eine 'Normalrolle' heraus: der Nicht-Gastarbeiter, Nicht-Abnorme, der erwachsene junge Mann, der weder zu jung noch zu alt ist, kein Gebrechen hat und das Natürliche liebt, der gedankenlos-kräftige Mann also zwischen fünfundzwanzig und vierzig oder vielleicht zwanzig und fünfunddreißig Jahren, Die Enge der sozialen Perspektive, die aus diesem Institution gewordenen Bild des Menschen spricht, die Reduktion menschlicher Vielfalt gleichsam auf den Wehrdienstfähigen, ist das Brutale am Konformitätsdruck der deutschen Gesellschaft" (DAHRENDORF, 1968, 388).

Diese Zitate eines englischen (ELIAS), eines amerikanischen (GOFFMAN) und eines deutschen (DAHRENDORF) Soziologen zu Beginn eines einführenden soziologischen Werkes mögen auf den Leser befremdend wirken: pflegen doch Einführungen in die Soziologie in der Regel zu Beginn Definitionen von dem, was Soziologie ist, abzugeben. Hier soll zwar auch eine zureichende Antwort auf diese Frage im Laufe des einleitenden Kapitels versucht werden. Die Antwort soll aber nicht in einer bündigen Definition gipfeln, sie soll sich vielmehr für den aufmerksamen Leser aus den hier vorgelegten Beispielen und Überlegungen ergeben. Keines dieser einleitenden Zitate gibt eine Definition der Soziologie, und doch sagen hier Soziologen

---

[6] Aus: W. Thimm (Hrsg.), Soziologie der Behinderten – Materialien. Neuburgweier 1972, 9-22 (Schindele Verlag).

Gewichtiges über ihre Wissenschaft aus. Gedanken von H. P. DREITZEL (1966) und R. DAHRENDORF (1967a) aufgreifend soll hier auch gar nicht der Versuch gemacht werden, Soziologie von „ihrem Gegenstand und ihrer Methode" her zu beschreiben. DAHRENDORF nennt den Versuch, eine wissenschaftliche Disziplin auf diese Weise „systematisch abzuleiten", eine „ebenso ergiebige wie ermüdende (und überdies falsche) Ideologie vieler Universitätsfächer", (1967a, 43). So sehen denn auch DREITZEL und DAHRENDORF (unabhängig voneinander) das Spezifische der Soziologie darin, dass unsere Alltagserfahrung in Bezug auf das gesellschaftliche Zusammenleben von Menschen verfremdet wird zu einer soziologischen Perspektive, die das Selbstverständliche radikal in Frage stellt. Das verlangt Distanz von selbstverständlich erscheinenden gesellschaftlichen Erscheinungen, Abkehr von egozentrierten, anthropomorphen und naturwissenschaftlichen (und auch noch auf transzendentale Verursachungen ausgerichteten) Denkkategorien. ELIAS meint, dass das wissenschaftliche Denken und Handeln im Bereich der menschlich-gesellschaftlichen Probleme sich vielfach noch auf dem Niveau der mittelalterlichen Naturwissenschaften befindet, wo Wissenslücken durch egozentrische und ethnozentrische Phantasien aufgefüllt wurden (ELIAS 1970, 23 ff.). Es ist nur ein kleiner Schritt von der Erklärung der Pestursache (also eines medizinischen Notstandes) im Mittelalter bis zur Ausrottung einer ethnischen Minderheit, die im nationalsozialistischen Mythos für gesellschaftliche Notstände verantwortlich gemacht wurde. „Dabei ist es symptomatisch für eine nicht wenig bezeichnende Zwiespältigkeit des gegenwärtigen Denkens, dass hier gesellschaftlichen Phantasien ein naturwissenschaftliches, ein biologisches Mäntelchen umgehängt wurde" (ELIAS, S. 26).

Greifen wir ein Bonmot von DAHRENDORF auf, nach dem Soziologie das „Soziologesein des Soziologen" ist, und lesen wir jetzt noch einmal die Eingangszitate, dann wird deutlich, dass in den Aussagen der angeführten Soziologen die von ihnen vertretene Wissenschaft emanzipatorische Züge erhält: Befreiung des Menschen von gesellschaftlichen Zwängen durch radikales Infragestellen gesellschaftlicher Tatbestände; Aufdecken der hinter der Gesellschaft als „ärgerlicher Tatsache" (DAHRENDORF) stehenden vermeidbaren (da durch Menschen verursachten), sich in Rollenzumutungen manifestierenden Normen; Freilegen der „Möglichkeiten menschlicher Selbstgestaltung im sozialen Verband durch die Analyse der gesellschaftlichen Funktionsverflechtungen und des Zwangscharakters der sozialen Institutionen" (DREITZEL, 1966, S. 224). So stellt auch ELIAS in das „Zentrum der soziologischen Lehr- und Forschungsarbeit die Aufgabe, das Verständnis und das Wissen von den gesellschaftlichen Zwängen zu vergrößern und verläßlicher zu machen (ELIAS, S. 15), letztlich mit dem Ziel, Menschen von solchen durch andere Menschen verursachten Zwängen zu befreien. Anders gesagt: Soziologie hat die Aufgabe, die allzu leicht allzuweit nach vorn gesetzte Grenze der Unvermeidbarkeit von Leiden an gesellschaftlichen Zuständen einzureißen und so weit wie möglich nach hinten zu schieben. Wie solche Zwänge und der dahinter sich verbergende defizitäre Zustand einer Gesellschaft durch das radikale Befragen so selbstverständlich hingenommener Erscheinungen wie beispielsweise Quoten der Säuglingssterblichkeit, vorzeitiger Abgang von weiterführenden Schulen u. a. aufgedeckt werden können, zeigt DAHRENDORF in seinem bitterwahren

„Exkurs über Humanität und Unmenschlichkeit" in Deutschland (1968, 374-395).

Soziologie aufgefaßt als „institutionalisierte Dauerkritik an der Gesellschaft", wie es Helmut PLESSNER einmal in einer einprägsamen Formel ausdrückte: das ist der Konsensus der von uns bisher genannten Vertreter dieser Wissenschaft. Dieser Standpunkt ließe sich durch die Aussagen anderer Soziologen untermauern. Freilich wird hier ein Votum für ein Verständnis von Soziologie abgegeben, das eindeutig Stellung bezieht in einem Streit über den Standort der Soziologie, der in den letzten Jahren die über fünfzig Jahre alte Diskussion um das Werturteilsproblem mit aller Heftigkeit wieder aufflammen ließ. Es geht um die Frage, ob Soziologie mit dem Anspruch als Wissenschaft Kritik an bestehenden gesellschaftlichen Verhältnissen üben und verantwortlich verändernd in dieGesellschaft eingreifen sollte (vgl. dazu HABERMAS; HARTMANN; DAHRENDORF 1967b; v. FERBER 1967 und TOPITSCH). Es geht allgemein um das Verhältnis zwischen Wissenschaft und Praxis.

Diese Fragestellung ist für die Standortbestimmung einer Soziologie der Behinderten von besonderer Bedeutung, so dass die Problematik kurz angeschnitten werden soll. Dabei wird es uns nicht gelingen, eine allgemeine Lösung anzubieten, halten doch die Vertreter beider gegensätzlichen Positionen (pro und contra Aufrechterhaltung des Wertfreiheitsprinzips) ihren bisher auf hohem theoretischen Niveau ausgetragenen Disput selber für noch nicht entschieden (so z. B. ALBERT).

An drei Aufsätzen, die dem Studierenden leicht zugänglich sind, sollen die Positionen kurz verdeutlicht werden (ALBERT; DAHRENDORF 1967b; v. FERBER – Werturteilsstreit –). ALBERT als Vertreter des sog. Neopositivismus hält die Aufrechterhaltung des methodischen Prinzips der „Wertfreiheit" (1964) für gesichert, wenn sozialwissenschaftliche Aussagen – sich jeder Wertung entziehend – „intersubjektiv überprüfbare Informationen über die Wirklichkeit" (S. 187) in „neutraler deskriptiver Sprache" (S. 186) formulieren. Die sich damit auftuende Kluft zwischen Wissenschaft und Praxis, konkret hier: die Frage nach der praktischen Bedeutung der Soziologie für das Zusammenleben der Menschen versucht ALBERT dadurch zu lösen, dass er der Wissenschaft zwar (aber auch „nur") die Aufgabe zuweist, über „relevante Wirkungsmöglichkeiten" zu informieren, die eine „rationale Politik" (Politik im weitesten Sinne als jedwede Einwirkung in das soziale Geschehen) ermöglichen. Die Transformation der wertfreien „deskriptiven" Aussagen der Wissenschaft in die „präskriptive" Sprache der Praxis setzt „Entscheidungen über Zielsetzungen und Mittelverwendung" (ALBERT, S. 193) voraus, die nicht aus dem theoretischen oder dem „technologischen System" (bei ALBERT die Transformation von „Möglichkeiten des tatsächlichen Geschehens in menschliche Handlungsmöglichkeiten", S. 192) abzuleiten sind. Dieses technologische System als „praktisch relevante Möglichkeitsanalyse" (S. 196) bedient sich auch noch der wertfreien „deskriptiven" Sprache, und die Entscheidung darüber, was getan werden soll angesichts der durch die Sozialforschung aufgedeckten Zusammenhänge, obliegt nach ALBERT eben nicht dem Soziologen in seiner Eigenschaft als Wissenschaftler. Die Wertung über den Einsatz handlungsrelevanter soziologischer Erkenntnisse soll somit außerhalb der Soziologie erfolgen. Sie wird in den

Entscheidungsspielraum des Politikers (i. S. der oben genannten Auffassung von Politik) verlegt – oder dem Soziologen in seiner Rolle als Berater zugestanden. Das führt zu einer Verdopplung der Rolle des Soziologen als Wissenschaftler und als Sozialpraktiker.

Gerade diese Verlagerung der Verantwortung praktischer Konsequenzen soziologischer Erkenntnisse außerhalb der Soziologie wird von den Kritikern des neopositivistischen Standpunktes (die von ihren Kritikern als Neonormativisten (1)[7] bezeichnet werden) abgelehnt. „Die Verantwortung für die ihr eigene gesellschaftliche Macht, die Strukturen zwischenmenschlicher Verhältnisse bewusst und damit verfügbar zu halten, kann weder die Soziologie sich durch die Werturteilsfreiheit entziehen, noch ist diese Verantwortung sinnvoll bei dem Soziologen unter Ausklammerung seiner wissenschaftlichen Kompetenz aufgehoben (v. FERBER, S. 167-168). Die Verantwortung für Wertungen setzt mit C. v. FERBER schon früher an, nämlich bei den Entscheidungen darüber, „was" Gegenstand der Untersuchung werden soll. Diese Entscheidung hat schon praktische Folgen. „Die Wissenschaft wird von praktischen Gesichtspunkten in Dienst genommen" (166) und „jede sozialwissenschaftliche Untersuchung, die nicht von der Absicht reiner Deskription gesellschaftlicher Verhältnisse geleitet ist, sondern eine Aussage zu 'kritischen' Erscheinungen gewinnen will, kommt in der Fragestellung bereits um eine Wertentscheidung nicht herum" (167). Gerade in der Eliminierung der Wertentscheidungen unter Berufung auf das methodische Prinzip der Werturteilsfreiheit sieht v. FERBER die Gefahr, dass die Sozialforschung ausgeliefert wird an die die „'Zeit beherrschenden', d. h. die finanzkräftigsten 'Wertideen'„ (167). So kommt v. FERBER nach der wissenschaftsgeschichtlichen Interpretation des Werturteilsstreites zu der Auffassung, dass die „Preisgabe des Postulats der Werturteilsfreiheit" zwingend sei (177) (vgl. auch LEMPERT).

Einen zwischen diesen beiden Positionen vermittelnden Standpunkt nimmt DAHRENDORF (1967 b) ein. Die Auswahl des Forschungsgegenstandes berührt das „Evidenzempfinden" des Forschers und der selektive theoretische Standpunkt beruht auf praktischen Werturteilen. Nach DAHRENDORF sind beide auf Wertungen beruhende Entscheidungen (für ein bestimmtes Thema und für einen bestimmten theoretischen Aspekt zur Hypothesengewinnung) notwendige Voraussetzungen der Forschung, Sie berühren aber nicht notwendigerweise die Wissenschaftlichkeit, d. h. also die intersubjektive Überprüfbarkeit des Forschens. Ein „kritischer" Berührungspunkt zwischen Wissenschaft und Werturteil liegt in der Gefahr der „ideologischen Verzerrung" (83), d. h., wenn selektive, empirisch gestützte Theorien verallgemeinert werden. Hier gehen Werturteile in Aussagen ein, die es durch wissenschaftliche Kritik zu entlarven und zu vermeiden gilt. Das Zentralproblem im Werturteilsstreit ist für DAHRENDORF das „Problem der Anwendung". Hier liegt eine Begegnung zwischen Wissenschaft und Werturteil vor, die nach DAHRENDORFs Meinung in der Rolle des Soziologen ausgehalten werden muss: eine Soziologie als wertfreie Wissenschaft (im Sinne der Wissenschaftlichkeit des Vorgehens) „ist wünschbar", „aber der Soziologe muss mehr sein als ein Mensch, der Soziologie treibt", was bedeutet, dass

---

[7] Anmerkungen am Schluss des Beitrages.

der Soziologe aber auch als solcher stets Moralist, d.h. stets engagiert sein muss, um sich vor den unbeabsichtigten Konsequenzen seines Tuns zu schützen" (87).

Es ist nun ersichtlich, dass die eingangs aufgeführten Zitate Zeugnis ablegen für ein Verständnis von Soziologie, nach dem die Soziologie die Verantwortung für die praktischen Konsequenzen ihrer Aussagen und Befunde ausdrücklich in ihren Kompetenzbereich aufnimmt und – wie es HARTMANN ausdrückt (s. Anmk. 1) – „urteilend, wertend in den Gang der Dinge" eingreifen möchte.

Angesichts eines solchen Verständnisses von „Soziologie als Krisenwissenschaft" (DREITZEL, 1968, 3), das unseren weiteren Überlegungen zugrundeliegt, für das sich also eine Anzahl Soziologen als Zeugen aufführen lässt, ist es nun verwunderlich, dass die Tatsache eines relativ hohen und in den industriellen Gesellschaften zunehmenden Prozentsatzes körperlicher, geistiger und seelischer Behinderter bisher kaum Gegenstand soziologischer Analyse gewesen ist.

Unter uns in der BRD leben über 4 Millionen Behinderte (die tatsächliche Zahl dürfte noch höher liegen), das sind rd. 7 % der Gesamtbevölkerung: eine soziale Tatsache, vor der die Soziologie sich nicht länger verschließen kann, wenn sie ihre Aufgabe, das Wissen und Verständnis von den gesellschaftlichen Zwängen, den „Leiden verursachenden Zwangsläufigkeiten" (ELIAS, 14) zu vergrößern und der Praxis dienstbar zu machen, nicht verfehlen will. Steht doch zu erwarten, dass Menschen, die in ihrer psychophysischen Verfassung von der 'Normalität' abweichen, sich im besonderen Maße gesellschaftlichen Zwängen ausgeliefert sehen. Was bedeutet es, als (irgendwie) physisch-psychisch Behinderter in dieser (oder jener) Gesellschaft zu leben, wie können die sozialen Lebenschancen vergrößert werden, diese Fragen stehen im Mittelpunkt einer Soziologie, die Behinderungen als soziale Kategorie in ihr Blickfeld nimmt.

Soziologie und Rehabilitation

Im internationalen Sprachgebrauch hat sich für die Maßnahmen der Eingliederung und Wiedereingliederung Behinderter in die Gesellschaft der Terminus Rehabilitation durchgesetzt. Alle Versuche unter dem Hinweis auf die Vorsilbe „Re", die auf einen vorherigen 'unbehinderten' Zustand des Individuums hinweist, von der Rehabilitation die Habilitation, d. h. also Maßnahmen zur Eingliederung von Geburt oder frühester Kindheit an Behinderter zu unterscheiden, haben sich nicht durchgesetzt. Diese Frage wird in anderen Ländern, wenn wir es richtig übersehen, auch gar nicht diskutiert. Ebenso ergebnislos verliefen Versuche einer Übersetzung des Begriffes etwa mit „Ertüchtigung", „Wiederertüchtigung", „Eingliederung", „Wiedereingliederung", so dass JOCHHEIM schon 1958 für die Beibehaltung des international eingebürgerten Terminus Rehabilitation plädierte. So umfasst z. B. der Begriff Rehabilitation in der seit 1961 von G. HEESE herausgegebenen Reihe „Die Rehabilitation der Entwicklungsgehemmten" in allen Veröffentlichungen auch ausdrücklich die Maßnahmen zur Ersterlangung von Fähigkeiten zur Eingliederung in die Gesellschaft (HEESE). „Rehabilitation umfaßt eine Vielzahl aufeinander abgestimmter medizinischer, schulischer, beruflicher und sozialer Maßnahmen zur Eingliederung oder Wiedereingliederung Erkrankter oder Behinderter in Beruf und Gesellschaft" (BLÄSIG, 1967, in Band 6 der genannten Reihe).

In den verschiedenen Zieldefinitionen von Rehabilitation finden sich immer wieder Begriffe, die unzweifelhaft auch zum Vokabular der Soziologie gehören. Rehabilitation zielt auf ein „Leben in der Gemeinschaft" (BORNEMANN 1964), auf die Erreichung eines „normalen und wirtschaftlich gesicherten Lebens in der Gesellschaft" (WECHSELBERG 1970), auf die „erfolgreiche gesellschaftliche Existenz" des Behinderten (SOLAROVA 1969); auf die „Erreichung sozialen Wohlbefindens" (neben den körperlichen und psychischen) (PAUL 1965). Diese Reihe ließe sich fortsetzen und immer wieder würde man auf Umschreibungen für „Eingliederung und Wiedereingliederung in die Gesellschaft" stoßen. Zusammenstellungen von Definitionen für Rehabilitation finden sich bei RENKER und THIMM 1973[8]. Eine Analyse der Begriffsbestimmungen von „Rehabilitation" zeigt, dass Maßnahmen und Ziele der Rehabilitation (neben den sich ausdrücklich als rein medizinisch ausweisenden Maßnahmen) immer wieder mit Anpassung (Integration) an (in) die Gesellschaft (missverständlich oft auch Gemeinschaft), mit sozialer Eingliederung (bzw. Wiedereingliederung) in durch Behinderungen verschiedenster Art und Ursache abgebrochene, gefährdete und erschwerte Sozialbeziehungen (z. B. in Beruf, Familie, Freizeit) beschrieben werden. Damit sind Sachverhalte angesprochen, zu denen die Soziologie Gewichtiges zu sagen hätte.

Der Begriff der Rehabilitation ist aber bis heute nicht in das Vokabular der Soziologie eingegangen, wie eine Befragung gängiger soziologischer Nachschlagewerke zeigt (BERNSDORF; KÖNIG 1967; 1969; SCHOECK; ZIEGENFUSS). Im Handbuch der Soziologie von ZIEGENFUSS findet sich lediglich unter dem Stichwort „Wirtschaft" (G. WEISSER) eine kurze Notiz, und das von R. KÖNIG herausgegebene Handbuch der empirischen Sozialforschung erläutert den Begriff Rehabilitation nur kurz in dem medizinsoziologischen Beitrag von M. PFLANZ, bezeichnenderweise im Abschnitt über „spezielle medizinische Veranstaltungen" (KÖNIG 1969). Rehabilitation ist nicht „einheimischer" Begriff der Soziologie. Zum gleichen Ergebnis kommt SAFILIOS-ROTHSCHILD (1970), die auf die auch in Amerika bestehende Kluft zwischen Soziologie und Rehabilitation hinweist.

In dem mit Rehabilitation gemeinten Sachverhalt liegt nun aber ein solcher Berührungspunkt der Soziologie als Wissenschaft mit der Praxis vor, von dem oben die Rede war. Das gestörte Verhältnis vieler Soziologen zur Praxis, wie es im Streit um die Wertfreiheit immer wieder sichtbar wird, mag dafür verantwortlich sein, dass die Soziologie auch im Bereich der Rehabilitation über beratende und informierende Beteiligung an der Lösung von Problemen nicht hinausgekommen ist, dass es an einer Institutionalisierung „wissenschaftlicher Praxis" auch in diesem Bereich fehlt (vgl. HARTMANN, S, 194 ff.). Die Feststellung HARTMANNs, dass „selbst in den Vereinigten Staaten, wo die empirische Sozialforschung am ehesten praktisch entwickelt und eingesetzt worden

---

[8] Als Beitrag 1.4 im vorliegenden Band abgedruckt.

ist, von einerAnwendung auf breiter Front nicht die Rede sein kann" (S. 199), weil sich die amerikanische Soziologie sehr stark unter Berufung auf M. WEBER dem Prinzip der Wertfreiheit der Wissenschaft verpflichtet hat, ließe sich z. B, unmittelbar belegen an einem Beispiel aus der Soziologie der Behinderten: In den USA gibt es eine Fülle von Untersuchungen zur sozialen Lage Sehgeschädigter unter verschiedensten sozialwissenschaftlichen Aspekten – wirksam geworden sind diese Erkenntnisse nur sehr begrenzt, da sich die Umsetzung der sozialwissenschaftlichen Ergebnisse in die Praxis in den dafür vorgesehenen traditionsverhafteten Rehabilitationseinrichtungen vollzieht, die die durch den Wissenschaftler offen gelassene Frage „Was ist zu tun?" im Sinne der Stabilisierung der eigenen Organisation beantworten (SCOTT) (s. Anmerk. 2).

Eine eingehendere Behandlung der hier angeschnittenen Frage nach dem Verhältnis von Soziologie und Rehabilitation würde beispielhaft die fatalen praktischen Folgen einer wissenschaftstheoretischen Vorentscheidung (Prinzip der Wertfreiheit) aufzeigen können: die Soziologie als die „Wissenschaft von der Gesellschaft und den menschlichen Verhältnissen" (so die globale Definition von SCHOECK) eliminiert bestimmte „menschliche Verhältnisse", die sich nur bei Parteinahme als „unmenschliche" entlarven und nur durch die Beteiligung der Soziologie auch an praktischen Entscheidungen in „menschliche Verhältnisse" umwandeln lassen. Bemühungen um Rehabilitation liegt in Theorie und Praxis eine solche Parteinahme zugrunde.

So kann es nicht verwundern, dass die maßgeblichen Beiträge auch im deutschsprachigen Raum zu Theorie und Praxis der Rehabilitation fast ausschließlich von Medizinern stammen (z. B. HOSKE; JOCHHEIM; PAUL; KACHEL und WEIGEL). Speziellen Fragen verschiedener Behindertengruppen wenden sich Autoren aus der pädagogischen Theorie und Praxis zu (in der erwähnten Reihe von G. HEESE). Diese Beiträge zählen sehr wohl soziologisch relevante Tatbestände auf (wie das auch schon die wiedergegebenen Definitionen verdeutlichten), die Lösungsversuche für die damit verbundenen Probleme basieren aber fast ausschließlich auf nicht-soziologischen Kategorien: Dafür sollte man nicht die aus anderen Wissenschaftsdisziplinen kommenden Rehabilitationsexperten anklagen, sondern die Soziologen selbst, die es bisher unterlassen haben, das Verhältnis ihrer Wissenschaft zum gesellschaftlichen Phänomen der Rehabilitationsbedürftigkeit zu klären, d. h. die in ihre wissenschaftliche Verantwortung fallenden theoretischen und praktischen Probleme der Eingliederung Behinderter in „menschlich-gesellschaftliche Geschehenszusammenhänge" (ELIAS) zu erforschen und zu artikulieren.

Erste Ergebnisse soziologischen Fragens und Forschens unter dem Aspekt der Behinderung, die der Rehabilitation dienstbar gemacht werden können, liegen durchaus vor (vgl. Anmerkung 2). So rückt der 10. Weltkongress der Internationalen Gesellschaft für die Rehabilitation Behinderter (ISRD-PROCEEDINGS) Forschungsergebnisse über soziale Vorurteile gegenüber Behinderten in das Blickfeld der Rehabilitationsexperten (3). Zielvorstellungen in Rehabilitationseinrichtungen (z. B. ROTH and EDDY in einem Rehabilitationshospital für Körperbehinderte; SCOTT in verschiedenen Einrichtungen für Sehgeschädigte und bei einer Behindertengruppe (Blinde) selbst (THIMM 1971) wurden analysiert und mit den tatsächlich erreichten Zielen verglichen.

JAHN untersuchte den Einfluss sozioökonomischer Faktoren auf die Rehabilitation tuberkulöser Arbeiter. SAFILIOS-ROTHSCHILD zeigt, wie sich die einseitige Orientierung an der Erwerbsbefähigung des Individuums in den USA generell niederschlägt in den Institutionen der Rehabilitation, Dieses Ausgerichtetsein auf die mit starken positiven Sanktionen ausgestatteten gesellschaftlichen Erfolgsnormen – Erfolg durch eigene Tüchtigkeit – selektiert die Rehabilitationsfälle zuungunsten der Alten, der Frauen, der Farbigen, der Unterschichtangehörigen und der Schwerstbehinderten (4).

Diese fragmentarische Aufzählung deutet einige Bereiche an, die es durch soziologische Forschung aufzuhellen gilt: Einstellungen der Nichtbehinderten; Ziel und Mittelanalysen bestehender Rehabilitationseinrichtungen und Verlautbarungen zur Rehabilitation; Einflüsse sozioökonomischer Faktoren auf Rehabilitationschancen und -erfolg; Ergänzung der einseitigen medizinischen Umschreibungen von Behinderungen durch qualitative soziale Daten zur Bestimmung der Rehabilitationsbedürftigkeit. Zum letzten Punkt seien abschließend einige Anmerkungen gemacht.

Die verfeinerte medizinische Diagnostik erlaubt differenzierte Beschreibungen einzelner körperlicher, geistiger und auch seelischer Defektzustände. Die nach medizinischen Kategorien vorgenommenen Definitionen von Behinderungen und Abgrenzungen von Behinderungsgraden können nicht allein Grundlage für die Rehabilitationsplanung sein (5). Das kommt deutlich zum Ausdruck in allen Definitionen von Rehabilitation, wenn von der medizinischen die soziale (berufliche) Rehabilitation unterschieden wird (z. B. PAUL 1965; KACHEL und WEIGEL 1967). Dabei wird diskutiert, in welchem Verhältnis die einzelnen Rehabilitationsmaßnahmen zu stehen haben (Phasen, Zuständigkeiten etc.). Es besteht also durchaus Einmütigkeit darüber, dass die einseitige medizinische Umschreibung von Behinderungen verschiedener Art, Ursache und Grade dringend ergänzt werden muss durch eine Feststellung der sozialen Folgen eines Schadens. In der anglo-amerikanischen Literatur wird dieser Unterschied schon sprachlich zum Ausdruck gebracht: Krankheit (illness) und Schädigung (impairment) als medizinische Kategorien werden unterschieden von Behinderung (disability oder handicap) als mögliche Sekundärfolge von illness und/oder impairment. Erst in dieser Unterscheidung, d. h. in der Abhebung der sekundären psychischen und sozialen Folgen von dem medizinisch umschriebenen Zustand kommen die Probleme in den Blickpunkt, die für eine individuelle Rehabilitationsplanung von entscheidender Bedeutung sind (vgl. dazu: MECHANIC; SAFILIOS-ROTHSCHILD; St. THOMAS HEALTH SURVEY; PARSONS und REDLICH in: MITSCHERLICH, a. a. O.). Mit der Bestimmung der sozialen Folgen von Krankheit und körperlichen, geistigen und seelischen Schädigungen stehen wir aber erst in den allerersten Anfängen.

Die Bestimmung der Rehabilitationsbedürftigkeit hat sich zu orientieren an der individuellen Integrierung eines Defektes in den Lebenszusammenhang. Damit ist ein Sachverhalt thematisiert, der in der Soziologie im Kontext von 'Sozialer Rolle' gesehen werden kann: Der Einfluss eines physischen (psychischen) Defektes auf das Hineinwachsen in die Gesellschaft, auf das Erlernen eines für die gesellschaftliche Existenz erforderlichen Rollenrepertoires; der Defekt als mögliche Ursache für Diskontinuitäten im Bereich der primären und sekundären Sozialisation; der Defekt als Ursache für Störungen im Rollenverhalten und als Hindernis für die Teilhabe an alters-, geschlechts- und statusspezifischen Sozialbeziehungen (6). Dieser Aspekt der individuellen Befähigung zum Rollenverhalten ist zu ergänzen durch den strukturellen Aspekt, der die hinter den Rollenerwartungen stehenden Normen aufdeckt, wie sie sich im jeweiligen Interaktionsprozess aktualisieren. Dieser strukturelle Aspekt des Rollenverhaltens (DREITZEL, 1968, 304 ff.) deckt das „besondere Gepräge" auf, das jede Behinderung einer sozialen Rolle verleiht (v. FERBER). Auf die Rehabilitation Behinderter gerichtete Bemühungen können die Normen der Gesellschaft nicht unbefragt lassen. So zählt auch MECHANIC zum Handlungsprinzip der Rehabilitation neben der Vermittlung von Fertigkeiten die Kontrolle und gegebenenfalls Veränderung der Umgebung des Rehabilitanten.

Rehabilitation zielt also auf die Rollenbefähigung des Behinderten ab und auf die Kontrolle und Veränderung des soziokulturellen Milieus des Individuums, so dass eine durch einen physischen (psychischen) Defekt verursachte Behinderung in ihren Folgen im Hinblick auf die soziale Teilhabe des Behinderten minimalisiert wird.

„Die Soziologen müssten im Stande sein, diesem Bemühen Bedeutendes beizusteuern" (MECHANIC 1968, 410).

Diesem Ziel dienten die vorstehenden Überlegungen, die in einer ersten Annäherung die Konturen einer Soziologie der Behinderten zu zeichnen versuchten.[9]

Anmerkungen

(1) Unter diesen gelegentlich gebrauchten Sammelbegriff fallen so unterschiedliche Positionen wie: die der am Marxismus orientierten Soziologen; der dialektisch ausgerichteten Soziologen („Frankfurter Schule") sowie „eine große Zahl von Stimmen" außerhalb dieser beiden Positionen stehender Soziologen, die „sich dafür ausspricht, dass die Hüter soziologischer Erkenntnisse über ein technisches Verhältnis zur Praxis hinausgehen möchten und urteilend, wertend in den Gang der Dinge eingreifen sollten" (HARTMANN 1970, 196). Eine ausführlichere Darlegung würde den Rahmen dieser Einführung sprengen. Vgl. dazu ADORNO u. a. sowie TOPITSCH, aaO.

(2) Die Fülle und Vielfalt angloamerikanischer Untersuchungen (ihre Rezeption in Deutschland steht weitgehend noch an!) zur sozialen Situation Behinderter, zu den sozialen Folgen von Behinderungen, zu den vielfältigsten Aspekten der Rehabilitation, stehen im Mißverhältnis zur praktischen Verwirklichung der sozialwissenschaftlichen Erkenntnisse, vgl. dazu SAFILIOS-ROTHSCHILD 1970; SUSSMAN 1969). Auf den gleichen Sachverhalt bezüglich der Medizinsoziologie weist COE (1970) hin, wenn er u. a. über die durch den Widerstreit zwischen wertfreier Soziologie und der Anwendung sozialwissenschaftlicher

---

[9] Mit dem Begriff der Rehabilitation und der Rehabilitationsbedürftigkeit setzen sich weitere Beiträge dieses Buches auseinander, so z. B. in 1.4 und 3.2.

Erkenntnisse entstehenden Anpassungsschwierigkeiten der Medizinsoziologie im Mediziner-Kollegenkreis berichtet (COE).

(3) Vgl. dazu die Beiträge von HARRELSON et al., DÖRNER, DOMINIK et al. und THIMM (Soziale Situation) in: Soziologie der Behinderten, hrsg. v. W. Thimm, Neuburgweier 1972 sowie die soeben erschienene repräsentative Studie über Einstellungen zu Körperbehinderten in der BRD von JANSEN 1972.

(4) Vgl. dazu den Beitrag des Verf. zur Sozialstatistik in: Soziologie der Behinderten, a. a. O.; ferner: SUSSMAN 1969.

(5) Vgl. dazu RIVIERE 1970; v. FERBER (Gutachten Bundesarbeitsgemeinschaft für Rehabilitation 1971); THIMM (1972).

(6) Konzepte der Rollen- und Sozialisationstheorie werden angewandt z. B. in Beiträgen von DÖRNER und SEIFERT in: Soziologie der Behinderten, aaO. Vgl. ferner den schon klassisch zu nennenden Aufsatz von WEGENER 1968.

Literatur

ADORNO, Th. W, u. a.: Der Positivismusstreit in der deutschen Soziologie, Neuwied-Berlin 1968 (Sonderausgabe 1972).
ALBERT, H.: Wertfreiheit als methodisches Prinzip, in: E. Topitsch . (Hrsg.), a.a.O..
BARKER, R. C., WRIGHT, B. A. (et al.): Adjustment to physical handicap and illness, New York 1953.
BERNSDORF, W.: Wörterbuch der Soziologie, Stuttgart 1969, jetzt auch als dreibändige Taschenbuchausgabe (Frankfurt 1972, Fischer).
BLÄSIG, W.: Die Rehabilitation der Körperbehinderten, München 1967 (s. HEESE (Hrsg.).
BORNEMANN, E., MANN-TIECHLER, G. v. (Hrsg.): Handbuch der Sozialerziehung Bd. III, Stichwort ‚Rehabilitation', Freiburg 1964.
COE, R. M.: Sociology of medicine, New York 1970 (Mc Graw-Hill Series in Sociology).
DAHRENDORF, R. (1967a): Pfade aus Utopia, München 1967.
Ders. (1967b): Sozialwissenschaft und Werturteil, in: Pfade aus Utopia, a. a. 0..
Ders. (1968): Gesellschaft und Demokratie. in Deutschland, München 1968.
DREITZEL, H, P. (1966): Wege in die soziologische Literatur, in: H. P. BAHRDT, Wege zur Soziologie, München 1966, S. 219-256.
DERS. (1968): Die gesellschaftlichen Leiden und das Leiden an der Gesellschaft. Vorstudien zu einer Pathologie des Rollenverhaltens, Stuttgart 1968.
ELIAS, N.: Was ist Soziologie? München 1970.
FERBER, C. v.: Der Werturteilsstreit 1909/1959. Versuch einer wissenschaftsgeschichtlichen Interpretation (zuerst 1959), in Topitsch, E. (Hrsg.) a. a. O.
DERS.: Zur Frage der Einrichtung einer Forschungsstelle (Stabsstelle) bei der Bundesarbeitsgemeinschaft für Rehabilitation, unveröffentl. Gutachten, Bielefeld 1971.
GOFFMAN, E.: Stigma. Über Techniken der Bewältigung beschädigter Identität, Frankfurt 1967.
HABERMAS, J.: Zur Logik der Sozialwissenschaften, Frankfurt 1970.
Ders. Theorie und Praxis (Neuwied-Berlin 1963), Frankfurt 1972.
HARTMANN, H.: Empirische Sozialforschung, München 1970.
HEESE, G. (Hrsg.): Die Rehabilitation der Entwicklungsgehemmten, München, seit 1961 (G. HEESE, die Rehabilitation der Gehörlosen, 1961; G. HEESE, Die Rehabilitation der

Schwerhörigen, 1962; H. WEGENER, Die Rehabilitation der Schwachbegabten, 1963; H. GARBE, Die Rehabilitation der Blinden und hochgradig Sehbehinderten, 1965; W. BLÄSIG, Die Rehabilitation der Körperbehinderten, 1967).

HOSKE, H.: Wiederherstellung der Lebenstüchtigkeit geschädigter Menschen, Stuttgart 1955.

ISRD-Proceedings of the tenth world congress, International Society for Rehabilitation of the Disabled, Heidelberg 1967.

JAHN, H. J.: Rehabilitation als Problem der Medizin – Soziologie, Meisenheim 1965.

JANSEN, G. W.: Die Einstellung der Gesellschaft zu Körperbehinderten, Neuburgweier 1972.

JOCHHEIM, K.-A.: Grundlagen der Rehabilitation in der Bundesrepublik Deutschland, Stuttgart 1964.

KACHEL, K. H. und WEIGEL, H. (Hrsg.): Leistungsrest und Rehabilitation, Leipzig 1967.

KÖNIG, R.: Soziologie, Frankfurt 1967 (Neuausgabe).

DERS. (Hrsg.): Handbuch der empirischen Sozialforschung, Stuttgart 1969 (Bd. II).

LEMPERT, W.: Pädagogik und Soziologie, in: H. RÖHRS (Hrsg.), Der Aufgabenkreis der Pädagogischen Soziologie, Frankfurt 1971.

MECHANIC; D.: Medical Sociology. New York 1968.

MITSCHERLICH, A. (u. a.) (Hrsg.): Der Kranke in der modernen Gesellschaft, Köln-Berlin 1969 (2).

PAUL, H. A.: Arbeitsmedizin, Psychologie und Soziologie in der Rehabilitation, in: Rehabilitation, Schrift 2/3 der Medizinisch-Pharmazeutischen Studiengesellschaft. Frankfurt 1965.

Ders:. Stichwort ‚Rehabilitation', in: G. HEESE und H. WEGENER (Hrsg.), Enzyklopädisches Handbuch der Sonderpädagogik, Berlin 1965 ff., Sp. 2787-2792.

RENKER, K. H.: Was ist Rehabilitation, in: Rehabilitation, Organisation und medizinische Praxis (I.. Internationales Symposium der sozialistischen Länder über Rehabilitation), Leipzig 1966.

RIVIERE, M.: Classification of impairment of visual function (Rehabilitation Codes). New York 1970

ROTH, I. A. und EDDY, E. M.: Rehabilitation for the unwanted, New York 1967.

RUNDE, P.: Die soziale Situation der psychisch Behinderten, München 1971.

SAFILIOS-ROTHSCHILD, C.: The sociology and social psychology of disability and rehabilitation, New York 1970.

SCHOECK, H.: Kleines soziologisches Wörterbuch, Freiburg-Basel-Wien 1970.

SCOTT, R. A.: The making of blind man, New York 1969.

SOLAROVA, S.: Gegenstand, Ziele und Möglichkeiten der Rehabilitation in sonderpädagogischer Sicht, Z. f. Heilp., 20 (1969), S. 493-502.

St. THOMA's Health Survey in Lambeth, Report IV, unveröffentl. Manuskript des Department of Clinical Epidemiology and Social Medicine, St. Thoma's Hospital School, London.

SUSSMAN, M. B.: Readjustment and rehabilitation of patients, in: J. KOSA et al. (ed), Poverty and health. A sociological analysis, Cambridge/Mass. 1969 (Harvard University Press).

THIMM, W. (1971): Blinde in der Gesellschaft von heute. Untersuchungen zu einer Soziologie der Blindheit, Berlin 1971.

DERS (1973): Zum Begriff der Rehabilitationsbedürftigkeit.[10]

TOPITSCH, E. (Hrsg.): Logik der Sozialwissenschaften, Köln-Berlin 1967 (4).

WECHSELBERG, K.: Stichwort ‚Rehabilitation', in: HORNEY, RUPPERT, SCHULZE (Hrsg.): Pädagogisches Lexikon, Gütersloh 1970.

WEGENER, H.: Der Sozialisationsprozess bei intellektuell Minderbegabten, u. a., in: H. v. BRACKEN (Hrsg.): Erziehung und Unterricht behinderter Kinder, Frankfurt 1968.

---

[10] Siehe Beitrag 1.4.

WÖSSNER, J.: Soziologie. Einführung und Grundlegung, Wien-Köln-Graz 1970 (Böhlau).
ZIEGENFUSS, W. (Hrsg.): Handbuch der Soziologie, Stuttgart 1956.

1.3 Behinderung und gesellschaftliches Leistungsideal – Soziologische Perspektiven zur beruflichen Rehabilitation lernbehinderter Sehgeschädigter (1972)[11]

Leistungsgesellschaft und Chancengleichheit

Jenseits der auf Wertentscheidungen beruhenden unterschiedlichen Verfassung der politischen-ökonomischen Systeme in westlichen und östlichen Gesellschaften ist ein kennzeichnendes Merkmal aller hochindustrialisierten Gesellschaften die Leistungsorientierung. Die gesellschaftliche Position des einzelnen soll sich nicht mehr aufgrund von zugeschriebenen Eigenschaften, Rechten etc. ableiten, sondern sie wird als durch „Leistung" erworben angesehen. Dem Beruf kommt nun insofern eine strategische Bedeutung für die Positionszuweisung des einzelnen zu, als in ihm „eine gesellschaftlich brauchbare Kombination von spezifischen Leistungen" definiert wird (BERNSDORF 1969, Stichwort „Beruf"), die dem einzelnen nicht nur eine „kontinuierliche Erwerbs- und Versorgungschance" bietet, sondern mit der Bewertung einer Berufsposition hinsichtlich ihrer Bedeutsamkeit für die Gesellschaft wird der Inhaber dieser Position mit einem ganz bestimmten (in den einzelnen Berufen unterschiedlichen) Sozialprestige ausgestattet. Neben der ökonomischen Funktion des Berufes, die bewertet wird nach der „Nützlichkeit" im Sinne der Marktleistung (ausgedrückt in der Entlohnung), hat der Beruf noch die soziale Funktion der Prestigezuweisung, gemessen an der Bedeutsamkeit für die Gesellschaft (als Kriterium dient die „Verantwortlichkeit, vgl. v. FERBER, Gesamtbericht..., 21 ff). Es sei nur darauf hingewiesen, dass in die Prestigebewertung maßgeblich das schulische Qualifikationsniveau eingeht. Berufskönnen, d.h. der Besitz von marktfähigen Qualifikationen, wird zum dominierenden Merkmal der sozialen Standortbestimmung, der Beruf dient als „Indiz sozialer Integration" (KÖNIG 1965, 205). Berufsvorbereitung und -ausbildung orientieren sich an diesem „herkömmlichen Effizienzkriterium" der „beruflichen Tüchtigkeit", das heißt an der „Bewährung nach vorgegebenen Leistungsnormen" (LEMPERT 1968, 139).

Beruf – berufliche Position ist *ein* Brennpunkt, in dem sich die Ausstrahlungen des unsere Gesellschaft auszeichnenden Leistungsprinzips sammeln. Unter seiner Herrschaft wird die Gesellschaft „entsprechend der konkurrenden ökonomischen Leistung ihrer Mitglieder geschichtet" (MARCUSE 1967, 49). Die vorherrschende Auffassung von „menschlicher Arbeit" *trennt* die Person und die von ihr ablösbaren Leistungen, „die (nun) als quantitativer energetischer Beitrag zur gesellschaftlichen Produktion manipuliert werden" können. Diese Abtrennung des im Sinne des ökonomischen Kalküls irrelevanten „Inneren Verhal-

---

[11] *Referat auf einer Tagung der Arbeitsgemeinschaft „Mehrfachbehinderte sehgeschädigte Kinder und Jugendliche" des Verbandes der Blinden- und Sehbehindertenlehrer e. V., 16. 3. 1972 in Hannover (unveröffentlicht). – Einige Gedanken dieses Referates wurden unter minderheiten-soziologischen Aspekten aufgegriffen im Beitrag 2.1.*

tens", das sich institutionalisierten Zugriffen entzieht degradiert den Menschen zum „Produktionsfaktor Arbeit", zur „Bedürfniskonstellation", zum „möglichen Stellenbesetzer ökonomischer Rollen" (v. FERBER, 1968, 30). Die im Bereich der Arbeit besonders sichtbar werdende Herrschaft des Leistungsprinzips in unserer Gesellschaft lässt sich auch nachweisen in anderen gesellschaftlichen Bereichen, so z. B. in der Medizin (vgl. v. FERBER 1967); im Bereich der Sexualität (GOTTSCHALCH, MARCUSE, THIMM 1971c) und nicht zuletzt im Bereich der Schule (vgl. u.a. ABELS). Unter dem Leistungsdruck gliedert die Schule immer mehr Schüler aus, die Zahl der Sonderschüler in unserer Gesellschaft wächst stetig. So signalisiert „Leistungsgesellschaft" einen charakteristischen Zug unserer gesellschaftlichen Organisierung. Sie setzt das voll handlungsfähige Individuum voraus. Eine gesetzliche Verortung der Leistungsgeminderten, zwischen dem Vollberufsfähigen und dem Rentnerdasein, ist nur im Ansatz erkennbar. Das Leistungsideal entlarvt sich dort als Ideologie, wo die uneingeschränkte Mobilität aufgrund eigener Leistung vorgegaukelt wird, wo verdeckt und verschwiegen wird, dass die Chancen zur Erlangung von Leistungsfähigkeiten nicht gleich verteilt sind. Unsere Gesellschaft sozialisiert in Schule und Berufsausbildung auf das Leistungsideal hin, das „Bild der offenen Leistungsgesellschaft" wird enkulturiert (KANTOWSKI, 1965, 228), auch von den nicht Erfolgreichen, den Ungelernten, den Behinderten – und ihnen wird es überlassen, wie sie ihr Scheitern jeweils in ihren individuellen Lebenszusammenhang integrieren.

Wird Behinderung per definitionem zur eingeschränkten Leistungsfähigkeit – ihren handgreiflichen Niederschlag findet diese gesellschaftliche Bewertung von Behinderungen verschiedener Ursachengruppen und Schweregrade in der sozialrechtlichen Transformation in Prozentangaben der Leistungsminderung (MdE und Berufsunfähigkeit), dann wird deutlich, dass eine Reflexion auf die Auswirkungen der gesellschaftlichen Leistungsorientierung auf die Eingliederung Leistungsgeminderter in eben diese Gesellschaft unabdingbare Voraussetzung dafür ist, Chancen für eine befriedigende Rehabilitation trotz Leistungseinschränkung aufzudecken. Es ist die Frage gestellt, ob die Berufstätigkeit Behinderter (a) die wirtschaftliche Funktion der Daseinssicherung als Lohn für einen gesellschaftlich als ökonomisch wichtig angesehenen Beitrag und (b) die soziale Funktion einer als relativ zufriedenstellend empfundenen Positionszuweisung durch Verleihung von Sozialprestige erfüllen kann. Die Überlegungen hierzu – da, wo es möglich ist, eingeschränkt auf lernbehinderte Sehgeschädigte – könnten die an der Rehabilitation dieses Personenkreises beteiligten Personen und Institutionen davor bewahren, in einer unkritischen Übernahme der gesellschaftlichen Leistungsorientierung an den individuellen Möglichkeiten einzelner Behinderter „vorbeizurehabilitieren" oder gar unkontrollierte Selektionseffekte zu produzieren. So konnten z. B. Safilios-Rothschild (1970) und Roth and Eddy (1967) an US-amerikanischen Untersuchungen zeigen, wie bei einseitiger Orientierung der Rehabilitationseinrichtungen an dem Leistungsideal die Effektivität der Einrichtung gefährdende Personengruppen von vornherein von der Rehabilitation oder als nicht rehabilitationsfähig im Sinne der praktizierten Leistungskriterien im Laufe des Rehabilitationsprozesses ausgeschlossen werden. Ähnliche Erfahrungen liegen vor bei den Agencies für Sehgeschädigte in den USA. Unschwer ließe sich ein solcher Nachweis für die eine oder andere Rehabilitationseinrichtung in der BRD führen, wie eigene Besichtigungen und Diskussionen in diesen Einrichtungen vermuten lassen. Im Bereich des Blindenwesens weisen MERSI, RATH und THIMM relativ unabhängig voneinander darauf hin, dass auch hier in der einseitigen Orientierung der Blindenselbsthilfe und der Blindenpädagogik an dem Leistungsideal blindenorganisatorische und blindenpädagogische Bemühungen handfeste Ausgliederungskonsequenzen für die intellektuell minderbegabten Blinden nach sich gezogen haben (MERSI 1971, 224; RATH 1972; THIMM 1971a). Ihren Niederschlag finden solche Orientierungen beispielsweise in der Gleichsetzung von beruflicher Eingliederung mit Integration in die Gesellschaft oder in der Forderung, Blinde müssten doppelt soviel leisten wie Sehende, damit sie am Arbeitsplatz konkurrenzfähig sind und Anerkennung finden. Eine noch unveröffentlichte Erhebung von Rath ermittelte rd. 25 % lern- und geistigbehinderte Schüler in den norddeutschen Blinden- und Sehbehindertenschulen (N = 906 Schüler). Die Probleme dieser Schülergruppen bleiben nicht ungelöst, weil die Gruppe quantitativ unauffällig ist, sondern die soziale Wahrnehmung der Verantwortlichen blendet systemkonform (Leistungsgesellschaft) diese Gruppe aus.

Berufliche Sozialisation als Einführung in Berufspositionen

- Aufgaben der beruflichen Sozialisation

Bezeichnet man global mit beruflicher Rehabilitation alle Maßnahmen zur Eingliederung eines Behinderten in das Erwerbsleben, dann könnte die Soziologie den Beitrag leisten, in der Erforschung der beruflichen Sozialisation Behinderter (als „Einführung in Berufspositionen", LÜSCHER 1968, 41) die Besonderheiten, Schwierigkeiten und Diskontinuitäten aufzuzeigen, die sich bei der Aneignung der „technischen Kenntnisse" und der „normativen Orientierungen" ergeben, welche „nötig sind, um den verschiedenen Rollen einer Position gerecht zu werden" (LÜSCHER). Eine solche Analyse könnte schließlich mithelfen, das Ziel der Berufserziehung als Verhalten im Rahmen von *Rollenvorschriften* zu präzisieren" (LEMPERT 1968, 86). Die von Lüscher angesprochenen notwendigen „technischen Kenntnisse" und „normativen Orientierungen" für die Ausführung von Berufsrollen sollen in Anlehnung an FÜRSTENBERG und LEMPERT (1968) im Hinblick auf unsere Behindertengruppe so präzisiert werden:

Im Prozess der Aneignung der beruflichen Rolle („Rolle" = auf eine berufliche Position gerichtete Verhaltenserwartungen) müssen drei Aufgaben erfüllt werden:

1. Es müssen die für die vorgesehene berufliche Tätigkeit notwendigen Qualifikationen für die Erledigung der spezifischen Arbeitsaufgabe erlernt werden. Dabei sind die technischen, wirtschaftlichen und sozialen Aspekte des Tätigkeitsfeldes zu berücksichtigen *(arbeits-(tätigkeits-)orientiertes Rollenverhalten)*.

2. Es muss ein Leitbild von „Beruf" (Arbeit) vermittelt werden, das die Sicht auf die tatsächliche Normenstruktur am Arbeitsplatz nicht verbaut. Das vermittelte Berufsleitbild muss konkretisierbar sein *(Sinnorientierung)*.

3. Es muss die Motivation geweckt werden, die aus einer konkretisierbaren Sinnorientierung erkannten Normen der beruflichen Tätigkeit erfüllen zu wollen. Diese Motivation entspringt der Orientierung an Bezugsgruppen, auf die das in Anspruch genommene Sozialprestige bezogen wird *(Zielorientierung)*.

Angesichts der behinderungsspezifischen Situation der von uns betrachteten Behindertengruppe kann es in der „Phase der Konkretisierung" (FÜRSTENBERG 1965) zu Konflikten kommen, die sich einmal aus den behinderungsspezifischen Einschränkungen ergeben, zum anderen aus der mangelnden Vorbereitung auf den beruflichen Rollenvollzug (falsche Orientierung der Sozialisationsagenten oder fehlende institutionelle Verankerung der beruflichen Sozialisation). Behinderungsspezifische Erschwernisse werden vor allem den ersten Bereich (tätigkeitsorientiertes Rollenverhalten) betreffen, falsche, mangelnde und/oder fehlende intentionale, institutionalisierte Sozialisationsaktivitäten müssen zu Störungen in allen drei genannten Bereichen führen.

Behinderungsspezifische Störungen im tätigkeitsorientierten Rollenverhalten

- Sozial orientierte Verhaltensweisen

Hier stellt sich eine Frage, die vielleicht im Verlauf der Tagung schon angeschnitten worden ist: Was ist das für eine Behinderung, die sich aus Sehschädigung + Lernbehinderung ergibt? Ist eine Summierung beider Behinderungsarten vorauszusetzen oder ergibt sich in der Kombination beider Behinderungen eine Behinderung eigener Qualität? Lassen sich generelle Aussagen machen oder ist nur je von Fall zu Fall zu entscheiden, welche psychischen, pädagogischen, sozialen Folgen im Einzelfall bei einem lernbehinderten Sehgeschädigten zu erwarten sind? Wir wollen hier für den Bereich des sozialen Handelns in der Arbeitsplatzsituation, wo sich das berufliche Rollenverhalten konkretisiert in der Anpassung des Behinderten an die auf ihn gerichteten Erwartungen – wobei mit Anpassung im weitesten Sinne jede Reaktion auf die Arbeitsplatznormen gemeint sein soll – für diesen Bereich also wollen wir folgende Unterscheidung vornehmen:

Erfahrungen deuten darauf hin, dass *Lernbehinderungen bei Blindheit* relativ unauffällig bleiben, da die Bewertung der Blindheit (leistungsneutrales Stereotyp) dominierend die sozialen Interaktionen überlagert. Bei *Sehbehinderten* scheint sich ein kumulativer Effekt zu ergeben. *Lernbehinderungen* lassen sich von den Nichtbehinderten ohne weiteres in das Konzept von „Sehbehinderung" einbringen, sie bestätigen die Gleichsetzung von Sehbehinderung = intellektuell Gemindertsein. Hinzu kommen häufig die Zweifel an der Seh-Behinderung (vgl. auch das volkstümliche Schwerhörigen-Klischee). Stimmt man dieser Ausgangshypothese nicht zu, so wird man allgemeiner formulieren können: Die beiden Kombinationen von Blindheit + Lernbehinderung und Sehbehinderung + Lernbehinderung unterscheiden sich voneinander Die unterschiedliche soziale Bewertung beider Behinderungen ergibt bei der Kombination mit Lernbehinderung eine unterschiedliche soziale Qualität.

In der durch Leistungsnormen strukturierten Arbeitssituation stören Normen, die aus der stereotypisierenden Beurteilung des Behinderten durch die Nichtbehinderten resultieren, das berufliche Rollenverhalten des Behinderten ganz entscheidend. Diese Normen stellen den Behinderten vor kaum lösbare Konflikte. Orientiert er sich als Reaktion auf diesen Normendruck der Stereotypisierung einseitig und ausschließlich an den klar definierten Anteilen der Tätigkeitsnormen und beschränkt er sich auf den überkorrekten ritualistischen, pedantischen Vollzug der beruflichen Tätigkeit, dann verzichtet er weitgehend auf eine individuelle, originale Erfüllung der Berufsrolle. Passt der Behinderte sich den stereotypisierenden Normen an, dann bestätigt er die vorurteilsverhaftete Einstellung seiner Arbeitskollegen und gerät in einen neben der Arbeitsrolle ablaufenden Circulus vitiosus. Es ist also mehr als fraglich, ob die von Behinderten einseitig geleistete Anpassung an das Stereotyp der Nichtbehinderten (der Blinde als stiller, verinnerlichter, gutmütiger und höflicher Mensch; der geistig Zurückgebliebene als „treuer Hucken", der durchaus arbeitswillig, gutmütig und anpassungsbereit ist (vgl. THIMM 1971 b; BAUMANN 1971) überhaupt noch Chancen zur beruflichen Emanzipation lässt, das heißt, Chancen, unter Einsatz der eigenen Leistungsfähigkeiten im technischen Arbeitsvollzug, Berufs- (Arbeits-) befriedigung zu finden. – Als dritte Möglichkeit schließlich steht dem Behinderten der Rückzug aus solchen Rollenverpflichtungen, in denen sein Verhalten besonders durch Vorurteilsmechanismen bedroht erscheint, zur Verfügung. Der Normendruck durch die stereotypisierende Beurteilung des Behinderten stört das Distanzverhältnis zur beruflichen Rolle. Für alle drei berichteten Reaktionen auf solche Distanzierungsstörungen (krampfhafte Erfüllung eines Teils der Arbeitsrolle – konformistische Anpassung an das Stereotyp – Rückzug) liegen für Blinde und auch Sehbehinderte Befunde vor (vgl. THIMM 1971 a und die dortigen Literaturhinweise).

Der gesamte Bereich der sozial orientierten Verhaltensweisen am Arbeitsplatz angesichts von Blindheit und Lernbehinderung bzw. Sehbehinderung und Lernbehinderung bedarf der gründlichen Erforschung, wenn berufspädagogische Konzepte für die Aneignung der sozialen Anteile des arbeits- (tätigkeits-) orientierten Rollenverhaltens entwickelt werden sollen.

Auf einen durch die technische Veränderung der Arbeitswelt bedingten Wandel in der Kooperationsstruktur am Arbeitsplatz sei kurz hingewiesen (vgl. LEMPERT 1971, 15, f.), da er für unsere Behindertengruppe von Bedeutung erscheint. Die für den Arbeitsvollzug wichtigen Beziehungen nehmen zunehmend den Charakter von technischen Arbeitskontakten an, welche die sozialen Kontakte im Betrieb ablösen. Diese „*Substitution sozialer durch technische Arbeitskontakte*" (LEMPERT 1971, 15), die Beherrschung des Kooperierens am Arbeitsplatz durch die Produktionsmittel erhebt „technisches Können ... zur sozialen Potenz, technisches Versagen zum moralischen Delikt" (LEMPERT, a. a. O., 16). Diese bei Lempert vor allem für die industrielle Produktion und für die industrialisierte Verwaltung aufgezeigte Tendenz zur sozialen Kommunikationseinschränkung ist auch im „automatisierten Büro" nachweisbar (JAEGGI und WIEDEMANN). Blinde, Sehbehinderte, intellektuell Minderbegabte sind aber gerade in diesem Bereich der sozialen Kommunikation besonders störanfällig (erhöhtes Angewiesensein auf soziale Kontakte). Die Folgen dieses Wandels der Kooperationsstruktur für sie bedürften ebenfalls einer eingehenden Analyse.

Die kurzen Überlegungen zu den sozial orientierten Verhaltensanteilen in der Berufsrolle berühren unmittelbar die Bereiche der zureichen den Sinn- und Zielorientierung als Aufgabe der Berufsausbildung. Davon wird noch kurz zu sprechen sein.

Technische Aspekte des beruflichen Rollenverhaltens

Eine ausführliche Analyse des Trends der zu erwartenden Entwicklungen in der industriellen Arbeitswelt und ihrer Bedeutung für unsere Behindertengruppe ist an dieser Stelle nicht möglich. Globale Aussagen – das zeigt sich immer mehr – können nicht gewagt werden. Als Tendenz zeichnet sich wohl ab, dass zweifellos bei neu entstehenden Berufen die geistigen Anforderungen zunehmen – eine für intellektuell Behinderte nachteilige Entwicklung. LEMPERT (1971) weist aber mit Nachdruck darauf hin, dass die quantitative Bedeutung dieser oft generalisierend dargestellten Tendenz zum Anwachsen der geistigen Anforderungen in der industriellen Arbeitsweit (so z. B. bei WEGENER im Hinblick auf die „intellektuell Minderbegabten") schlecht abzuschätzen ist. So kann auch nicht generell ausgesagt werden, ob Mechanisierung und Automation mehr expansive oder mehr reduzierende Folgen für den Arbeitsmarkt mit sich bringen (vgl. ARON 1964; POLLOCK 1964). Die Aussagen sind sowohl regional als auch nach den verschiedenen Wirtschaftszweigen zu differenzieren. Ebenso, wie sich Nachteile für die Leistungsgeminderten als Folge der zunehmenden Technisierung in einzelnen Bereichen nachweisen lassen, lässt sich in anderen Bereichen feststellen, dass die Arbeitsmarktexpansion und zunehmende Spezialisierung Möglichkeiten schaffen für die Integrierung begrenzter arbeitsmarktfähiger Qualifikationen, wie sie von vielen Behinderten erbracht werden können (Behinderung als Zwangsspezialisierung, vgl. die optimistischen Darstellungen von BOLL und HOFRICHTER).

Wir wollen uns hier beschränken auf einige Anmerkungen zum Verhältnis von Sehbehinderung und Arbeitsbefähigung (als technischer Zurüstung), da die behinderungsspezifischen Einschränkungen in der Arbeitsbefähigung Blinder in diesem Kreis als weitgehend bekannt vorausgesetzt werden können (vgl. dazu THIMM 1971 b und die ausgezeichneten Studien des BAYERISCHEN BLINDENBUNDES zur Situation des Blindenhandwerkers und des blinden Industriearbeiters, 1971). Untersuchungen von SCHMIDTKE et al. haben an verschiedenen nicht automatisierten handwerklichen Tätigkeiten erhebliche Einschränkungen der Arbeitsleistung schon bei leichteren Sehbehinderungen im Bereich von 5/7 bis 5/10 Fernvisus nachgewiesen. Optische Leistungsfähigkeit wird eine zunehmend geforderte und überprüfte Qualifikation. Sehbehinderte sind in diesen Bereichen nur in Ausnahmefällen wettbewerbsfähig (vgl. den Bericht von PAPE). Pape weist auch darauf hin, dass uns differenzierte Einsichten im kaufmännisch-bürotechnischen Sektor fehlen. HOFRICHTER berichtet auf dem Fürsorgetag in Hamburg 1967 von Erfahrungen aus der Praxis, dass bei abnehmender geistiger Leistungsfähigkeit die visuelle Überschaubarkeit der Tätigkeit, der leichte Überblick, zunehmend für den Behinderten an Bedeutung gewinnt. Hier kumulieren also Sehschädigungen und intellektuelle Leistungsminderung. Es bleibt zu fragen, wie diesen nur in einigen Grundlinien ausgezogenen behinderungsspezifischen Erschwerungen lernbehinderter Sehgeschädigter zum tätigkeitsorientierten Rollenverhalten unter technischem und sozialem Aspekt im

System der beruflichen Rehabilitation Rechnung getragen wird. Einige institutionelle Voraussetzungen erscheinen im Bereich der Blindenbildung gegeben, im Bereich des Sehbehindertenschulwesens fehlen sie völlig.

Störungen im Bereich der Sinn- und Zielorientierung

Die bisherigen Überlegungen zeigten schon einige Konflikte bei der Ausführung der beruflichen Rolle auf, die sich aus einer falschen oder mangelhaft entwickelten Sinn- und Zielorientierung des Behinderten ergeben. Die normative Orientierung, die Vorstellung davon, welchen Stellenwert die Berufstätigkeit für die individuelle Sinndeutung des Lebens und die soziale Standortbestimmung im Einzelfall vom Behinderten zugewiesen bekommt, hängt in starkem Maße ab von den normativen Orientierungen, die dem Behinderten im Prozess der beruflichen Sozialisation durch die Sozialisationsagenten vermittelt werden. LÜSCHER führt in seine Überlegungen die Variable der „Vertrautheit" ein als Voraussetzung für ein relativ störungsfreies Verhältnis zwischen Person und der beruflichen Position, an die bestimmte Erwartungen z. B. bezüglich technischer Fertigkeiten, an Werten (z. B. Arbeitstugenden) und weitere Rollenvorschriften geknüpft sind. Das setzt die „Vertrautheit" mit diesen Positionsanforderungen voraus. Es wurde aber an anderer Stelle schon darauf hingewiesen, dass sich auch die Schulen der Sehgeschädigten (als ein wesentlicher Agent der beruflichen Sozialisation) der gesellschaftlichen Leistungsorientierung nicht entziehen können, dass in der einseitigen Verpflichtung auf das Bild der offenen Leistungsgesellschaft mit ihrer „Jeder-ist-seines-Glückes-Schmied-Ideologie" der Behinderte unter erhöhten Leistungsdruck gerät. Verstärkend wirkt die starke Akzentuierung der sozialen Funktionsleistung von Beruf und Arbeit, wie sie immer wieder zum Ausdruck kommt in der Rede von der leidenskompensierenden Wirkung der Berufstätigkeit. Dieses Leitbild von Beruf, als einer Tätigkeit mit einem hinter den technischen und ökonomischen Funktionsleistungen liegenden tieferen, für mein persönliches Leben bedeutsamen Sinn (vgl. R. KÖNIG: Beruf oder Job?) ist in der Regel nicht realisierbar, schon gar nicht für den intellektuell leistungsgeminderten Sehgeschädigten. Eine solche Sinn- und Zielorientierung vermittelt dem Sehbehinderten nicht die Normenkenntnisse, wie sie für ein relativ störungsfreies berufliches Kooperieren notwendig sind. Motiviert, Sozialprestige aufgrund eigener Leistung zu erwarten, orientiert an einer falschen Rangordnung der Berufe (beispielsweise die überhöhte Einschätzung des Stenotypisten oder Telefonistenberufes) und – davon sprach ich schon – angesichts von Einstellungen der Arbeitskollegen, die nicht tätigkeitsbezogene Normen in die Situation einbringen, ist für viele Behinderte, insbesondere für intellektuell Leistungsgeminderte, das gesellschaftliche Erfolgsleitbild nur sehr schwer und nicht ohne besondere rehabilitative Maßnahmen realisierbar.

Einige Voraussetzungen für die berufliche Autonomie bei lernbehinderten Sehgeschädigten

Überlegungen LEMPERTS (1971) folgend, der nach eingehender Analyse der industriegesellschaftlichen Bedingungen zu einer notwendigerweise relativierten Auffassung von beruflicher Autonomie kommt, (dem eigentlichen Wortsinn von autonom – nach seinem eigenen Gesetz handeln – widersprechend) können wir sagen:

Die berufliche Rehabilitation lernbehinderter Sehgeschädigter muss darauf abzielen, für eine berufliche Rolle und einen sozialen Rang zu befähigen und in eine solche Rolle und einen solchen Rang einzuführen, die den Fähigkeiten des Behinderten entsprechen unter Beachtung der Eigenrechte anderer und situationsbedingter Gegebenheiten (LEMPERT, a. a. O., 52). Die angestellten Überlegungen zu einigen Besonderheiten im Prozess der beruflichen Sozialisation Behinderter als Einführung in Berufspositionen haben Schwierigkeiten zur Erreichung einer so verstandenen beruflichen Autonomie versucht aufzudecken, die nicht ohne entsprechende rehabilitative Maßnahmen zu überwinden sind. Dazu abschließend thesenartig einige Bemerkungen.

Es fehlt in der BRD jede institutionelle Voraussetzung für eine befriedigende berufliche Rehabilitation Sehbehinderter (mit Ausnahme der Ansätze in kombinierten Blinden- und Sehbehindertenschulen). Es ist anzuzweifeln, ob die bei TEUMER (1968) mitgeteilten Lösungsvorschläge von Boldt (Diskussionsbeitrag auf dem Heidelberger Rehabilitationskongress 1968), die sich einseitig orientieren an einem kritischen Visusgrenzwert von 1/10 und der vom Intelligenzniveau *kausal* abhängig interpretierten Kompensationsfähigkeit der visuellen Minderleistung, zu befriedigenden Lösungen für alle Sehbehinderten führen kann. Für lernbehinderte Sehbehinderte mit einem schlechteren Visus als 1/10 wird die gemeinsame Ausbildung mit Blinden in der industriellen Grundausbildung vorgeschlagen. Lernbehinderte Sehgeschädigte mit besserem Sehvermögen als 1/10 erhalten danach ihre Ausbildung gemeinsam mit Vollsichtigen. In der DDR erprobte man bereits „sehschwachengemäße Ausbildungsformen" und lehnt für alle Sehbehinderten „gleich welcher Sehschärfenbereiche und Befundgruppen"– ganz im Gegensatz zur BRD – Lösungen „unter Bedingungen der Blinden" oder „unter Bedingungen der Sehenden" ab (Internationales Symposium 1967, S. 223, 222). Ähnliche Ansätze zeigen sich auch in anderen Ostblockländern (vgl. HENK, Intern. Symposium 1967). Die in der DDR angestrebte enge Verzahnung der schulischen mit der betrieblichen Ausbildung und ein großzügig geplantes nachgehendes Betreuungssystem eröffnen nicht nur die Chance zu optimalen individuellen Lösungen, sie geben allen Beteiligten, insbesondere den an der beruflichen Ausbildung beteiligten Sehschwachenlehrern, auch die Chance, im Laufe der Zeit „defektentsprechende Bedingungen" verschiedener Tätigkeiten in verschiedenen Industrie- und Verwaltungsgebieten kennen zu lernen.

Nach Erhebungen von TEUMER lässt sich schließen, dass es vor allem lernbehinderte Sehbehinderte sind, die bei uns gleich in ein Arbeitsverhältnis vermittelt werden. Sie befinden sich damit in der gleichen Situation wie die nichtbehinderten sogenannten Ungelernten, die als „Jungarbeiter" und „Jungarbeiterinnen" 10 % bzw. 30 % aller Jugendlichen im berufsschulpflichtigen Alter ausmachen. Die entsprechenden Prozentsätze für Sehbehinderte in der Teumerschen Aufstellung liegen bei 20 bzw. 35 %. Diese Jugendlichen erhalten keine Chance zu einer noch so bescheidenen beruflichen Qualifizierung. Die technische Zurüstung liegt ausschließlich in der Kompetenz der Betriebe. Angesichts der in meinem Referat aufgezeigten Bedingungen für eine befriedigende Rehabilitation lassen sich die katastrophalen Folgen für den intellektuell behinderten Sehbehinderten erahnen. Wir kennen sie nicht.

Eine echte Chance für eine befriedigende Berufsausbildung Sehbehinderter ergibt sich, wenn sich alle Planungen für eigenständige Lösungen an der im allgemeinen Berufsausbildungswesen konzipierten Stufenausbildung mit zunehmender Qualifizierungsmöglichkeit orientieren würden (vgl. WIEMANN). Für lernbehinderte Sehbehinderte ergäben sich in einem solchen System behinderungsadäquate, auf die Arbeitsmarktchancen des Vermittlungsgebietes ausgerichtete und an Berufsgruppen orientierte Möglichkeiten der Qualifizierung auf dem Niveau I. Berufliche Autonomie im oben angegebenen Sinne wäre möglich. Erfahrungen bei der beruflichen Rehabilitation in den Blindenschulen haben gezeigt, dass die vollständige institutionelle Trennung von Berufsausbildung und anschließender Anpassung an einen Arbeitsplatz einen Bruch im Prozess der beruflichen Sozialisation mit sich bringt. Das duale System der Berufsausbildung, die Trennung zwischen Arbeitsstelle und Berufsschule, die scharfe Grenzziehung zwischen Meister und Lehrer wird auch im allgemeinen berufsbildenden System als reformbedürftig angesehen. Für den intellektuell leistungsgeminderten Sehgeschädigten ist unter diesen Bedingungen ein Erlernen der beruflichen Rolle mit ihren sozialen, ökonomischen und technischen Anteilen unmöglich. Organisatorische und personelle Voraussetzungen wären zu schaffen, um diese Nahtstelle risikoloser zu gestalten. Dazu gehören u. a.: stärkere Orientierung der schulischen Berufsausbildung an die zukünftigen Tätigkeitsfelder, Erprobung am Arbeitsplatz während der Ausbildung, Beteiligung des Berufsschullehrers an der praktischen Ausbildung im Betrieb und seine entsprechende Qualifizierung; die Stelle eines Betreuungslehrers müsste eingerichtet werden. Die Versagerquoten bei den Sehbehinderten, die ihre Berufsausbildung ohne jede spezifische Hilfe durchlaufen müssen, fordern das zwingend! Entwicklungen und Planungen in anderen Sonderschulbereichen sollten genau verfolgt werden. Ebenso sollte man die Anstrengungen und z. T. schon erprobten Lösungen in der DDR in alle Planungen bei uns einbeziehen. Eine behinderungsspezifische Betreuung erfordert nicht zwingend die Sonderberufsschule. Andere Lösungen der Kooperation von Sehbehindertenschule und örtlicher Berufsschule sind denkbar (Sonderberufsschulklasse). Bei der unmittelbar bevorstehenden Neukonzipierung des Blinden- und Sehbehindertenschulwesens in NRW müsste sich unser Verband verstärkt einschalten, um die Chancen für eine befriedigende Berufsausbildung, insbesondere der Sehbehinderten zu sichern.[12]

Literatur

ABELS, H. (Hrsg.): Sozialisation in der Schule. Kettwig o. J. (1971).
ARON, R.: Die industrielle Gesellschaft. Frankfurt 1964.
BACH, H.: Berufsbildung behinderter Jugendlicher. Bonn.Bad Godesberg 1991.
BAUMANN; J.: Einstellungen von Arbeitgebern zu lernbehinderten Jugendlichen, in BACH, a.a.O..

---

[12] Inzwischen wird in Schleswig-Holstein seit Jahren – wie für alle anderen Schulformen und Schulstufen – eine flächendeckende mobile Begleitung sehbehinderter Jugendlicher in der Berufsausbildung von der Sehbehindertenschule Schleswig sicher gestellt. Schleswig-Holstein ging als erstes Bundesland diesen Weg der vollen Integration aller sehbhinderter Schülerinnen und Schüler mit mobilen Diensten.

BAYERISCHER BLINDENBUND (Hrsg.): Studie über die derzeitige Lage und die Zukunft des Blindenhandwerks in Bayern sowie Studie über die derzeitige Lage und die Zukunft der blinden Industriearbeiter. München 1971 (hektogr. Bericht).
BERNSDORF; W.: Wörterbuch der Soziologie. Stuttgart 1969, Stichwort: Beruf.
BOLL, W.: Formen und Methoden der beruflichen Ausbildung Behinderter, in: GESAMTBERICHT ..., S. 19-29.
DREITZEL, H. P.: Die gesellschaftlichen Leiden und das Leiden an der Gesellschaft. Stuttgart 1968.
FERBER, Ch. v.: Sozialpolitikin der Wohlstandsgesellschaft. Hamburg 1967.
DERS.: Der behinderte Mensch und die Gesellschaft, in GESAMTBERICHT ..., S. 19-29.
DERS.: Gesundheit und Gesellschaft. Haben wir eine Gesundheitspolitik? Stuttgart 1971.
FÜRSTENBERG,F.: Normenkonflikte beim Eintritt in das Berufsleben, in: SCHARMANN, S. 190-204.
GESAMTBERICHT über den 65. Deutschen Fürsorgetag in Hamburg 1967. Frankfurt 1968.
GOTTSCHALCH, W.: Soziales Lernen und politische Bildung. Frankfurt 1969.
HOFRICHTER, M.: Arbeitsmöglichkeiten für Behinderte in der Industriegesellschaft, in: Gesamtbericht ... S. 125-138.
INTERNATIONALES SYMPOSIUM über Probleme der beruflichen Rehabilitation Sehgeschädigter, 1967 in Berlin, hrsg. vom Allgemeinen Deutschen Blinden-Verband (DDR), Leipzig 1967.
JAEGGI, U. und Wiedemann, H.: Der Angestellte im automatisierten Büro. Stuttgart 1963.
KANTOWSKI, D.: Zur Typologie jugendlicher Berufswechsler, in: SCHARMANN, S. 222-235.
KÖNIG, R.: Soziologische Orientierungen. Köln - Berlin 1965.
LEMPERT, W.: Berufserziehung als Sozialisation: Hypothesen über die Aneignung und Distanzierung von beruflichen Rollen. Vierteljahresschrift f. Päd. 1968, S. 85-111.
DERS.: Leistungsprinzip und Emanzipation. Frankfurt 1971.
LÜSCHER, K.: Der Prozess der beruflichen Sozialisation. Stuttgart 1968.
MARCUSE, H.: Triebstruktur und Gesellschaft, Frankfurt 1967.
MERSI, F.: Die Schulen der Sehgeschädigten, Neuburgweier 1971.
PAPE, H.: Die Auswirkungen von Sehbehinderungen in Ausbildung und Beruf, in: Die Rehabilitation der Sehbehinderten, Braunschweig 1968 (Internationaler Arbeitskreis Sonnenberg).
PARSONS, T.: Definition von Gesundheit und Krankheit im Lichte der Wertbegriffe und der sozialen Struktur Amerikas, in: A. MITSCHERLICH al. (Hrsg.). Der Kranke in der modernen Gesellschaft, Köln-Berlin 1969.
POLLOCK, F.: Automation. Materialien zur Beurteilung ihrer ökonomischen und sozialen Folgen. Stuttgart 1964.
RATH, W.: Selektion und Bildungschancen sehgeschädigter Schüler. Ergebnisse von sozialstatistischen Erhebungen an norddeutschen Blinden- und Sehbehindertenschulen (erscheint in: W. Thimm (Hrsg.): Materialien zur Soziologie der Behinderten, Neuburgweier 1972).
ROTH, I. A. u. EDDY, E. M.: Rehabilitation for the unwanted. New York 1967.
SAFILIOS-ROTHSCHILD, C.: The sociology and social psychology od disability and rehabilitation, New York 1970.
SCHARMANN, T.: Jugend in Arbeit und Beruf. München 1965.
DERS. (Hrsg.): Schule und Beruf als Sozialisationsfaktoren, Stuttgart 1966.
SCHOENE, W.: Zur sozialen Funktion und sozialen Problematik des Gesundheitsideals, in: Soziale Welt, 1963, S. 109-126.
TEUMER, E.: Die berufliche Rehabilitation der Sehbehinderten, in: Die Rehabilitation der Sehbehinderten, Braunschweig 1968 (Intern. Arbeitskreis Sonnenberg).

THIMM, W.: Blinde in der Gesellschaft von heute. Untersuchungen zu einer Soziologie der Blindheit, Berlin 1971 (a).
DERS.: Minderheitensoziologische Untersuchungen zur Lage berufstätiger Blinder, in: Die Rehabilitation 1971 (b), S. 21 – 32.
DERS..: Zum Verhältnis von Soziologie und Rehabilitation, in: Z. f. Heilpäd. 1971 (c), S. 793 – 799.
WEGENER, H.: Der Sozialisationsprozess bei intellektuell Minderbegabten, in: H. v. Bracken (Hrsg.): Erziehung und Unterricht behinderter Kinder, Frankfurt 1968.
WIEMANN, G.: Berufliche Grundbildung für Jungarbeiter, in: siehe H. Bach (Hrsg.).

1.4 Zum Begriff der Rehabilitationsbedürftigkeit (1973)[13]

Zum Begriff der Rehabilitation

Auch im Sehgeschädigtenwesen wird in zunehmendem Maße der Begriff der Rehabilitation zur Beschreibung von Maßnahmen der schulischen und außerschulischen Förderung Sehgeschädigter gebraucht. Dabei sucht man vergebens nach einer ausführlichen Auseinandersetzung mit dem Begriff der Rehabilitation. Eine eingehende Erläuterung dessen, was unter Rehabilitation zu verstehen sei, ist aber notwendig, wenn die Aufgaben und die Stellung verschiedener Wissenschaftsdisziplinen und die Bedeutung institutionalisierter Hilfsmaßnahmen unserer Gesellschaft in dem mit Rehabilitation bezeichneten „Maßnahmen-Konglomerat" auch nur annähernd beschrieben werden sollen.

Die Begriffsverwirrung ist beträchtlich, wie die im Anhang aufgeführten Definitionen von Rehabilitation zeigen. Diese Aufstellung könnte erweitert werden. So kommt z. B. RENKER durch die Aufführung verschiedener (und ganz anderer) Definitionen zu einem ähnlichen uneinheitlichen Bild (RENKER 1966, 17-24, vgl. auch Deutscher Bundestag, Drucksache VI/896).

Dieser Beitrag soll die Begriffsverwirrung – die ja immer auch eine Verwirrung in der Sache signalisiert! – nicht vergrößern, sondern eine wie mir scheint bisher vernachlässigte Seite der Rehabilitation ins Licht rücken, die ich als die nicht genügend aufgedeckte *Ursache* für diese unsichere Bestimmung von dem, was Rehabilitation ist, bezeichnen möchte.

Die im Anhang vorgelegten und andere Definitionsversuche und Zielumschreibungen beschreiben Maßnahmen und Ziele der Rehabilitation immer wieder mit Anpassung (Integration) an (in) die Gesellschaft (missverständlich oft auch Gemeinschaft), mit sozialer Eingliederung (oder Wiedereingliederung) in durch Behinderungen verschiedenster Art und Ursache abgebrochene, gefährdete, erschwerte Sozialbeziehungen.

Dem internationalen Sprachgebrauch folgend umfasst der von uns gebrauchte Terminus Rehabilitation ausdrücklich auch den Bereich der sogenannten Habilitation, also die Maßnahmen zur Ersterlangung von Fähigkeiten zur Eingliede-

---
[13] Sehgeschädigte. Intern. Wiss. Archiv Nr. 2, 1973, 31-48.

rung in die Gesellschaft unter der Bedingung eines körperlichen, geistigen, seelischen Schadens.

Ob ein Mitglied einer Gesellschaft und in welcher Hinsicht es als rehabilitationsbedürftig erscheint, hängt davon ab, was körperlich, geistig und seelisch als „normal" angesehen wird, welche Funktionsleistungen eben dieser Gesellschaft als wichtig und bedeutsam erscheinen für ihr Funktionieren und ihren Fortbestand und schließlich – damit zusammenhängend –, durch welche Sanktionsmechanismen der individuelle Leistungsbeitrag (quantitativ und qualitativ) bestimmend wird für die soziale Positionszuweisung. Global gesprochen: Rehabilitationsbedürftigkeit ist ein von den gesellschaftlichen Verhältnissen abhängiges Phänomen, also ein soziales Phänomen. Diese Formulierung schließt sowohl die faktische Feststellung der Rehabilitationsbedürftigkeit als auch die gesellschaftliche Antwort auf dieses Faktum ein. Die kulturelle, ökonomische, technologische und politische Organisierung einer Gesellschaft gibt den Rahmen ab für die Bestimmung von Rehabilitationsbedürftigkeit und für die Chancen zur Rehabilitation als Hilfe zur Eingliederung in die Gesellschaft.

Diese gesellschaftliche Verflechtung der Rehabilitation erscheint so selbstverständlich, dass sie kaum hinterfragt wird. Gerade die fehlende oder unzulängliche Entwirrung dieses Bedienungsgeflechtes scheint mir aber die Ursache dafür zu sein, dass Rehabilitation – in der Forschung mehr noch als in der Praxis – nicht eindeutig definiert und etabliert ist.

In der Antwort der Bundesregierung vom 2. Juni 1970 auf eine Große Anfrage der CDU/CSU-Bundestagsfraktion zur Rehabilitation (DEUTSCHER BUNDESTAG; Drucksache VI/896) wird festgestellt, dass die Koordinierung „im deutschen Bereich als das Kernproblem der Rehabilitation bezeichnet werden" muss. In einem im gleichen Jahr für die Bundesarbeitsgemeinschaft für Rehabilitation angefertigten Gutachten „Zur Frage der Einrichtung einer Forschungsstelle (Stabsstelle) bei der Bundesarbeitsgemeinschaft für Rehabilitation" (bisher als Manuskript vorliegend), weist C. v. FERBER auf die im erheblichen Umfang auftretenden Koordinierungsprobleme hin, wenn „Rehabilitation als Aufgabe der Gesellschaftsplanung" die vielfältigen notwendigen Forschungen in den verschiedenen Wissenschaftsdisziplinen initiieren und deren Ergebnisse integrierend aufnehmen will. (Vgl. auch das Vorwort C. v. FERBERs in THIMM 1971 a).

Ausgehend von der im Anhang (Nr. 8) zitierten Definition von FERBERs möchte ich an der zentralen Kategorie der Rehabilitationsbedürftigkeit einige interdisziplinäre Probleme in der Rehabilitation Sehgeschädigter aufweisen, wobei der Beitrag der Soziologie – meinem wissenschaftlichen Standort entsprechend – etwas genauer konturiert werden soll.

C. v. FERBER definiert in dem zitierten Gutachten „Rehabilitation als Wiederherstellung *individueller* Lebensbedingungen auf der Grundlage einer wissenschaftlich begründeten Simulation existenzwichtiger Funktionen angesichts generalisierter kolleker Normen, deren gesellschaftliche Auswirkungen weithin nicht überprüft sind, ..." (1971, 9 u. 10)

Damit ist zunächst eine Abgrenzung zur Sozialpolitik gegeben: Zielt Sozialpolitik auf den Fall „der gruppenweise auftritt" (PRELLER 1966), auf die Sicherstellung kollektiver Bedürfnisse, so zielt Rehabilitation auf die Feststellung und Behebung der individuellen Bedürftigkeit bei körperlichen, geistigen und seelischen Behinderungen. Rehabilitation greift in den persönlichen Lebensbereich ein, in den Prozess der individuellen Vergesellschaftung (vgl. v. FERBER, 1971).

Fächert man diese Definition von Rehabilitation auf, dann erscheinen als Voraussetzung zur Feststellung der Rehabilitationsbedürftigkeit:

1. Die Aufhellung des Normenhintergrundes, vor dem sich die Bestimmung eines körperlichen, geistigen, seelischen Schadens (impairment) als Behinderung (disability) vollzieht, Es ist zu fragen, an welchen Normen Rehabilitationsbedürftigkeit gemessen werden sollte. Das bedeutet, dass auf die Rehabilitation gerichteten Bemühungen die Normen unserer Gesellschaft nicht unbefragt übernehmen können. Diese Normen sind auf ihre ausgliedernde, diskriminierende und Leiden verursachende Wirkung hin zu überprüfen. Rehabilitation zielt ab auf die Erforschung und gegebenenfalls Veränderung des soziokulturellen Milieus des zu Rehabilitierenden.

2. Die Notwendigkeit zu erforschen, welche existenzwichtigen Funktionen durch die Behinderung betroffen werden, so dass ein Behinderter in der Teilhabe an alters-, geschlechts- und statusspezifischen Sozialbeziehungen beschränkt oder gar von solchen Beziehungen ausgeschlossen wird, Die wissenschaftlich-fundierte Simulation der zur rehabilitierenden Funktionen (v. FERBER, Gutachten S. 7) als Voraussetzung für Rehabilitationsbemühungen setzt die Kenntnis der Bedingungen voraus, unter denen ein „Nichtbehinderter", Normaler", „Gesunder" sozialisiert wird. Zu diesen beiden Komplexen (1) Zusammenhang zwischen sozialen Normen und Rehabilitationsbedürftigkeit und (2) Bestimmung der zu rehabilitierenden Funktionen sollen im Folgenden ausschnitthaft einige Gesichtspunkte dargestellt werden. Sie gründen sowohl in eigenen praktischen Erfahrungen als auch in dem wissenschaftlichen Bemühen um die Rehabilitation Sehgeschädigter; das bedeutet, dass auch Überlegungen, die sich nicht ausdrücklich auf empirische Befunde berufen und vielleicht als Spekulationen erscheinen mögen, einen praktischen und wissenschaftlichen Erfahrungshintergrund haben.

Rehabilitationsbedürftigkeit – soziale Normen – rehabilitationsbedürftige Funktionen - Behinderung und gesellschaftliche Leistungsorientierung

Im vorhergehenden Beitrag (1.3 Behinderung und gesellschaftliches Leistungsideal) wurden die Auswirkungen der gesellschaftlichen Leistungsorientierung auf die beruflichen Chancen behinderter Menschen (im engeren Sinne: sehgeschädigter Menschen) und die Folgen unterschiedlicher Rollenerwartungen in Arbeitsplatzsituationen (gesellschaftliche Normen, Normierung durch Arbeitgeber, Arbeitskollegen und des betroffenen behinderten Menschen selbst) diskutiert. Eine weitere rollentheoretische Diskussion des beruflichen Handelns erfolgte zu einem späteren Zeitpunkt (1985), in diesem Band als Kapitel 2.10

aufgenommen. Der vorliegende Beitrag wurde um die entsprechenden Passagen gekürzt mit der Bitte, die angegebenen Stellen hinzuzuziehen.

Stereotypisierende gesellschaftliche Einstellungen

Die Auswirkungen der generellen gesellschaftlichen Leistungsorientierung auf die Behinderten, die Behinderung zur Leistungseinschränkung per definitionem werden lässt, sind in Beziehung zu sehen zu dem Klischee, das einer speziellen Behinderung anhaftet. Die gesellschaftlich verortete stereotypisierende Beurteilung einer Behinderung aktualisiert sich in Interaktionen zwischen Menschen mit und Menschen ohne Behinderung (in gemischten sozialen Beziehungen) in auf den Behinderten gerichteten Verhaltenserwartungen. Fassen wir nun soziale Rolle als auf eine soziale Position gerichtetes Bündel von Verhaltenserwartungen auf, so wird deutlich, dass in den verschiedensten sozialen Rollen, die ein Behinderter ausführt, jeweils der Einfluss des aus der gesellschaftlichen Bewertung der Behinderung resultierenden Anteils in den Rollenerwartungen von entscheidender Bedeutung für den Vollzug einer sozialen Rolle sein kann. Hochdifferenzierte und spezialisierte Gesellschaften wie die unsere zeichnen sich nun dadurch aus, dass der Rollenhaushalt der Gesellschaft und damit auch des Individuums enorm ausgeweitet ist Diese Ausweitung vollzog sich durch Ausdifferenzierung der Normen hinsichtlich ihrer Herkunft und ihres Grades an Sanktionsverbindlichkeit (DREITZEL 1968). So unterscheiden sich soziale Rollen sehr dadurch voneinander, wie stark sie das Verhalten des einzelnen normieren, welcher Spielraum der persönlichen Ausgestaltung, zu „Ich-Leistungen" (DREITZEL) in einer Rolle bleibt. So werden in wenig differenzierten Gesellschaften die Rollen sehr stark von personenbezogenen kulturellen Normen bestimmt, und diese Normen sind weitgehend internalisiert, unbefragte Selbstverständlichkeiten. Wenn uns in geschichtlichen Dokumenten von Blinden als Seher, Sänger, Bettler usw. berichtet wird, so lag in dieser eindeutigen gesellschaftlichen Positionszuweisung aufgrund eines Merkmals grundsätzlich kein Sonderfall vor. In unserer Gesellschaft aber ist die für alle sozialen Beziehungen gültige eindeutige Statuszuweisung aufgrund *eines* Merkmals der Ausnahmefall, wie es DÖRNER z. B. für die Rolle des psychisch Kranken nachweist, wo die Gesellschaft durch eben diese genau fixierte Positionszuweisung den Rollenspielraum, die Möglichkeit zu „Ich-Leistungen," total einschränkt. (Absonderung in Kliniken)

Das Bild der Gesellschaft vom Blinden zeichnet sich nun dadurch aus, wie verschiedene amerikanische Untersuchungen und auch eigene (z. B. GOWMAN; THIMM 1971) zeigen, dass dem Blinden uneingeschränkte Hilfsbedürftigkeit zugestanden wird: Blindheit ist das schlimmste aller Gebrechen; Blinde neigen in ihrer stillen, ernsten, gehemmten und zurückhaltenden Art zur Verinnerlichung. Sowohl im emotionalen Bereich als auch im Leistungsbereich sind die normalen Normen nicht auf sie anwendbar. Die Bewertungen eines Blinden liegen außerhalb der Dimension, in der sich die für das auf gesellschaftlichen Erfolg ausgerichtete Handeln maßgeblichen Beurteilungsprozesse abspielen.

Im Gegensatz zu GOWMAN, der von einer „umfassenden Rolle des Blinden" spricht, lässt sich zeigen, dass je nach Art der Interaktionssituation nicht alle Züge des Blindheitsstereotyps aktualisiert werden. Das liegt an der vorhin angesprochenen sehr unterschiedlichen Normenstrukturierung (unterschiedlicher Anteil an streng vorgeschriebenen Verhaltenserwartungen oder an Ich-Leistungen) einzelner sozialer Rollen

Es lässt sich wohl nachweisen, dass die gesellschaftlich zugestandene uneingeschränkte Hilfsbedürftigkeit, resultierend aus der Bewertung von Blindheit als schlimmstem Gebrechen, in der Sozialgesetzgebung ihren Niederschlag gefunden hat (Thimm, 1971). Diese kategoriale Bewertung einer Behindertengruppe hat in diesem Falle sozialpolitisch gesehen unbestreitbar Vorteile gebracht, den auf den individuellen Fall gerichteten Rehabilitationsbemühungen steht aber eine solche stereotypisierende gesellschaftliche Definition von Rehabilitationsbedürftigkeit massiv im Wege. Eine objektive Bestimmung von Rehabilitationsbedürftigkeit hat also den normierenden Einfluss stereotypisierender Einstellungen der Nichtbehinderten aufzudecken.

Operationalisierung von Rehabilitationsbedürftigkeit angesichts generalisierter Normen

- Soziale Situation / Definition der Situation

Soziale Rollen als Bündel von Verhaltenserwartungen, die auf eine soziale Position gerichtet sind, aktualisieren sich in sozialen Situationen. Gelingt es uns, die Normenstruktur solcher sozialen Situationen freizulegen, d. h. das Geflecht der Verhaltenserwartungen und -entsprechungen der (behinderten und nicht behinderten) Interaktionspartner, so wäre damit ein erster Beitrag zur Operationalisierung von Rehabilitationsbedürftigkeit geleistet. Diese Operationalisierung zur konkreten Freilegung der die Rehabilitationsbedürftigkeit und damit auch die Rehabilitation strukturierenden Normen und zur Bestimmung der zu rehabilitierenden Funktionen ist Voraussetzung für die Konzipierung von Rehabilitationsmodellen. Der Beitrag, den Soziologie dazu leisten könnte, soll im Folgenden skizziert werden.

Ausgangspunkt ist der Begriff der sozialen Situation, der von W. I. THOMASs (1863-1947) als ein entscheidendes analytisches Werkzeug zum Studium des menschlichen Sozialverhaltens angesehen wird. Wenn wir mit Max WEBER „die Chance, dass in einer sinnhaft angebbaren Weise sozial gehandelt wird" als das konstitutive Merkmal der sozialen Situation bezeichnen, so kann man mit THOMAS sagen: Diese Chance besteht darin, dass in sozialen Situationen die Definitionen der einzelnen Interaktionspartner in der Regel mit gruppenspezifischen (i. w. S. kulturellen) Definitionen übereinstimmen und über diesen Konsensus soziales Handeln zwischen den Interaktionspartnern möglich wird. Untersuchungen von GOWMAN; JOSEPHSON; LUKOFF and WHITEMANN; SCOTT und eigene Untersuchungen zeigen – so unterschiedlich ihre empirischen und theoretischen Ansätze sind – dass Sehschädigungen verschiedener Grade in aktuellen Situationen immer wieder zu einer divergenten Strukturierung dieser Situationen führen, d. h., in gemischten sozialen Situationen tritt eine Diskrepanz zwischen den Situationsdefinitionen der Behinderten und der Nichtbehinderten (i. w. S. der Gesellschaft) auf.

Diese wurde in anderen Beiträgen (siehe Anmerkungen unter 2.1) für die Arbeitsplatzsituation aufgezeigt. Ein weiteres Beispiel, das bei einem einseitig auf berufliche Eingliederung ausgerichteten Rehabilitationsverständnisses kaum eine Rolle spielt, sei hier erläutert.

Beispiel: Interaktionssituationen

Sehschädigungen verschiedener Grade machen sich besonders störend bemerkbar in Situationen, die durch Normen mit relativ großem Spielraum der persönlichen Ausgestaltung strukturiert sind. Solche Interaktionssituationen, in denen Kontaktrollen mit einem geringen Anteil klar definierter Rollenvorschriften ausgeführt werden müssen, die „fallweises, situationsadäquates Verhalten" *(Gehlen)* verlangen, erfordern einen hohen Grad an Information, und ihre Bewältigung wird zu einem Problem der Informationsbeschaffung und -bewältigung. TONKOVIC bemerkt völlig zu Recht, dass diesem, von ihm mit „sozialen Kontaktstörungen" bezeichneten Bereich bisher wenig Aufmerksamkeit in der Fachliteratur gewidmet wurde. Zu denken wäre hier u.a. an den Sehgeschädigten als Gastgeber, als Gast, als Nachbar, als Straßenpassant, der Bekannten begegnet, als Käufer und ähnliche Rollen. Eine mir bekannte empirische Aufschlüsselung einer solchen Situation liegt in dem von GOWMAN durchgeführten Einkaufsexperiment vor.

Im einzelnen stellen sich bei der Bewältigung solcher Kontaktrollen, die von situationsbezogenen Interaktionsnormen mit großem Spielraum für Ich-Leistungen bestimmt sind, für Sehgeschädigte folgende Informationsprobleme:

1. Der Anlass der Situation muss bekannt sein. Das dürfte für Sehgeschädigte in den meisten Fällen auch zutreffen.

2. Allgemeine gesellschaftliche Typisierungsschemata (Unterscheidung zwischen alt – jung, Mann – Frau usw.) zur ersten Orientierung des Verhaltens können nur verzögert oder gar nicht ins Rollenspiel eingebracht werden.

3. Identitätsaufhänger der an der Interaktion beteiligten Personen sind gar nicht oder nur sehr schwer zu erkennen. Dazu gehören das Erkennen von nur optisch wahrnehmbaren Rollenattributen wie Kleidung, äußeres Aussehen; dazu gehört aber auch die Schwierigkeit bzw. Unfähigkeit, bekannte Personen in dieser neuen Situation wiederzuerkennen.
Diese Basisinformationen sind für den Vollsichtigen in gleicher Weise wichtig und lassen sich über optische Wahrnehmung leicht beschaffen.

4. Ein spezielles Problem stellt sich für Sehgeschädigte in der Erfüllung von Erwartungen hinsichtlich des körperlichen Verhaltens, der Gestik, der Mimik, die in relativ unstrukturierten und wechselnden Interaktionssituationen von besonderer Bedeutung sind. Hier fällt es insbesondere Blinden oft schwer, den „Rollenbräuchen" z. B. als Gesprächsteilnehmer, Diskussionsteilnehmer, als Gast oder Gastgeber zu entsprechen und sich in diesem Bereich abspielenden Interaktionsbeziehungen (z. B. Ausrichtung des eigenen Verhaltens an nur optisch wahrnehmbaren Reaktionen der Interaktionspartner) anzupassen. Letzteres dürfte auch bei vielen Sehbehinderten der Fall sein. Das führt uns

5. zu einer anderen Dimension der Beherrschung von Interaktionssituationen: der *Inszenierung der Information* über die eigene Person, insbesondere über die Behinderung. Sowohl Blindheit als auch Sehbehinderungen sind in vielen Situationen für die anderen nicht unmittelbar wahrzunehmen. Beachten wir mit GOFFMAN (1967) die wichtige Unterscheidung zwischen verdecktem und offen stigmatisierendem Merkmal, so ergibt sich für Sehgeschädigte eine Reihe von Kombinationen für die Verhaltensinszenierung, je nachdem, ob die Behinderung für die Interaktionspartner unmittelbar wahrnehmbar ist und damit der Behinderte durch diese Behinderung diskreditiert wird, oder ob die Behinderung für die Partner zunächst verborgen bleibt und das behinderte Individuum diskreditierbar ist. Es ist für den Sehgeschädigten also wichtig zu wissen, ob die Behinderung als bekannt vorausgesetzt werden kann oder nicht, ob sie im letzteren Falle in die Situation eingebracht werden soll oder nicht und in welcher Weise dies geschehen soll usw. GOFFMAN beschreibt bei Behinderten beobachtete Techniken der Informationskontrolle. Solche Versuche des *Täuschens* und *Kurierens (Verdeckens)* sind für alle Sehschädigungsgrade zu beobachten. Blindenstock, Blindenbinde und evtl. auch Brille fungieren als Stigmasymbol bzw. Rollenattribut und werden daher von vielen Sehgeschädigten abgelehnt. Besondere Anstrengung in solchen Verhaltensweisen, die (u.U. auch nur vermeintlich) mit der Behinderung besonders assoziiert werden, dienen dazu, die Interaktionspartner über die Behinderung im unklaren zu lassen. So täuschen Sehbehinderte gelegentlich Lesen, Blinde volle Orientierungsfähigkeit vor. Fachleute wissen, dass Sehbehinderte gelegentlich aus Angst vor dem Verlust des Arbeitsplatzes ihre Behinderung verschweigen. Welche Nöte und Störungen im beruflichen Rollenverhalten sich daraus ergeben (Distanzierungsstörungen!) können wir nur erahnen. Umfassende Einsichten fehlen uns. Solche Techniken des Täuschens und Kurierens, die darauf abzielen, die Behinderung ganz aus der Interaktionssituation herauszuziehen oder in möglichst unauffälliger Weise in die Interaktionssituation einzubringen, berühren eine wichtige pädagogische Frage. Wenn man mit GOFFMAN als die angepassteste Phase an die Behinderung die Fähigkeit bezeichnen will, die Behinderung, da wo es notwendig ist, in unaufdringlicher Weise in Interaktionsbeziehungen einzubringen, so verlangt das umfassende Situationskenntnisse, um entscheiden zu können, wo die Sehbehinderung/Blindheit unbedingt, nur bedingt oder gar nicht in Interaktionsbeziehungen einzubringen wäre und weiterhin Kenntnisse darüber, wann und wie dieses Einbringen in die Situation geschehen sollte. Techniken der Informationskontrolle müssten also Gegenstand der Rehabilitation von Behinderten, also auch von Blinden und Sehbehinderten, sein.

Die von uns näher beschriebenen Schwierigkeiten und Störungen in der Ausführung von situationsbezogenen Rollen, insbesondere der Kontaktrollen, lassen sich als *Orientierungsstörungen* kennzeichnen. Der durch – oft wenig scharf konturierte – Rollenbräuche strukturierte weite Bereich der geforderten Ich-Leistungen, die in solchen offenen Interaktionssituationen erforderliche rasche Anpassung an wechselnde Verhaltensanforderungen, die zudem häufig nur auf optischem Wege wahrnehmbar sind (man denke z.B. nur an die Bedeutung von Mienenspiel und Gestik der Gesprächsteilnehmer für die eigene Gesprächstaktik!), bringt für Sehgeschädigte große Unklarheit über die Rollenforderungen mit sich. Als Folgen dieser Bedrohung der Ich-Leistungen durch Normenschwäche (Orientierungsstörungen) (DREITZEl) sollen nur angedeutet werden: der –

den Bräuchen Lind Konventionen solcher Kontaktrollen widersprechende – Zwang zur einseitigen Thematisierung, der von Gesprächsteilnehmern (Gastgeber, Besucher) peinlich empfunden wird; Rückzug aus solchen verhaltensverunsichernden Rollenbereichen und damit Verringerung des Rollenhaushaltes. Solche aus Normenschwäche, d. h. aus der Unkenntnis von Rollenanforderungen resultierende Reaktionen beschreibt WEGENER auch bei intellektuell Minderbegabten. Von DREITZEL beschriebene *Distanzierungsstörungen*, die sich bei Sehgeschädigten daraus ergeben, dass die im Rollenspiel geforderten Ich-Leistungen unter Druck gesetzt werden durch vorurteilsverhaftete stereotype Einstellungen der Interaktionspartner wurden am Beispiel der Arbeitsplatzsituation aufgezeigt.

Möglichkeiten der Situationsanalyse

Gelingt es uns, die Normenstruktur sozialer Situationen, an denen Behinderte teilnehmen sollen, das Geflecht der gesellschaftlich definierten und durch die Interaktionspartner aktualisierten Verhaltenserwartungen und -entsprechungen aufzudecken, dann wäre es auf der Grundlage dieser Einsichten möglich, näher zu bestimmen:

1. Welchen Normen der Behinderte nicht entsprechen kann aus unaufhebbaren und auch aufhebbaren behinderungsspezifischen Gegebenheiten, aus falschen und darum vermeidbaren und veränderbaren Verhaltensdispositionen (z.B. falsche Normenorientierung!) zur Rettung und Wahrung seiner Identität (z.B. Vorurteilsnormen);

2. welche Normen der Nichtbehinderten (i.w.S. der Gesellschaft) in den Situationen verändert werden müssen in Richtung auf ihre Zumutbarkeit und Zuträglichkeit für den Behinderten;

3. welche Funktionen zur Teilhabe an solchen Situationen angesichts einer spezifischen Behinderung und einer spezifischen individuellen Situation zu rehabilitieren sind.

Dazu wurden einige Überlegungen aus der Sicht der Soziologie angestellt. Es ist aber auch hier und da in den angeführten Beispielen (Arbeitsplatz - Kontaktrollen) deutlich geworden, welche Forderungen an andere Wissenschaftsdisziplinen zu stellen sind. Um nur eines zu nennen: Wir benötigen dringend weitere Beiträge der Ophthalmologie, wie sie z. B. in den Untersuchungen von SCHMIDTKE und SCHOBER (1967) vorliegen, in denen die medizinisch feststellbare Funktionseinschränkung umgelegt wird auf konkrete Situationen. Ansätze dazu zeigen sich in dem in den USA entwickelten Rehabilitations Codes (RIVIERE). Diese Umlegung ophthalmologischer Kriterien auf konkrete Situationen kann nicht von einer Einzelwissenschaft allein – insbesondere nicht von der Pädagogik – geleistet werden.

Rehabilitationsforschung als interdisziplinäre Forschung

Fassen wir Rehabilitationsbedürftigkeit als einen durch die gesellschaftliche Bewertung eines medizinisch feststellbaren physisch-psychischen Gebrechens definierten Zustand auf, dann zielen alle wissenschaftlich begründeten praktischen Bemühungen um Rehabilitation darauf ab, den Behindertenstatus als reversibel anzusehen (vgl. v. FERBER 1971). Grenzen und Chancen der Reversibilität dieses Statuswechsels aufzuzeigen, wäre die Aufgabe der in der Rehabilitationsforschung kooperierenden wissenschaftlichen Einzeldisziplinen.

Die Koordinierung der Einzelwissenschaften unter dem Gesichtspunkt der Rehabilitationsforschung als einer praxisorientierten Forschung, die *Rehabilitation als Prozess der Rückführung aus dem Behindertenstatus in alters-, geschlechts- und sozialstatusspezifische Sozialbeziehungen,* also als Prozess des sozialen Lernens auffasst, ist bisher auch im Sehgeschädigtenwesen nicht gelungen. Die vorstehenden Ausführungen sollten in einer näheren Bestimmung von Rehabilitationsbedürftigkeit als von gesellschaftlichen Normen abhängiges Faktum und in dem Aufweis einiger Möglichkeiten zur Bestimmung der zu rehabilitierenden Funktionen „angesichts generalisierter kollektiver Normen" (v. FERBER) Ansatzpunkte für die interdisziplinäre Diskussion liefern.

Anhang: Definitionen von Rehabilitation

1. Rehabilitation im engeren Sinne: „Wiedergewinnung einer bereits ausgebildeten, aber durch die Ursache der Behinderung verlorengegangenen Funktion physischer oder psychischer Natur", im weiteren Sinne: „Ersterlangung einer Fähigkeit unter Einsatz besonderer Bemühungen, Aufgaben und Ziele; Erreichung von körperlichem, psychischem und sozialem Wohlbefinden trotz Behinderung."(PAUL 1965)

2. „Das Ziel der Rehabilitation ist es, Menschen mit körperlichen, geistigen und psychischen Defekten in den Stand zu setzen, am Leben der Gemeinschaft teilzunehmen, sie weitgehend von der Hilfe anderer Personen unabhängig zu machen, ihnen einen geeigneten Arbeitsplatz zu verschaffen, um ihnen so zu einem nützlichen und sinnvollen Leben zu verhelfen." (BORNEMANN 1967) BORNEMANN, S. 355

3. „Unter Rehabilitation werden alle ärztlichen, soziologischen und wirtschaftlichen Hilfsmaßnahmen zur Wiederertüchtigung verstanden, um einen durch Krankheit, Unfall oder sonstige Ursache geistig oder körperlich geschädigten oder behinderten Menschen soweit als möglich wieder in ein normales und wirtschaftlich gesichertes Leben in der Gesellschaft einzugliedern." (WECHSELBERG 1970, in: HORNEY u.a.)

4. „Rehabilitation ist die Summe aller Maßnahmen, die notwendig sind, um einen Menschen, der Schaden genommen hat an seinem Körper und also auch an seiner Seele, zurückzuführen in die Gemeinschaft der Aktiven, Selbständigen, der voll Berufstätigen." (SENGER 1969) SENGER

5. „Rehabilitation im medizinischen Bereich heißt: Wiedereingliederung von körperlich oder geistig Behinderten in Beruf und Gesellschaft".(TESCHNER 1969)

6. „Die Maßnahmen der Rehabilitation dienen dem Ziel, den Kranken mit dessen aktiver Mitarbeit in körperlicher und geistiger Hinsicht soweit als möglich

herzustellen bzw. wiederherzustellen, ihn durch soziale, berufliche und andere wissenschaftliche Maßnahmen zu fördern und in das tätige Leben zurückzuführen, um damit den Leistungsgeminderten zu einem vollwertigen Glied unserer Gesellschaft zu machen. ... Hauptaufgabe der Rehabilitation war, ist und wird immer bleiben: geschädigten Menschen das Bewusstsein zu geben, trotz ihres Körperschadens doch vollwertige Mitglieder der menschlichen Gesellschaft zu sein bzw. zu werden... .Erst in zweiter Linie stehen ökonomische Probleme." (KACHEL/WEIGEL 1967)

7. „Unter Rehabilitation werden alle Maßnahmen verstanden, die darauf gerichtet sind, körperlich geistig oder seelisch behinderten Menschen zu helfen, ihre Kräfte und Fähigkeiten zu entfalten und einen entsprechenden Platz in der Gemeinschaft zu finden; dazu gehört vor allem eine dauerhafte Eingliederung in Arbeit und Beruf" (DEUTSCHER BUNDESTAG 1970).

8. „Rehabilitation (heißt) Wiederherstellung individueller Lebensbedingungen auf der Grundlage einer wissenschaftlich begründeten Simulation existenzwichtiger Funktionen angesichts generalisierender kollektiver Normen, deren gesellschaftliche Auswirkungen weithin nicht überprüft sind" (v. FERBER 1971).

Zusammenfassung

Ausgehend von verschiedenen Rehabilitations-Definitionen wird aus soziologischer Sicht eine Schärfung des Rehabilitationsbegriffes vorgenommen. *Rehabilitationsbedürftigkeit* wird dabei als ein von gesellschaftlichen (kulturellen, ökonomischen, technologischen, politischen) Faktoren abhängiges Faktum interpretiert, wobei insbesondere der Einfluss der gesellschaftlichen Leistungsorientierung und die Folgen stereotypisierender Einstellungen (Vorurteile) aufgezeigt werden. An einem Beispiel (Kontaktrollen) wird versucht, durch eine Situationsanalyse die Normenstruktur und die durch Sehschädigung verursachte divergente Strukturierung von Situationen aufzudecken, wobei kurz auf die mit Distanzierungs- bzw. Orientierungsstörungen gekennzeichneten Verhaltensstörungen der sehgeschädigten Interaktionspartner eingegangen wird. Damit sollte ein erster (soziologischer) Beitrag zur Operationalisierung von Rehabilitationsbedürftigkeit geleistet werden. Rehabilitationsforschung als interdisziplinäre, praxisorientierte Forschung hat die Aufgabe, die Normen aufzudecken, vor deren Hintergrund sich Rehabilitationsbedürftigkeit vollzieht.

Literatur

ACHINGER, H.: Sicherung bei langfristigen Leiden und Gebrechen durch medizinische und soziale Maßnahmen und Einkommenshilfen, in: Soziale Sicherung in der Bundesrepublik Deutschland. Bericht der Sozialenquete-Kommission. Stuttgart o. J. (1966).
ADAM, F.: Beitrag zu einer Phaenomenologie der Berufsunfähigkeit. Stuttgart 1964.
BERNSDORF, W.: Wörterbuch der Soziologie. Stuttgart 1969.
BORNEMANN, E., in: ISRD-Proceedings of the Tenth World Congress. Heidelberg 1967.
DEUTSCHER BUNDESTAG, Drucksache VI/896: Wiedereingliederung körperlich, geistig und seelisch Behinderter in Arbeit, Beruf und Gesellschaft (Rehabilitation). 2. Juni 1970.
DÖRNER, K. u. PLOG, U. (Hrsg.): Sozialpsychatrie. Neuwied-Berlin 1972.

DÖRNER, K.: Die Rolle des psychisch-Kranken in der Gesellschaft, in: W. Thimm (Hrsg.), Soziologie der Behinderten-Materialien, Neuburgweier 1972.
DREITZEL, H. P.: Die gesellschaftlichen Leiden und das Leiden an der Gesellschaft. Stuttgart 1968.
FERBER, C. v.: Sozialpolitik in der Wohlstandsgesellschaft. Hamburg 1967.
Ders (1968).: Der behinderte Mensch und die Gesellschaft, in: W. Thimm (Hrsg.), Soziologie der Behinderten-Materialien, Neuburgweier 1972.
Ders. (1971): Zur Frage der Einrichtung einer Forschungsstelle (Stabsstelle) bei der Bundesarbeitsgemeinschaft für Rehabilitation. Unveröffentl. Gutachten, Bielefeld 1971.
Ders.: Gesundheit und Gesellschaft. Haben wir eine Gesundheitspolitik? Stuttgart, Berlin, Köln, Mainz 1971.
GOFFMAN, E.: Stigma. Über Techniken der Bewältigung beschädigter Identität. Frankfurt 1967.
GOWMAN, A. G.: The war blind in American social structure. New York 1957.
HORNEY, RUPPERT, SCHULTZE: Pädagogisches Lexikon. Gütersloh 1970, Stichwort „Rehabilitation".
JOSEPHSON, E.: The social life of blind people. New York 1968.
KACHEL, K. H. u. WEIGEL, H. (Hrsg.): Leistungsrest und Rehabilitation. Leipzig 1967.
KÖNIG, R.: Soziologische Orientierungen. Köln, Berlin 1965.
LEMPERT, W., Leistungsprinzip und Emanzipation. Frankfurt 1971.
LUKOFF, I. F. and WHITEMAN, M.: The social sources of adjustment to blindness. New York o. J. (1970).
MENNINGER, W. (Hrsg.): Ungleichheit im Wohlfahrtsstaat. Der Alva-Myrdal-Report. Reinbek 1971.
PARSONS, T.: Definition von Gesundheit und Krankheit im Lichte der Wertbegriffe und der sozialen Struktur Amerikas, in: Mitscherlich et al. (Hrsg.), Der Kranke in der modernen Gesellschaft, Köln, Berlin 1969 (2).
PAUL, H. A.: Arbeitsmedizin, Psychologie und Soziologie in der Rehabilitation, in: Rehabilitation, Mediz. Pharmazeutische Studiengesellschaft, Schrift 2/3, Frankfurt 1965.
DERS.: Stichwort „Rehabilitation" in: Hesse, F. und Wegener, H., Enzyklopädisches Handbuch der Sonderpädagogik, Berlin 1965 f., Sp. 2787-2792.
PRELLER, S.: Sozialpolitik gestern und heute, in: Hessische Hochschulwochen Bd. 49, Bad Homburg 1966.
RENKER, K. H.: Was ist Rehabilitation? in: Rehabilitation. Organisation und medizinische Praxis (1. Internationales Symposium der sozialistischen Länder über Rehabilitation). Leipzig 1966.
RIVIERE, M.: Classification of impairment of visual function (Rehabilitation Codes). New York 1970.
ROTH, I. A. and EDDY, E. M.: Rehabilitation for the unwanted. New York 1967.
SAFILIOS-ROTHSCHILD, C.: The sociology and social psychology of disability and rehabilitation. New York 1970.
SCHMITTKE, M. und SCHOBER, H.: Sehanforderungen bei der Arbeit. Stuttgart 1967.
SCHOENE, W.: Zur sozialen Funktion und sozialen Problematik des Gesundheitsideals, in: Soziale Welt 1963, S. 109-126.
SCOTT, R. A.: The making of blind man. New York 1969.
SENGER, V. (Hrsg.): Krankheit und Gesellschaft. Reinbek 1969, Kap. Rehabilitation.
TESCHNER, S. (Hrsg.): Krankheit und Gesellschaft, Reinbek 1969, Kap. Modelle.
THIMM, W.: Blinde in der Gesellschaft von heute. Untersuchungen zu einer Soziologie der Blindheit, Berlin 1971 (a).

Ders.: Zum Verhältnis von Soziologie und Rehabilitation, in: Z. f. Heilpäd. 1971 (b), 793-799.
Ders.: Sehschädigung als Ursache für die divergente Strukturierung sozialer Situationen, in: Soziologie der Behinderten- Materialien, Neuburgweier 1972 (a).
Ders.: Die amtliche Behindertenstatistik in der Bundesrepublik Deutschland, in: Soziologie der Behinderten, aaO. (1972 b).
THOMAS, W. I.: Person und Sozialverhalten. Neuwied-Berlin 1965.
TONKOVIC, F.: Über soziale Kontaktstörungen bei Blinden, in: Die Gegenwart 1966.
WEGENER, H.: Der Sozialisationsprozess bei intellektuell Minderbegabten, in: Bracken, H. v. (Hrsg.), Erziehung und Unterricht behinderter Kinder. Frankfurt 1968.

1.5 Zur Soziologie der Behinderten – Informationen zum Studium der Sonderpädagogik (1975)[14]

> *Dieser Aufsatz fasst unter curricularen Gesichtspunkten die Arbeit der ersten drei Jahre in Heidelberg zusammen und spiegelt recht gut den Stand der Anfangsphase des Faches Soziologie der Behinderten wider.*

Soziologie der Behinderten

Allmählich beginnt sich die Soziologie im sonderpädagogischen Studiengang zu etablieren. Dabei scheint sich die Bezeichnung des Faches „*Soziologie der Behinderten*" durchzusetzen. Bisher sind in der Bundesrepublik an drei sonderpädagogischen Studienstätten entsprechende Professuren eingerichtet. Außerhalb der Sonderpädagogik finden sich im universitären Bereich bisher kaum Ansätze zur soziologischen Forschung im Hinblick auf Behinderte. Eine Aufnahme in das Ensemble der etablierten sogenannten. angewandten Soziologien (z. B. Soziologie der Familie, Soziologie der Gruppe; Soziologie der Erziehung) wird wohl noch einige Zeit dauern.

So sieht sich ein Fachvertreter vor die Aufgabe gestellt, ein Fach zu vertreten, das sowohl im Bereich der Soziologie als auch im Bereich der Sonderpädagogik neu ist. Er muss als Soziologe soziologische Denkweisen, Fragestellungen und Theorieteilstücke mit dem Gegenstandsbereich konfrontieren, dem sich auch die Sonderpädagogik gegenübersieht. Andererseits soll er aus intimer Kenntnis der sonderpädagogischen Praxis die Soziologie abtasten nach praxisbedeutsamen Inhalten. Und so kann er unversehens in die häufig so fruchtlose Diskussion um sogenannte praxisferne Theorie und sogenannte theorieblinde Praxis geraten.

Die Entscheidung für oder gegen die eine Seite dieser meistens völlig mißverständlich aufgestellten Alternative „Praxis versus Theorie" kann dann so ausfallen, dass der Sonderpädagogik überhaupt kein Dienst erwiesen wird: einerseits unverbindliche, scheinbar neutrale, da auf dem altehrwürdigen Grundsatz der Wertfreiheit der Soziologie beruhende Praxisabstinenz – andererseits

---

[14] Gewerkschaft Bildung und Erziehung (GEW) Baden-Württemberg, Die Fachgruppe, Mai 1975.

auf weitreichenden Vorannahmen über das Wesen einer Gesellschaft beruhende Handlungsanweisungen mit mehr oder weniger revolutionärem Anstrich.[15]

Beides macht Soziologie nicht gerade liebenswert für die Sonderpädagogen und bleibt auch weitgehend funktionslos bei der Aufgabe, die Beziehungen zwischen Gesellschaft und Behinderten zu humanisieren, das heißt als von Menschen gemachte Beziehungen ins Bewusstsein zu bringen, Lebenschancen beschneidende Strukturen aufzudecken und sie durch Lebenschancen fördernde Beziehungen zu ersetzen. Das setzt freilich Vorstellungen über menschenwürdiges Leben und soziales Wohlbefinden voraus, also Wertentscheidungen. Über diese Voraussetzungen grundsätzlich zu diskutieren wäre eine Aufgabe der Soziologie im Bereich der mit Behinderung beschäftigten Wissenschaften.

In allgemeinster Umschreibung ließe sich in Anlehnung an gängige Definitionen der Soziologie „Soziologie der Behinderten" so umschreiben: *Die Soziologie der Behinderten erforscht soziales Handeln von Menschen einer bestimmten Gesellschaft und Kultur unter den Bedingungen von körperlicher, geistiger, seelischer Normabweichung eines Teils der Mitglieder dieser Gesellschaft.* Dabei zeichnen sich folgende Hauptbereiche ab:

Institutionalisierung von Behinderung

Es ist zu fragen, wie Behinderungen in den sozialen Institutionen (die wir als die gesellschaftlich festgelegten Wege zur Befriedigung sozialer Bedürfnisse definieren wollen) etabliert sind. Hierzu gehören so wichtige Bereiche wie die sozial-rechtliche und pädagogische Abgrenzung von Hilfsbedürftigkeit bei einem körperlichen/geistigen/seelischen Schaden (Definitionen von Behinderungen); die Art und Weise der Überführung einer anerkannten Hilfsbedürftigkeit in sozialpolitische und pädagogische Programme; die hinter solchen Programmen stehenden Handlungsbegründungen; ferner die Präsenz der Behinderten in der öffentlichen Meinung.

Soziale Determinanten von Behinderung

Einen weiteren wichtigen Komplex, den es durch soziologische Analyse aufzuhellen gilt, stellt die soziale Verursachungsproblematik dar. Eine Abkehr von rein medizinischen Fragestellungen nach der Verursachung von Behinderungen deckte z. B. bei den psychisch Behinderten sowie in den letzten Jahren bei den Lernbehinderten soziale Verursachungskompfexe auf. Neuere Forschungen lassen die weiter zu erforschende Annahme zu, dass selbst bei eindeutig organischen Defekten die Häufigkeit wesentlich von sozialen Faktoren mitbestimmt wird (z. B. bei Sehschädigungen). Hier liegt ein breites sozialmedizinisches Forschungsfeld offen, das es in einer Kombination von soziologischen und medizinischen Fragestellungen zu bearbeiten gilt.

---

[15] Vgl. ausführlicher dazu den Beitrag 1.2 Soziologie – Soziologie der Behinderten – Rehabilitation.

Sozialisationseffekte

Schließlich wäre nach den sozialen Folgen von Behinderung zu fragen, die wir unter dem Blickwinkel der soziologischen Begriffe von Rolle und Sozialisation als Sozialisationseffekte bezeichnen wollen. Hier stellen sich Fragen nach den Teilhabebeschränkungen von Behinderten in alters- und geschlechtsspezifischen Rollensystemen sowie nach den Auswirkungen von Behinderungen auf Prozesse der Identitätsbildung.

Einige Ansätze

Zu allen drei Bereichen können nur einige erfolgversprechende Ansätze der letzten Jahre kurz vorgestellt werden.

Die Ergebnisse bisherigen soziologisch orientierten Forschens auf dem Gebiet der Behinderungen haben mit dazu geführt, dass Behinderung immer mehr relativiert wurde: Behinderung wird in zunehmendem Maße ihres quasi ontologischen Charakters entkleidet und in eine soziale Kategorie überführt. Sowohl in der Praxis mit Behinderten als auch in der Theorie über Behinderte deutet sich ein radikaler Perspektivenwechsel an: ist nicht Behinderung oder vielmehr das, was wir als Behinderung bezeichnen, jeweils ein bestimmtes Bild, das konstruiert wird für ganz bestimmte soziale Zusammenhänge? Behinderung wird nicht mehr primär als eine dem Individuum anhaftende wesensmäßige Qualität aufgefasst, sondern sie wird z. B. als das Ergebnis eines Definitionsprozesses, also als Stigma, verstanden. In dieser Sichtweise erscheinen Therapeuten, Lehrer, Erzieher, Sozialarbeiter, Sozialpolitiker und Wissenschaftler als normensetzende Instanzen, die jeweils für ihren Handlungsbereich Behinderung definieren.

Auf der makrosoziologischen Ebene sind dabei insbesondere die Handlungsbegründungen in den beiden sozialen Systemen Sozialpolitik und Schule freigelegt worden. So erscheinen Behinderungen auf der sozialpolitischen Ebene vor allen Dingen als Einschränkungen der Erwerbsfähigkeit. Behinderung fällt vor allem dann auf und wird sozialpolitisch relevant und motiviert zu entsprechenden sozialpolitischen Stützmaßnahmen, wenn in irgendeiner Weise die Erwerbsbefähigung eines Individuums betroffen ist. Hier wird der Mensch verkürzt unter der Perspektive des homo oeconomicus gesehen. Wenn in diesem Bereich Risiken anfallen, wenn es hier zu Ausfällen kommt wegen eines körperlichen, geistigen oder seelischen Schadens, wenn der Mensch in dieser Eigenschaft als Erwerbsrollenträger und als Konsument Ausfälle zeigt, dann zeigt sich die Gesellschaft offensichtlich besonders motiviert, Hilfsmaßnahmen zu ergreifen. Das setzt voraus, dass ein körperlicher, geistiger oder seelischer Schaden in die Kategorie der Erwerbsminderung überführt wird. Das geschieht unter Berufung auf wissenschaftliche Normen, wenn in detaillierten Tabellen medizinische Tatbestände auf Prozentsätze der Erwerbsminderung (MdE) umgelegt werden (Behinderung wird zu einem bestimmten Prozentsatz von Minderung der Erwerbsfähigkeit). Dass dabei ganze Gruppen von Behinderten, deren Behinderungsrisiken außerhalb der Erwerbsfähigkeitsnormen liegen, auch statistisch nicht in den Blick kommen, darauf ist in den letzten Jahren wiederholt hingewiesen worden (alte Menschen, Kinder und Jugendliche, Hausfrauen).

Kurz eine Bemerkung zum zweiten angesprochenen Bereich, zum sozialen *System Schule*. Hier ist in den letzten Jahren wohl deutlich geworden, dass Lernbehinderung vor allem als Behinderungskatagorie gesehen werden muss, deren Definition unmittelbar auf im Schulsystem verankerte Normen zurückzuführen ist. Psychologisch-diagnostische Verfahren haben dabei eine ähnliche Funktion wie die medizinische Diagnose im Bereich der Sozialpolitik: Sie sollen einen schon vorher festgestellten Zustand der Abweichung von Leistungs- und/oder Verhaltensnormen wissenschaftlich umschreiben und die Überführung in einen Sonderstatus (Erwerbsbehinderter; Sonderschüler) und damit den totalen oder partiellen Ausschluss aus dem Geltungsbereich bestimmter Systemnormen legitimieren. Unter diesem Blickwinkel erscheinen die Bemühungen in den sonderpädagogischen Studienstätten um ganz spezielle behinderungsspezifische Didaktiken und Methoden, die Versuche einer immer exakteren Abgrenzung der einzelnen Behinderungen sowohl hinsichtlich der Art als auch hinsichtlich des Schweregrades (Blindheit-Sehbehinderung, Gehörlosigkeit-Schwerhörigkeit, Lernbehinderung – geistige Behinderung, Differenzierungen zwischen den einzelnen Körperbehinderungeri) mit der Folge einer extremen Ausdifferenzierung der sonderpädagogischen Lehrämter als fragwürdig, des Hinterfragens würdig.

Postuliert nicht eine solche extreme Besonderung der Methode jeweils eine spezielle Andersartigkeit der Klientel? Welchen Effekt hat die Suche nach immer effektiveren Diagnoseinstrumenten im Hinblick auf die Verfestigung des Sonderstatus eines Behinderten? Und schließlich: Können diese Differenzierungsversuche überhaupt durch spezielle pädagogisch-therapeutische Programme abgedeckt werden? Unterstellen nicht solche Versuche, dass letztlich homogene Gruppen von Behinderten gefunden werden könnten mit einheitlichen qualitativen Merkmalen, auf die passende therapeutische oder sonderpädagogische Konzepte anwendbar sind? Genereller formuliert: Tendieren nicht solche Versuche zu einer Ontologisierung, zur Verdinglichung von Behinderungen sowohl im wissenschaftlichen Denken als auch im Alltagsdenken? Behinderung wird zu einer Verhaltensqualität des Behinderten, in der Alltagserfahrung zu einem naturwüchsigen Zustand. Die generelle Andersartigkeit wird unterstellt.

Da wird die Einsicht verdeckt, dass Stigmatisierungen aus Interaktionen hervorgehen, dass Stigma das *Produkt* sozialer Zuschreibungen ist und nicht *Anlass* für soziale negative Zuschreibungen. Oder wie es GOFFMAN am Ende seines Buches „Stigma" ausdrückt: *„Der Normale und der Stigmatisierte sind nicht Personen, sondern eher Perspektiven. Diese werden erzeugt in sozialen Situationen"* (GOFFMAN 1967, 170).

Besonders dramatisch stellt sich die Verdinglichung von Behinderung für Behinderte im alltäglichen Umgang mit den Nichtbehinderten dar, weil sie hier unmittelbar der sozialen Wahrnehmung zugänglich ist. Die *Vorurteilsforschung* hat in den letzten Jahren auch in der Bundesrepublik Stigmastrukturen der einzelnen Behinderungsarten freigelegt sowie - bei aller Unterschiedlichkeit der verschiedenen Stigmata - die diskriminierende, ausgliedernde, soziale Interaktionen erschwerende (wenn nicht gar unmöglich machende), letztlich also extreme soziale Distanz schaffende Funktion der Vorurteile gegenüber Behinderten aufweisen können. Ob und wie solche negativen Einstellungen gegenüber Behinderten abgebaut werden können, ob z. B. mehr über massenmediale Programme oder über praktische Einübung in Interaktionen mit Behinderten, ist eine aufs Ganze gesehen von der Forschung noch nicht gelöste Aufgabe.

Dem eher aphoristischen Charakter dieser Kurzausführungen Rechnung tragend, sollen einige *weitere Fragestellungen einer Soziologie der Behinderten* durch Aufzählung einiger Gebiete, in denen Zulassungsarbeiten zum Staatsexamen angesiedelt worden sind, aufgezeigt werden.

So versuchen einige Arbeiten durch detaillierte Fragestellungen allzu globalen Thesen zur *Verursachung von Lernbehinderungen* zu operationalisieren durch differenzierte empirische Untersuchungen. Solche Arbeiten sehen sich vor der Schwierigkeit, schichttheoretische und familientheoretische Ansätze fruchtbar miteinander zu kombinieren. – Eine andere Gruppe von Arbeiten widmet sich der sozialen *Situation von Familien mit behinderten Kindern*. Dahinter steht die Absicht, die Blockaden auf dem Kommunikationsweg zwischen Institutionen des Helfens und den Adressaten aufzudecken und effektivere Kommunikationswege herauszufinden. – Eine dritte Gruppe von Arbeiten ist auf die Erforschung von Organisations- und Kommunikationsstrukturen von Behinderteneinrichtungen ausgerichtet. Welche Vorkehrungen müssen getroffen werden, dass eine Behinderteneinrichtung nicht zur „totalen Institution" (GOFFMAN) wird, zu einer Einrichtung also, die in einer weitgehenden Abkapselung nach außen sämtliche Lebensbeziehungen ihrer Insassen nach intern ausgerichteten Zielen organisiert?

Der thematische Bogen einer Soziologie der Behinderten spannt sich also von der Erhellung genereller Vorentscheidungen sowohl im wissenschaftlichen als auch im praktischen Umgang mit dem Phänom „Behinderung" bis zur unmittelbaren Praxistechnologie. „Behinderung" wird immer wieder als eine gesellschaftliche Kategorie in den Blick gerückt, indem die sozialen Mechanismen bei Verursachung, Definition und Folgen von körperlichen, geistigen, seelischen Defektzuständen aufgedeckt werden.

Letztlich stellt die Soziologie „Behinderung" immer wieder als ein von Menschen gemachtes Konstrukt für das Denken über und das Handeln an einer Gruppe von Menschen zur Disposition.

Literatur

BRUSTEN, M. und J. HOHMEIER, J. (Hrsg.): Stigmatisierung. Zur Produktion gesellschaftlicher Randgruppen. Neuwied/Berlin 1975. Darin: W. THIMM, Lernbehinderung als Stigma.[16].
GOFFMAN, E.: Stigma. Über Techniken der Bewältigung beschädigter Identität. Frankfurt 1967.
JANSEN, G. W.: Die Einstellung der Gesellschaft zu Körperbehinderten. Neuburgweier 1972.
JANTZEN, W.: Sozialisation und Behinderung. Gießen 1974.

---

[16] Siehe Beitrag 2.2 im vorliegenden Band.

KLEE, E.: Behinderten-Report. Frankfurt 1974 (Fischer TB).

THIMM, W. (Hrsg.): Soziologie der Behinderten. Neuburgweier 1972 (Grundsätzliche Aufsätze z. B. zur Behinderten-Statistik; behinderungsspezifische Beiträge; rollentheoretische Ansätze).

THIMM, W. und FUNKE, E. H.: Soziologie der Lernbehinderung. Handbuch der Sonderpädagogik, Bd. 4, hrsg. v. G. O. Kanter und O. Speck, Berlin 1975.

2. Versuche zu „Theorien mittlerer Reichweite"

2.0 Einführung in die Texte (2005)

Die in diesem Band veröffentlichten soziologischen Arbeiten sind stark beeinflusst von T. PARSONS, R. K. MERTON, E. GOFFMAN, R. DAHRENDORF und H. P. DREITZEL, deren Arbeiten die deutsche Soziologie der Nachkriegszeit bis etwa 1970 stark geprägt haben. *Eine* Option, nach der die Soziologie als „Krisenwissenschaft" aufgefasst wird, wurde schon im ersten Kapitel erläutert. Danach sind Maßstäbe für eine Soziologie der Behinderten, wie sie dort kurz erläutert wurde, aus apriorischen Kategorien abgeleitet, die für die Behindertenhilfe von entscheidender Bedeutung sind: Emanzipation, Selbstverwirklichung und Identität; gesellschaftliche Teilhabe, Integration (neuerdings Inklusion); Normalisierung der Lebensbedingungen.

Vor allem in den Arbeiten dieses zweiten Kapitels wird im Sinne von R. K. MERTON versucht, Faktenanalysen aus der Lebenswirklichkeit behinderter Menschen und der sie umgebenden gesellschaftlichen Strukturen (und dazu zählt auch das System der Hilfen) in Beziehung zu setzen zu soziologischen Kategorien (z. B. Stigma; Minderheit; Rollenhandeln). Das geschieht auf der Ebene von *„Theorien mittlerer Reichweite"* (MERTON 1968, 39-72). Sie gehen einen Schritt weiter als (möglicherweise empirielose) Ad-hoc-Theorien, verstehen sich aber auch nicht als relativ weit reichende Theorien komplexerer Zusammenhänge (wie es Gesellschaftstheorien versuchen, z. B marxistische Theorie; Systemtheorie; vgl. dazu THIMM, Stichwort „Gesellschaft" im Handlexikon der Behindertenpädagogik, hrsg. v. G. ANTOR und U. BLEIDICK 2001). Solche Theorien der mittleren Reichweite gehen über die für die „alltägliche Forschungsarbeit" notwendigen Arbeitshypothesen hinaus, bleiben aber auf bestimmte Aspekte begrenzt und orientieren sich immer wieder an empirischen Befunden und dienen so als Ausgangspunkte für neue empirische Fragestellungen.

Soziologische Puristen mögen einwenden, dass hier allzu eklektizistisch vorgegangen wurde: es wurden Bezugsgruppentheorie und Anomietheorie (MERTON), Rollentheorie (DAHRENDORF 1958/64) und die auf ganz anderem theoretischen Boden ruhenden stigma- und identitätstheoretischen Ansätze von GOFFMANN (1961; 1963) nebeneinander bemüht. Allerdings kann darauf verwiesen werden, dass die Verknüpfungsleistung von DREITZEL (1968) sehr wohl ein solches Vorgehen rechtfertigt. Der letzte Aufsatz dieses Kapitels schließt sich daher sehr eng an DREITZEL an. In der Diskussion um den Behinderungsbegriff spielte diese Frage nach dem Nebeneinander unterschiedlicher theoretischer Perspektiven ebenfalls eine Rolle, wurde aber mit einem Plädoyer für theoretische Perspektivenvielfalt beantwortet (siehe Beitrag 3.1).

Beziehungen zwischen stigmatheoretischen und rollentheoretischen Überlegungen, wurden schon früh diskutiert (in Aufsätzen von 1975 und 1979; *siehe Beiträge 2.3 und 2.5*). Beziehungen solcher Überlegungen zu einem die Entwicklung der Behindertenhilfe seit etwa 1980 beeinflussenden Konzept, nämlich dem *Normalisierungsprinzip*, sollen kurz angesprochen werden. Während in Deutschland die Ausformulierung und Entfaltung des Normalisierungsgedankens insbesondere den Gemeinwesen orientierten Aspekt hervorhob (Frage nach Rollenhandeln ermöglichenden Strukturen), hat W. Wolfensberger das Konzept stark reduziert auf die „Aufwertung der sozialen Rolle" (Social Role Valorization), auf die Frage, wie sozial abgewertete oder von Abwertung bedrohten Personen durch die Übernahme von positiv bewerteten Rollen gesellschaftlich aufgewertet werden könnten. Leider bleiben dabei die offensichtlichen Bezüge zur frühen Stigmadiskussion und zu rollentheoretischen Überlegungen in der amerikanischen Soziologie nur schemenhaft. Das verleiht dem Ansatz eine gewisse Starre. Es könnte für die noch ausstehende Rezeption des WOLFENSBERGER'schen Konzeptes der Role Valorization in Deutschland außerordentlich fruchtbar sein, wenn an die hier im Kapitel 2 wiedergegebenen soziologischen Ansätze angeknüpft würde (Basistexte zum Normalisierungsprinzip enthält: W. Thimm, Hrsg. 2005, Das Normalisierungsprinzip. Ein Lesebuch zu Geschichte und Gegenwart eines Reformkonzeptes. Marburg: Lebenshilfe Verlag).

2.1 Minderheitensoziologische Überlegungen zur Lage berufstätiger Blinder[17] (1970)

- Vorbemerkungen zum Minderheitenbegriff

Auf dem Fürsorgetag 1967 in Hamburg beschrieb Ch. v. FERBER (1967) die spezifische Lage von Behindertengruppen in unserer Gesellschaft durch den soziologischen Begriff der Minderheit. Die gemeinsame Schutz- und Hilfsbedürftigkeit als Ausgangspunkt für sozialpolitische Maßnahmen und wissenschaftliche Forschung, die „spezifische Situation, in der diese Menschen (Behinderte, *W. Th.*) zur Gesellschaft stehen", der „andere Bezug zu den Formen der Kooperation und Kommunikation, in denen die gesellschaftliche Normalexistenz verläuft", stellen nach v. FERBER eine Rechtfertigung dar für die Kategorienbezeichnung „Behinderte". Die Behinderten sind eine Minderheit, „deren gemeinsames Merkmal in der Beschränkung der gesellschaftlichen Teilhabe liegt" (4, S. 29).

Diese Sichtweise ist von Vertretern der Blindenorganisationen in schriftlichen und mündlichen Stellungnahmen (z. B. *Die Blindenwelt,* Bad Godesberg, 11/1967) scharf verurteilt worden. Die Kritiken zielen an den Aussagen v. FERBERS vorbei, da ihnen eine unklare Vorstellung vom Begriff der Minderheit zugrunde liegt; insbesondere unterschlagen sie den ausdrücklichen Hinweis des Referenten, dass sich die einzelnen Behindertengruppen hinsichtlich ihrer sozialen Lage und ihres medizinischen Status stark voneinander unterscheiden.

Ausgehend von zwei kurzen Definitionsbeispielen für gruppenhafte soziale Randständigkeit bzw. Minoritätendasein soll verdeutlicht werden, wie sehr die

---

[17] Diesem Beitrag liegt ein Referat zugrunde, das vom Verf. auf einer Tagung des Paritätischen Bildungswerkes und der Blindenverbände von Hessen und Rheinland-Pfalz im Juli 1970 im Wilhelm-Polligkeit-Institut, Frankfurt a. M., gehalten wurde.

gesellschaftliche Lage von Behindertengruppen, also auch der Blinden, verknüpft ist mit Erscheinungen, die in der Soziologie in dem mit dem Begriff *Minderheitengruppen* abgesteckten Rahmen abgehandelt werden. Es sei einschränkend bemerkt, um voreiliger Kritik zu begegnen, dass ein Begriff – in diesem Falle der der gesellschaftlichen Minderheit – auch dann seine Berechtigung hat, wenn er nicht alle Einzelzüge der sozialen Situation einer Gruppe umfassend widerspiegelt (im speziellen Falle: der Blinden), aber doch wesentliche Merkmale des bezeichneten Tatbestandes kennzeichnet und damit durch eine – wenn auch vorläufige – theoretische Standortbestimmung zu neuen, andersartigen Einsichten und Fragestellungen führen kann.

FÜRSTENBERG (1965) definiert *soziale Randgruppen* als „lose oder fester organisierte Zusammenschlüsse von Personen, die durch ein niedriges Niveau der Anerkennung allgemein verbindlicher sozio-kultureller Werte und Normen und der Teilhabe an ihren Verwirklichungen sowie im Sozialleben überhaupt gekennzeichnet sind" (5, S. 237). Solche Randgruppen können u. a. dadurch entstehen, dass der Sozialisationsprozess unwirksam geblieben ist oder Diskontinuitäten aufweist. Die daraus resultierenden Einstellungen und spezifischen Bezüge zur Gesellschaft können sehr konfliktgeladen sein (z. B. bei Kriminellen), sie können aber auch, wenn die mangelhafte Sozialisation von Individuen durch „Versagungen der Gesellschaft" (5, S. 239) bedingt erscheinen mag, zu unauffälligen Rückzugsphänomenen führen, wie sie sich unschwer für einzelne Behindertengruppen nachweisen lassen. Zu Brüchen im Sozialisationsprozess kann es dann kommen, wiederum im Blick auf Behinderte, wenn Individuen aufgrund ihres psychischphysischen Zustandes den zum Aufbau der sozio-kulturellen Persönlichkeit notwendigen „Aktivitäten in allen Lebensbereichen" (5, S. 239) nicht nachkommen können. Es kommt durch Ausschluss aus einem oder mehreren gesellschaftlichen Teilbereichen zu einer „Verkürzung des Erlebnishorizontes" und schließlich zur Randgruppenbildung bei „gleichartigen Situationen und Kontaktgelegenheiten" (5, S. 239 f.).

BARLEY bezeichnet als *Minderheit* „eine Gruppe von Personen, die von dem herrschenden Muster in einer Gesellschaft durch biologische oder kulturelle Merkmale abweicht ..., so dass sie entweder durch die herrschende Gruppe oder durch die eigene Tendenz, sich zurückzuziehen, von der Teilhaberschaft der Kultur als Ganzem abgehalten wird".

Beide Begriffe decken sich in dem, was v. FERBER als „Beschränkung der gesellschaftlichen Teilhabe" bezeichnet, durch die sich die eigentümliche Lage Behinderter als Minderheitendasein symbolisieren lässt. Niedriges Niveau der Teilhabe an Verwirklichungen kultureller Werte und Normen, hervorgerufen durch" Verkürzung des Erlebnishorizontes" (FÜRSTENBERG), Einschränkung in der Teilhaberschaft an der Kultur (BARLEY) durch Verhaltensweisen der Gesellschaft (z. B. Vorurteile) und/oder durch Rückzugstendenzen von Gruppen (z. B. von Menschen mit gleichem oder ähnlichem Sozialisationsschicksal) diese wesentlichen Merkmale für gesellschaftliche Randgruppen oder Minderheiten lassen sich auch für unsere spezielle Behindertengruppe, die Blinden, nachweisen. Das soll im folgenden mit dem Hauptakzent auf die berufliche Situation dieser Behindertengruppe geschehen.

Blindheit und ökonomische Rolle

SMELSER (1968) erörtert in einem kurzen Abschnitt „Zusammenhänge zwischen Wirtschaft und Gemeinschaftsstrukturen" (21, S. 104-114). Hier interessieren seine Bemerkungen über die „enge Verknüpfung zwischen der Zugehörigkeit zu einer ethnischen Gruppe und der Ausübung einer wirtschaftlichen Rolle" (21, S. 110). Der wirtschaftliche Aufstieg ethnischer Gruppen in den USA ist vor allem durch folgende Faktoren bestimmt:

1. Durch Veränderungen der Nachfragebedingungen auf dem Arbeitsmarkt,

2. durch Art und Ausmaß der „internen Hilfsquellen" der betreffenden Gruppen (z. B. Hilfeleistungen der Erfolgreichen!),

3. durch Art und Ausmaß der Diskriminierungen, der sich eine Gruppe ausgesetzt sieht (SMELSER).

Diese drei Faktoren bestimmen auch maßgeblich das Verhältnis zwischen der Zugehörigkeit zu der Gruppe der schwerst Sehgeschädigten und der Art der ökonomischen Rollen dieser Behinderten in unserer Gesellschaft.

Blindheit und wirtschaftliche Nachfragebedingungen

Das vielfältige Blindenhandwerk (vom Bürstenmacher bis zum Seiler) bot einer Anzahl erwerbsfähiger Blinder solange ausreichende Erwerbschancen, bis mit aufkommender Industrialisierung im vorigen Jahrhundert die Produkte maschinell rationeller und billiger hergestellt werden konnten. Ein epochemachender Wandel setzte ein mit der durch den ersten Weltkrieg entstandenen Notwendigkeit, die große Anzahl der Kriegsblinden in die Berufswelt zurückzuführen. Der Krieg selbst schaffte eine wesentliche wirtschaftliche Voraussetzung für die Erprobung neuer beruflicher Einsatzmöglichkeiten für Blinde: Der Arbeitskräftemangel erforderte den Einsatz aller verbliebenen Arbeitskräfte in der Rüstungsindustrie, so auch den Einsatz der Kriegsblinden als Industriearbeiter, als Schreibkräfte in der Verwaltung und als Telefonisten. Auf der Grundlage der 1914 bis 1918 gesammelten Erfahrungen etablierten sich in der Nachkriegszeit als für Blinde mögliche Tätigkeiten die Industriearbeit (vorbildlich waren die Bemühungen von PERLS im Siemens-Schuckert-Kleinbauwerk in Berlin), der Stenotypistenberuf und der Beruf des Telefonisten.

Ermöglicht wurden diese Tätigkeiten durch den alle Industriestaaten kennzeichnenden Wandel in der Berufsstruktur. Die Zahlen der Beschäftigten in den einzelnen Erwerbssektoren verlagerten sich vom primären Sektor (Landwirtschaft) zum sekundären Sektor (Industrie und Handwerk) und zum sich immer mehr ausweitenden tertiären Sektor (Handel, Verwaltung, Gesundheitswesen, sog. Dienstleistungen) (1, 14). Dabei entstanden durch zunehmende Spezialisierung und Mechanisierung in Industrie und Verwaltung spezifische Positionen, die auch von Arbeitskräften mit einer durch den Gesichtsausfall bedingten *Zwangsspezialisierung* eingenommen werden können. Die Veränderungen der Berufsstruktur durch die Industrialisierung mit der quantitativen und qualitativen Ausweitung der Berufsfelder, die erhöhte Nachfrage nach Arbeitskräften bei dauernder Ausweitung der Produktion und der Märkte, haben sich auf die berufliche Situation Behinderter grundsätzlich positiv ausgewirkt. *In einer industriellen Gesellschaft ist Raum für begrenzte arbeitsmarktfähige Qualifikationen, wie sie von vielen Behinderten erbracht werden können.*

Allerdings bringt die *horizontale Beschränkung* in der Erwerbstätigkeit Blinder auf nur wenige, klar voneinander abgegrenzte Tätigkeitsbereiche ihre besonderen Gefahren mit sich. Rund 80% der berufstätigen Blinden verteilen sich auf die vier folgenden Bereiche: 18% Stenotypisten, Maschinenschreiber u. ä.; 13% Telefonisten; 20% Industriehilfsarbeiter; 27% Blindenhandwerker. Störungen in einem dieser Bereiche treffen immer einen hohen Prozentsatz der berufstätigen Blinden. Eine solche Gefahr ist die Möglichkeit, dass die eng begrenzten, spezialisierten Qualifikationen auf relativ niedrigem Niveau durch technischen Fortschritt plötzlich überflüssig werden. Technischer Fortschritt kann hinsichtlich des Arbeitsmarktes „expansive" oder „reduzierende Züge" tragen (AARON (1) 1964, 139). Auf der einen Seite werden unmittelbar neue Arbeitsplätze durch technischen Fortschritt geschaffen (z. B. in neu entstehenden Industriezweigen wie der elektronischen Industrie), an anderer Stelle bringt der Fortschritt erhebliche Einsparungen an Arbeitskräften mit sich. Von dem ersten Typus technischen Fortschritts haben Blinde profitiert (z. B. Arbeitszerlegung in der Industrie). Unmittelbar akut ist die Frage, ob die vorhandenen Arbeitsplätze in Industrie und Verwaltung durch arbeits-reduzierenden technischen Fortschritt gefährdet sind. Bei der Beurteilung der Folgen der *Automation* machen diese beiden oben genannten gegenläufigen Folgen für den Arbeitsmarkt eine generelle Aussage darüber schwer, ob die Automation notwendigerweise technologische Arbeitslosigkeit nach sich zieht. POLLOCK (15) hat sich mit dieser Frage vor allem unter Bezug auf die Entwicklungen in den USA eingehend auseinandergesetzt. Vertreter der Kompensationstheorie sehen bei fortschreitender Automation durch die damit verbundene Expansion neuer Industriezweige, durch die Entstehung neuer Funktionen auf höherem Tätigkeitsniveau und schließlich in den durch Rationalisierung ermöglichten Arbeitszeitverkürzungen ausreichende Garantien für die Entstehung von Ersatzarbeitsplätzen und die Kompensation für alle durch Automation bedingten Freisetzungen (15, S. 189-196). In den USA zeigt sich aber seit etwa 1958 bei Verlangsamung der Expansion und zunehmender Automation deutlich die Tendenz zu Freisetzungen bzw. Neueinstellungsstopp in den großen Industriekonzernen. So werden u. U. bei stagnierenden Beschäftigungszahlen nicht etwaige Entlassungen, sondern die Nichteinstellungen der jungen Arbeitskräfte zum Problem.

Die hier zur Diskussion stehende Beschäftigung *blinder* Berufstätiger als Industriearbeiter, Stenotypisten, Maschinenschreiber und Telefonisten wird vor allem durch die qualitativen Veränderungen der Arbeit, die die Automation mit sich bringt, betroffen sein. Der emphatische Glaube, dass die Automation ein generelles „upgrading" der Masse der auf niedrigem Tätigkeitsniveau Beschäftigten durch die steigenden Qualifikationsanforderungen nach sich ziehen würde, hielt empirischen Überprüfungen nicht stand (15, S. 249 ff.). Vielmehr zeigt sich die Tendenz zur Polarisierung: mittlere Positionen verschwinden, der Masse der bloß Angelernten steht eine kleine Schicht privilegierter Fachleute (z. B. Elektronikfachkräfte, Programmierer) gegenüber. Die Zwischensprossen auf der Leiter zum beruflichen Aufstieg fehlen. Für die Büroarbeit würde das bei zunehmender Automation bedeuten, dass die differenzierte Hierarchie eines Verwaltungsapparates zusammenbricht zugunsten dieser Polarisierung (15, S. 258 ff.). Die Automation wird bei den auf niedrigem Niveau Beschäftigten die umfassendsten Freisetzungen nach sich ziehen. Die Berufstätigkeit Blinder zeichnet sich aber gerade dadurch aus, dass der überwiegende Teil aller berufstätigen Blinden in diesem Bereich der Tätigkeiten auf niedrigem Qualifikationsniveau beschäftigt ist. Das am Berufskriterium aufgestellte Schichtmodell der Blinden erscheint, auf ein solches unserer Gesellschaft projiziert, um 1 bis 2 Niveaustufen abgerutscht (23). Darüber können auch die im „Glauben an die Humanisierungschance der *qualifizierten* Arbeit" (12, S. 24, Hervorh. W. Th.) hochstilisierten Berufsbilder des „blinden Telefonisten" und „blinden Stenotypisten" nicht hinwegtäuschen[18]. In diesen Berufsbildern zeigt sich deutlich ein Denken in den überholten Kategorien: Beruf – Arbeit, Gelernter – Ungelernter (12, S. 24).

Generelle Übersichten über die sozialen Folgen der Automation sind aus den oben genannten Gründen sehr schwer zu erstellen. Aus dem relativ kleinen und überschaubaren Bereich der Berufsarbeit Blinder müssten aber Fakten verhältnismäßig leicht zu ermitteln sein. Doch damit steht es sehr schlecht.

Wie wenig wir über die Auswirkungen technischen Fortschritts auf die Berufsarbeit Blinder Gültiges aussagen können, zeigen beispielsweise die einander widersprechenden Prognosen über die Zukunftschancen des Telefonistenberufes. Wissenswert wäre es z. B., ob die zusätzliche Fernschreiberqualifikation die Vermittlungschancen erhöhen kann. Oder, um ein anderes Beispiel zu nennen: Woran orientieren sich die Blindenschulen bei der Auswahl der Lehrinhalte ihrer Stenotypistenkurse? Wieweit ist in der Berufspraxis die Stenografie verdrängt worden durch Diktiergeräte? In welche Bürotätigkeiten werden Blinde vorwiegend vermittelt? Inwieweit bietet der Programmiererberuf Blinden eine Chance?[19] Wie steht es um den beruflichen Aufstieg Blinder? Für die Blindenschulen ist es z. B. schwer, den beruflichen Weg ihrer Ehemaligen zu verfolgen. Sie erhalten nur selten Angaben über die Vermittlung ihrer Ehemaligen durch die Arbeitsämter; nachgehende Untersuchungen – einmal abgesehen von der Frage, wer sie überhaupt vorzunehmen in der Lage ist – sind auch durch den Umstand erschwert, dass die offizielle Statistik der Arbeitsämter mangelhaft ist. Die Schwerbeschädigtenreferate trennen z. B. den Vermittlungsfall von der Person. Die informellen, auf vielen Zufälligkeiten beruhenden Kontakte einzelner Lehrer zu „ihren" Ehemaligen erbringen keine exakten, vergleichbaren Daten, wie sie für alle Planungen auf dem Berufsbildungssektor notwendig wären. Auf eine mögliche Folge der Büroautomation, die für die Gruppe der blinden Büroangestellten besonders schwerwiegend sein dürfte, soll noch kurz eingegangen werden.

---

[18] Vgl. dazu die vom Bundesministerium für Arbeit und Sozialordnung erstellten Berufsbilder „Blinder Stenotypist" und „Blinder Telefonist", abgedruckt in (10), S. 218-228.
[19] Die bisher vorliegenden Notizen (z. B. in den Verbandsorganen der Blindenselbsthilfe) lassen keine gesicherte Prognose für diesen Beruf zu. Es bleibt zu hoffen, dass der vom Berufsförderungswerk Heidelberg geplante Versuch, 10 blinde Programmierer auszubilden, wissenschaftlich kontrolliert und in Kontakt mit allen interessierten Stellen durchgeführt wird.

Die Büroarbeit der meisten Blinden zeichnet sich schon im ‚alten' Büro dadurch aus, dass sie in der Hierarchie der Tätigkeiten weit unten steht. Wichtige Statussymbole des Büroangestellten sind das Maß der Kommunikationsteilnahme und der Grad der Informiertheit. Sie geben Aufschluss über die Bedeutung einer Position für den Betrieb (11). Kommunikationseinschränkungen und Erschwerungen in der Informationsbeschaffung sind aber geradezu behinderungsspezifische Bedingungen in der Berufstätigkeit Blinder. Immerhin zeigen die aus eigenen Untersuchungen gewonnenen Einblicke in die Stellung blinder Büroangestellter, dass es unter günstigen Bedingungen einzelnen Blinden gelingt, in dem zur Erreichung des Betriebszwecks notwendigen Kommunikationsnetz eine für das Funktionieren dieses Netzes wichtige Position einzunehmen. Wie schwer eine solche ‚gehobene' Position, z. B. die des Sachbearbeiters, für Blinde zu erreichen ist, ist bekannt. Die Schwierigkeiten liegen in der Struktur der Büroarbeit *und* der Art der Behinderung. Wie es scheint, spielen erst in zweiter Linie sog. Vorurteile der Sehenden dabei eine Rolle. (Darauf wird noch einzugehen sein.) Das im Büro bestehende Kommunikationsgeflecht mit seinen vielfältigen Kontakten zwischen Angestellten verschiedener Rangstufen wird nun aber völlig umstrukturiert durch die Übertragung wesentlicher Funktionen an eine Computeranlage. Sowohl JAEGGI und WIEDEMANN (1963) als auch POLLOCK (1964) weisen darauf hin, dass als Folge der Automation ganze Kommunikationsbahnen aufgehoben werden, die zur Weitergabe, Speicherung und Verarbeitung von Informationen nicht mehr notwendig sind. Diese Kommunikationseinschränkung zwischen den Angestellten bringt die Gefahr der menschlichen Isolierung des einzelnen mit sich, und es scheint „bei den am negativen Pol der neuen Büros tätigen Angestellten nicht zu den außerberuflichen sozialen Beziehungen zu kommen, die für das bisherige Büropersonal charakteristisch waren" (15, S. 263). Damit kann die Büroarbeit eine auf die Berufstätigkeit gerichtete Hoffnung der Blinden nicht erfüllen: über die Berufstätigkeit dauerhafte soziale Beziehungen zu Sehenden am Arbeitsplatz und darüber hinaus zu stiften.

Wurde schon vor der Gefahr der Ideologisierung der Berufsarbeit Blinder gewarnt unter Hinweis auf die überholten Denkkategorien Gelernte – Ungelernte, Beruf – Arbeit und den damit verbundenen falschen Vorstellungen, nur *qualifizierte* Arbeit leiste einen Beitrag zur Humanisierung, d. h. Eingliederung in die Gesellschaft der Nichtbehinderten, so sei auf eine weitere Gefahr hingewiesen, die ebenfalls den Blick für soziale Realitäten auf Seiten der Blinden verstellen könnte. SMELSER stellt fest, dass Dauerbindungen einer Gruppe an bestimmte ökonomische Rollen zu Komplikationen führen können; ... „auf Seiten der Minderheit kann sich eine diffuse Feindseligkeit entwickeln, falls die Gruppenzugehörigkeit und wirtschaftliche Rollen zusammenfallen" (21, S. 112f.). Ausdruck des Wunsches, bestimmte Positionen für Blinde zu reservieren, sind u. a. das *Gesetz über den Vertrieb von Blindenwaren* (1953) und die Berufsbilder des blinden Stenotypisten und Telefonisten. Es lässt sich zeigen, dass mit diesem Wunsch, bestimmte Positionen Blinden vorzubehalten, ein gestörtes Verhältnis zu anderen Behindertengruppen einhergeht. Hier nur ein konkretes Beispiel: Die Rehabilitationsarbeit bei Sehgeschädigten zeigt, dass auch Sehbehinderte als Berufsschrift die *Braille-Schrift* benötigen, wenn sie im Büro als Stenotypisten arbeiten wollen. Blinde wollen aber die Stenotypistentätigkeit mit Punktdruckstenografie ausschließlich Angehörigen ihrer Gruppe, also Blinden, vorbehalten wissen. Das führt uns zum zweiten Faktor, der für die ökonomische Stellung Blinder in unserer Gesellschaft von Bedeutung ist.

Die Bedeutung der Selbsthilfeorganisation

Etwa 41 % der Zivilblinden in Deutschland sind Mitglied des Deutschen Blindenverbandes einschließlich seiner Mitgliedsorganisationen. Der Prozentsatz der organisierten berufstätigen Blinden dürfte höher liegen. Im folgenden soll dieser organisierte Zusammenschluss eines großen Teils der Minderheitengruppe „Blinde" in seiner Bedeutung für die ökonomische Stellung der Gruppe betrachtet werden. Die Einflüsse der Organisation auf das außerberufliche Leben ihrer Mitglieder müssen hier, ebenso wie die Bedeutung der vielen informellen Kontakte der Gruppenangehörigen untereinander für das Leben des einzelnen Blinden, ausgespart bleiben (vgl. dazu (23)). Einige, für die heutige wirtschaftliche Lage der Blinden bedeutsam erscheinenden Hilfeleistungen der Blindenselbsthilfe, seien aufgezeigt.

Es ist den Blindenverbänden gelungen, erheblichen Einfluss auf die Sozialgesetzgebung zu nehmen. Das hat dazu geführt, dass Blinde sowohl im Bundessozialhilfegesetz (BSHG) als auch im Schwerbeschädigtengesetz (SchwBG) eine deutliche Sonderstellung einnehmen, die nicht allein aus der Schwere der Behinderung zu verstehen ist. So ist allein durch die Blindenhilfe nach § 67 BSHG die jährliche Pro-Kopf-Leistung für die 34.000 blinden Hilfeempfänger doppelt so hoch wie die durchschnittliche Pro-Kopf-Summe für die anderen 345.000 Hilfeempfänger aus der *Hilfe in besonderen Lebenslagen* nach dem BSHG (errechnet für 1964). Während Zivilblinde im Sinne des Schwerbeschädigtengesetzes ausdrücklich als Schwerbeschädigte gelten, bedarf es z. B. bei den völlig Gehörlosen eines Antrages auf Gleichstellung, obwohl HEESE zu bedenken gibt, dass die sozialen Folgen der Gehörlosigkeit größer seien als die der Blindheit (9, S. 83 ff. u. S. 193). Die Sonderstellung der Blinden im SchwBG wird auch dadurch unterstrichen, dass bei Einstellung eines Blinden die Ausgleichsabgabe für einen zweiten Schwerbeschädigtenarbeitsplatz automatisch abgegolten ist. In Berlin konnte die Blindenorganisation durchsetzen, dass die Beschäftigungsquote Blinder ausdrücklich festgelegt wurde (10, S. 65).

Eine genauere Analyse der Aktivitäten des Blindenverbandes zeigt, dass sich nach Ansicht des Verbandes die gesellschaftliche Normalteilhabe der durch den Verband vertretenen Personen durch entsprechende sozialpolitische Maßnahmen erreichen lässt. So wird die „Mitwirkung an der Ausgestaltung der Gesetzgebung mit dem Ziel der sozialen Gleichstellung" und der „arbeitsrechtlichen Gleichstellung" zur besonderen Aufgabe. Der Verband versteht sich als der „Anwalt der Grundrechte der Blinden „ *(Die Blindenwelt,* Sonderausgabe 1966, 28). Die erstrebten sozialrechtlichen Hilfen werden nicht als diskriminierend empfunden in einer Gesellschaft, in der das ‚Recht' auf Schutz und Hilfe durch die Gesellschaft „eine Art obligater Verhaltensnorm" geworden ist (17). Neben den hier nur kurz angedeuteten Bemühungen der Organisation um nachhaltigen Einfluss auf die Sozialgesetzgebung müssen – in einer unvollständigen Aufzählung – die Hilfeleistungen des Verbandes für die Eingliederung in den Arbeitsprozess durch Mitwirkung an der beruflichen Rehabilitation in Umschulungsstätten und Arbeitsämtern, die Bemühungen um Verbreiterung des Berufsfeldes und die umfangreiche Beratertätigkeit erwähnt werden. Große Bedeutung kommt den Publikationen des Blindenverbandes zu. Die Herausgabe der Verbandszeitschriften in beiden Schriftsystemen (Schwarzdruck und Brailledruck) ist äußeres Zeichen für die doppelte Aufgabe, die sich diese Zeitschriften gestellt haben. Einmal zielen sie auf breite Wirkung in der *sehenden* Öffentlichkeit ab, zum anderen dienen sie dazu, den Angehörigen der Gruppe „eine intellektuell aufgearbeitete Version ihres Standpunktes zur Verfügung" zu stellen, wie es GOFFMAN auch für andere stigmatisierte Personengruppen feststellt (7, S. 37).

Wesentlicher Leitgedanke der Öffentlichkeitsarbeit ist, die Gesellschaft von der vollen Integrationsfähigkeit Blinder zu überzeugen. Dabei wird immer wieder unter Hinweis auf erfolgreiche Repräsentanten der Gruppe auf die volle Kooperationsfähigkeit blinder Berufstätiger verwiesen. „Viele Blinde sind in gehobenen und höheren Tätigkeiten beschäftigt"... „Die über 30 blinden Richter und viele, viele andere berufstätige Blinde haben bewiesen, dass die Integration in die menschliche Gemeinschaft in hohem Maße gelungen ist"... „Wir haben einen blinden Bundesrichter, einen geistig Behinderten können sie da nicht hinsetzen". Bemühungen, die Leistungsfähigkeit Blinder der sehenden Umwelt an Beispielen zu beweisen, können in ihrer Bedeutung für die ‚Klimaverbesserung', d h. vor allem für die Versachlichung der Einstellungen Sehender zu blinden Arbeitskollegen, nicht hoch genug eingeschätzt werden. Es sollte ernsthaft überlegt werden, wie solche Informationen bei jeder Berufsvermittlung in den Mitarbeiterkreis eingebracht werden könnten, wenn der einzelne Blinde es wünscht. Nachdrückliche Kritik muss aber dort angemeldet werden, wo Verlautbarungen des Verbandes und seiner Vertreter die Realität verzerren und somit an Glaubwürdigkeit verlieren und u. U. von Sehenden nicht mehr ernst genommen werden. Gemeint sind hier Äußerungen des Verbandes, die die berufliche Situation der ganzen Gruppe falsch wiedergeben und die immer wieder die schon oben erwähnte diffuse Feindseligkeit zu anderen Behindertengruppen durchblicken lassen. So wird nur allzu leicht unterschlagen, dass immerhin 27 % der berufstätigen Blinden im Blindenhandwerk beschäftigt sind, die Zahl wird in der Verbandspresse häufig mit 20% angegeben. Es trifft – entgegen den Feststellungen auf dem 65. Deutschen Fürsorgetag in Hamburg 1967 – nicht zu, dass diese Gruppe der berufstätigen Blinden „in das Arbeitsleben eingegliedert (ist) und .. . dem Arbeits- und Sozialversicherungsrecht (unterliegt)" im Gegensatz zu anderen Behindertengruppen in beschützenden Werkstätten (6, S. 189f.). Eine Überprüfung in einer Blindenwerkstätte mit ca. 70 Beschäftigten ergab, dass mindestens die Hälfte dieser Handwerker nicht dem Arbeits- und Sozialversicherungsrecht unterliegt, dass also die Arbeit dieser Blinden mehr beschäftigungstherapeutischen Wert hat und nicht dem Erwerb des Lebensunterhaltes dient. Die Hinweise auf die „vielen" berufstätigen Blinden in „gehobenen und höheren" Tätigkeiten verschleiern den Tatbestand, dass die von der Normalverteilung der sehenden Berufstätigen abweichende Häufung der blinden Berufstätigen in den unteren Ranglagen ein typisches Merkmal für die ökonomische Lage der Blinden ist. Auffällig ist, dass bei dem Bemühen, in der behaupteten vollen Arbeitsfähigkeit ‚der' Blinden die Sonderstellung unter den Behinderten nachzuweisen, als Bezugsgruppe immer wieder die geistig Behinderten gewählt werden. Auch hier wird ein typisches Merkmal unterschlagen, dass nämlich ca. 2/3 aller Blinden jenseits des berufsfähigen Alters liegen. Der Prozentsatz der Erwerbsfähigen liegt in anderen Behindertengruppen, auf die ganze Gruppe bezogen, z. T. erheblich über dem der erwerbsfähigen Blinden. Das über lange Jahre gestörte Verhältnis zu den Sehbehinderten sei hier nur erwähnt. Es besteht die Gefahr, dass *durch Ideologisierung der mit der beruflichen Rehabilitation Blinder verbundenen Fragen der Erfolg für die dahinterstehenden ernsten und berechtigten Anliegen gefährdet wird.*

Neben diesen auf Außenwirkung abzielenden Bemühungen des Verbandes haben die nach innen gerichteten Aktivitäten die Aufgabe, den Mitgliedern eine Interpretation ihrer ökonomischen Rolle zu geben. Vor dem Hintergrund der vom Verband geäußerten Meinung, dass bei entsprechenden sozialrechtlichen Hilfen Blinde grundsätzlich „voll in das Erwerbsleben eingegliedert werden können" und dass „die meisten Blinden ihren Lebensunterhalt selbst bestreiten können", erscheint vielen Blinden das Problem der gesellschaftlichen Integration vornehmlich als eine Frage der instrumentalen Vergesellschaftung durch Berufsarbeit. So wirken Lebensläufe einzelner Erfolgreicher in den Verbandsorganen als Richtschnur zur Ausrichtung der eigenen Bemühungen und zur Abschätzung des eigenen Erfolges. Neben der positiven Wirkung solcher Verlautbarungen und Veröffentlichungen für die Bildung der *sozialen Identität* (GOFFMAN) d. h. der inneren Vergewisserung der eigenen sozialen Bedeutung, muss aber auch hier auf mögliche negative Auswirkungen hingewiesen werden. Die ideologisch überhöhte Behauptung der grundsätzlich gleichwertigen ökonomischen Leistungsfähigkeit Blinder verstellt den Blick für Barrieren, die sowohl in der Blindheit selbst als auch in der Wirtschaftsstruktur – wo sie für Sehende in gleicher Weise bestehen können – begründet sein können. Als Beispiel wurden oben die Schwierigkeiten des Aufstiegs zum Sachbearbeiter erwähnt. Solche Barrieren werden dann häufig im Glauben an die volle Kooperationsfähigkeit der Blinden als Unzulänglichkeiten in der Gesellschaftsstruktur interpretiert, wie sie sich vor allem in sogenannten Vorurteilen der Sehenden bemerkbar machen[20].

Eine eigene Untersuchung unter 60 blinden Berufstätigen ergab, dass die Mehrzahl der Befragten die von Blinden ausgeübten Tätigkeiten als Stenotypisten, Telefonisten, Industriearbeiter und Bürstenmacher, gemessen an objektiven Kriterien, rangmäßig zu hoch einstufte. Dieses Ergebnis stimmte mit dem einer Schüleruntersuchung überein (23). Überraschend daran ist, dass das ‚falsche' Bild von der sozialen Bedeutung der Blindenberufe anscheinend keine Korrektur durch Erfahrungen am Arbeitsplatz erfährt. Dieses Ergebnis und die Stellungnahmen des Blindenverbandes zur beruflichen Lage der Blinden lassen die Vermutung zu, dass die mit Blindheit verbundene vertikale Mobilitätssperre von der gesamten Gruppe nicht als ein für die Gruppe typisches Merkmal gesehen und als bedrückende Tatsache empfunden wird. Die Verbandsmeinung von der vollen Kooperationsfähigkeit Blinder findet ihre Entsprechung in der idealisierenden Gruppenmeinung von der ökonomischen Wertigkeit der von Blinden

---

[20] Ein Beispiel unter umgekehrten Vorzeichen dafür, wie wesentliche strukturelle Voraussetzungen im ausschließlichen Blick auf die Eigenleistung der Gruppe nicht gesehen werden, findet sich bei Reuss (16), wenn er die Erfindung der Blindenschrift durch den blinden L. Braille als die entscheidende Voraussetzung für die Entstehung der Blindenselbsthilfebewegung ansieht. Sicherlich ebenso bedeutsam waren die strukturellen Voraussetzungen im 19. Jahrhundert, die auch zur Gründung der Gewerkschaften führten. Emanzipation der Blinden und der Arbeiter lassen sich als gleichlaufende Prozesse verstehen.

ausgeübten Tätigkeiten. Hierbei spielen aber Einstellungen der Sehenden zu Blinden auch eine Rolle mit.

Das Bild der Gesellschaft vom Blinden und seine Bedeutung für die Berufstätigkeit Blinder

Nach den beiden wesentlichen Bestimmungsfaktoren für die ökonomische Lage der Blinden – strukturelle Voraussetzungen in der Wirtschaft und Hilfeleistungen der Gruppe – kommt dem von SMELSER genannten dritten Faktor – Einstellungen der Nichtgruppenangehörigen –, der die wirtschaftliche Situation ethnischer Gruppen maßgeblich bestimmt, auch bei Blinden eine besondere Rolle zu. Bei der Erörterung der Einflüsse des Bildes vom Blinden in der Gesellschaft beziehen wir uns auf eine eigene umfangreiche Untersuchung zum Blindheitsstereotyp, die an anderer Stelle ausführlich dargestellt ist (23).

Das Bild der Gesellschaft weicht in seinen Hauptzügen von den in der Blindenliteratur (z. B. 3, 19, 22) sehr allgemeinen Darstellungen der sogenannten Vorurteile der Sehenden, die meistens auf Einzelerfahrungen beruhen, ab. CHEVIGNY and BRAVERMANN (1950) klassifizieren die verschiedenen Zuschreibungen der sehenden Umwelt und beschreiben vier *Umweltkonstanten,* die für das Verhältnis einer Gesellschaft zu Blinden charakteristisch seien: Zweifel an der körperlichen Leistungsfähigkeit; Annahme von geistigen Ausfällen bei Sehverlust; Zuschreibung einer emotionalen Andersartigkeit; angenommener Zusammenhang zwischen Blindheit und moralischer Minderwertigkeit. Unsere Untersuchungen, die statistisch als gut abgesichert gelten können, ergaben nun, dass alles das, was Blinde an Einstellungen der Sehenden als diskriminierend empfinden, im Wesentlichen aus der emotionalen Distanz, die Sehende zu Blinden empfinden, entspringt. Der Blinde ist für Sehende in erster Linie ein einsamer Mensch, der in einer für Sehende nur schwer vorstellbaren Gefühlswelt lebt. Das Bild vom Blinden enthält keine negativen Züge durch Zuschreibung gesellschaftlich unerwünschter, negativ sanktionierter Eigenschaften. In der Vorstellung Sehender ist der Blinde ein einsamer, stiller, gehemmter, zur Verinnerlichung neigender Mensch, der seine innere Ausgeglichenheit und Aussöhnung mit dem Schicksal durch eine nach außen gewendete gutmütige Höflichkeit zum Ausdruck bringt. Es sei nur kurz darauf hingewiesen, dass sich die Beurteilungsschemata emotionaler Provenienz auch in der Sozialgesetzgebung nachweisen lassen. So ist z. B. in Kommentaren zum BSHG die Rede von dem „besonders harten Schicksal der Blinden", an dem die Gesellschaft besonderen Anteil nehme (18). In die Sozialgesetzgebung eingegangen ist ein positiv gefärbtes Klischee vom Blinden, das durch die im vorigen Abschnitt aufgezeigten Selbstdarstellungen der Blindenselbsthilfeorganisationen unterstützt wird.

Die mit Blindheit verbundenen Vorstellungen der Sehenden liegen außerhalb der Dimension, in der sich die für das auf gesellschaftlichen Erfolg gerichtete Handeln maßgeblichen Beurteilungsprozesse abspielen. Volle Leistungsfähigkeit, Erfolg, Gesundheit sind Prioritäten im allgemeinen Bewusstsein, wobei das omnipotente Gesundheitsideal als „diejenige Konkretion" anzusehen ist, „die der Leistungsorientierung der modernen Gesellschaft am genauesten entspricht" (SCHOENER 1963, 119). Die industrielle Gesellschaft motiviert und belohnt in ihrem instrumental ausgerichteten Sanktionensystem „Nützlichkeit" im Sinne der Marktleistung, „Verantwortlichkeit" für den Fortbestand der bestehenden Gesellschaftsordnung und „Kontaktfähigkeit" (von FERBER 1968, 21f.). In unserer Untersuchung zeigte sich, dass das gesellschaftliche Stereotyp vom Blinden keine oder nur eine schwache Beziehung aufweist zu den die Leistungsorientierung unserer Gesellschaft repräsentierenden Begriffen wie Männlichkeit, Erfolg, Intelligenz, Gesundheit u. a. Das gesellschaftliche Bild vom Blinden ist *leistungsneutral*. Somit trifft für die Definition der ökonomischen Rolle des berufstätigen Blinden das zu, was v. FERBER allgemeiner für alle Behinderten feststellt:

„Die Behinderung verleiht jeder sozialen Rolle eine besondere Prägung. Sie ist in unserer Gesellschaft schon in ihrem Bauplan nicht mitbedacht, der am Gesunden, Vollhandlungsfähigen sich orientiert. Der behinderte Mensch spielt daher keine soziale Rolle, er tritt in keine gesellschaftlich determinierte Leerform des Verhaltens ein, wie sie dem Gesunden allerwärts zur Verfügung steht." (4, S. 21)

Das Image vom Blinden wird nicht von dem, vor allem für die Beziehungen am Arbeitsplatz bedeutsamen Kennzeichen der uneingeschränkten Leistungs- und Kooperationsfähigkeit strukturiert, allerdings auch nicht – und dieser Hinweis erscheint angesichts der Vorurteilsdiskussion im Blindenwesen besonders wichtig – von dem Gegenteil. Sehende sind in einer konkreten Begegnungssituation gar nicht in der Lage, aus der psychischen Distanz, die sie zwischen sich und dem Blinden empfinden, spontan herauszutreten und das von der emotionalen Andersartigkeit strukturierte Blindheitsimage umzubauen zu einem Bild, das sich an den Bewertungsmaßstäben orientiert, wie sie für sehende Arbeitskollegen zur Verfügung stehen. So kommt es zu divergent strukturierten Sozialsituationen: Während der Blinde es darauf anlegt, seine Leistungsnormalität unter Beweis zu stellen, und wünscht, auf dieser Bewertungsebene beurteilt zu werden, ist der Sehende dazu geneigt, in der Befangenheit seines stark emotional gefärbten, leistungsneutralen Bildes vom Blinden, Sympathiegefühle, unabhängig vom Leistungsbeitrag des Blinden, in die Situation einzubringen. Hier mag eine Ursache für das oben erwähnte Ergebnis der Untersuchung zur sozialen Selbsteinschätzung Blinder liegen. Das ambivalente Verhältnis Sehender zur Leistung blinder Mitarbeiter zwingt diese Blinden wahrscheinlich häufig nicht zur Korrektur ihrer Ansicht über den sozialen Rang ihrer Position.

Die Ergebnisse der Untersuchung zum Blindheitsimage unserer Gesellschaft legen die Vermutung nahe, dass es Blinden grundsätzlich eher möglich ist, in dem zweidimensionalen gesellschaftlichen Bewertungssystem von *Tüchtigkeit* und *Beliebtheit* einen hohen Grad der Beliebtheit zu erreichen. Das würde bedeuten, dass Blinde und ihre Organisation die einseitig an der Leistungsnormalität orientierten Verhaltensstrategien überprüfen müssten, da nach der Struktur des Blindheitsstereotyps der Abbau der sozialen Distanz zur sehenden Umwelt über sozial erwünschte Verhaltensweisen im kommunikativen Bereich eher möglich erscheint. Das Bild der Gesellschaft vom Blinden bietet berufstätigen Blinden die Chance, über souverän in die Beziehungen zu Sehenden eingebrachte positive kommunikative Eigenschaften aus der psychischen Isolierung herauszutreten, um so in das normale, kooperativ ausgerichtete Bewertungssystem der Sehenden einbezogen zu werden.

Zusammenfassung

Die soziale Lage von Behindertengruppen lässt sich als Minderheitendasein beschreiben. Das wurde für die Gruppe der Blinden unter dem speziellen Aspekt der sozialen Lage berufstätiger Blinder dargestellt. Es zeigten sich auffällige Parallelen zur ökonomischen Situation ethnischer Gruppen. Die soziale Lage der berufstätigen Blinden wird maßgeblich bestimmt von:

1. Voraussetzungen in der Wirtschaftsstruktur;

2. den Hilfeleistungen durch verbandsmäßige Vertretung der Gruppeninteressen in der Gesellschaft sowie dem Einfluss der Selbsthilfeorganisation auf die Identität der Gruppenangehörigen, der zu einer starken Solidarisierung führt;

3. Einstellungen der Gesellschaft zu Blinden, die aus einer empfundenen psychischen Distanz resultieren und sich an einem emotional positiv gefärbte, leistungsneutralen Blindheitsstereotyp orientieren.

Literatur

ARON, R.: Die industrielle Gesellschaft. Frankfurt 1964. (1)
BARLEY, D: Grundzüge und Probleme der Soziologie. Berlin 1966. (2)
CHEVIGNY H. S. and BRAVERMANN, S.: The Adjustment of the Blind. New Haven {Yale University Press) 1950. (3)
FERBER, Ch. v.: Der behinderte Mensch und die Gesellschaft. In: Gesamtbericht über den 65. Deutschen Fürsorgetag in Hamburg 1967. Frankfurt 1968. (4)
FÜRSTENEBERG; F.: Randgruppen in der modernen Gesellschaft. In: Soziale Welt 1965, 236-245. (5)
GESAMTBERICHT über den 65. Deutschen Fürsorgetag in Hamburg 1967, Frankfurt 1968 (6)
GOFFMAN, E.: Stigma. Über Techniken der Bewältigung beschädigter Identität. Frankfurt 1967. (7)
GUTTENBERG; A. Ch. v.: Der blinde Mensch. Weinheim/Berlin 1968. (8)
HEESE, G.: Die Rehabilitation der Gehörlosen. München 1961. (9)
HENGSTEBECK, H.: Blindenrecht – Blindenhilfe. Neuwied/Berlin 1959. (10)
JAEGGI; U. UND WIEDEMANN, H.: Der Angestellte im automatisierten Büro, Stuttgart 1963 {Schriftenreihe des Bundesministeriums für Arbeit und Sozialordnung, Heft 10). (11)
KLUTH, H.: Ungelernte und Ungelerntsein in der industriellen Gesellschaft, in: Beiträge zur Frage der Ungelernten (Hrsg. P. Luchtenberg). Bielefeld 1955. (12)
MERTON, R. K.: On Sociological Theories of the Middle Range. In: Merton, R. K., Social Theory and Social Structure, New York 1968 Enl. Ed. (13)
MULLER, PH.: Berufswahl in der rationalisierten Arbeitswelt. Reinbek 1962. (14)
POLLOCK, F.: Automation. Materialien zur Beurteilung ihrer ökonomischen und sozialen Folgen. Stuttgart 1964. (15)
REUSS, A.: Werden und Wachsen der deutschen Blindenselbsthilfe. Hrsg. vom Deutschen Blindenverband e.V., Bad Godesberg (1956). (16)
SCHÄFER, H.: Der behinderte Mensch und die Medizin. In: Nachrichtendienst des Deutschen Vereins für öffentliche und private Fürsorge 10 {1967), 294-296. (17)
SCHELLHORN; JISAREK; SEIP: Das Bundessozialhilfegesetz. Textausgabe mit Erläuterungen. Berlin-Neuwied 1961. (18)

SCHÖFFLER, M: Der Blinde im Leben des Volkes. Leipzig/Jena 1956. (19)
SCHOENER, W.: Zur sozialen Funktion und sozialen Problematik des Gesundheitsideals. In: Soziale Welt, 1963,109-126. (20)
SMELSER, N. I.: Soziologie der Wirtschaft. München 1968. (21)
STEINBERG, W.: Vom Innenleben blinder Menschen. München 1955. (22)
THIMM, W.: Blinde in der Gesellschaft von heute. Untersuchungen zu einer Soziologie der Blindheit. Berlin 1971 (Marhold). (23)

2.2 Behinderung als Stigma – Überlegungen zu einer Paradigma-Alternative (1975)

Im Gedenken an Wilhelm Schmidt (1977)

> *Der Allerweltsname könnte den Eindruck erwecken, als sei diese Widmung im übertragenen Sinne gemeint, etwa: den vielen Wilhelm Schmidts, die unbekannt unter uns als Behinderte gelebt haben oder noch leben. Nun hat es den hier gemeinten Wilhelm Schmidt tatsächlich gegeben: als kleinen, stillen, unscheinbaren blinden Musiklehrer; ehemals langjähriger Schüler einer Blindenanstalt; schließlich ein Leben lang mit ihr verbunden geblieben durch seine Berufstätigkeit; anspruchslos; man konnte ihn übersehen, ausblenden, selbst wenn er neben einem saß; musikalisch hochbegabt, die Begabung auf Mittelmaß zurechtgestutzt (die Umstände waren so); beruflich nie ganz gesichert (Vorgesetzte ließen das hin und wieder mal eben durchblicken); er zählte nie so recht mit. Kaum einer von den Nichtbehinderten kannte ihn privat. Er war festgelegt auf den Typ des Blinden, ein Mensch mit beschädigter Identität würden wir das heute im Fachjargon bezeichnen.*
>
> *Einige wenige hatten das Glück, ihn in seiner ganzen Persönlichkeit als einmaligen Menschen kennen zu lernen, und konnten begreifen, dass wir Professionelle auch nicht besser sind als die Laien: auch wir vermeiden zu enge Kontakte, auch wir meinen eigentlich schon im voraus ganz genau zu wissen, was zum Wohle des Behinderten ist, wie er schließlich zu sein hat, wir legen ihn fest als Typ. Wilhelm Schmidt war kein Typ, er war es in den Augen derer, die ihn nicht kannten, und er hat es allen leicht gemacht, weil er nicht dagegen rebellierte. Und doch wusste er, mehr als alle ahnten, welchen schmalen Weg man ihm zugestanden hatte zu einer einmaligen Persönlichkeit. Niemand hat es böse mit ihm gemeint – man hatte von ihm ja auch nichts zu befürchten. Aber ebenso hat kaum jemand ihm gestattet, sich als bedeutsamer Mensch für jemanden darzustellen. Er war kein Typ – aber vieles an seinem Lebensweg als Behinderter erscheint typisch. So mag der Name auch im übertragenen Sinne verstanden werden.*

Dieser Text (Nachwort zu: Walter Thimm, Mit Behinderten leben, Freiburg 1977) soll auf die nachfolgenden stigmatheoretischen Aufsätze vorbereiten. Er spricht das an, worum es bei der Betrachtung von „Behinderung als Stigma" geht: Es sollen die Gefährdungen und damit die Chancen zur Identitätsfindung stigmatisierter oder von einer Stigmatisierung bedrohter Personen offengelegt werden.

Vorbemerkung

Es ist schon beinahe Mode geworden, im Zusammenhang mit Behinderungen von Stigma und Stigmatisierung zu reden, und auch in der Literatur über Behinderte findet dieser Terminus zunehmend Gebrauch. Dabei ist zu beobachten, dass die von GOFFMAN in seinem Buch „Stigma" (1967) vorgelegten Analysen insbesondere über den Zusammenhang zwischen Stigma und Identität allerdings kaum im Hinblick auf Behinderte zureichend rezipiert wurden. Stigma erscheint so häufig als ein neuer Terminus, als ein Etikett für einen Sachverhalt, der von den im Bereich von Behinderungen kooperierenden Wissenschaften unter anderen Begriffen (z. B. Einstellungen, Vorurteile) z. T. erfasst und abgehandelt wurde. Ein solcher Austausch von Begriffen ohne Reflexion der hinter den Begriffen sich verbergenden Grundannahmen über einen Sachverhalt, der mit einem Begriff bezeichnet werden soll, konstituiert aber keine grundsätzlich neue Erkenntnis.

In einem zweiten über eine bloße Etikettierung hinausgehenden Ansatz, den Goffmanschen Stigmabegriff im Hinblick auf Behinderung bzw. Behinderte fruchtbar werden zu lassen, werden die von GOFFMAN angestellten Überlegungen zum Stigma-Management in den Vordergrund gerückt. Mit den von Goffman vorgenommenen Unterscheidungen zwischen *virtualer sozialer Identität* (womit der komplette Satz von Beurteilungsstandards gemeint ist, der uns zur Kategorisierung von Interaktionspartnern in aktuellen sozialen Situationen zur Verfügung steht) und *aktualer sozialer Identität* (womit die von einem Interaktionspartner tatsächlich erwiesenen sozialen Attribute in einer aktuellen sozialen Situation gemeint sind) wird der Blick gerichtet auf die divergenten Strukturierungen von sozialen Situationen, in denen sogenannte „Normale" und Stigmatisierte interagieren sollen: das Stigma macht ein Individuum zu jemandem, der „in unerwünschter Weise anders ist als wir (ihn) antizipiert hatten" (GOFFMAN 1967, 13) und konstituiert eine Diskrepanz zwischen virtualer und aktualer sozialer Identität.

So gut wie gar nicht wurde bisher in der Behindertenpädagogik der in den Goffmanschen Analysen zentrale Begriff der Identität im Hinblick auf Behinderte expliziert. Das mag zum Teil daran liegen, dass Goffman es im Hinblick auf diesen Begriff an der notwendigen Klarheit fehlen lässt. Das Identitätskonzept Goffmans wurde in Veröffentlichungen von J. HABERMAS (1968), KRAPPMANN (1969), STEINERT (1972) und WELLENDORF (1973) weiter aufgefächert und präzisiert. Auch unsere eigenen seit etwa 1968 vorgenommenen Versuche, den Stigmabegriff im Hinblick auf Behinderte innerhalb der Bemühungen um eine Soziologie der Behinderten fruchtbar werden zu lassen, bewegten sich auf diesen beiden Ebenen:

1. Wir waren bemüht um eine genauere Analyse von gemischten sozialen Situationen, aus der Interventionsanweisungen für die Neutralisierung gestörter Interaktionen zwischen Behinderten und Nichtbehinderten abgeleitet werden könnten (THIMM 1973 a). Das ist in wünschenswerter Breite bisher noch gar nicht geschehen. So wäre es zum Beispiel denkbar, auf der Grundlage solcher Analysen didaktische und methodische Konzepte für sozialkundlich orientierte Unterrichtsinhalte bei Behinderten zu entwerfen, aus der Analyse von Interaktionsab-

folgen angesichts einer bestimmten Behinderung, also Kenntnisse und Fertigkeiten für die Bewältigung solcher Interaktionen zu vermitteln (z. B. im Rollenspiel). Sodann haben wir versucht, das Identitätskonzept zu präzisieren und zu operationalisieren. Hier stehen wir in den aller ersten Anfängen[21]. Diese Versuche sind als Bemühungen anzusehen, eine ergänzende Perspektive in der Erforschung von Behinderung, ihren Verursachungen und ihren Folgen für die davon Betroffenen anzubieten. Sie sollen vorhandenes Wissen kumulativ erweitern.

2. Bei dem Versuch in dem – wie es „scheint" – längst entschiedenen Streit zur Verursachung von Lernbehinderung (entschieden im Sinne von sozialer versus somatischer Verursachung) allzu lineare Erklärungsmodelle durch einen multifaktoriellen Ansatz zu ergänzen, also auch durch Kumulierung von Wissen, Hypothesen zur Verursachung von Lernbehinderung durch immer neue Fakten einer Verifizierung bzw. Falsifizierung näher zu bringen (THIMM/FUNKE 1975), schlich sich zunehmend Unbehagen ein. Es musste gefragt werden, ob die methodologische Leitlinie der eigenen Bemühungen und der derzeitigen Behindertenpädagogik, Behinderte durch immer präzisere empirisch belegbare „Merkmale" von Nichtbehinderten abzugrenzen, überhaupt die einzig mögliche Leitlinie ist, ob nicht eine bessere methodologische Leitlinie zu finden ist. Schließlich kamen Zweifel auf, die mit KUHN so formuliert werden sollen: Sind methodologische Richtlinien als solche nicht überhaupt unfähig, „zwingend zu einer ausschließlichen Schlussfolgerung zu führen" (KUHN 1967, 20)?

Leitendes Paradigma der Behindertenforschung

Die um Behinderung zentrierten Bemühungen erziehungswissenschaftlicher, psychologischer und soziologischer Forschung gehen in der Regel von „Behinderung" als kausal interpretierbarem Zustand einer in medizinischen/psychologischen/sozialen Kategorien beschreibbaren Normabweichung von Dauer aus. Die Kausalkette gründet auf der Ermittlung medizinischer-physiologischer, psychologischer und/oder sozialer Faktoren, die ursächlich zu dem mit Behinderung definierten Zustand geführt haben sollen. Diese Sichtweise ist individuozentrisch insofern, als sie den Zustand der Andersartigkeit aus dem So-sein des Individuums (verursacht durch physiologische/psychologische/soziale Faktoren) zu begreifen versucht und aus der immer näher empirisch zu ermittelnden „Andersartigkeit" oder „Besonderheit" – in der Behindertenpädagogik unter dem Begriff der „besonderen Erziehungsbedürftigkeit" gefasst – geeignete Interventionsstrategien zu ermitteln versucht. Dieses von mir als traditionell bezeichnete Vorgehen ist durch folgende Merkmale gekennzeichnet: auf der Ebene der Ursachenerforschung von Behinderungen gehen wir von der Behinderung als Entität aus und suchen nach somatischen Faktoren, sozial beeinflussten somatischen Faktoren, nach Faktoren innerhalb gesellschaftlicher Institutionen (z. B. Familie, Schule) oder weitaus gröber nach linear wirkenden gesamtgesellschaftlichen Faktoren. Auf der Ebene der Folgen gehen wir wiederum von der Behinderung als Entität aus und suchen nach Folgen in den unmittelbaren Interaktionen (allerdings erst in neuerer Zeit, hier hat GOFFMAN im oben beschrieben Sinne Pate gestanden); gesucht werden Folgen in bestimmten institutionellen und organisatorischen Zusammenhängen (Schule, Familie, Arbeitsplatz, Freizeitrollen)

---

[21] Weitere Versuche dazu in den nachfolgenden Beiträgen 2.3 - 2.5 in diesem Band.

oder wiederum, recht global, mögliche generelle Folgen in gesamtgesellschaftlichen Zusammenhängen.

Bei allen Versuchen, sowohl auf der Ebene der Ursachenerforschung als auch der Ebene der Erforschung von Behinderungsfolgen arbeiten wir „in den Normen", die Behinderung als Abweichung von irgendeinem Normalzustand definieren. Wir stellen gegenüber: auf der einen Seite Behinderung als individueller Zustand und auf der anderen Seite Normen, denen nicht oder nur unzureichend entsprochen werden kann und entwerfen Interventionsstrategien zur Aufhebung bzw. Minimalisierung des Behinderungsdefizites. Die Relativität von Behinderungen kommt dabei nur schwer in den Blick. Hier bleiben die Empfehlungen der Bildungskommission (1973) bemerkenswert ambivalent. Die Empfehlungen sehen auf der einen Seite durchaus die Relativität von Behinderungen, wie sie von BLEIDICK (1972) und anderen Autoren immer wieder hervorgehoben werden. Die detaillierten Merkmalsbeschreibungen (Empfehlungen 1973, Abschnitt 3.2, 32 f.), die einzelnen Definitionen (36 ff.) und die Generalklausel: „Als behindert im erziehungswissenschaftlichen Sinne gelten alle Kinder Jugendlichen und Erwachsenen, die in ihrem Lernen, im sozialen Verhalten, in der sprachlichen Kommunikation, oder in psychomotorischen Fähigkeiten so weit beeinträchtigt sind, dass ihre Teilhabe am Leben der Gesellschaft wesentlich erschwert ist", machen aber deutlich, dass die grundsätzliche Orientierung an abweichenden „Merkmalen", die auf sehr verschiedene Normen bezogen werden, nicht aufgegeben wurde. Danach weichen Lernbehinderte in der Lernfunktion von der Altersnorm ab aufgrund erheblich verminderter Intelligenzleistungen; Verhaltensgestörte sind im „psychosozialen Verhalten gestört" und reagieren in Situationen unangemessen; sozial Benachteiligte sind im Vergleich zu Gleichaltrigen „retardiert" bzw. weisen „negative Abweichungen" auf. Als ergänzende Perspektive dazu wird konstatiert, dass das Ausmaß der Behinderung auch von dem jeweiligen sozialen Kontext abhängt, in dem ein „impairment" zu „disability" bzw. „handicap" wird. „Die Relativität von Behinderung zeigt sich in ihrer Situationsgebundenheit" (a.a.O., S. 34). Diese situative Relativität von Behinderung wird aber ausschließlich auf der Ebene der Behinderungsfolgen gesehen, selbst bei Behinderungen, bei denen mit guten Gründen die Entstehung der Behinderung selbst auf bestimmte situationsgebundene Zuschreibungen, Definitionen und Ausgrenzungen – letztlich als aus interpretativen Prozessen in Interaktionen und deren institutionalisierten Formen hervorgehend – zurückgeführt werden könnten (Lernbehinderte, Verhaltensgestörte).

Als Folge dieses „In-den-Normen-Denkens" ist zu beobachten, dass durch immer exaktere Definitionen die einzelnen Behinderungsarten immer schärfer voneinander abgegrenzt werden. Wer im Alltagsbetrieb einer sonderpädagogischen Studienstätte arbeitet, kennt die Bemühungen der einzelnen Kollegen um ganz spezielle behinderungsspezifische Didaktiken und Methoden. Eine solche Besonderung der Methoden postuliert aber eine spezielle Andersartigkeit der Klientel. Die extreme Ausdifferenzierung zu eigenständigen Lehrämtern an den sonderpädagogischen Studienstätten und zur gesamten Palette der Sonderschultypen legt Zeugnis ab von dem Erfolg solcher Bemühungen. Solche Versuche einer immer exakteren Abgrenzung der einzelnen Behinderungsarten und auch der Schweregrade einzelner Behinderungen (Blindheit – Sehbehinderung; Gehörlosigkeit – Schwerhörigkeit; Lernbehinderung – geistige Behinderung; Differenzierung nach unterschiedlichen körperlichen Beeinträchtigungen stimulieren die Suche nach immer effektiveren Diagnoseinstrumenten. Es ist zu fragen, ob diese Differenzierungsversuche überhaupt durch spezielle therapeutische oder gar pädagogische Programme abzudecken sind. Ferner unterstellen solche Versuche, dass letztlich homogene Gruppen von Behinderten gefunden werden könnten, auf die passende, einheitliche therapeutische, pädagogisch-methodische Konzepte anwendbar sind.

Schließlich, und das scheint eine besonders schwerwiegende Folge solcher Definitionsbemühungen zu sein, tendieren solche Versuche zu einer „Ontologisierung", zur „Verdinglichung" von Behinderungen sowohl im wissenschaftlichen Denken als auch im Alltagsdenken: Behinderung wird zu einer Verhaltensqualität des Behinderten, in der Alltagserfahrung zu einem naturwüchsigen Zustand. Die generelle Andersartigkeit des Behinderten wird unterstellt. So wird die Einsicht verdeckt, dass Stigmatisierungen aus Interaktionen hervorgehen, dass Stigma das Produkt sozialer Zuschreibungen ist und nicht Anlass für soziale negative Zuschreibungen: Klassifikationen sind nicht in dem Objekt, „ein Objekt wird unter einer bestimmten Perspektive klassifiziert" (STRAUSS 1968, 50). Oder, wie es Goffman am Ende seines Buches ausdrückt – und hier liegt der oft übersehene Schlüssel zum vollen Verständnis des ganzen Buches –: *„Der Normale und der Stigmatisierte sind nicht Personen, sondern eher Perspektiven. Diese werden erzeugt in sozialen Situationen"* (GOFFMAN 1967, 17).

Auch JANTZEN (1974) kommt zu dem gleichen Ergebnis bei seiner Kritik an gängigen Konzepten der Verhaltensgestörtenpädagogik und fasst zusammen: „Dieser Versuch der Objektivierung der Norm und damit Ausschaltung sozialer Faktoren aus der Definition ist nahezu symptomatisch für die gesamte Behindertenpädagogik" (JANTZEN 1974, 60). Allerdings zeigt sich hier – und damit soll unsere Position von Jantzen und ähnlichen Ansätzen (z. B. in „Kritik der Sonderpädagogik", 1973) abgegrenzt werden –, dass der Rückgriff auf dominante Strukturmerkmale der Gesellschaft, die linear auf die Institution Schule und die dort ablaufenden Interaktionsprozesse einwirkend interpretiert werden, der Rückgriff auf ein vorhandenes Bild von unserer Gesellschaft (kapitalistischer (Gesellschaft), den Blick verstellt auf die tatsächlich ablaufenden Interaktionsprozesse. Der intentionale Sinn dieser Interaktionen wird als gegeben vorausgesetzt, er ist durch die „gesellschaftliche Reproduktionsfunktion" von Schule sowie die Funktion, die „Arbeitskraft der Schüler für bestimmte Ausbildungsgänge" zu qualifizieren (JANTZEN 1974, 61), festgelegt und gar nicht mehr Gegenstand von jeweiligen Situationsdefinitionen der Interaktionspartner in der Institution. Solche Versuche, Interaktionen aus übergreifenden sozialen Strukturen von vornherein als endgültig determiniert anzusehen, tragen ebenso die Gefahr einer Verdinglichung des Forschungsgegenstandes in sich wie die von uns angesprochenen biologistischen-psychologistischen Vorannahmen über „Behinderung". Biologistische und/oder psychologistische Ontologisierung wird ersetzt durch soziologische Ontologisierung aus einem immer schon mitgedachten gesellschaftlichem Deutungssystem.

Ebenso gehen auch AAB et al. (1974), wenn auch nicht expressiv verbis, von einer interaktionistischen Perspektive aus, wenn sie für vier der sonderschulisch etablierten Behinderungsarten (Lernbehinderte, Geistigbehinderte, Verhaltensgestörte, Sprachbehinderte) aus der Kritik an „Versuchen klinischer oder psychometrischer Abgrenzungen" feststellen, dass die Definition und schließlich Aussonderung dieser Behinderungen als Ergebnis interpretatorischer Akte im Schulsystem anzusehen seien und daher die verschiedenen Aufgaben des „heilpädagogischen Lehrers" unter den „Gesichtspunkt der Interventionsstrategien in Interaktionen mit gestörten und behinderten Kindern und Jugendlichen gestellt" wissen wollen (AAB et al. 1974, 379). Sehr viel vorsichtiger allerdings als bei JANTZEN oder in „KRITIK der Sonderpädagogik" äußern sich diese Autoren über den Zusammenhang zwischen konkreten in der Schule ablaufenden Interaktionsprozessen, in denen Schüler als abweichend definiert und schließlich ausgesondert werden, und gesamtgesellschaftlichen Strukturen. Hier wird von einer „bemerkenswerten Hypothese" gesprochen, dass die Ursachen für die Klassifizierung und Aussonderung von Schülern als verhaltensgestört, lernbehindert, geistig behindert, sprachgestört „im gesellschaftlichen Auftrag und in der Organisation der Regelschule selbst zu suchen" seien; es wird „angenommen", dass die „Organisation schulischen Lernens außerpädagogischen, ökonomischen Zwecken diene" (AAB et al. 1974, 378).

Schließlich sei als weiterer Beleg für das sich offensichtlich immer mehr ausbreitende Unbehagen an der traditionellen Perspektive pädagogischer, psychologischer und soziologischer Erforschung von Behinderungen der kürzlich erschienene Aufsatz von REINCKE (1974) über frühkindliche Hirnschädigung als Psychosyndrom angeführt. Reincke kritisiert die „Überbewertung der ‚organischen Interpretation' der klinischen Symptomatik hirngeschädigter Kinder wegen der Gefahr der „defektologischen Ideoligisierung" mit der Konsequenz einer einseitigen biomedizinischen Ausrichtung der Forschung. „Ein alternatives ... Vorgehen ist der Versuch möglichst unabhängig von vorgegebenen (medizinischen) Einteilungsgesichtspunkten bei den in Blick genommenen Behinderten mit eher induktiven Untersuchungsansätzen Dimensionen bzw. Klassen des Verhaltens festzustellen" (REINCKE 1974, 673). Er folgert, dass hinsichtlich des abweichenden Verhaltens, Verhaltensdifferenzen gegenüber nicht behinderten Kindern eher als Reaktionen der behinderten Kinder auf das Verhalten ihrer Mitmenschen und nicht als „primäre psychopathologische Begleiterscheinungen ihrer Hirnschädigung selbst" zu beschreiben und zu klassifizieren sind (a.a.O. S. 684). Das heißt aber, abweichendes Verhalten von hirnorganisch geschädigten Kindern als Ergebnis interpretatorischer und definitorischer Akte in Interaktionen mit Nichtbehinderten auffassen.

Am deutlichsten vollzogen ist die Abkehr von der traditionellen Sichtweise von Behinderungen als Phänomen, das es durch immer exaktere empirisch abgesicherte Merkmalsbeschreibungen auf den Ebenen der individuellen Eigenschaften und des individuellen Verhaltens, auf der Ebene der sozialen Folgen und der Ebene des Verursachungszusammenhanges zu erforschen gilt, in zwei Aufsätzen von HOMFELDT (1973; 1974). Unter ausdrücklichem Bezug auf Goffman (Asyle und Stigma) und andere Ansätze des Symbolischen Interaktionismus fasst Homfeldt Lernbehinderung und Verhaltensstörung als eine spezifische Form abweichenden Verhaltens auf, das keine Verhaltensqualität darstellt, sondern in Definitionen des schulischen Alltags als ein abweichendes Verhalten diskriminiert wird.

Grundzüge eines alternativen Paradigmas von „Behinderung"

Die bisherigen Ausführungen sollten belegen, dass sich die wissenschaftlichen Bemühungen um das Phänomen Behinderung in einem Stadium einer *unreflektierten Paradigmakonkurrenz* befinden, und dass die um den *Goffmanschen* Stigmabegriff zentrierten Überlegungen Anzeichen für ein neues Paradigma liefern.

Wir beziehen uns hier auf das von Thomas S. KUHN (1968) entwickelte Paradigmakonzept. Mit Paradigma werden die den wissenschaftlichen Bemühungen einer Forschergemeinschaft zugrunde liegenden einheitlichen (nicht mehr hinterfragten) Grundannahmen über Wesen und Dimensionen ihres Objektbereiches bezeichnet. Ein solches Paradigma bestimmt die innerhalb einer Forschergemeinschaft „anerkannten Probleme und Methoden eines Forschungsgegenstandes" (KUHN 1968, 28), Jede praktizierte Wissenschaft („normale" Wissenschaft nach Kuhn) basiert auf einem Paradigma.

In Erinnerung an die Feststellung GOFFMANS: der Normale und der Stigmatisierte sind nicht Personen sondern Perspektiven, die in sozialen Situationen erzeugt werden, können nun folgende Grundannahmen des neuen Paradigmas, das wir als **Stigma-Paradigma** bezeichnen wollen, formuliert werden:

1. Behinderung wird nicht als *Eigenschaftspotential* aufgefasst, das sich im Verhalten der Behinderten aktualisiert, und das auf bestimmte Faktoren ursächlich zurückführbar ist, sondern als *soziale Beziehung*. Die statische Beschreibungsebene wird zugunsten einer prozessualen, einer reflexiven Sichtweise aufgegeben, einer Sichtweise, die nicht „in" den Normen, sondern „über" die Normen denkt (STEINERT 1973, 14).

2. Behinderung entsteht aus definierenden Aktivitäten von interagierenden Personen in sozialen Situationen (wenig strukturierte Alltagssituationen, institutionalisierte Interaktionen, Interaktion in Organisationen).

3. Behinderung bekommt in sozialen Situationen eine Bedeutung für die interagierenden Personen. Diese Bedeutung, auf deren Grundlage Interaktion sich vollzieht, unterliegt einem interpretativen Prozess.

4. Welche Bedeutung sich in Interaktionen durchsetzt als handlungsleitende Situationdefinition, ist eine Frage der Machtausstattung der Interaktionspartner.

Diese bisher erkennbaren Elemente eines Stigma-Paradigmas basieren auf der weitreichenden Grundannahme von „Gesellschaft als Prozess" (STEINERT 1973, 14), der rückführbar ist auf Handlungsketten, die ihren Ursprung in sozialen Situationen haben (a.a.O., S. 35), auf die „empirische soziale Welt ..., die Welt der alltäglichen Erfahrung" (BLUMER 1973, 117).

Soziale Situation wird zur Grundkategorie eines solchen „reflexiven" (STEINERT) soziologischen Ansatzes. Auf eine verkürzte Formel gebracht lassen sich die beiden Paradigmata folgendermaßen abgrenzen:

Im *traditionellen Ursache-Folgen-Paradigma* wird der Satz „A ist behindert" als Aussage anerkannt. Daraus ergeben sich relevante Fragestellungen: Wie ist diese Behinderung entstanden? Welche Folgen hat sie?

Zentrale Fragestellung im *Stigma-Paradigma* ist es: Wie kommt es zu der Aussage „A ist behindert?" Daraus ergeben sich relevante Fragestellungen: Wie werden bestimmte Merkmale (Verhaltensweisen) dafür ausgewählt, als Behinderung definiert zu werden?

In der Ausarbeitung der sich aus dem Stigma-Paradigma ergebenden relevanten Gegenstandsbereiche, Fragestellungen und methodischen Verpflichtungen muss nicht am Punkt Null angesetzt werden. In der Kriminologie (u. a. SACK 1968; HAFERKAMP 1972) und in einer neueren Veröffentlichung von KECKEISEN (1974) zur Paradigma-Konkurrenz in der Sozialpädagogik ist der auf Grundannahmen einer Interaktionssoziologie (Reflexiven Soziologie nach STEINERT) beruhende Ansatz so weit ausdifferenziert, dass Analogiebildungen in Bezug auf Behinderung als sozialwissenschaftlichen Gegenstand möglich erscheinen.

Abschließend seien einige Fragestellungen einer auf dem Stigma-Paradigma basierenden Soziologie der Behinderten aufgezählt, ohne den Anspruch auf Vollständigkeit oder richtige Gewichtung erheben zu wollen.

1. Alltägliche Interaktionssituationen zwischen Behinderten und Nichtbehinderten sollten der Ausgangspunkt forscherischer Aktivitäten sein.

2. Welche Definitionsprozesse laufen in solchen Situationen ab, und wie gestalten sich die damit verbundenen „Statuszwänge" (STRAUSS 1968, 80 f.)?

3. Welcher Art sind diese Statuszuweisungen (dauerhaft, temporär, von unbestimmter Dauer, reversibel oder automatisch andere negative Statuszuweisungen nach sich ziehend)?

4. Wie legitimieren die Definierenden ihre Definitionen?

5. Welche institutionellen Definitionen von Behinderung sind auffindbar? Wie aktualisieren sie sich in alltäglichen Interaktionssituationen? Inwieweit werden sie hier uminterpretiert?

6. Welche Sanktionen stehen den definierenden Personen zur Verfügung?

7. Wie setzen sich Adressaten der Definitionen mit der Zuweisung eines Sonderstatus auseinander? Können sie durch Interpretationen in der Situation solche Statuszuweisungen abmildern, rückgängig machen, verhindern?

8. Wie gestalten sich Prozesse der Heranbildung „beschädigter Identität" als Ergebnis von Stigmatisierungen (in Interaktionsabfolgen abgegebener Definitionen) in den beiden Dimensionen der Identität, der vertikalen (biographischen)

Dimension (der persönlichen Identität) und der horizontalen Dimension (der sozialen Identität), die miteinander Ich-Identität ausmachen?[22]

Schlussbemerkungen

Der Versuch, den gegenwärtigen Stand sozialwissenschaftlicher Forschung über Behinderte als einen Zustand der nicht reflektierten Paradigmakonkurrenz zu kennzeichnen sowie einige Grundlinien des neuen Paradigmas (Stigma-Paradigma) aufzuzeigen, soll mit einer ungewöhnlichen Bemerkung schließen. Thomas S. KUHN bemerkt über einen solchen Zustand von Wissenschaft, den wir mit Paradigmakonkurrenz in unserem Bereich bezeichnet haben: „Der Wettstreit zwischen Paradigmata kann nicht durch Beweise entschieden werden" (KUHN 1967, 196). „Der Erfolg eines Paradigmas ... ist am Anfang weitgehend Verheißung von Erfolg, die in ausgesuchten und noch unvollkommenen Beispielen liegt" (a.a.O. 1967, 45). Und schließlich: Ein neues Paradigma stellt die Forscher vor die Aufgabe, Aufräumarbeiten zur Ausdifferenzierung des Paradigmas zu leisten. „Aufräumtätigkeiten sind das, was die meisten Wissenschaftler während ihrer gesamten Laufbahn beschäftigt, und sie machen das aus, was ich hier normale Wissenschaft nenne" (KUHN 1967, 45).

Literatur

AAB/PFEIFER/REISER/ROCKEMER: Zur Ausbildung von heilpädagogischen Lehrern in einem grundständigen Studium. Z. f. Heilp. 25 (1974), 376 ff.
ALLTAGSWISSEN, Interaktion und gesellschaftliche Wirklichkeit. Bd. I, hrsg. v.: Arbeitsgruppe Bielefelder Soziologen. Reinbek 1973 (Bd. 2: Ethnotheorie und Ethnographie des Sprechens).
BLUMER, H.: Der methodologische Standort des Symbolischen Interaktionismus. In: Alltagswissen, a. a. O..
GOFFMAN, E.: Stigma. Über Techniken der Bewältigung beschädigter Identität. Frankfurt 1967.
HABERMAS, J.: Thesen zur Theorie der Sozialisation. Manuskript (1968).
HAFERKAMP, H.: Kriminalität ist normal. Zur gesellschaftlichen Produktion abweichenden Verhaltens. Stuttgart 1972.
HOMFELDT, H. G.: Ist die Sonderschule für Lernbehinderte eine totale Institution? Die Deutsche Schule 1965 (1973), 169- 782.
DERS.: Angebotene Chancen für Behinderte. Zu den Empfehlungen der Bildungskommission des Deutschen Bildungsrates: „Zur pädagogischen Förderung behinderter und von Behinderung bedrohter Kinder und Jugendlicher". Z. f. Pädagogik 20 (1974), H.3.
JANTZEN, W.: Verhaltensgestörtenpädagogik – praktische Theorie oder Erziehungswissenschaft? Heilp. Forschung 1974 (Bd. V, H.1).
KECKEISEN, W.: Die gesellschaftliche Definition abweichenden Verhaltens. Perspektiven und Grenzen des labeling approach. München 1974 (Juventa).
KRAPPMANN, L. : Soziologische Dimensionen der Identität. Stuttgart 1969.
KRITIK DER SONDERPÄDAGOGIK. Gießen 1973 (Achenbach) KUHN, Th. S.: Die Struktur wissenschaftlicher Revolutionen. Frankfurt 1967.

---

[22] Zum Identitätskonzept vgl. die Beiträge 2.3 (Lernbehinderung als Stigma) und 2.10.

REINCKE, W.: Frühkindliche Hirnschädigung als Psychosyndrom? (Bemerkungen anlässlich des Buches von H. Nielsen: Psychologische Untersuchungen bei zerebralparetischen Kindern. Berlin 1970. Z. f. Heilpäd.. 25 (1974), 667-688.
SACK, F.: Neue Perspektiven der Kriminologie. In: Kriminalsoziologie, hrsg. v. F. Sack und R. König. Frankfurt 1968.
STEINERT, H.: Symbolische Interaktion. Arbeiten zu einer reflexiven Soziologie. Stuttgart 1973 (Klett).
STRAUSS, A.: Spiegel und Masken. Suche nach Identität. Frankfurt 1968.
THIMM, W. (1973 a): Sehschädigungen als Ursache für die divergente Strukturierung sozialer Situationen. In: W. Thimm (Hrsg.), Soziologie der Behinderten, Neuburgweier 1973 (Schindele).
DERS. (1973 b): Soziologie – Soziologie der Behinderten.[23] Sowie: Die amtliche Behindertenstatistik in der Bundesrepublik Deutschland. In: Soziologie der Behinderten, aaO..
DERS. und E. H. FUNKE (1975): Soziologie der Lernbehinderung. In: Handbuch der Sonderpädagogik Bd. 4 (Hrsg. G. O. Kanter und O. Speck), Berlin 1975 (Marhold).
WELLENDORF, F.: Schulische Sozialisation und Identität 1973. Weinheim/Basel.

2.3 Lernbehinderung als Stigma (1975)[24]

Einleitung

Neben gelegentlichen Hinweisen auf die Relevanz des Stigmabegriffes für die Behindertenpädagogik (PREUSS-LAUSITZ 1971; BITTNER 1973; THIMM 1972/1973) und einem etwas ausführlicheren Ansatz bei PROBST (1973) hat die Pädagogik der Behinderten in der Bundesrepublik den GOFFMANschen (Stigma und Identität) und darüber hinaus den „labeling approach" bisher nicht aufgegriffen. In der umfänglichsten deutschen Monografie zur Behindertenpädagogik (BLEIDICK 1972) fehlt der Name GOFFMAN überhaupt.

Im folgenden soll das Stigmakonzept auf die größte Gruppe der etwa 300.000 Kinder und Jugendlichen in Sonderschulen, die sogenannten Lernbehinderten, angewandt werden. Die nachfolgende Darstellung wird sich im Wesentlichen auf die Definitionsproblematik konzentrieren und zu zeigen versuchen, dass „Lernbehinderung" einen speziellen Fall von Pathologisierung bzw. „medicalization of deviance" (SACK 1969, 988) darstellt, wobei durch die psychologische „Individualisierung des Täters" (ebd. 987) mitbeteiligte gesellschaftliche Bedingungen der Produktion des abweichenden Merkmals (hier: Lernbehinderung) verdeckt werden. Soweit es möglich ist, werden einige Aussagen zu den Folgen der Stigmatisierung für die Betroffenen gemacht. Offenbleiben müssen vorläufig noch Fragen nach der gesellschaftlichen Funktion des Stigmas „Lernbehinderung" und damit eng zusammenhängend nach den Ursachen für eine derartige Stigmatisierung einer Schülergruppe. Nach einem kurzen Überblick (1) über die Problematik der offiziellen Definition von Lernbehinderung werden (2) die wichtigsten Stufen eines Stigmatisierungsprozesses dargelegt; abschlie-

---

[23] Kapitel 1.2 in diesem Band. Vgl. auch „Zum Begriff der Rehabilitationsbedürftigkeit", Kapitel 1.4.
[24] Aus: Stigmatisierung (Band 1): Zur Produktion gesellschaftlicher Randgruppen, hrsg. von Manfred BRUSTEN und Jürgen HOHMEIER, Neuwied/Darmstadt 1975, 125-144.

ßend wird (3) ein theoretischer Bezugsrahmen für Untersuchungen über Identitätskonflikte bei Lernbehinderten kurz vorgestellt.

Die offizielle Definition von „Lernbehinderung"

In der Bundesrepublik besuchen rund 250 000 Schüler die Sonderschule für Lernbehinderte (im folgenden Sonderschule), das sind 3 % der schulpflichtigen Kinder im Alter von 6-15 Jahren. Seit 1961 wurde (zunächst in Hessen) in der amtlichen Sprache die Bezeichnung „Hilfsschüler" durch „Lernbehinderte" ersetzt. In der Fachliteratur finden sich aber weiterhin nebeneinander die Begriffe „Hilfsschüler", „Lernbehinderte", „Intelligenzgeminderte", „Schwachbegabte" und seit etwa 1970 (BEGEMANN) „soziokulturell Benachteiligte" und signalisieren, dass hier grundsätzliche Schwierigkeiten der Klassifikation einer Abweichung von schulischen Standards, die sich weder in einem eindeutigen, einheitlichen Merkmal angeben noch monokausal auf einen Verursachungsfaktor zurückführen lässt. Die heutige „Schule für Lernbehinderte (stellt) sowohl im Hinblick auf die Verursachung der Lernbehinderung als auch auf das Lern- und Leistungsverhalten der Schüler keine einheitliche Gruppe (dar)" (KANTER 1973, S. 280). Schüler einer Lernbehindertenschule zu sein, ist ein institutionell zugewiesener Status: „Die Schule für Lernbehinderte nimmt Kinder und Jugendliche auf, die wegen ihrer Lern- und Leistungsbehinderungen in Grund- und Hauptschule nicht hinreichend gefördert werden können (EMPFEHLUNG 1972, 31). In der Regel fungiert in der Praxis ein eingetretener zweijähriger Leistungsrückstand (eine Zurückstellung plus einmal „Sitzenbleiben" bzw. zweimal „Sitzenbleiben" in der Grundschule) oder die „gesicherte" Prognose eines solchen Leistungsrückstandes als Einweisungskriterium in die Sonderschule. Der „zweijährige Rückstand" (Grundschulversagen bzw. voraussichtliches Versagen) wird mit einem Intelligenztest überprüft und somit – im Falle eines unterdurchschnittlichen Intelligenzquotienten – als „Intelligenzschwäche" diagnostiziert. In vielen Fällen ist aber das Schulversagen nicht in einen unterdurchschnittlichen Intelligenzquotienten zu überführen. Die Angaben über den Anteil der Schüler mit einem durchschnittlichen bis überdurchschnittlichen Intelligenzquotienten in der Sonderschule schwanken zwischen 10 % (FERDINAND/UHR 1973) und rund 30% (KLEIN 1973). Bei diesen in die Sonderschule überwiesenen Schülern kann die Einweisungsentscheidung also nicht mit dem „wissenschaftlichen" Kriterium „niedriges Intelligenzniveau" abgedeckt werden. Angesichts dieses Tatbestandes stellt PROBST (1973) zu Recht die Frage nach anderen, ökonomischen, mindestens ebenso zuverlässigen Entscheidungskriterien für die Überweisung in die Sonderschule. Sie liegen in der Tat vor:

1. Das Urteil der Grundschule über die Sonderschulbedürftigkeit garantiert zu 90 % eine tatsächliche Überweisung.

2. Eine Auswahl der künftigen Sonderschüler anhand von Zeugnisnoten (FUNKE 1972) durch Festsetzung einer Steuergröße (Schulleistungsminimum oder Quote der jährlich zu überweisenden Schüler; PROBST 1973, S. 133) garantiert ebenso zuverlässige Entscheidungen wie die derzeit geübte Praxis.

3. Schließlich ließe sich angesichts des in der Lernbehindertenpädagogik zur Kenntnis genommenen Tatbestandes, dass sich die Population der Lernbehinder-

ten zu 80-90 % aus den unteren Sozialschichten rekrutiert (zusammenfassend BEGEMANN 1970; KLEIN 1973), ein soziokultureller Index als Prognoseinstrument konstruieren. PROBST findet bei einem empirischen Vergleich von je 30 altersgleichen Haupt- und Sonderschülern eine Reihe von Indikatoren, die signifikante Korrelationen mit der Schulzugehörigkeit aufweisen (z. B. Zahl der Kinderzimmer pro Kind; Ferienverhalten der Familie; Ausbildungsniveau der Eltern; PROBST 1973, S. 136 ff.).

Hinzu kommt, dass die Chance, offiziell als „Lernbehinderter" eingestuft und somit in die Sonderschule überwiesen zu werden, sehr von regional unterschiedlichen schulorganisatorischen Bedingungen abhängt. Der Anteil der Sonderschüler schwankt in den einzelnen Bundesländern erheblich. Er liegt in Rheinland-Pfalz und Bayern mit 1,75 bzw. 1,9 % aller Schüler der Klassen 1-9 am niedrigsten, schnellt in Schleswig-Holstein und Berlin auf 4,1 bzw. 4,94 % hoch (KNIEL/TOPSCH 1973, S. 244). Dass diese Daten nicht vordergründig schulpolitisch als unterschiedliches Engagement beim Ausbau des Sonderschulwesens gewertet werden dürfen, sondern dass dahinter Unterschiede in den Leistungsanforderungen stehen, zeigt der ebenfalls von KNIEL/TOPSCH mitgeteilte Befund, dass in den Bundesländern mit hoher Abgangsquote aus der Sonderschule gleichzeitig eine hohe Quote von Hauptschulabgängern ohne Abschlusszeugnis zu verzeichnen ist (und umgekehrt). Eine hohe Abschulquote in der Grundschule zieht offensichtlich eine Erhöhung der Leistungsanforderungen an die verbliebenen Hauptschüler nach sich, die weitere Schulversager (Hauptschüler ohne Abschlusszeugnis) produziert. Ebenso große Schwankungen, die an blanke Willkür zu grenzen scheinen, weisen Zurückstellungen und Sitzenbleiberquoten (die ja offizielle Etikettierung von Leistungsversagen und damit Stufen der Stigmatisierung zum „Lernbehinderten" markieren) von Schule zu Schule, von Stadt zu Stadt usw. auf. MUTH berichtet aus Nordrhein-Westfalen von regionalen Schwankungen bei den Zurückstellungen von 0 bis 25 %, bei den Sitzenbleiberquoten von einer Streubreite von unter 1 % bis zu 16,6% der Grundschüler im Schuljahr 1971/72. In Bonn befinden sich 11 % der schulpflichtigen Kinder in der Sonderschule, in Kiel lag die Überweisungsquote zur Sonderschule in 6 Grundschulen (von 34) bei über 20%, der Bundesdurchschnitt liegt bei 3,1 % (MUTH 1973, S. 232). Lassen sich Unterschiede zwischen einzelnen Grundschulen möglicherweise aus ihren verschiedenen Einzugsgebieten erklären (zum ökologischen Aspekt vgl. Abschnitt 2), so dürfte allerdings der Ansatz „unterschiedliche Begabung der Schüler" zur Erklärung der unterschiedlich hohen Sonderschüler-Quoten in einzelnen Städten oder gar Bundesländern verfehlt sein.

Stufen des Stigmatisierungsprozesses

Die Definition der „Lernbehinderten" unter Berufung auf Ergebnisse von Intelligenztests als wissenschaftliches Entscheidungsinstrument verschleiert mit dem Rückzug auf ein dem Individuum zugeschriebenes Merkmal (Intelligenzminderung, Begabungsschwäche) die außerhalb des Individuums vorfindbaren Faktoren, die zur Überweisung in die Sonderschule führen. *Die institutionelle Zuweisung des Zwangsstatus „Sonderschüler" ist eine Stufe eines vor, neben und nach der zeitlich-räumlichen Zugehörigkeit zur Sonderschule ablaufenden Stigmatisierungsprozesses.* Der markanteste Punkt in diesem Prozess ist die Überweisung in die Sonderschule, die „Lernbehinderte" überhaupt erst „offiziell" sichtbar werden lässt. Das Individuum ist in zweifacher *„unerwünschter Weise anders, als wir es antizipiert haben"* (GOFFMAN 1967, 13):

1. Es ist stigmatisiert hinsichtlich der im Schulsystem verankerten Erwartungsnormen, die als „hinreichende Intelligenz" am Individuum dingfest gemacht, rationalisiert und scheinbar wertneutral (wissenschaftlich) überprüft werden und damit hinter diesen Normen stehende gesellschaftliche Platzierungsmechanismen verdecken.

2. Die Zuweisung des Status „Sonderschüler" wirkt sich über das soziale System Schule hinausgehend stigmatisierend aus. Das Individuum erhält ein Merkmal, das sich in vielen Situationen als höchst unerwünscht erweist (z. B. bei der Lehrstellensuche).

Nach bisher vorliegenden Untersuchungen treffen folgende stigmatisierende soziale Merkmale überzufällig häufig auf Sonderschüler zu: Sie stammen aus Arbeiterfamilien (Ungelernte, Angelernte) mit überdurchschnittlich hoher Kinderzahl. Die Familien wohnen beengt, häufig in „anrüchigen" Wohngebieten (da wohnt ‚man' nicht!) oder gar in sogenannten Asozialen-Vierteln. Die Herkunftsfamilien sind häufiger als bei anderen Schülern zerrüttet und/oder unvollständig. Bis zum Schuleintritt haben diese Kinder in der Regel keinen Kindergarten besucht. Sie stellen das Hauptkontingent der Schulunreifen, werden für ein Jahr vom Besuch der Grundschule zurückgestellt und bleiben in den ersten Volksschuljahren sitzen (Überweisung in die Sonderschule). Nach der Schulentlassung münden diese Schüler schließlich zum überwiegenden Teil in niedrige Berufspositionen. Für den weiteren Lebensweg sind wir auf Vermutungen angewiesen. (Die bei Dürr, Bonn-Bad Godesberg angekündigte Untersuchung von R. APPEL (1974) war bis zum Abschluss des Manuskriptes noch nicht erschienen. Die Sequenz soziokultureller Benachteiligung ist in einigen ihrer Schritte allerdings empirisch belegt.

Zur sozialen Herkunft von Sonderschülern

Zur sozialen Herkunft der Sonderschüler lässt sich aus den von Klein und Mitarbeitern erhobenen Daten folgende Übersicht erstellen:

Tabelle 1: Schichtzugehörigkeit von Sonderschülern im Vergleich zu Hauptschülern (Angaben in %)

Schicht	Sonderschüler	Hauptschüler	BRD
Untere Unterschicht	43,2	24,0	15,0
Obere Unterschicht	24,0	31,0	30,0
Untere Mittelschicht	8,1	24,6	38,0

Die Daten von KLEIN wurden auf die Kategorien von KLEINING und MOORE bezogen, um einen Vergleich mit der Schichtverteilung der Gesamtbevölkerung (BRD) herstellen zu können. Nicht alle Daten konnten eingeordnet werden (KLEIN 1973; N = 3.136 Sonderschüler; 2.772 Hauptschüler im süd-

westdeutschen Raum).

Vorliegende Untersuchungen zur sozialen Herkunft von Lernbehinderten unterscheiden sich leider hinsichtlich der verwendeten Schichtungskriterien. So verwendet KLEIN neben den Berufsangaben des Vaters als Parallelkategorien: „Rentner" (Sonderschüler/Hauptschüler: 2,8/1,5%) und „Unvollständige Familien, Heim- und Pflegekinder" (Sonderschüler/Hauptschüler: 18,3/9,9 %), die in den unteren Schichten überrepräsentiert sein dürften und somit die Quote der Sonderschüler aus unteren Schichten erhöhen würden.

Die Familien der Sonderschüler weisen eine signifikant höhere Kinderzahl auf und wohnen zudem beengter als die Hauptschüler. Auch die Familien der Hauptschüler weichen von der Verteilung der Familiengrößen in der BRD noch erheblich ab. Während in der Bundesrepublik nur etwa 20 % der Familien mit Kindern eine Kinderzahl von 4 und mehr aufweisen, haben 30 % der Hauptschüler-Familien 4 und mehr Kinder. Die Sonderschüler stammen zu rund 58% aus solchen Familien.

Tabelle 2: Größe der Familien von Sonderschülern und Hauptschülern (Angaben in %)

Kinder pro Familie					
1	2	3	4	5 u.m.	N
Sonderschüler					
9,2	14,2	19,4	17,8	39,0	2486
Hauptschüler					
13,2	31,9	24,9	15,9	14,1	1768

Errechnet nach KLEIN 1973, S. 11.

Ebenfalls recht gut belegt ist der ökologische Aspekt (schlechte Wohnverhältnisse der Lernbehinderten-Familien) (IBEN 1970; HESS/ MECHLER 1973; KLEIN 1973). Aus sogenannten Obdachlosensiedlungen besuchen bis zu 60% der Kinder die Sonderschule.

Die Beziehungen zwischen Lernbehinderung und sozialer Deprivationslage des Elternhauses gestatten nun keineswegs eine lineare, monokausale Interpretation. Es wären hier im einzelnen die zwischen den sozialen Merkmalen und dem Versagen angesichts schulischer Normen vermittelnden Faktoren unter sozialisationstheoretischem Aspekt zu diskutieren. Das kann hier nicht geschehen. Es muss auch offen bleiben, ob die sozialen Herkunftsmerkmale des überwiegenden Teils der Lernbehinderten eine eindeutige Identifizierung als einheitliche Subkultur (so bei BEGEMANN 1970) oder als Arbeiterklasse (so bei GRAF 1973) gestatten (vgl. dazu ausführlicher THIMM/FUNKE 1975). Für den uns hier interessierenden Aspekt der Lernbehinderung als Stigma bleibt festzuhalten: Lernbehinderte weisen aufgrund ihrer Herkunft soziale Merkmale auf (einzelne der oben genannten, in unterschiedlichen Kombinationen, nicht notwendig alle), die in der sozialen Wahrnehmung der anderen als Indikatoren für „schlechtes Milieu" fungieren.

Das Bild vom „Lernbehinderten"

H. v. BRACKEN und KAUFMANN haben das Bild des Lernbehinderten („Hilfsschülers") in verschiedenen Bevölkerungsgruppen untersucht. In der Sicht von Volksschülern sind Hilfsschüler „frech, faul, streitsüchtig", Gymnasiasten dagegen „fleißig, klug, sauber" (v. BRACKEN 1967, 717 .). KAUFMANN fasst das Bild der von ihr befragten Schüler (N = 1290, davon 370 Gymnasiasten) im Alter von 10-15 Jahren, das diese vom Hilfsschüler haben, folgendermaßen zusammen: „Hilfsschülern ist die Zukunft beschnitten. . . Sie sind anders, doof, dumm, geistesschwach. . . verwahrlost. . . verdorben, böse, asozial. . . Sie werden von 'anderen' ausgelacht, ausgestoßen. . . verspottet. . . Die meisten Leute meiden sie und reden drüber" (KAUFMANN 1970, 567). Die „thematische Linie, welche den Hilfsschüler als dumm, unbegabt und sozial unangepasst hinstellt" wird in den Aussagen von 600 befragten angehenden Lehrern (PH-Studenten) und einer etwa ebenso großen Gruppe Erwachsener (mit einem breiten Spektrum der Berufsgruppenzugehörigkeit) fortgesetzt. Der „Trend" der Aussagen „mündet ins Faktum des 'Nicht-(mehr)Dazugehörens'," (a.a.O., 573). BRUSTEN/HURRELMANN (1973, 64 ff) bestätigen in ihren Untersuchungen, dass das Zurechnen von Schülern zu unteren sozialen Schichten auch gleichzeitig eine Typisierung in Richtung auf leistungsschwach, unbeliebt und verhaltensabweichend nach sich zieht. So unterliegen Kinder, die mit bestimmten sozialen Herkunftsmerkmalen belastet sind (vor allem: kinderreiche Arbeiterfamilie, schlechtes Wohnviertel), einem Typisierungsprozess, der ihnen a priori negativ zu sanktionierende Eigenschaften zuordnet. „Wir konstruieren eine Stigmatheorie, eine Ideologie, die ihre Inferiorität erklären und die Gefährdung durch den Stigmatisierten nachweisen soll ..., durch die wir ihre Lebenschancen wirksam reduzieren" (GOFFMAN 1967, S. 14 f).

Eine solche Stigmatisierung liegt auch den Entscheidungen bei der Überweisung zur Sonderschule zugrunde, insofern sich diese Entscheidungen, wie eingangs kurz aufgezeigt, auf einen statischen Begabungsbegriff beziehen und „Intelligenzminderung" als ein dem Individuum wesensmäßig anhaftendes, unveränderliches Merkmal zum Definitions- und Ausgliederungskriterium erhoben wird. Im Bereich der Schule wird von diesen Kindern ein von schulischen Leistungsnormen abweichendes Verhalten erwartet, beobachtet, registriert und durch Lehrer und Schüler zur Grundlage der Kommunikations- und Interaktionsstrategien erhoben.

Die erste offizielle Stigmatisierung im Hinblick auf den Leistungsstatus liegt bei rund 50 % der späteren Sonderschüler schon zum Zeitpunkt ihrer Einschulung in die Grundschule vor: Sie haben die Schulreifeuntersuchung nicht bestanden, wurden für ein Jahr zurückgestellt und vom Besuch der Grundschule ausgeschlossen (STRANZ 1966; KLEIN 1973). Bei den Schulpflichtigen des Einschulungsjahrganges 1971/72 in Nordrhein-Westfalen lag diese Quote bei 8,3% (MUTH 1973, 232).

Dass die Stigmatisierung auch auf andere, nicht leistungsbezogene Verhaltensbereiche übergreift, indem eine „lange Kette von Unvollkommenheiten auf der Basis der ursprünglichen" unterstellt wird (GOFFMAN 1967, S. 14), wurde mit den Untersuchungen zum Bild des Hilfsschülers belegt. „Wer den vordefinierten schulspezifischen Leistungsstandards nicht entspricht..., zieht die Erwartung auf sich, auch in nicht-leistungsbezogenen und nichtschulbezogenen Verhaltensbereichen – zumindest potentiell – von den jeweils geltenden oder als gültig betrachteten Normen abzuweichen!" (BRUSTEN/HURRELMANN 1973, S. 157). Ein derart stigmaorientiertes Handeln verstellt den Blick für eine dynamischere Sicht von Begabung, ihre Abhängigkeit von Sozialisationsprozessen und ihren Modifikationsspielraum während der Schulzeit (vgl. ROTH 1969). Die Überweisung zur Sonderschule manifestiert das Stigma und gibt ihm einen hohen Grad von „Visibilität" (GOFFMAN) auch für die außerschulischen Interaktionsbereiche des Lernbehinderten. Erst in jüngster Zeit wird von Seiten der Lernbehindertenpädagogik versucht, die professionelle handlungsleitende Stigmatheorie aufzubrechen

Zur beruflichen Stellung Lernbehinderter

Mit der Zugehörigkeit zur Sonderschule ist der Schüler in einem entscheidenden Punkt seiner sozialen Existenz stigmatisiert: in der ersten, entscheidenden Konfrontation mit dem unsere Gesellschaft auszeichnenden Leistungsprinzip, wie es durch die Institution Schule vermittelt wird, hat er versagt. Damit ist über seinen weiteren gesellschaftlichen Standort weitgehend entschieden. Die Schule als „entscheidende und nahezu einzige Dirigierungsstelle für Rang, Stellung und Lebenschancen des einzelnen in unserer Gesellschaft" (SCHELSKY 1965,18) verortet die ausgesonderten Lernbehinderten schon vorab in den unteren Rangplätzen, die Zugangswege zu Berufen mit höherem ökonomischen und sozialen Status sind verbaut. So empfiehlt die Dokumentation »Berufe für Behinderte« für die Lernbehinderten eine „eignungsmäßige Berufswahl" in „einem arbeitstechnisch möglichst einfachen, in den Arbeitsanforderungen gleichbleibenden Tätigkeitstypus" (BUNDESANSTALT 1967, 253) Die zuverlässigsten neueren Angaben über Berufseinmündung und beruflichen Werdegang ehemaliger Sonderschüler legt PEPPLER (1972) mit seinen Untersuchungen in Frankfurt vor. Zum Zeitpunkt der Erhebung (1969) befanden sich insgesamt 25.861 Schüler in den Frankfurter Berufsschulen, davon 869 (rund 3,4 %) Sonderschulabgänger. Die Verteilung dieser Schüler auf die beiden Tätigkeitsniveaus zeigt Tabelle 3.

Ehemalige Sonderschüler stellen über 50% aller Ungelernten in den Frankfurter Berufsschulen (Jungarbeiterklassen). Inwieweit sich der Rest aus Hauptschulversagern rekrutiert, die nicht in die Sonderschule überführt werden konnten, also aus potentiellen Sonderschülern, bliebe zu untersuchen.

Auffällige Unterschiede zwischen den Geschlechtern können hier nicht diskutiert werden. Generell lässt sich sagen, dass auch bei Lernbehinderten gesellschaftlich bedingte Geschlechtsrollendifferenzierung eine Rolle spielt: Jungen „versagen" häufiger in der Grundsschule; ihre Überweisungsquote zur Sonderschule ist überproportioniert; sie münden eher in Ausbildungsverhältnisse ein als Mädchen. Auffällig ist, dass in Frankfurt (1969) 97,5% der weiblichen Hauptschulabsolventen in einem Lehr- bzw. Anlernverhältnis standen, während der Bundesdurchschnitt nur bei etwa 70% liegt.

Tätigkeitsniveau	Sonderschulabgänger			Andere Schulabgänger		
	Ju	Mä	insges.	Ju	Mä	insges.
Niveau I Lehrlinge, Anlernlinge, Praktikanten u. ä.	65,6	21,4	45,6	98,5	97,5	98,2
Niveau II Ungelernte, Mithelfende Familienangehörige, Arbeitslose	34,5	78,6	54,4	1,5	2,5	1,8

Tabelle 3: Ausbildungs- und Tätigkeitsniveau von Sonderschulabgängern und anderen Schulabgängern in Frankfurter Berufsschulen 1969 (nach Peppler 1972, 472)

Bisher vorliegende Untersuchungen über die erfolgreiche Beendigung eines Ausbildungsverhältnisses (Niveau I) zeigen, dass die Versagerquoten bei den ehemaligen Sonderschülern (Abbruch; Nichtbestehen der Abschlussprüfung, insbesondere im theoretischen Teil) wiederum erheblich über den der Abgänger anderer Schularten liegen. Die Erfolgsquote (Prüfungsabschluss) betrug bei den von PEPPLER untersuchten drei Entlassjahrgängen einer Frankfurter Sonderschule (N = 182) 50%, in anderen Untersuchungen liegt sie erheblich darunter. Auch hier dürften, wie bei den Berufseinmündungen, erhebliche regionale Unterschiede zu verzeichnen sein. Die Chancen eines Sonderschülers, in ein Lehrverhältnis vermittelt zu werden, hängen u. a. sehr von der Wirtschaftsstruktur des Wohnortes sowie vom persönlichen Einsatz des letzten Lehrers ab. Insgesamt gesehen dürften sich die von PEPPLER registrierten relativ hohen Quoten der Einmündung in ein Lehr- bzw. Anlernverhältnis bei zunehmender Lehrstellenverknappung für die Sonderschüler verringern. Große Industriebetriebe mit straff organisierter Lehrlingsausbildung stellen zum überwiegenden Teil keine Sonderschulabgänger ein. Diese münden daher, wenn ihnen überhaupt mit dem Abgangszeugnis der Sonderschule eine Lehrstelle zugänglich ist, in Berufe mit geringeren Zukunftschancen ein (handwerklich orientierte Kleinbetriebe) und wandern nach Lehrabschluss als Ungelernte in die Industrie ab, wo sie die untersten Rangplätze einnehmen müssen. So täuschen bloße Angaben zur Berufseinmündung über die tatsächlich nach einigen Jahren erreichte Berufsposition hinweg, da Lehrabbruch, Prüfungsversagen und Abwanderung aus den überwiegend zukunftslosen handwerklichen Betrieben als zusätzliche Determinanten der beruflichen Platzierung von Sonderschülern hinzukommen. Es deutet alles darauf hin, dass für die meisten der Sonderschüler die *Reproduktion der Aus-*

gangslage hinsichtlich des beruflichen Niveaus die zwangsläufige Folge des Prozesses der Stigmatisierung als Lernbehinderter darstellt.

Die Folgen „institutioneller Identifizierung"

Fassen wir zusammen: Die Stigmatisierung von Lernbehinderten vollzieht sich vor dem Hintergrund vom Leistungsprinzip strukturierter Institutionen (Schule und Beruf), die als Hauptagenten gesellschaftlicher Platzierung fungieren. Der Besitz von minderwertigen marktfähigen Qualifikationen wird zum dominierenden Merkmal für die soziale Standortzuweisung von Lernbehinderten. Lernbehinderte müssen es sich gefallen lassen, dass sie in das Sozial- und Lebenschancen verteilende Sanktionensystem von „Leistung" voll miteinbezogen werden, ein Belohnungs- und Bestrafungssystem, das sich am voll handlungsfähigen Individuum orientiert, das nicht berücksichtigt, dass die Chancen zur Erlangung von Leistungsfähigkeiten ungleich verteilt sind.

Lernbehinderten steht der Zugang zum System der bedürfnisorientierten Sozialleistungen, wie anderen Behinderten, nicht offen. Insofern ist die Bezeichnung Lern-"Behinderte" irreführend. Lernbehinderte zählen in sozialpolitischer Hinsicht nicht zu den Behinderten, denen wegen einer psychisch/physischen Beeinträchtigung umfassende, vom eigenen Leistungsbeitrag unabhängige Eingliederungshilfen gewährt werden, da ihnen eine schicksalhafte, nicht persönlich zu verantwortende Behinderung in der „Teilnahme am Leben der Gemeinschaft, vor allem aber auf einem angemessenen Platz im Arbeitsleben" (Behinderungsbegriff des Bundessozialhilfegesetzes) zugestanden wird. Lernbehinderung in diesem Sinne als Behinderung anzuerkennen würde bedeuten, dass unsere Gesellschaft ihre eigenen Normen, die Lernbehinderung als „die Summe systembedingt verhinderter Lernprozesse während des Sozialisationsprozesses" (REINARTZ, in: Bleidick 1972, 217) im Verlaufe eines fortschreitenden Stigmatisierungsprozesses produzieren, selbst in Frage stellt.

Die Zuweisung des Sonderstatus „Lernbehinderter" ist das Ergebnis einer Reihe klassifikatorischer Akte (institutionelle Identifizierung). Diese „Klassifikationen sind nicht 'in' dem Objekt, ein Objekt wird unter einer bestimmten Perspektive klassifiziert" (STRAUSS 1968, 50). Dabei zeigt es sich, dass der institutionell zugewiesene Zwangsstatus „Lernbehinderter" kaum reversibel ist und über die einweisende Institution (Grundschule) und die Zugehörigkeit zur Sonderschule hinausgeht Die z. T. bestehende Möglichkeit zur Hauptschulabschlussprüfung sowie gelegentliche Rücküberweisungen in die Hauptschule stellen bislang Ausnahmen in dem Versuch dar, die Irreversibilität aufzubrechen. „Die lebenslänglichen Attribute eines bestimmten Individuums können bewirken, dass es als Typ festgelegt ist", als „eine stigmatisierte Person, deren Lebenssituation sie in Opposition zu Normalen platziert" (Goffman 1968, 170).

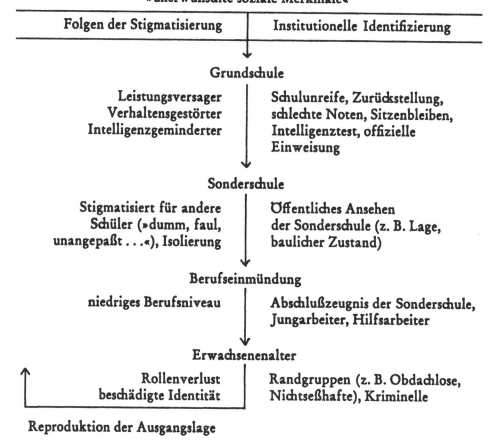

Abbildung 1: Stufen der Stigmatisierung Lernbehinderter

Reproduktion der Ausgangslage

Wesentliche Stufen dieses Prozesses, vor allem bis zur Schulentlassung, wurden dokumentiert, andere, wie z. B. die Auswirkungen des Stigmas im Erwachsenenalter, sind bisher kaum untersucht. Kleinere Studien belegen, dass der Anteil der ehemaligen Lernbehinderten unter Nichtsesshaften, Obdachlosen und Strafgefangenen relativ hoch ist. (THIMM/FUNKE 1975). Für den größeren Teil ehemaliger Sonderschüler sind undramatischere Formen abweichenden Verhaltens zu vermuten, die in der Lernbehindertenpädagogik zu der Annahme einer relativ „geglückten Integration" geführt haben und darum bisher auch nicht untersucht wurden. Solche Untersuchungen müssten auf drei Ebenen angesetzt werden:

1. Auswirkungen von „Lernbehinderung" auf den Rollenhaushalt;
2. Beeinflussung der unmittelbaren Interaktionen zwischen Nichtstigmatisierten und Stigmatisierten;
3. Folgen für Prozesse der Identitätsbildung. Hierzu abschließend einige Überlegungen.

Lernbehinderung und Identität

Schon im Untertitel seines Buches »Stigma« deutet GOFFMAN (1967) an, dass im Mittelpunkt seiner Überlegungen das Verhältnis zwischen Stigma und Identität steht. Nachfolgende Veröffentlichungen, die sich ausdrücklich auf Goffman berufen, haben versucht, sein in »Stigma« vorgetragenes Identitätskonzept zu klären (HABERMAS 1968, 1974; KRAPPMANN 1969; STEINERT 1972; WELLENDORF 1973) und vor allem einer Operationalisierung näher zu bringen (KRAPPMANN 1969). Alle genannten Veröffentlichungen halten grundsätzlich an der von GOFFMAN vorgenommenen Trennung zwischen Ich-Identität, persönlicher und sozialer Identität fest. Ich-Identität (oder einfach auch Identität) wird als das Ergebnis einer Balance zwischen sozialer und persönlicher Identität aufgefasst (HABERMAS 1968, 13; KRAPPMANN 1969, 79; WELLENDORF, 27 ff.). Die Gewinnung von Ich-Identität, d. h. die Herstellung eines balancierenden Gleichgewichtes zwischen sozialer und persönlicher Identität, ist eine vom Individuum zu erbringende Leistung, ein „in jeder Situation angesichts neuer Erwartungen und im Hinblick auf die jeweils unterschiedliche Identität von Handlungs- und Gesprächspartnern zu leistender kreativer Akt" (KRAPPMANN 1969, 11). Der Begriff der *persönlichen Identität* zielt dabei auf die vertikale Dimension, *soziale Identität* auf die horizontale Dimension von Identität: Persönliche Identität ist das Ergebnis einer als „einzigartig" empfundenen Lebensgeschichte, und soziale Identität das Ergebnis von Identifikationen mit Mitgliedern von Bezugsgruppen bzw. Interaktionspartnern. Beide stehen in einem eigentümlichen Spannungsverhältnis: persönliche Identität zu haben bedeutet, anders zu sein als alle anderen; soziale Identität zu erreichen bedeutet, zu sein wie alle anderen. Ich-Identität zu besitzen setzt voraus, beide Ebenen – die Ebene der sozialen Identität sowie die Ebene der persönlichen Identität in der Teilnahme an Interaktionsprozessen auszubalancieren. Dabei ist es eine strukturelle Voraussetzung für Interaktionsprozesse, dass die Interaktionspartner über folgende Fähigkeiten verfügen. Sie müssen:

1. soziale Identität als „Scheinnormalität" sichtbar werden lassen und dürfen nicht vollständig in den Erwartungen der Interaktionspartner aufgehen;

2. persönliche Identität als „einzigartige Kombination von Daten der Lebensgeschichte" (GOFFMAN 1967, 74) als „scheinbare Einzigartigkeit" darstellen, die dispositionellen Charakter hat und Ansatzpunkte für die Interaktionspartner zur Interaktion bietet (vgl. dazu KRAPPMANN 1969, 74 ff.). (Vgl. Abb. 2)

Auf beiden Ebenen kann es zu Störungen kommen, die Interaktionsprozesse gefährden und im Extremfall zusammenbrechen lassen und somit Ich-Identität als Ergebnis definitorischer und interpretatorischer Akte in Interaktionsprozessen gefährden oder verhindern:

1. Beharrt das Individuum in aktuellen Interaktionsprozessen unnachgiebig auf einer unverwechselbaren *persönlichen Identität,* oder übernimmt es voll die durch Interaktionspartner zugeschriebene Einzigartigkeit, dann wird es aus der Sicht der Interaktionspartner zu jemandem, bei dem zweifelhaft ist, ob er überhaupt Erwartungen erfüllen kann. Unterstellte und/oder dokumentierte totale Andersartigkeit verhindert eine Integration von Teilen der Biographie in Interaktionsprozesse, das Individuum ist für die anderen sozial nicht identifizierbar bzw. präsentiert sich nicht als ein solches, das aktuellen sozialen Erwartungen entsprechen kann. Es wird in eine Nicht-Rolle gedrängt, und Ich-Identität als die Synthese von persönlicher und sozialer Identität kann sich nicht bilden. Der Extremfall, dass einem Interaktionspartner völlige Andersartigkeit zugeschrieben wird, die nicht mehr als „phantom uniquess" zur Disposition steht und damit keinerlei Ansatzpunkte für „normale" Erwartungen mit der Chance der Erfüllung bietet, liegt beim psychisch Behinderten vor: Der psychisch Kranke „wird zum Extrem der Subjektivierung und Privatisierung der Welt, der Ich-Willkür und sozialer Unverfügbarkeit, zur reinen durch soziale eben nicht vermittelten und daher leeren Ich-Identität. Psychische Krankheit als sozialer Zustand der Nicht-Rolle ist zugleich soziale Nicht-Identität" (DÖRNER 1972, 140).

2. Auf der Ebene der *sozialen Identität* ergeben sich Gefährdungen der Ich-Identität daraus, dass die Weigerung, eine eigene, unverwechselbare Biographie zu besitzen, der Verzicht, überhaupt persönliche Identität darzustellen, zu einer völligen Auslieferung des Individuums an die jeweils wechselnden Erwartungen in Interaktionssituationen führt.

KRAPPMANN (1969, 80) fasst den von uns nur kurz erörterten Sachverhalt folgendermaßen zusammen: „Nicht-Identität... droht dem Individuum von zwei Seiten, nach denen es fallen kann: es kann die Balance verlieren, indem es in den Erwartungen voll aufgeht, also sich nicht mehr von der ihm zugeschriebenen 'social identity' abhebt; Nicht-Identität droht auf der anderen Seite, wenn das Individuum diese Erwartungen zurückweist, also voll die angesonnene Einzigartigkeit seiner 'personal identity' übernimmt. Wenn das Individuum balancierende Ich-Identität nicht erreicht, so kann das verschiedene Gründe haben: Entweder sie gelingt ihm oder es entflieht ihr."

Lernbehinderung als Stigma stellt also wie jedes andere Stigma grundsätzlich eine Gefährdung für die Entwicklung von Ich-Identität dar. Wir haben die Biographie des Lernbehinderten als fortschreitenden Stigmatisierungsprozess dargestellt. Es ist zu fragen, welche Probleme sich aus der Tatsache, Sonderschüler bzw. ehemaliger Sonderschüler zu sein, für die Teilhabe an jeweils alters- und geschlechtsspezifischen Interaktionen ergeben. Es kann nach bisherigen Einblicken kein Zweifel daran bestehen, dass diese Tatsache von Schülern und erwachsenen Ehemaligen als bedrückend empfunden wird. Hinzu kommt, wie die von uns referierten Untersuchungen, dass das Stigma „Lernbehinderung" über die offizielle negative Etikettierung als „Schulversager" und „Intelligenzgeminderter" hinausgehend Andersartigkeit auch in anderen, vor allem sozialen Verhaltensbereichen unterstellt. Das kann nicht ohne Auswirkungen auf die Balance zwischen persönlicher und sozialer Identität bleiben.

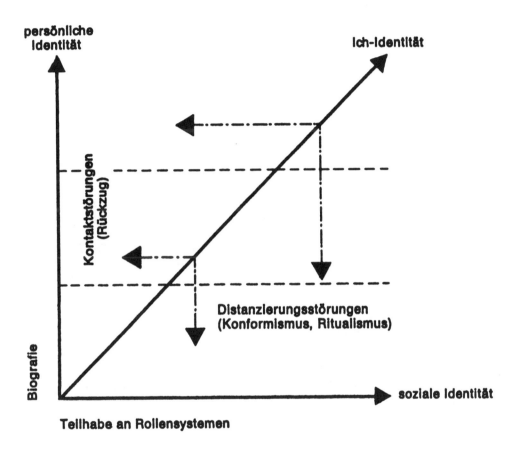

Abbildung 2: Gefährdungen der Ich-Identität

Wir haben in Abbildung 2 zwei Haupttypen von Balancestörungen, die zu beschädigter Ich-Identität führen können, angedeutet:

Distanzierungsstörungen in aktuellen Rollen mit der Konsequenz ritualisierter, konformistischer Anpassungsmuster (DREITZEL 1968, 330 ff.) resultieren aus der Unfähigkeit oder dem Verzicht, für die Interaktion ausreichende Informationen aus der als stigmatisiert empfundenen Biographie, persönliche Identität also, ins Spiel zu bringen. So folgert WEGENER (1963) beispielsweise aus der weitgehenden Unauffälligkeit der ehemaligen Hilfsschüler (die auch in neueren Veröffentlichungen zur Lernbehindertenpädagogik gern als Beleg für den relativ undramatischen Charakter der sozialen Folgen von Lernbehinderung angeführt wird!), dass die Anpassungsprobleme von den meisten erwachsenen „Debilen" im Sinne einer formalen Anpassung an die Gesellschaft gelöst würden. Diese Anpassung als „subalternes, heteronom motiviertes und unselbständiges Mitglied der Gesellschaft" ermögliche zwar eine „eigene und befriedigende Lebensführung" (WEGENER 1963, 176), aber „trotz der meist gelingenden äußeren Anpassung (kann) nicht von einem Personalisationsprozess im sozialen Verhalten der Geistesschwachen gesprochen werden" (a.a.O. 180). Viele Sonderschüler lösen offensichtlich die Unvereinbarkeit ihrer Stigmatisierung als „Lernbehinderte" mit den in außerschulischen Lebensbereichen und später in Erwachsenen-Rollen angetragenen sozialen Identitäten durch konformistische und ritualistische Anpassungen. Wie stark die Unvereinbarkeit empfunden wird, wird u. a. davon abhängen, welchen Grad der Normierung eine soziale Rolle aufweist. Der aus dem Zwang, das Stigma „Lernbehinderter" zu managen, resultierende Leidensdruck dürfte mit abnehmendem Zwangscharakter von Rollennormen zunehmen, in Rollen also, die einen hohen Anteil an individueller Ausgestaltung, an „Ich-Leistungen" voraussetzen, besonders groß sein (DREITZEL 1968, 378). Solche Rollen finden sich vor allem im Raum der geselligen Freizeitkontakte. Inwieweit hieraus eine Einschränkung des Rollenhaushaltes durch weitgehende Beschränkung auf streng normierte Rollen folgt, die am ehesten soziale Anerkennung bei überangepasster, ritualistischer Anpassung an die Normen zu garantieren scheinen, bedürfte dringend der empirischen Nachprüfung. In Rollen, die so streng normiert sind, dass der Spielraum für die Darstellung von persönlicher Identität aufs äußerste begrenzt ist, dürfte die Gefahr, die Identität als Lernbehinderter aufdecken zu müssen, für die Betroffenen am geringsten erscheinen. Ich-Identität setzt aber ein ausgewogenes Verhältnis von unterschiedlich stark normierten Rollen im Rollenhaushalt des Individuums voraus.

Kontaktstörungen (DREITZEL 1968, S. 317 ff.) resultieren aus einem Zusammenbruch der Balance zwischen persönlicher und sozialer Identität in Richtung auf die vertikale, die biographische Dimension von Ich-Identität (Abbildung 2). Dieser Störungstyp wird durch die Sonderschule vorgeprägt. Die Sonderschule stellt einen institutionellen Rahmen für das als lernbehindert definierte Kind zur Verfügung. Dieser Rahmen ermöglicht es den Kindern, persönliche Identität zu sichern: die Verhaltenserwartungen der Sonderschule sind mit den in der Biographie verankerten Erwartungs- und Verhaltensstrukturen zu vereinbaren. Aus dem bei vielen Sonderschülern vorhandenen Wissen von der Wirkung des Stigmas „Lernbehinderter" (vgl. v. BRACKEN 1967; KAUFMANN 1970) bahnt sich schon in der Sonderschule die Akzeptierung der Zuweisung einer Randgruppenexistenz an: der „freiwillige" Rückzug aus solchen Rollenverpflichtungen, welche die persönliche Identität dauernd zu gefährden drohen. Sonderschule als Schonraum, der persönliche Identität sichern soll, verhindert durch die Isolierung von den „Normalen" die Einübung in solche Rollen, in denen in der Auseinandersetzung der Interaktionspartner mit unterschiedlichen persönlichen Identitäten die Integration der persönlichen und der sozialen Identitäten zur Ich-Identität „ausgehandelt" wird. Es fehlt für den Sonderschüler der Aktionsraum, in den ein Identitätsentwurf als „Schüler mit besonderen Lernschwierigkeiten" eingebracht werden und mit angetragenen sozialen Identitäten ausbalanciert werden kann. Bei einer über die Schulzeit hinaus reichenden Übernahme des Identitätsmusters „Sonderschüler" signalisiert der Rückzug in das Herkunftsmilieu, in dem das Stigma unwirksam wird (vgl. Abbildung 1: Stufen des Stigmatisierungsprozesses), Störungen und Abbruch des Kontaktes zu anderen Gruppen, sowie partiellen oder totalen Rückzug aus solchen alters- und geschlechtsspezifischen Rollen, die über die Randgruppen hinausweisen (vgl. u. a. HESS/MECHLER 1973).

Sowohl Ritualismus als Folge von Störungen auf der Ebene der sozialen Identität als auch Rückzug als Folge von Störungen auf der Ebene der persönlichen Identität sind, wie z. B. für Blinde gezeigt werden konnte (Thimm 1971), mit einschneidenden Einschränkungen des Rollenhaushaltes verbunden. Ich-Identität als Balance zwischen persönlicher und sozialer Identität setzt aber immer erneute Auseinandersetzungen mit Interaktionspartnern in einer Vielzahl unterschiedlichster Kommunikations- und Interaktionssysteme voraus.

Auf der Grundlage der vorstehenden Überlegungen könnten unter stigma- und identitätstheoretischen Gesichtspunkten organisierte Forschungsansätze neue Perspektiven für die Rehabilitation der sogenannten Lernbehinderten eröffnen. Dabei erscheint eine weitere Ausdifferenzierung der von uns nur angedeuteten Verknüpfung des Identitätskonzeptes mit rollenanalytischen Ansätzen besonders erfolgversprechend.[25]

Literatur

APPEL, R.: Die soziale Entwicklung ehemaliger Sonderschüler. Bonn-Bad Godesberg 1974.
BEGEMANN, E.: Die Erziehung der sozio-kulturell benachteiligten Schüler. Hannover 1970.
BITTNER,G.: „Behinderung" oder „beschädigte Identität"? In: Aktuelle Beiträge zur Sozialpädagogik und Verhaltensgestörtenpädagogik, hrsg. von G. Heese und A. Reinartz. Berlin 1973.
BLEIDICK, U.: Pädagogik der Behinderten. Berlin 1972.
BRACKEN, H. v.: Behinderte Kinder in der Sicht ihrer Mitmenschen. In: Pädagogische Rundschau (1967), S. 711-723.
BRUSTEN, M., und K. HURRELMANN: Abweichendes Verhalten in der Schule. Eine Untersuchung zu Prozessen der Stigmatisierung. München 1973.
BUNDESANSTALT für Arbeitsvermittlung und Arbeitslosenversicherung (jetzt: Bundesanstalt für Arbeit) (Hrsg.): Berufe für behinderte Jugendliche. Wiesbaden 1967.
DÖRNER, K.: Die Rolle des psychisch Kranken in der Gesellschaft. In: Thimm, W. (Hrsg.): Soziologie der Behinderten. Materialien. Neuburgweier 1972.
DREITZEL, H. P.: Die gesellschaftlichen Leiden und das Leiden an der Gesellschaft. Stuttgart 1968.
EMPFEHLUNG zur Ordnung des Sonderschulwesens. Ständige Konferenz der Kultusminis-

---

[25] Diese findet sich im Hinblick auf Sehschädigungen im Beitrag 2.10.

ter der Länder in der Bundesrepublik Deutschland 1972.
FERDINAND, W., und R. UHR: Sind Arbeiterkinder dümmer - oder letztlich nur „die Dummen?" In: Die Grundschule (1973), S. 237-239.
FUNKE, E. H : Grundschulzeugnisse und Sonderschulbedürftigkeit. Berlin 1972.
GOFFMAN, E: Stigma. Über Techniken der Bewältigung beschädigter Identität. Frankfurt 1967.
GRAF, S. : Zur politischen und ökonomischen Funktion der Sonderschule für Lernbehinderte. In: Kritik der Sonderpädagogik. Gießen 1973.
HABERMAS, J.: Thesen zur Theorie der Sozialisation. Stichworte und Literatur zur Vorlesung im Sommer-Semester 1968 (vervielf. Manuskript).
DERS.: Können komplexe Gesellschaften eine vernünftige Identität ausbilden? In: HABERMAS, J., und D. HENRICH: Zwei Reden. Aus Anlass des Hegel-Preises. Frankfurt 1974.
HESS, H., und A. MECHLER: Ghetto ohne Mauern. Ein Bericht aus der Unterschicht. Frankfurt 1973.
IBEN, G. : Kinder am Rande der Gesellschaft. München 1970.
KANTER, G. O:. Sonderpädagogische Maßnahmen für Lernbehinderte in einer prospektiven Bildungsplanung. In: Z. f. Heilpäd. (1973), S. 273-284.
KAUFMANN, I.: Ergebnisse zum Selbst- und Fremdbild in den Einschätzungen von Lernbehinderten. In: Z. f. Heilpäd. (1970), S.563-574.
KLEIN, G.: Die soziale Benachteiligung der Lernbehinderten. In: Aktuelle Probleme der Lernbehindertenpädagogik, hrsg. von G. Heese und A. Reinartz. Berlin 1973.
KLEINING, G., und H. MOORE: Soziale Selbsteinstufung. In: Kölner Zeitschrift für Soziologie und Sozialpsychologie (1968), S. 502-522.
KNIEL, A., und W. TOPSCH: Die Problematik der negativen Auslese. In: Die Grundschule (1973), S. 243-245.
KRAPPMANN, L.: Soziologische Dimensionen der Identität. Stuttgart 1969.
MARCUSE, H.: Triebstruktur und Gesellschaft. Frankfurt 1967.
MUTH, J.: Lernbehinderte Kinder in der Grundschule - Aussonderung oder Integration? In: Die Grundschule (1973), S. 231-236.
PEPPLER, H.: Berufseingliederung und Berufsbewährung Sonderschulabgänger. In: Z. f. Heilpäd. (1972), S. 461-482.
PREUSS-LAUSITZ, U.: Probleme der Integration von Sonderschülern in die Gesamtschule. In: Z. f. Heilpäd.(1971), S. 183-193.
PROBST, H. H.: Die scheinbare und die wirkliche Funktion des Intelligenztests im Sonderschulüberweisungsverfahren. In: Kritik der Sonderpädagogik. Gießen 1973.
ROTH, H. (Hrsg.): Begabung und Lernen. Gutachten und Studien der Bildungskommission des Deutschen Bildungsrates, Band 4, Stuttgart 1969.
SACK, F.: Probleme der Kriminalsoziologie. In: König, R. (Hrsg.): Handbuch der empirischen Sozialforschung, Band 2. Stuttgart 1969.
SCHELSKY, H.: Schule und Erziehung in der industriellen Gesellschaft. Würzburg 1965.
STEINERT, H.: Die Strategien sozialen Handelns. Zur Soziologie der Persönlichkeit und der Sozialisation. München 1972.
STRANZ, G.: Untersuchungen zur Schullaufbahn von Hilfsschülern. In: Z. f. Heilpäd. (1966), S. 265-277.
STRAUSS, A. : Spiegel und Masken. Die Suche nach Identität. Frankfurt 1968.
THIMM, W.: Blinde in der Gesellschaft von heute. Untersuchungen zu einer Soziologie der Blindheit. Berlin 1971.
DERS.: Sehschädigungen als Ursache für die divergente Strukturierung sozialer Situationen. In: Soziologie der Behinderten. Materialien. Neuburgweier 1972.
THIMM, W. und E. H. FUNKE: Soziologie der Lernbehinderung. In: Pädagogik der Lernbe-

hinderten, hrsg. v. G. O. Kanter und O. Speck (Handbuch der Sonderpädagogik, Band 4). Berlin 1975.
WEGENER, H.: Der Sozialisationsprozess der intellektuell Minderbegabten. In: WURZBACHER, G. (Hrsg.) : Der Mensch als soziales und personales Wesen. Stuttgart 1963.
WELLENDORF, F.: Schulische Sozialisation und Identität. Weinheim/Basel 1973.

2.4 Sozialpsychologische Prozesse in Schulklassen (1976)[26]

Zusammenfassung

Die Schulklasse ist der Ort, an dem der heranwachsende Mensch auf die erfolgreiche Erfüllung vor allem leistungsorientierter Erwachsenenrollen vorbereitet sowie die selektive Verteilung der nachwachsenden Generation auf verschiedene gesellschaftliche Positionen angebahnt wird. Dabei spielen neben den offiziellen, formellen Beurteilungsprozessen (z. B. Zensuren, Zeugnisse, Gutachten) nicht an Leistungskriterien orientiert informelle Beurteilungen eine bedeutende Rolle. In diesem Beitrag werden solche askriptiven, an zugeschriebenen Merkmalen ausgerichtete Lehrerurteile mit Konzepten der Attribuierungstheorie, der impliziten Persönlichkeitstheorie sowie dem soziologischen Theorem der Self-Fulfilling Prophecy (Sich-selbst-erfüllende-Prophezeiung, R. K. MERTON) beschrieben.

Als Anlässe für zuschreibende (askriptive) Tendenzen der Lehrer fungieren bestimmte soziale Herkunftsmerkmale der Schüler („schlechtes Milieu") sowie physische Abweichungen von der „Norm" (z.B. Sprachauffälligkeiten; Sehschädigungen). Es wird deutlich, dass und wie diese informellen Prozesse in der Schulklasse in entscheidendem Maße die Schulkarriere (z. B. Überweisung in eine Sonderschule) und die Identitätsentwicklung von Schülern bestimmen.

Formelle und informelle Struktur von Schulklassen

Schulklasse kann nicht als Idylle zwischen einem Lehrer und „seinen" Schülern hinter verschlossenen Türen betrachtet werden, wo sich Interaktionen „als Prozess des gegenseitigen Wahrnehmens und aufeinander Reagierens" (TAUSCH/TAUSCH) abspielen, die isoliert von äußeren Einflüssen von den im Klassenzimmer Anwesenden in Gang gesetzt und durchgeführt werden. Die Schulklasse und die in ihr ablaufenden Prozesse sind auf vielfältige Weise mit der konkreten Schule, den konkreten außerschulischen Umwelten von Lehrern und Schülern, mit der Institution Schule überhaupt, mit gesellschaftlichen Strukturen und Prozessen verknüpft.

Die Schulklasse ist der Ort, an dem das Kind in voller Breite und das über einen mindestens neun Jahre dauernden Zeitraum mehr oder weniger unverhüllt mit gesellschaftlichen Anforderungen offiziell konfrontiert wird. Schulklasse als der konkrete Ort von „Schule" bringt für das Kind die neuen Erfahrungen mit sich, dass es neben dem zugeschriebenen Status (*ascribed status*), wie er in der Familie erlebt wird, für die soziale Verortung des *erworbenen* Status (*achieved*

---

[26] Sehgeschädigte. Wiss. Archiv No. 9 (1976), 45-58.

status) von entscheidender Bedeutung ist – darum wird in der Schule gekämpft. Die Schule stellt einen Interpretationsrahmen für die soziale Identität dar, die auf der Grundlage von eigener Leistung und entsprechender Belohnung für das spätere gesellschaftliche Leben vorgeprägt wird. Der Sozialisationsprozess der Schule unterstellt, das auch im späteren (beruflichen) Leben diese Entsprechung von Leistung und Belohnung (Einkommen, Status, Prestige) Gültigkeit besitzt. Nichtaufgehen dieser Gleichung wird als persönliches Versagen interpretiert – auch für diese Einstellungsdisposition bereitet Schule vor. „Die Schule ist die erste Sozialisationsinstanz in der Erfahrung des Kindes, die eine Statusdifferenzierung auf nichtbiologischer Basis institutionalisiert" (PARSONS 1959, 158). Dabei ist „Leistung ein Grundprinzip symbolisch vermittelter Interaktion in der Schule" (WELLENDORF, 112).

Der Differenzierung auf dieser Leistungsebene dient die formelle Struktur der Schulklasse (Unterrichtsorganisation; Lehrer-Schüler-Interaktionen; Schüler-Lehrer-Interaktionen). Die formelle Struktur hat die Funktion, das Kind und den Jugendlichen zu sozialisieren, d. h., „Bereitschaft und Fähigkeit zur erfolgreichen Erfüllung ihrer späteren Erwachsenenrollen zu verinnerlichen" (PARSONS, 154), sowie die „selektive Verteilung von Personenkontingenten auf zukünftige Rollen" vorzubereiten (PARSONS, 169).

Von der formellen Struktur der Schulklasse mit ihrer Hauptfunktion der Platzierung und Selektion von Schülern nach Leistungskriterien hebt sich deutlich eine informelle Struktur ab. Es entsteht ein Netz von nicht durch Leistungskriterien bestimmten Interaktionen zwischen Schülern – Schülern und Lehrer – Schülern. Neben den formellen Rollen *Lehrer, Schüler, Klassensprecher* etablieren sich informelle Rollen wie *Klassenbester, Klassenclown, Störenfried* usf. sowie informelle Gruppierungen z. B. nach Geschlecht, Freundschaftsgruppierungen, Cliquen usf. Solche informelle Strukturen können sich als funktional im Hinblick auf die offiziellen Ziele erweisen oder als dysfunktional, d. h. störend für die formelle Struktur. Sie können gesteuert werden im Sinne der formellen Ziele (so können sie z. B. als „Ventilsitten" (G. SIMMEL) fungieren wie die Schülermitverantwortung. vgl. WITZEL. 47 ff., WELLENDOOF, 149 ff), oder aber ungesteuert sich als unauffälliges bzw. störendes System ausbilden. Insgesamt erlauben informelle Interaktionen eine Distanzierung von den offiziellen, leistungsbezogenen Normen, sie dienen der Abdeckung emotionaler und sozialer Bedürfnisse. Im Folgenden können nur einige Aspekte des Verhältnisses von formellen und informellen Strukturen in der Schulklasse im Wesentlichen im Hinblick auf den Schüler dargestellt werden. (Zur gesamten Problematik der sozialen Interaktionen in der Schulklasse vgl. man das Übersichtsreferat von PETERS in: PAUSE/PETERS).

Schüler einer Klasse zu sein bedeutet, zwei Statusdimensionen anzugehören (GORDON).

Statusdimensionen „Schüler"

Status im informellen System	Status im formellen System
Wesentliche Interaktionsbeziehungen	
Schüler – Schüler	Schüler – Schüler
(Mädchen-Jungen, Freunde o. ä.)	
Lehrer (als Person) – Schüler	Lehrer (als Funktionsträger) – Schüler
Wesentliche Ausrichtung des Handelns	
emotionale Befriedigung,	affektiv neutral,
gegenwartsorientiert,	zukunftsorientiert,
partikularistisch,	universalistisch,
an zugeschriebenen Merkmalen orientiert	an erworbenen Merkmalen orientiert
diffus	spezifisch

Das Lehrer-Schüler-Verhältnis bzw. Schüler-Lehrer-Verhältnis sollte formell an zukünftigen Zielen ausgerichtet sein (z. B. Erreichung des Klassenziels), von affektiver Neutralität geprägt und dem Gleichheitsprinzip verpflichtet sein, wobei Lehrer wie Schüler eine eindeutige, spezifische Rolle einnehmen. Sowohl Schüler-Schüler-Beziehungen als auch Lehrer-Schüler-Beziehungen weichen nicht selten von dieser formellen Normenstruktur ab.

Lehrer beurteilen Schüler nach nicht leistungsbezogenen Kriterien, das könnte z. B. dann der Fall sein, wenn Lehrer eine andere als an Leistung ausgerichtete pädagogische Idee zur Maxime erheben; aber auch dann, wenn bestimmte Merkmale des Schülers (Auffälligkeiten wie physiologische/psychische Besonderheiten, soziale Herkunftsmerkmale) Anlässe liefern für eine informelle, nicht emotional neutrale, an zugeschriebenen Merkmalen ausgerichtete diffuse Beurteilung des Schülers.

Schüler weichen – und das in zunehmendem Maße nach dem Grundschulalter – in ihren Interaktionen von der formellen Normenstruktur in vielfältiger Weise ab. Die offizielle koedukative Ausrichtung wird durchbrochen in geschlechtsspezifischen Gruppierungen, Mitschüler werden nach leistungsneutralen Gesichtspunkten beurteilt und in die „Schülerkultur" aufgenommen oder an ihren Rand gedrängt. Übliche soziometrische Untersuchungen erfassen mit ihren sehr spezifischen Kriterien nur die Oberfläche dieser informellen Differenzierungsprozesse unter Schülern, sie geben insbesondere keine Auskunft darüber, nach welchen Kriterien es zur Ausbildung von Starrollen, Außenseiterrollen, von „Nichtrollen" wie des Mauerblümchens usf. kommt und inwieweit Typisierungen des Lehrers daran beteiligt sind.

PARSONS hat darauf verwiesen, dass Schulklassen zur Dichotomisierung tendieren und dass die vorwiegende Identifizierung mit dem Lehrer als Repräsentanten der formellen Normen und Ziele auf der einen Seite oder mit den

Schülern als Repräsentanten der informellen Ziele und Normen auf der anderen Seite ihre Entsprechung findet in der Schullaufbahn: Erfolg oder Scheitern hängen von der Richtung der Normenorientierung ab. Eine einseitige Identifizierung mit Normen der informellen Struktur der Schulklasse scheint der Schullaufbahn zu schaden.

Informelle, askriptive Lehrerurteile

Wir gehen von der Annahme aus, dass in der Grundschule das formelle und das informelle Normensystem weitgehend deckungsgleich sind und dass sich in den Beurteilungsprozessen, wie sie sich unter Schülern abspielen, weitgehend die vom Lehrer vorgenommenen Beurteilungen und Interaktionsmuster widerspiegeln (WITZEL, 40 ff; HÖHN; KAUFMANN). Weiter unterstellen wir, dass die beiden Normensysteme nicht deckungsgleich sind mit den Interaktionssystemen Lehrer-Schüler auf der einen und Schüler-Schüler auf der anderen Seite, sondern dass sowohl in den Lehrer-Schüler-Beziehungen als auch den Schüler-Schüler-Beziehungen beide Normensysteme handlungsrelevant sind. Dabei scheint die Abweichung des Lehrers von den offiziellen Normen ein entscheidender Faktor dafür zu sein, welchen Leistungsstatus (also Status in der formellen Struktur) und welchen sozialen Status in der informellen Struktur ein Schüler erreichen kann. Auf diesen Aspekt sollen bei der gebotenen Kürze die folgenden Überlegungen beschränkt bleiben. Dabei müssen wir auch den Aspekt des Führungsstiles und seiner Auswirkungen auf die Interaktionsprozesse ausklammern und uns beschränken auf den Aspekt des Schülerbildes und der Leistungserwartungen (vgl. HÜBNER/RAUH, 160 ff). Diese eingeschränkte Fragestellung kann nun so formuliert werden:

Welche Schülermerkmale rufen bei Lehrern informelle, „askriptive Tendenzen" (GORDON) in der Beurteilung von Schülern hervor und welchen Effekt haben sie für die Verortung von Schülern im formellen System der Klasse und darüber hinaus der Schule? Es sollen solche Anlässe für Stigmatisierungen erörtert werden, die im Zusammenhang stehen mit Merkmalen, die ab einem bestimmten Ausprägungsgrad als „Sonderschulbedürftigkeit" interpretiert werden können wie Sprachauffälligkeiten, Hörbehinderungen, Sehbehinderungen, körperliche Beeinträchtigungen und Krankheiten, Verhaltensauffälligkeiten, Lernstörungen und vor allem soziale Herkunftsmerkmale. Ausgespart bleiben so schwerwiegende Beeinträchtigungen wie Blindheit, Gehörlosigkeit, und geistige Behinderung, die im allgemeinen vor Eintritt in die Schule bzw. zum Einschulungszeitpunkt diagnostiziert werden und zu sonderpädagogischen Interventionen führen. Kinder mit den zuerst genannten Merkmalen sind für Lehrer und Schüler „in unerwünschter Weise anders als . . . sie antizipiert wurden" (GOFFMAN), und das auffällige Merkmal unterliegt einem Typisierungsprozess; es wird Anlass zu Urteilen, die über das Spezifische des auffälligen Merkmals hinausgehend die gesamte Persönlichkeitsstruktur des Stigmatisierten betreffen können (Halo-Effekt). Dieser Sachverhalt wird in der Psychologie mit den Konzepten der impliziten Persönlichkeitstheorie (HOFER), der „Kausalattribuierung" (Funkkolleg) und in der Soziologie mit den Begriffen „Stigmatisierung" (HOMFELDT; LÖSEL; THIMM 1975 a) und „Self-Fulfilling Prophecy" (MERTON) zu fassen versucht. So beurteilen Lehrer Schülerleistungen keineswegs immer nur nach objektiven Kriterien, sondern in ihre Urteile fließen Vorannahmen über das Leistungsvermögen und das Zustandekommen einer Leistung sowie Annahmen über die automatische Zusammengehörigkeit von Merkmalen mit ein. Dieser Sachverhalt ist insbesondere gut belegt bezüglich der Auswirkungen wahrnehmbarer „abweichender" sozialer Herkunftsmerkmale („schlechtes Milieu"!) auf das Urteilsverhalten von Lehrern (BRUSTEN/HURRELMANN; HÖHN; TRIMM 1975 b; zusammenfassende Übersicht bei HÜBNER/RAUH, 64 ff; 159 ff; IBEN, 25 ff; vor allem bei LÖSEL). Lehrer erklären Schülerleistungen fast ausschließlich mit internalen Faktoren (HECKHAUSEN, in: Funkkolleg, Nr. 7, S. 66), mit Fähigkeit, Anstrengung, als stabilem Faktor, Begabung und sonstigen Persönlichkeitsfaktoren (z. B. mangelnde Konzentrationsfähigkeit, Nervosität u. ä.). Dieses Kausalattribuierungsmuster wird Grundlage der Lehrer-Schüler-Interaktion in der Klasse. Sowohl Erfolg als auch Misserfolg von einzelnen Schülern werden nicht oder kaum insbesondere auf soziale Verursachungsfaktoren der häuslichen Umwelt des Kindes zurückgeführt.

	Attribuierungsmuster	
	internal	*external*
stabil	Fähigkeit	Aufgabenschwierigkeit
variabel	Anstrengung	Zufall (Glück/Pech)

Kinder mit Lernstörungen aus sozialen Gründen, aber auch aufgrund physischer/psychischer Handicaps, passen nicht in das Attribuierungsmuster *internal/stabil*, es müsste für sie ein anderes angewandt werden (*external/stabil*). Die Situation ist divergent strukturiert und in die „Wissenslücken" schießen Zuschreibungen, Typisierungen im Hinblick auf eine globale Charakterisierung ein aufgrund einer impliziten Persönlichkeitstheorie des Lehrers, die eine Anwendung der internalen Attribuierung als angemessen erscheinen lassen.

Erfolgreiche Schüler erhalten durch eine internale-stabile Attribuierung eine Bestätigung. Hält der Lehrer nun die internalen Faktoren („Fähigkeit", „Begabung") für variabel (durch größere Anstrengung), so setzt die Spirale gegenseitiger Erwartungen und Entsprechungen ein, die mit Pygmalion-Effekt bezeichnet wird (ROSENTHAL/JACOBSON). Misserfolge eines solchen als leistungsfähig eingestuften Schülers werden auf internal-variable Faktoren zurückgeführt (noch nicht genug angestrengt).

Beim „Versager" dürfte der Prozess folgendermaßen ablaufen: ursprüngliche Leistungserwartungen werden nicht erfüllt. Das Versagen wird nicht internal/variabel oder gar external-stabil attribuiert, sondern internal-stabil, d. h. als mangelnde Begabung und/oder als „Faulheit", „Lernunwilligkeit" im Sinne eines stabilen charakterologischen Merkmals. Fehlleistungen werden verfestigt, das Anspruchsniveau wird herabgesetzt, positive Leistungen werden mit „Zufall" (external-variabel) erklärt, der Lehrer „sieht" schließlich nur noch das, was er glaubt, legitimerweise erwarten zu dürfen, nämlich Versagen (negativer Pygmalion-Effekt).

Soziale Herkunftsmerkmale und ihre Deutung durch Lehrer

Soziale Herkunftsmerkmale von Schülern wie niedrige Berufsqualifikation des Vaters, kinderreiche Familie, schlechte Wohnverhältnisse und schlechtes Wohnviertel (Merkmale wie sie bei den später ausgesonderten Schülern der Lernbehindertenschule hochsignifikant häufiger vorkommen als in anderen Schülerpopulationen, vgl. BEGEMANN; KLEIN; THIMM/FUNKE) konfigurieren in der Wahrnehmung von Lehrern als „schlechtes Milieu". Eine zur 'impliziten Gesellschaftstheorie' ausgeweitete 'implizite Persönlichkeitstheorie', die über die assoziative Verknüpfung von persönlichen, charakterologischen Merkmalen hinausgehend soziale Merkmale mit persönlichen Eigenschaften verbindet ('intelligenter Akademikersohn, allenfalls ein wenig faul' ; Sohn eines Hilfsarbeiters, da langt's halt nicht'), als Grundlage von Lehrerbeurteilungen ist die folgenschwerste askriptive, informelle Tendenz in der Lehrer-Schüler-Beziehung. Die Schule, und ganz konkret der im Klassenzimmer interagierende und Schüler beurteilende Lehrer ist mitbeteiligt an einem Reproduktionsprozess benachteiligender gesellschaftlicher Strukturen, die im wissenschaftlichen Sprachgebrauch mit „Unterschichten" zumeist verkürzt wiedergegeben werden. Die in der primären Sozialisation benachteiligter – aus der Sicht des Lehrers mit „negativen" Herkunftsmerkmalen belasteter – Kinder erworbenen Dispositionen (Sprachverhalten; kognitive und motivationale Orientierungen; vgl. Überblick bei LÜDTKE) sind im Hinblick auf die Rollenerwartung der Schule irrelevant oder gar störend. Der Schüler erscheint „uninteressiert" und aus dieser Eigenschaft schließt der Lehrer „bis zu einem gewissen Ausmaß" auf Persönlichkeitsfaktoren wie mangelndes Arbeitsverhalten, mangelhafte Begabung und negativ akzentuierte Zurückgezogenheit (HOFER, 50). „Ein uninteressierter Schüler verhindert jede Bemühung, er mag nicht lernen, hat geistig nicht die nötigen Voraussetzungen dazu und ist auch menschlich nicht ansprechbar" (HOFER, 50; vgl. dazu die identische Charakterisierung des Bildes vom 'schlechten Schüler' bei HÖHN bzw. vom 'Hilfsschüler' bei KAUFMANN; Übersichtsreferat bei JANTZEN, 26 ff). Die von den formellen Erwartungen des Lehrers abweichenden Dispositionen solcher Schüler werden durch diese Interpretationen verfestigt (Schülerakten liefern schlagende Beweise dafür) und sozialisieren einen Schüler fast unausweichlich in eine abweichende Schul-Karriere (HOMFELDT; THIMM 1975 b). Die formellen Normen der Schule erweisen sich für diese „Außenseiter" als ineffektiv. „Der Schüler sucht deshalb nach Lösungen, dieser schwierigen Situation zu entkommen. Gewisse Fehllösungen, z. B. das Schulschwänzen, können durch die Reaktion der Schule und der übrigen Gruppenmitglieder die unbefriedigende Stellung jedoch noch verstärken. Dieser Prozess baut. . . gewisse Einstellungen auf, die zu abweichendem bzw. delinquentem Verhalten auch außerhalb der Schule führen können" (WITZEL, 62). Diese Aussage findet ihre empirische Bestätigung in den Untersuchungen von BRUSTEN/HURRELMANN und in einer entsprechenden auf die Population der Lernbehinderten ausgeweiteten Erhebung (BECKER/SCHÄFER).

Unter diesem Blickwinkel sind „Lernbehinderungen" und „Verhaltensstörungen" bzw. „Verwahrlosung" das Produkt interpretativer Prozesse in der Schulklasse, und die Überweisung in die Sonderschule oder in ein Fürsorgeheim und damit die Zuweisung in einen institutionalisierten abweichenden Status ist Schlusspunkt einer abweichenden Karriere in der Grundschule und Ausgangspunkt für abweichende Karrieren in außerschulischen Bereichen. Dieses Tatbestandes wird sich die Lernbehindertenpädagogik in zunehmendem Maße bewusst (BEGEMANN; HOMFELDT; Kritik der Sonderpädagogik; THIMM 1975 b). Lehrer in sogenannten „allgemeinen Schulen" hätten sich aufs Ganze gesehen erst noch die Anlässe, den Umfang und die Folgen ihrer askriptiven informellen Schülerbeurteilungen sowie die hinter ihrem Urteilsverhalten stehenden impliziten Persönlichkeits- und Gesellschaftstheorien ins Bewusstsein zu rufen, wollen sie sich nicht dem berechtigten Vorwurf aussetzen, sie machten völlig unreflektiert die Schwächen eines einseitig auf Leistungsmaximierung ausgerichteten Schulsystems durch interpretative Prozesse in der Klasse als „Leistungsschwäche", „Leistungswillen", oder „mangelnde Begabung" am sozial benachteiligten Schüler dingfest und würden damit änderungsbedürftige soziale Probleme zu statischen Persönlichkeitsproblemen uminterpretieren.

Werden diese sozialpsychologischen Mechanismen nicht ins Bewusstsein gebracht und die askriptiven Urteilstendenzen nicht revidiert, wird der Lehrer zur Schlüsselfigur im Prozess der Reproduktion von Benachteiligung. Das, was als Ergebnis einer Self-Fulfilling Prophecy zu deuten wäre, wird als quasi naturwüchsiger Zustand interpretiert.

Physische Abweichungen

Die Auswirkungen von solchen Abweichungen auf die Interaktionen in der Klasse, deren relativ geringer Ausprägungsgrad nicht von vornherein zu einer Typisierung als „Sprachbehinderter", „Schwerhöriger", „Sehbehinderter", „Geistigbehinderter" oder „Körperbehinderter" und schließlich zur Feststellung einer spezifischen Sonderschulbedürftigkeit führt, sind nur wenig untersucht. Neben einigen speziellen Untersuchungen, die Stereotypen von Schülern, angehenden Lehrern und Lehrern im Hinblick auf physische Abweichungen von der Normalität untersucht haben, lassen auch die Einschätzungen der Integrierbarkeit in Regelschulen von Kindern mit bestimmten Handicaps durch Lehrer sowie Erhebungen des soziometrischen Status behinderter Schüler in Regelschulklassen einige Rückschlüsse auf das Interaktionsverhalten von Lehrern und Schülern zu.

GRUNWALD et al. ermittelten bei insgesamt 838 Lehrern an integrierten Gesamtschulen der Bundesrepublik, dass die meisten der Befragten eine Integration von Körperbehinderten, Lernbehinderten und Sprachbehinderten und mit einiger Skepsis auch von Verhaltensgestörten in Gesamtschulen verschiedenen Typs für möglich halten. Dagegen sind diese Lehrer sehr unsicher, was die Integrierbarkeit sehbehinderter und schwerhöriger Schüler angeht (jeweils rd. 1/3 stimmt mit nein, mit ja und mit unentschieden; GRUNWALD et al.). Werden Sprachbehinderte insgesamt für am leichtesten integrierbar gehalten, so scheinen aber doch Wissenslücken zu bestehen: In einer Untersuchung von LACHER fühlen sich nur etwa 12 % der befragten Lehrer (N = 149) über Sprachbehinderungen gut, 48 % einigermaßen und immerhin 40 % schlecht informiert. Wie auch schon die Unsicherheit bei der einzu schätzenden Integrierbarkeit zeigt, bestehen erhebliche Informationsdefizite bezüglich der leichter Sinnesgeschädigten (Sehbehinderung und Schwerhörigkeit; LACHER unter Bezug auf verschiedene englische und amerikanische Untersuchungen und eine eigene Erhebung).

Bei einer Quote von 10 % sprachauffälligen Kindern zum Zeitpunkt der Einschulung und einer Sonderbeschulungsquote von unter 20 % muss praktisch jeder Grundschullehrer mit sprachauffälligen Kindern in seiner Klasse rechnen. Die Quoten schwerhöriger und sehbehinderter Kinder liegen zwar deutlich niedriger (mindestens 0,3 %, wahrscheinlich aber, unter Einbeziehung der nicht unbedingt als sonderschulbedürftig anzusehenden hör- und sehgestörten Kinder, bis zu 1 % eines Jahrgangs). 75 bis 80 % der nach den Definitionskriterien der Sonderpädagogik als sonderschulbedürftig anzusehenden unter ihnen verbleiben also in den Klassen der „allgemeinen" Schulen, so dass Lehrer auch auf diese „Fälle" vorbereitet sein müssten.

Gar nicht in Zahlen zu fassen sind solche physischen Auffälligkeiten, die keine Nähe zu einer der schulisch etablierten Behinderungsarten aufweisen, wie z. B. Dickleibigkeit, größenmäßige Abweichungen von der Altersnorm; besondere motorische Ungeschicklichkeiten; auffälliges, „hässliches" Gesicht usf.

Inwieweit das fehlende Wissen über die spezifischen Auswirkungen physischer Abweichungen auf Kommunikations- und Interaktionsfähigkeiten sowie auf die Schulleistungsfähigkeit bei Lehrern und Schülern ersetzt wird durch generalisierende Typisierungen, dazu geben kleinere Studien lediglich Anhaltspunkte (Sprachbehinderte: KANTER; KEESE, KNURA; sichtbar körperlich Abweichende: MÜNZING, BAYER/GEBAUER, beide unter Bezug auf die älteren Untersuchungen von RICHARDSON et al.; HAUPT; Schwerhörige: CLAUSSEN). Dabei scheinen diese „defektiven" Stigmata nicht so negativ akzentuiert zu sein wie Stigmatisierungen, die ein Selbstverschulden unterstellen („kulpative" Stigmata, nach einer Unterscheidung von LIPP) wie im Falle von Schulversagen sozial deklassierter Schüler (s. vorigen Abschnitt). Dennoch teilt das stotternde Kind die emotionale Ablehnung mit dem potentiellen Hilfsschulkind (KNURA, 126 f), es wird von Mitschülern wie auch von Lehrern als gehemmt, unsicher, ängstlich und aggressiv empfunden (KNURA; KEESE), Intelligenz wird ihm abgesprochen. Deutliche Entsprechungen zeigen sich zwischen Selbstbild des stotternden Kindes und Fremdbild der nichtbehinderten Mitschüler vom stotternden Kind in den Dimensionen „Alleinsein" und „Angst" (KEESE). In soziometrischen Untersuchungen bei stotternden Kindern in Regelschulklassen wurde deren Außenseiterposition (MÜLLER, zit. nach KANTER), zumindest aber eine Tendenz zu „weniger guter Anpassung" (KANTER) nachgewiesen. Differenzierende Untersuchungen, die die Heterogenität von Sprachauffälligkeiten zumindest in den groben Kategorien Stottern, Stammeln und Dysgrammatismus zu berücksichtigen hätten, sind notwendig. Auch bei sehbehinderten Schülern in Regelschulklassen wurde ein durchschnittlich schlechterer soziometrischer Status festgestellt. Diese Kinder sind deutlich unbeliebter in ihren Klassen und weniger an sozialen Interaktionen beteiligt (MERSI/WEINLÄDFR; SCHINDELE, 147 ff, 272 ff). In der Beurteilung durch die Lehrer rücken diese Schüler in den Dimensionen „Stetigkeit", „produktives Denken" und „Minderwertigkeit" in die Nähe des „schlechten" Schülers (MERSI/WEINLÄDER). In den Interaktionen mit körperlich abweichenden Kindern scheinen die Beurteilungen durch Kinder sehr stark von dem angenommenen Grad der körperlichen Funktionseinschränkung (vor allem bei Jungen) und einer ästhetischen Schranke beeinflusst zu sein (MÜNZING; BAYER/GEBAUER). Alle Untersuchungen geben deutliche Hinweise darauf, dass Schüler- wie Lehrerreaktionen auf körperlich/geistige/psychische Abweichungen von der Normalität im Bereich der gesellschaftlichen Vorurteile gegenüber Behinderten liegen (vgl. dazu Überblick bei THIMM 1976).

Auswirkungen auf das Selbstbild des „abweichenden" Schülers

In einigen der von uns referierten Untersuchungen zum Bild des Lehrers und der Mitschüler vom' Abweichler' wurden ausdrücklich die Autostereotype dieser Abweichler mit untersucht (z. B. KEESE; KAUFMANN: BRUSTEN/ HURRELMANN). Zusammenfassend läßt sich sagen, dass auch im Bereich der Persönlichkeitsbeurteilung zirkuläre Prozesse ablaufen wie bei den Leistungserwartungen (WITZEL, 65 ff). Stigmatisierende Einflüsse von Lehrern und Schülern lassen dem Stigmatisierten kaum eine andere Möglichkeit, als sich im Rahmen des Stereotyps anzupassen, will er nicht der erhöhten Spannung ausgesetzt sein, von der als „normal" (da erwartet) angesehenen „Abweichung" abzuweichen. Belege für das Theorem der Self-Fulfilling-Prophecy finden sich z. B. bei THIMM (1970) im Hinblick auf Blinde, bei KAUFMANN in Bezug auf den „Hilfsschüler", bei KEMMLER. (Schulversager) und BRUSTEN/HURRELMANN (leistungsschwach und delinquent eingestufte Schüler). Im Einzelnen bedürften die kausalen Zusammenhänge zwischen stereotypisierenden Prozessen in der Schulklasse und der Übernahme des Stereotyps noch detaillierter Untersuchungen. Dabei erscheint das in der neueren Literatur ausgearbeitete Konzept der Identität (GOFFMAN, KRAPPMAN; im Hinblick auf Schule (WELLENDORF) und stigmagefährdete Schüler (THIMM 1975b) ausdifferenzierungsbedürftig und -möglich und müsste einer Operationalisierung nähergebracht werden. Dabei sollten die interessanten Überlegungen zum Zusammenhang von „Selbststigmatisierung" und „Fremdstigmatisierung" von LIPP (1975) beachtet werden.

Literatur

BAYER, H. und GEBAUER, G: Die Einschätzung verschiedenartiger Körperbehinderungen durch behinderte und nichtbehinderte Kinder. Praxis der Kinderpsychologie 21 (1972), 171-175.
BEGEMANN, E.: Die Erziehung der sozio-kulturell benachteiligten Schüler, Hannover 1970.
BECKER, B. und SCHÄFER, H.: Delinquenzbelastung – Delinquenzdisposition und Schule. Unveröffentl. Heidelberg 1975.
BRUSTEN, M. und HURRELMANN. K.: Abweichendes Verhalten in der Schule. Eine Untersuchung zu Prozessen der Stigmatisierung. München 1973.
FUNKKOLLEG „Pädagogische Psychologie", Studienbegleitbriefe 6 und 7 , DIFF Tübingen 1973.
GOFFMAN, E.: Stigma. Über Techniken der Bewältigung beschädigter Identität. Frankfurt 1967.
GORDON, C. W.: Die Schulklasse als soziales System. In: Soziologie der Schule, Sonderheft 4 der Kölner Zeitschrift f. Soziologie. u. Sozialpsychologie (KZfSS) 1959, 131-160.
GRUNWALD, A. et al.: Empirische Untersuchung zu Einstellungen und Meinungen von Lehrern an Integrierten Gesamtschulen zur möglichen Integration behinderter Kinder in Gesamtschulsysteme. ZfHeilpäd. 26 (1975), 368384.
HAUPT, U.: Dysmeliekinder am Ende der Grundschulzeit. Neuburgweier 1974.
HOFER. M.: Die Schülerpersönlichkeit im Urteil des Lehrers. Weinheim/Basel/Berlin 1970.

HÖHN, E. : Der schlechte Schüler. München 1966.
HOMFELDT, H. G.: Stigma und Schule. Düsseldorf 1974.
HÜBNER, H. und RAUH, C.: Soziale Faktoren des Unterrichtsprozesses. Weinheim/Basel 1975.
IBEN, G. : Randgruppen der Gesellschaft. München 1972.
JANTZEN, W.: Zur Sozialpsychologie des Sonderschülers. Berlin 1972.
KANTER, G. O.: Sozialpsychologische Untersuchungen an sprachbehinderten Kindern in Normalschulklassen. Heilpäd. Forschung 1(1964-68), 38-76.
KAUFMANN, I.: Ergebnisse zum Selbst- und Fremdbild in den Einschätzungen von Lernbehinderten. ZfHeilpäd. 21 (1970), 563-574.
KEESE, A.: Selbst- und Fremdbild des stotternden Kindes. Sonderpädagogik 1 (1971), S. 170 -174 und 2, S. 14-21.
KEMMLER. L.: Erfolg und Versagen in der Grundschule. Göttingen 1967.
KLEIN, G.: Die soziale Benachteiligung der Lernbehinderten. In: Aktuelle Probleme der Lernbehindertenpädagogik. Berlin 1973.
KNURA, G.: Das sprachbehinderte Kind als potentieller Außenseiter in der Schule. Sonderpädagogik 1 (1971), 41-44; 120 -129.
KRAPPMANN, L: Soziologische Dimensionen der Identität. Stuttgart 1969.
KRITIK der Sonderpädagogik. Gießen 1973.
LACHER, C.: Kenntnisse, Reaktions- und Einstellungstendenzen von Grund- und Hauptschullehrern an Regelschulen gegenüber behinderten Kindern, insbesondere blinden und sehbehinderten. Unveröffentl. Examensarbeit Päd. Hochschule Heidelberg 1975.
LIPP, W.: Selbststigmatisierung. In: BRUSTEN/HOHMEIER (Hrsg.): Stigmatisierung 1. Zur Produktion gesellschaftlicher Randgruppen. Neuwied/ Darmstadt 1975.
LÖSEL., F. Prozesse der Stigmatisierung in der Schule. In: BRUSTEN/IHOHMEIER. Stigmatisierung 2. Neuwied/Darmstadt 1975.
LÜDTKE, H.: Soziale Schichtung, Familienstruktur und Sozialisation. In: Familienerziehung, Sozialschicht und Schulerfolg, hrsg. v. d. b:e Redaktion. Weinheim 1972.
MERSI, F., WEINLÄDER, H. et al.: Sehbehinderte Kinder in Regelschulen. In: XXVII Deutscher Blindenlehrerkongress Wien 1973, Hannover 1974.
MÜNZING, I.: Soziale Verhaltensweisen von körperbehinderten und unbehinderten Kindern. In: W. THIMM (Hrsg.): Soziologie der Behinderten – Materialien. Neuburgweier 1972.
PAUSE, G. und PETERS, 0.: Lehrer und soziale Interaktion in der Unterrichtsforschung. Weinheim/Basel 1973.
PARSONS, T.: Die Schulklasse als soziales System: Einige ihrer Funktionen in der amerikanischen Gesellschaft. In: H. RÖHRS (Hrsg.): Der Aufgabenkreis der pädagogischen Soziologie. Frankfurt 1971.
ROSENTHAL, R. und JACOBSON, L. : Pygmalion im Unterricht. Weinheim 1971.
Dies.: Lehrererwartungen als Determinanten der IQ-Gewinne ihrer Schüler. In: H. STEINERT (Hrsg.), Symbolische Interaktion. Arbeiten zu einer reflexiven Soziologie. Stuttgart 1973.
SCHINDELE, R.: Behinderte Kinder in verschiedenen Unterrichts- und Erziehungsprogrammen. Rheinstetten 1975.
TAUSCH, R. u. TAUSCH, A. : Erziehungspsychologie. Göttingen 1965.
THIMM, W.: Blinde in der Gesellschaft von heute. Untersuchungen zu einer Soziologie der Blindheit. Berlin 1970.
Ders.: Behinderung als Stigma. Überlegungen zu einer Paradigma-Alternative. Sonderpädagogik 5 (1975), 149-157.
Ders.: Lernbehinderung als Stigma. In: BRUSTEN/ HOHMEIER (Hrsg.), Stigmatisierung 1. Neuwied/Darmstadt 1975, S. 125-144.

Ders.: Einstellungen zu Behinderten und Möglichkeiten der Änderung von Einstellungen. Rehabilitation 15 (1976), 1-11.
WELLENDORF, F. : Schulische Sozialisation und Identität. Weinheim/Basel 1973.
WITZEL, J.: Der Außenseiter im Sozialisationsprozess der Schule. Stuttgart 1969.

2.5 Stigma-Management (1979)
Die pädagogische Förderung Behinderter im Aufgabenfeld praxisorientierter Wissenschaften: Aufgabenfeld Soziologie[27]

Vorbemerkung

Das von mir nicht selbst gewählte Thema bedarf einiger Vorbemerkungen. um Missverständnissen vorzubeugen. Das Thema soll nicht den Eindruck erwecken, als ob Bedingungen, Möglichkeiten und Techniken des Stigma-Managements *das* zentrale Anliegen soziologischen Forschens in Bezug auf Behinderte und der entscheidendste Beitrag der Soziologie zur pädagogischen Förderung Behinderter überhaupt wären.

Das Thema soll auch nicht zum Ausdruck bringen, dass hier eine bestimmte Sicht von Soziologie (Interaktionismus) und damit verbunden *ein bestimmter* Begriff der Behinderung hypostatisiert werden soll. Auf den perspektivischen Charakter der den folgenden Ausführungen zugrunde liegenden Sichtweise von Behinderung wird ausdrücklich verwiesen.

Der bei GOFFMANN (1967*)* entlehnte Begriff des Stigma-Managements, von Goffman vor allem bezogen auf alltägliche Situationen zwischen Stigmatisierten und so genannten Normalen, könnte den Verdacht nahe legen, als ob die Behindertenproblematik reduziert werden sollte auf die rein technologische Bewältigung von Interaktionsbeziehungen. Das wird schon bei Goffman nicht so gesehen, obwohl er es hier an notwendiger begrifflicher Schärfe und an der Darstellung eines Bezugsrahmens fehlen lässt, auf den sich seine vornehmlich deskriptiven Aussagen beziehen (zur Kritik an GOFFMAN siehe CICOUREL 1972*)*. Also nicht „technische" Rezeption wissenschaftlicher Erkenntnisse steht zur Diskussion, sondern „praktische" Rezeption, die ausdrücklich den Normenhorizont des Handelns (in unserem Falle von Interaktionsbeziehungen, die durch Stigmatisierungen charakterisiert sind) und die Geltung solcher Normen mit einbezieht, bildet den Hintergrund unserer Überlegungen (in Anlehnung an die bekannte Unterscheidung von HABERMAS). Damit kann das Thema erweitert formuliert werden. Stigma-Management kann nur diskutiert werden vor dem erweiterten Begriff der Entstigmatisierung.

Ich gehe davon aus, dass die von GOFFMAN erläuterten Begriffe um den Stigmabegriff und ihre Rezeption in der deutschen, insbesondere auch auf Behinderte bezogenen Literatur, bekannt sind (u. a. BRUSTEN UND HOHMEIER 1975, THIMM 1975 a und b; ANTOR 1976; GROHNFELD 1976).

---

[27] Sonderpädagogischer Kongress des Verbandes Deutscher Sonderschulen (VDS) 1979, Z. f. Heilpäd. 30 (1979), 704-711

Und schließlich: Pädagogischen Fachkräften sind in erster Linie Stigmatisierungen auf der Interaktionsebene zugänglich und nicht primär in sozialstrukturellen Zusammenhängen. Die Beschränkung auf mikrosoziale Aspekte mag für viele enttäuschend sein, sie ergibt sich aber aus dem Rahmenthema des Kongresses.

Einige Bemerkungen zum Stigma-Begriff

Ich gehe von einem etwas ausführlicheren Zitat von GOFFMAN (1969, 221 f.) aus:

„... Wenn ein einzelner vor anderen erscheint, stellt er bewusst oder unbewusst eine Situation dar, und eine Konzeption seiner selbst ist wichtiger Bestandteil dieser Darstellung. Wenn ein Ereignis eintritt, das mit dem hervorgerufenen Eindruck unvereinbar ist, machen sich gleichzeitig auf drei verschiedenen Ebenen der sozialen Realität Folgen bemerkbar, von denen jede von einem anderen Bezugspunkt und einer anderen Tatsachenebene ausgeht."

Es ergeben sich Folgen einer solchen Störung auf der Ebene der sozialen Interaktion, der Sozialstruktur und der Persönlichkeit. Daraus folgert Goffman weiter:

„Insofern die einzelnen Anstrengungen machen, Störungen zu vermeiden oder eingetretene Störungen zu korrigieren, (werden) diese Anstrengungen gleichzeitig Folgen auf allen drei Ebenen haben!"

Stigmata erzeugen nun eine solche Störung in der Interaktion. Der Interaktionspartner ist „in unerwünschter Weise anders als wir ihn antizipiert haben" (GOFFMAN, 1967, 13). Es bricht eine Diskrepanz auf zwischen der möglichen (virtualen) sozialen Identität, die vor dem Hintergrund kulturell vermittelter Interpretationsmuster und Kategorisierungsschemata ausgehandelt wird und einem Merkmal, das sich nicht in die für eine konkrete Situation relevanten Beurteilungsstandards integrieren lässt: Jemand ist ein anderer als wir ihn im Hinblick auf die konkrete Situation antizipiert haben; seine aktuelle soziale Identität weicht von der virtualen ab. Wird dieses Merkmal negativ definiert, dann wird es zum Stigma. So bezeichnet Stigmatisierung ein „verbales oder nonverbales Verhalten, das aufgrund eines zueigen gemachten Stigmas jemandem entgegengebracht wird" (HOHMEIER 1975, 7).

Die globale Kennzeichnung von Behinderungen als Stigma ist zu differenzieren. Nicht jede Behinderung erzeugt in jeder Interaktion die gleiche Diskrepanz zwischen virtualer und aktualer sozialer Identität. Ob es überhaupt und in welchem Ausmaß zu Stigmatisierungen kommt, hängt stark von den situativen Bedingungen und dem Behinderungsmerkmal ab (WEINLÄDER 1976). Es ist jeweils zu analysieren, welche „strategischen Funktionsleistungen", zu denen eine Gesellschaft motiviert (v. FERBER 1972, 32), in einer konkreten Situation aktualisiert werden und welche dieser Funktionen als betroffen interpretiert werden. So ordnet SEYWALD den zentralen Beurteilungsdimensionen Tüchtigkeit und Beliebtheit drei wesentliche Faktoren zu, die in diesem Zusammenhang von Bedeutung sind: Leistung – Kommunikationsfähigkeit – Aussehen. Interaktionen vollziehen sich vor Normen, die in diesen Dimensionen angesiedelt sind (v. FERBER 1972, 32; SEYWALD 1977,122 ff.).

Ferner dürfte für die Dynamik und die Folgen von Stigmatisierungen ausschlaggebend sein, ob es sich um ein „defektives" oder „culpatives" Stigma handelt (LIPP 1979). Culpative Stigmata basieren auf einer in die Person hinein verlagerten Schuldzuschreibung und legitimieren bestimmte institutionalisierte Formen der unterschiedlichen Güterverteilung. Defektive Stigmata basieren auf einer Zuschreibung von Andersartigkeit aufgrund konstitutioneller Bedingungen. Verhaltensabweichungen werden in bestimmten Grenzen „erlaubt" und nicht negativ sanktioniert. Die Bewertungen unterschiedlicher Behinderungsarten siedeln sich entlang diesem Kontinuum von culpativen zu mehr defektorientierten Stigmatisierungen an. Zumindest in den institutionalisierten Formen der Hilfeleistung für Behinderte werden sich kaum noch auf Schuldzuschreibungen basierende Handlungsbegründungen finden. Die Sozialpolitik hat sich in zunehmendem Maße vom Kausalitätsprinzip abgewandt und dem Finalitätsprinzip zugewandt. In den Alltagssituationen aber vollzieht sich immer wieder die Umwandlung von „äußeren Ursachen" zu „Motiven" (LIPP 1975, 32). Privatideologien der Schuldzuschreibung spielen in den Alltagsinteraktionen zwischen Behinderten und Nichtbehinderten zur Legitimierung von Diskriminierung und Isolation eine entscheidende Rolle (SEYWALD 1977, 113).

Es bleibt dabei aber festzuhalten, und darauf weisen WEINLÄDER (1976) und SEYWALD (1977) mit Nachdruck hin, dass bei bestimmten Behinderungen (z. B. Körperbehinderungen und Sinnesschädigungen) die negativen Folgen für die Betroffenen nicht ausschließlich aus Stigmatisierungen zu erklären sind. Behinderungen als Defekt (im Sinne von Werkzeugstörungen) bedingen auch eine „vorgesellschaftliche, objektive Ungleichheit von Chancen" einen „mehr oder weniger ‚natürlichen' primären Nachteil gegenüber den Nichtbehinderten. Die Defizienz ist zwar mehr oder weniger kompensierbar, aber zunächst doch zweifellos vorhanden" (SEYWALD a.a.O., 119 f.).

Bezogen auf das Eingangszitat von GOFFMAN haben wir einen bestimmten Typus von Störungen in einer sozialen Situation, nämlich das „Stigma", näher gekennzeichnet. Die Aussage GOFFMANS beinhaltet nun sehr weit reichende Feststellungen, dass nämlich die Störungen einer Situation, in der Interaktion, Störungen auch auf der personellen Ebene und der strukturellen Ebene hervorrufen, und dass Anstrengungen zur Störungsvermeidung und zur Korrektur von Interaktionssituationen ausgehend auch Folgen haben auf den anderen beiden Ebenen, der personalen und strukturellen. Auf unseren Störungstypus Behinderung als Stigma angewandt heißt das: Von den Alltagsinteraktionen zwischen Behinderten und Nichtbehinderten ausgehende entstigmatisierende Aktivitäten wirken sich auf der personalen Ebene begünstigend aus in der Fähigkeit zur Selbstdarstellung Behinderter, sie werden Beschädigungen von Identität zu vermeiden helfen. Davon handelt das Stigma-Büchlein von Goffman. In der Weiterführung des bei Goffman angelegten Identitätskonzeptes ist das plausibel gemacht worden (HABERMAS 1968; KRAPPMANN 1969; GROHNFELD

1976).[28] Einige der bei Goffman aufgeführten Management-Techniken als Techniken zur Bewältigung beschädigter Identität werden wir ansprechen.

Zweitens wird aber unterstellt, dass entstigmatisierende Aktivitäten in Interaktionen auch strukturelle Auswirkungen haben. Das führt zu Überlegungen, inwieweit der richtige Umgang mit Behinderten, der ihnen Recht widerfahren lässt auf der Basis grundsätzlich gleichberechtigter Interaktionspartner, oder mit anderen Worten, inwieweit die Sicherung der Reziprozitätsnorm als fundamentale Basis menschlicher Interaktion in Interaktionen zwischen Behinderten und Nichtbehinderten das zentrale Problem der Akzeptierung auf allen Ebenen menschlichen Lebens, also auch in sozial-strukturellen Zusammenhängen lösen kann.

Entstigmatisierung als Sicherung von Basisprozessen der Interaktion

Die von GOFFMAN vorgelegten Analysen und Illustrationen der verschiedenen Prozeduren, mit einem offenkundigen stigmatisierten Merkmal (mit Diskreditiertsein) oder einem verdeckten stigmatisierenden Merkmal (mit Diskreditierbarkeit) in Interaktionen zu operieren, verdecken in ihrer feuilletonistischen Darstellung allzu leicht die dahinter liegende anthropologische Konstante: „Dass der Mensch immer nur das ist, wozu und als was er sich versteht" (DREITZEL 1968, 116). Oder, wie Dreitzel in Anlehnung an PLESSNER weiterformuliert: „Alles, was der Mensch ist, ist er auf dem Umweg über andere; seine Identität, das Selbstverständnis auch seiner durchaus eigenen und privaten Existenz konstituiert sich und wird selbst erfahren erst aus dem Blickwinkel des anderen Menschen" (a.a.O. 117). Innen- und Außenaspekt des Selbst sind dialektisch verschränkt (vgl. PLESSNER 1976, insbesondere S. 56 ff.).

Reziprozität und Irrelevanz

Voraussetzung für die Entwicklung nicht beschädigter Identität ist es, dass die Austauschbeziehungen in Interaktionen nicht ungleichgewichtig verlaufen. Mit anderen Worten: Die gegenseitigen Fremddefinitionen, die die Selbstdefinitionen von Interaktionspartnern bestimmen, müssen auf Typisierungsschemata beruhen, die aus wechselseitiger Interpretation entstehen und nicht einer Seite von der anderen aufoktroyiert werden. Die Reziprozität der Perspektiven – sich in die Rolle des anderen Hineinversetzenkönnen – muss sichergestellt sein. Die Basisregel von der Reziprozität der Perspektiven in der Interaktion (CICOUREL 1972, 221; DREITZEL 1968, 118) beinhaltet zweierlei:

1. Die gegenseitigen Erwartungen von Interaktionspartnern sind die gleichen, als wenn die Partner „ihren Platz tauschen würden" (CICOUREL 1972, 221), die „relative Einheit subjektiver Interpretationen einer objektiven Lage auf Grund und im Sinne der Intentionen mehrerer interagierender Menschen" (DREITZEL, 1968, 154) muss vorhanden sein. Das setzt je nach der Normenstruktur von Situationen bestimmte Dispositionen der Interaktionspartner voraus. In situationsbezogenen Rollen (z. B. Kontaktrollen als Gast, Gastgeber,

---

[28] Ausführlichere Darstellungen finden sich in den Beiträgen 2.3 und 2.10 im vorliegenden Band.

Nachbar) und organisationsbezogenen Rollen (z. B. Berufsrollen) ist ein hoher Grad an Informationen über die Situation erforderlich. In mehr personenbezogenen Rollen (Vater, Mutter, Freund) ist die „relative Einheit" internalisierter kultureller Normen Voraussetzung. Vielfältige Rollenerfahrungen sind in beiden Rollentypen dazu Voraussetzung.

2. Die Sicherung der Reziprozitätsnorm ist weiter abhängig davon, dass nicht oder noch nicht für die Situation relevante spezielle Ereignisse oder Merkmale (persönliche Differenzen) zunächst ausgeschaltet bleiben (CICOUREL; DAVIS). Zu Stigmatisierungen Anlass gebende Behinderungsmerkmale verstoßen aber dagegen. Die meisten von GOFFMAN vorgestellten Stigma-Managementtechniken sind darauf abgestellt, die Irrelevanz des auffälligen Merkmals darzustellen. Das führt häufig zu dem, was DAVIS die „fiktive Annahme" des Behinderten nennt (Scheinakzeptierung bei GOFFMAN). Behinderte können in der Tat in weiten Bereichen der Sozialkontakte darauf rechnen, dass ihre Behinderung als irrelevant interpretiert wird. Offene Diskriminierung ist der seltenere Fall. Die Übernahme der Irrelevanzinterpretation durch den Behinderten selbst kann aber Stigmatisierungen nicht aufheben: Diese werden in die Unsichtbarkeit der nicht offen bekundeten Motive zur Ablehnung abgedrängt: „Die Existenz einer Irrelevanzregel bezüglich physischer Abweichung zeigt, dass die betreffenden Eigenschaften in dieser Gesellschaft affektiv abgelehnt und negativ bewertet werden, ohne dass ideologische Rechtfertigungen hierfür zur Verfügung stünden" (SEYWALD a.a.O., 43).

Daraus folgt: Alle Stigma-Managementtechniken, die darauf abgestellt sind, Behinderung pauschal als irrelevant darzustellen, führen langfristig zu Scheinakzeptierungen. Entstigmatisierung kann nur dann erfolgen, wenn die Irrelevanzregel durchbrochen wird, wenn den Nichtbehinderten wie den Behinderten erfahrbar gemacht wird, dass für beide Interaktionspartner die Behinderung des einen in den allermeisten sozialen Situationen sehr wohl relevant ist, und dass über Irrelevanz erst nach einem Prozess der Übernahme der gegenseitigen Perspektive entschieden werden kann. Ein Durchbruch dazu gelingt, wenn Behinderte den nichtbehinderten Interaktionspartnern Teilidentifikationen anbieten, indem sie sich als Träger von Rollen darstellen, die nicht mit der Behinderung unmittelbar assoziiert werden. Eine Erweiterung der Beziehungen auch auf andere Rollen wird vorstellbar. Dabei ist aber die Balance aufrecht zu erhalten zu wichtigen defekt-spezifischen Vorkehrungen, die viele Situationen erfordern.

Hintergrundregeln

Dieses von DAVIS mit „Normal-Aber" bezeichnete Stadium setzt aber gleichzeitig eine Thematisierung von Hintergrundregeln der Interaktion voraus. In nicht gespannten Interaktionsbeziehungen nicht thematisierte „Et-Cetera-Regeln" und „Normaltypisierungen" (CICOUREL, 252), durch die bestimmte Ereignisse der Interaktion in einen Kontext eingeordnet werden, der auch als der Kontext des Interaktionspartners angenommen wird (Et-Cetera), und durch die ungeklärte Ereignisse unter generelle Normen gestellt (typisiert) werden, erscheinen in gespannten Interaktionsbeziehungen als nicht mehr tragfähig.

So wird z. B. die Hintergrundregel am Arbeitsplatz „gleicher Lohn für gleiche Leistung" problematisch im Hinblick auf einen leistungsgeminderten, behinderten Arbeitskollegen. Angesichts eines Behinderten wird die kulturell übermittelte Gerechtigkeitsnorm fragwürdig, dass Entlohnungen am Leistungsergebnis zu messen seien und nicht an Investitionen (danach würde ein hohes Maß an Anstrengungen auch bei niedrigen Leistungsergebnissen hohe Bezahlung rechtfertigen!). Mögliche Reaktionen wären: a) Die Leistungsminderung (Behinderung) wird als schuldhaft interpretiert; die schlechtere Bezahlung, die Chancenminderung im Erwerbsleben wird als „gerecht" empfunden vor dem Hintergrund eines diffusen Schicksalsbegriffes, dass jeder in seinem Leben per Saldo seinen verdienten Lohn bekomme; b) die Behinderung wird als blindes Schicksal interpretiert, das Aussetzen der Norm „gleicher Lohn für gleiche Leistung" erscheint in diesem Ausnahmefall gerechtfertigt. Behinderte werden nicht in die „normale" Leistungsbeurteilung am Arbeitsplatz einbezogen. Somit wird dem behinderten Arbeitskollegen ein Ausnahmestatus zugewiesen. Ansprüche des Behinderten, in das „normale" Leistungsbewertungssystem einbezogen zu werden, werden als peinlich empfunden.

Normalisierung, Entstigmatisierung solcher Situationen ist nur denkbar, wenn Gerechtigkeit als kulturelle Universalie in Frage gestellt wird; wenn Nichtbehinderten erfahrbar gemacht wird, dass ihre zum Alltagsbewusstsein geronnenen Vorstellungen von Gerechtigkeit das Spiegelbild gesellschaftlich etablierter Gerechtigkeitsnormen sind. „Natürliche Lebensfakten" werden als das Abbild wandelbarer „realer Umstände" entlarvt, und das erzeugt Erschütterung, Verwirrung, Ängste (vgl. dazu GARFINKEL 1972, 14 Gerechtigkeit ist „nur ein im gegenseitigen Verkehr in beliebigen Erdgegenden getroffenes Übereinkommen zur Verhütung gegenseitiger Schädigung" (EPIKUR, um 300 vor Christus). Gerechtigkeit als prozessuales Geschehen stellt sich erst im Vollzug von Handlungen ein (KOSELLECK in: MITSCHERLICH/KALOW 1976, 75).[29] Auf *unser* Arbeitsplatzbeispiel bezogen: Über gerecht bzw. ungerecht ist zwischen den Interaktionspartnern zu verhandeln. Die ausdrückliche Thematisierung sonst nicht reflektierter Hintergrundregeln der Interaktion (in diesem Falle von Gerechtigkeitsnormen) ist Voraussetzung zur Normalisierung der Beziehung, zur Entstigmatisierung und zur Vermeidung von Diskriminierung und Isolierung.

Selbstdarstellung (Präsentation)

Die Ergebnisse unterschiedlicher Interaktionstheorien zusammenfassend stellt ESSER (1976, 692 f.) fest: Die Präsentation des eigenen Selbst mit dem Ziel sozialer Anerkennung ist das Grundmotiv aller Interaktionen. Das bei GOFFMAN angelegte Identitätskonzept präzisierend (Habermas; Krappmann; Thimm; Grohnfeldt) heißt das: In konkreten Interaktionen ist immer wieder das Gleichgewicht herzustellen zwischen persönlicher Identität und sozialer Identität. In der Selbstpräsentation müssen die Akteure ihre „scheinbare Einzigartigkeit" und ihre „scheinbare Normalität" in einem ausgewogenen Verhältnis zur Darstellung bringen können. Das ist Voraussetzung zur Entwicklung nichtbe-

---

[29] Die hier kurz angedeuteten Überlegungen zum Begriff der Gerechtigkeit wurden später aufgegriffen und diskutiert, vgl. Beitrag 4.1 von 1998.

schädigter Identität. Behinderungen als mögliche Anlässe zur Stigmatisierung gefährden nun aber die Präsentation, und zwar sowohl der nichtbehinderten als auch der behinderten Interaktionspartner in vielfacher Weise. Einige mir typisch erscheinende Konstellationen seien angeführt:

- Der Nichtbehinderte verzichtet auf Präsentation situationsrelevanter Ich-Elemente wie Mitleid, Schuldgefühle, „Neidfurcht" (SEYWALD). Er greift zu einer anderen Interaktionsstrategie, der Deferenz (ESSER 1976, 694 (Deferenz gleich Aufschieben, Vertagen, Zurückstellen). Der „bestmögliche Weg zur Erhaltung eigener Identität" scheint die „oberflächliche und notdürftige Aufrechterhaltung eines Minimalkonsensus, eine größtmögliche Risikovermeidung", die Beschränkung auf diffuse Solidaritätsbeziehungen zu sein (ESSER). Neue Primärkontakte werden nach dieser Erfahrung nicht geknüpft.

- Der Nichtbehinderte präsentiert sich expansiv in seinem emotionalen Betroffensein. Er typisiert seine Verhaltenserwartungen und seine Handlungen im Rahmen seines aktualisierten Behinderungsstereotyps. Der Behinderte erhält keine Chance zur Selbstdarstellung. Er wird zur Deferenz gezwungen.

- Der Behinderte verzichtet auf Präsentation. Das kann verschiedene Ursachen haben, die in motivationalen, kognitiven und empathischen Defiziten begründet sein können, Defizite, die aus einer fehlgesteuerten Sozialisation des Behinderten resultieren (z.B. eingeschränkte Rollenerfahrungen aufgrund isolierter Sondererziehung).

- Der Behinderte präsentiert sich expansiv unter Beharren auf der Irrelevanzregel. Diese Strategie wird ihm unter Umständen von Gleichbetroffenen oder auch Professionellen der Behindertenarbeit nahe gelegt. Damit geben Behinderte dem Nichtbehinderten keine Chance, sich ihrer virulent werdenden Reaktionen wie Unsicherheit, Angst, Schuldgefühle, Mitleidsempfindungen bewusst zu werden und ihren Wert oder Unwert, ihr Angemessensein oder Unangemessensein in einem Prozess des Aushandelns abzustecken. Sie greifen zu Deferenzstrategien. Die Perspektive des Nichtbehinderten von „Behinderung" nicht zu berücksichtigen, erschwert den nicht stigmatisierenden Umgang in gleicher Weise, wie die Unfähigkeit oder auch Unmöglichkeit der Nichtbehinderten, ihre diffusen, auf kulturelle Muster zurückgreifenden Reaktionen auf Behinderung als Teil ihres Selbst darzustellen und zur Disposition zu stellen.

In den angesprochenen Mustern gestörter Interaktionen erscheinen Deferenzstrategien, die sich auf notdürftige, einen Minimalkonsens sichernde Taktiken beschränken und einen Verzicht auf eigene Situationsdefinition darstellen, einmal als Folge der Unfähigkeit zur Selbstdarstellung, zum anderen als Folge der Unterdrückung der Selbstdarstellung eines Akteurs durch expansive Selbstdarstellung des anderen Akteurs. Der Rückgriff auf Basisregeln und Basisprozesse der Interaktion ermöglicht den Einstieg zur Entstigmatisierung dort, wo Stigmatisierungen aktualisiert werden: in den interpersonalen Beziehungen zwischen Nichtbehinderten und Behinderten. Wichtige Gedanken zur Hinwendung der Behindertenpädagogik zu einem Interaktionsmodell, das Interventionen als offene Kommunikations- und als Interaktionssysteme auffasst, hat kürzlich KOBI (1977) beigetragen. Damit soll nicht leichtfertig unterstellt werden, als ob die partikularistische Ausrichtung auf Sanierung von Interaktionsbeziehungen zwischen Behinderten und Nichtbehinderten das Problem der gesellschaftlichen Akzeptierung insgesamt lösen könne. Damit komme ich abschließend zu dem schon eingangs angesprochenen Zusammenhang von entstigmatisierenden und entstigmatisierten Interaktionen und sozialstrukturellen Zusammenhängen.

Entstigmatisierung in Institutionen und auf der Ebene der kollektiven Regelbildung

Lassen Sie mich etwas provokativ formulieren, um die Richtung meiner Gedankengänge zu verdeutlichen: In den Klagen vieler Professioneller im Bereich des Behindertensystems kommt zum Ausdruck, dass man wohl wisse, wie zum Wohle der Behinderten gehandelt werden könne, aber die Verhältnisse (die Gesellschaft, die Mitmenschen), eben die Nichtprofessionellen würden das verhindern. Damit wird verdeckt und verdrängt, dass sich eine fortschreitende Professionalisierung und Spezialisierung der Behindertenhilfe selbst Stigma erzeugend und Stigma verfestigend auswirken können. Es ist erstaunlich, wie über Bedürfnisse Behinderter unter Professionellen verhandelt wird ohne Einbeziehung der Betroffenen. Der Behindertenfachmann wird zum Definitions- und Zuschreibungsspezialist, zum Experten für die Rekonstruktion von individuellen Biographien als einen Fall für spezielle Interventionen, zum Initiator und Verwalter von Prozessen der Bürokratisierung von Behinderung. Diese Sachverhalte sind wohl thematisiert (z. B. GOFFMAN: Asyle; PROBST 1973; HOMFELDT 1973; WÖHLER 1978*)*, aber sie sind nicht eigentlich als Anlass zu einer umfassenden kritischen Selbstbestimmung des Behindertensystems genommen worden. Es fehlt eine theoretische Ortsbestimmung der professionellen Behindertenhilfe, eine Theorie der professionalisierten helfenden Beziehung. Erste Ansätze dazu liegen vor (THIMM 1978*)*[30].

Für die Prozesse der Typisierung und Fraktionierung von Behinderten als einen Fall von... und der damit verbundenen schematisierenden Bürokratisierung der Behindertenhilfe können doch nicht allein Instanzen außerhalb des professionellen Systems verantwortlich gemacht werden. Sonderpädagogen und andere Professionelle im System sind doch maßgeblich an den Prozeduren der Definition, der Überweisung und der Ausgliederung von Behinderten beteiligt. Sie selbst neigen doch häufig dazu, professionelle, d. h. an einer professionellen Wissensbasis ausgerichtete, Orientierungen zu ersetzen durch organisationsbezogene Orientierungen. Die Zuteilung von Klienten an Behinderteninstitutionen richtet sich häufiger am Bestandsprinzip aus als an pädagogischen Bedürfnissen Behinderter. Beispiele ließen sich aus allen Sparten des Sonderschulwesens finden. Das möge nicht als billige Kritik aufgefasst werden, sondern als Appell, sich der eigenen Unfähigkeit zur entstigmatisierten Interaktion bewusst zu werden und den eigenen Beitrag zur Initiierung und Verfestigung von Stigmatisierungen unter Kontrolle zu bringen. Nicht zufällig nimmt in BLEIDICKS Charakterisierung sonderpädagogischer Paradigmata die Darstellung des systemtheoretischen Ansatzes den breitesten Raum ein *(*BLEIDICK 1977).

---

[30] Beitrag 3.3 in diesem Band.

Stimmt es wirklich, dass die funktionelle Autonomie von Ausgliederungsprozessen Behinderter sich dem Zugriff von Sonderpädagogen, die es eigentlich anders wollen, entzieht? Wollen sie es wirklich anders und haben sie es kollektiv formuliert und in die Tat umgesetzt? Liegt nicht dem „sozialen Arrangements" der verschiedenen Behinderteninstitutionen, sowohl den sonderpädagogischen Studiengängen als auch den verschiedenen Sonderschultypen, „eine sehr umfassende Konzeption" des Adressaten zugrunde, eine Konzeption nicht nur als Adressat sonderpädagogischer Interventionen, sondern auch „in seiner Eigenschaft als Mensch" (GOFFMAN: Asyle, 177)? Ist die Sonderpädagogik ein „Ort, an dem fest verfügte Annahmen über die Identität der Beteiligten gehegt werden" (GOFFMAN, 183) und nicht als „soziales Arrangement", in dem Identitäten ausgehandelt werden können? Die Forderungen von Böhnisch zur Entstigmatisierung von Sozialarbeit und Sozialpolitik sind inhaltlich voll auf den Bereich der Sonderpädagogik übertragbar: Es sind „offene Interaktionsfelder" anzustreben (BÖHNISCH 1975, 152), „soziale Experimente in konkreten Lebensbereichen" unter „Mobilisierung und Beteiligung von Bevölkerungsgruppen".[31]

Dazu einige kurze abschließende Bemerkungen als mögliche Einstiege in unsere Diskussion: Die Sonderschullehrerausbildung müsste die Heranbildung von „sozialer Intelligenz" als Verbindung zur Fähigkeit von Ich-Darstellung und Einfühlungsvermögen (ESSER, 692 ff.) ausdrücklich in ihren Lehrkatalog aufnehmen. In offenen Kommunikations- und Interaktionssystemen müssten Lehrende, Lernende, Behinderte und Nichtbehinderte Interaktionen üben, stigmatisierende Effekte abschätzen lernen, und aufgrund der erworbenen sozialen Kompetenz könnten Behindertenpädagogen Multiplikatoren werden zur stigmafreien Interaktion mit Behinderten. Das sprengt den Rahmen der herkömmlichen Sonderschullehrerausbildung. Wir sollten neben der technologischen didaktischen Kompetenz der Sonderschullehrer mindestens ebenso großen Wert legen auf kommunikative und interaktive Kompetenz. Diese weiter zu vermitteln an Behinderte und deren unmittelbares soziales Umfeld ist eine zentrale Aufgabe von Behindertenpädagogik.

Bei dem ambivalenten Verhältnis zwischen kollektiven Rechtsnormen und tatsächlichen Einstellungen von konkreten Akteuren in Situationen, auf die sich die Rechtsnormen beziehen, spricht nichts dagegen, mit Optimismus an die Veränderung der Interaktionsnormen heranzugehen mit dem Ziel der Etablierung neuer Rechtsnormen (z. B. in der Schulgesetzgebung). Rechtsnormen verändern allenfalls Verhalten, ob sie Einstellungen ändern, ist fraglich – vorher vollzogene Einstellungsänderungen sind aber sehr wohl in der Lage, Rechtsnormen zu ändern (vgl. LAUTMANN 1975; MITSCHERLICH/KALOW 1977). So ist z. B. in Dänemark eine neue Sozialgesetzgebung im Hinblick auf Normalisierung des Hilfesystems für Menschen mir geistiger Behinderung der konsequente

---

[31] Gemeinwesenorientierte Programme, wie sie im abschließenden Beitrag aus dem Jahr 2000 aufgezeigt werden (4.2: Leben in Nachbarschaften) verfolgen eine solche Strategie, indem sie auf eine „partielle Renaturalisierung" professioneller Dienstleistungen und die Etablierung von „inszenierter Solidarität" im Gemeinwesen ausgerichtet sind, unter Einbeziehung des freiwilligen bürgerschaftlichen sozialen Engagements.

Schlussstrich eines jahrelangen Prozesses der Praxisänderung in der „Geistigbehindertenfürsorge".

Sonderpädagogen täten gut daran, auf der Basis der Entstigmatisierung des eigenen (individuellen wie auch institutionellen) Umgangs mit „Behinderung" den ihnen möglichen Beitrag zu einer weiteren Entstigmatisierung im öffentlichen Umgang zu leisten, statt sich resignativ unter Hinweis auf übermächtige institutionelle, organisatorische oder gar auf gesamtgesellschaftliche Strukturen in den Schmollwinkel zurückzuziehen.

Literatur

ANTOR, G.: Labeling approach und Behindertenpädagogik. Z. Heilpäd. 27 (1976) 89-107.
BLEIDICK, U.: Pädagogische Theorien der Behinderung und ihre Verknüpfung. Z. Heilpäd. 28 (1977) 207-229.
BÖHNISCH, L.: Perspektiven zur Entstigmatisierung im Bereich der Sozialarbeit und Sozialpolitik. In: Brusten / Hohmeier (Hrsg.), a.a.O., Bd. 2, 145-171.
BRUSTEN, M. und HOHMEIER, J.: Stigmatisierung 1 und 2. Zur Produktion gesellschaftlicher Randgruppen. Neuwied/Darmstadt 1975.
CICOUREL, A. V.: Rules in the Negotiation of Status and Role. In: Sudnow, D, (ed.), a.a.O..
DAVIS, F.: Neutralisierung der Abweichung: Die Bearbeitung gespannter Interaktionsbeziehungen bei sichtbar Behinderten. In: Fortschritte der Heilpädagogik Bd. 1, hrsg. v. H. Strasser, Berlin 1968.
DREITZEL, H. P.: Die gesellschaftlichen Leiden und das Leiden an der Gesellschaft. Stuttgart 1968.
ESSER H.: Interaktionsstrategien in nicht-definierten Situationen. KZFSS 28 (1976) 690-705.
FERBER, C. v.: Der behinderte Mensch und die Gesellschaft. In: Soziologie der Behinderten-Materialien, hrsg. v. W. Thimm, Neuburgweier 1972.
DERS.: Die Behinderten in der Sozialpolitik, Z,. f. Heilpäd. 28 (1977) 616-627.
GARFINKEL, H.: Studies of Routine Grounds of Everday Activities. in: SUDNOW a.a.O..
GOFFMAN, E.: Stigma. Über Techniken der Bewältigung beschädigter Identität. Frankfurt 1967.
DERS.: Wir alle spielen Theater. Die Selbstdarstellung im Alltag. München 1969.
DERS.: Asyle. Über die soziale Situation psychiatrischer Patienten und anderer Insassen. Frankfurt 1973.
GROHNFELDT, M.: Stigmatisierung bei Hör- und Sprachbehinderten. Z. Heilpäd. 27 (1976) 724-735.
HABERMAS, J.: Thesen zur Theorie der Sozialisation. Manuskript (1968).
DERS.: Theorie und Praxis. Frankfurt 1972.
HOHMEIER, J.: Stigmatisierung als sozialer Definitionsprozess. In: Brusten/Hohmeier (Hrsg.), a.a.O., Bd. 1.
HOMFELDT, H. G.: Ist die Sonderschule für Lernbehinderte eine ‚totale Institution'? Die Deutsche Schule 65 (1973) 769-782.
KOBI, E. E.: Modelle und Paradigmen in der heilpädagogischen Theoriebildung. In Sonderpädagogische Theoriebildung – Vergleichende Sonderpädagogik, hrsg. v. A. Bürli, Luzern 1977.
KRAPPMANN, L.: Soziologische Dimensionen der Identität. Stuttgart 1969.
LAUTMANN, A.: Staatliche Gesetze als Mittel der Entstigmatisierung. In: Brusten/Hohmeier (Hrsg), a.a.O. Bd. 2.
LIPP, W.: Selbststigmatisierung. In. Brusten/Hohmeier (Hrsg.) a.a.O. Bd. 1.

MITSCHERLICH, A. und KALOW, G. (Hrsg.): Glück. Gerechtigkeit. Gespräche über zwei Hauptworte. München 1976.
PLESSNER, H.: Die Frage nach der Conditio humana. Frankfurt 1976.
PROBST, H.: Die scheinbare und wirkliche Funktion des Intelligenztests im Sonderschulüberweisungsverfahren. In: Kritik der Sonderpädagogik. Gießen 1973.
SCHUR, E. M.: Abweichendes Verhalten und Soziale Kontrolle. Frankfurt 1974.
SEYWALD, A.: Körperliche Behinderung. Frankfurt 1977.
SUDNOW, D. (ed.): Studies in social Interaction. New York 1972 (The Free Press).
THIMM, W.: Behinderung als Stigma. Überlegungen zu einer Paradigma-Alternative. Sonderpädagogik 5 (1975) 149-157. *(Beitrag 2.2)*.
DERS.: Lernbehinderung als Stigma. In Brusten/Hohmeier(Hrsg.) a.a.O., Bd. 1. *(Beitrag 2.3)*.
DERS.: Versuch einer Ortsbestimmung professioneller Behindertenhilfe. In: Dokumentation Werkstättentag '78. hrsg. von der BAG Werkstätten für Behinderte. Osnabrück 1978, 299-313 *(Beitrag 3.3)*.
WEINLÄDER, H. G.: Stigma und Behinderung – eine kritische Analyse. Sehgeschädigte No. 10 (1976) 37-59.
WÖHLER, Kh.: Behindertenbegriff und Behindertenkarriere. Z. Heilpäd. 29 (1978) 131-144.

2.6 Zur sozialen Herkunft behinderter Kinder und Jugendlicher

Ergebnisse und offene Fragen (1977)[32]

In der Bundesrepublik besuchten 1973 rund 370.000 Kinder im schulpflichtigen Alter Sonderschulen verschiedenen Typs. Die sogenannten Lernbehinderten stellen mit rund 300.000 Schülern den weitaus größten Anteil. Das gesamte Behindertenpotential in dieser Altersgruppe wird auf rund 500.000 geschätzt. Die Beschulungsquoten der insgesamt in irgendeiner Form sonderpädagogischer Hilfe bedürftigen Schüler schwanken unter den einzelnen Behinderungsarten zwischen 6 und 100 % (Tab. 1). Dabei gehen neuere Überlegungen zum Abbau des z. T. katastrophalen Fehlbedarfs an sonderpädagogischer Betreuung in Richtung auf dezentralisierte, integrative Lösungen (Literaturverzeichnis Nr. 5). Realisierungen sind aber nicht in Sicht. Die Problematik der Schätzquoten, damit zusammenhängende Fragen der Definition einer Behinderung (insbesondere bei Lernbehinderten und Verhaltensgestörten) sowie die Ursachen für die unterschiedlichen Beschulungsquoten können hier nicht dargestellt werden.

Dass der überwiegende Teil der Schüler in Lernbehindertenschulen (früher „Hilfsschulen") aus ärmeren Volksschichten kommt, gehört seit langem zum Wissensbestand der Sonderpädagogen. Neuere Untersuchungen (Lit. 3, 7, 9) belegen, dass 90 % dieser Kinder aus unteren Sozialschichten kommen (zumeist gemessen an dem Berufsprestige der Väter). Das Schwergewicht der Ursachendeutung hat sich in den letzten Jahren immer mehr von organisch orientierten auf sozialorientierte Hypothesen verlagert. Dabei zeigt sich eine auffällige Parallele zum empirischen und theoretischen Stand der Schizophrenieforschung: Empirische Belege über soziale Herkunftsmerkmale der Klientel, also korrelative

---

[32] Wissenschaftliche Jahrestagung der Deutschen Gesellschaft für Sozialmedizin 1976. Schriftenreihe Arbeitsmedizin, Sozialmedizin, Präventivmedizin, Band 64, 215-222. Stuttgart 1977. Die Bezifferung der Literaturangaben wurde beibehalten.

Daten werden unter der Hand als kausale Beziehungen interpretiert. Abgesehen davon, ob mit dem Schichtungskonzept überhaupt die wesentlichen, gesellschaftlichen Strukturvariablen im Hinblick auf Sozialisationsprozesse (3, S. 107) ausreichend repräsentiert werden, geben neuere Untersuchungen zu schichtenspezifischen Häufigkeiten von kindlichen Behinderungen eindeutig organischer Natur (z. B. bei den Sinnesbehinderten) zu Überlegungen Anlass, inwieweit auch bei der Entstehung von Lernbehinderungen in größerem Umfange als zur Zeit angenommen, leichtere hirnorganische Defekte neben vermittelnden sozioökonomischen und soziokulturellen Variablen eine Rolle spielen (14).

Tab. 1: Behindertenquoten im schulpflichtigen Alter (Deutscher Bildungsrat 1973) und Beschulungsquoten (u. a. Sander 1975). Angaben in %.

	Schätzquote	Beschulungsquote
Lernbehinderte	2,5	128 (!)
Verhaltensgestörte	1,0	15
Sprachbehinderte	0,7	10
Geistig Behinderte	0,7	41
Körperbehinderte	0,3	22
Schwerhörige	0,3	13
Sehbehinderte	0,3	6
Langfristig Kranke	0,2	10
Gehörlose	0,05	100
Blinde	0,012	100

Nur angedeutet werden kann, dass Behinderungen, z. T. in Konkurrenz zur ätiologischen Sichtweise, z. T. diese aber auch ergänzend, verstärkt unter stigmatheoretischen Gesichtspunkten betrachtet werden, d. h. als Ergebnis sozialer Definitionsprozesse aufgefasst werden (17) (Vergleiche dazu die vorhergehenden Beiträge im vorliegenden Band). Wir gehen heute davon aus, dass die Identifizierung von physischen und psychischen Normabweichungen, ihre Manifestation als „Behinderung" und der Prozess des Hineinwachsens in eine Behindertenrolle auch das Ergebnis informeller und formeller Stigmatisierungen sind. In ganz besonderem Maße gilt das von Lernbehinderung, Verhaltensstörung und auch Sprachbehinderung. Dabei spielen schichtenspezifische Gegebenheiten sowohl auf der Seite der Stigmatisierenden als auch der Stigmatisierten eine große Rolle. Unterschicht-Kinder laufen Gefahr, dass ihre sozialen Herkunftsmerkmale Anlässe liefern für die Zuschreibung einer ganzen Kette negativer Eigenschaften (dumm, faul, frech, asozial) (4, 11, 16).

Untersuchungen zur sozialen Herkunft behinderter Kinder sehen sich vor die Schwierigkeit gestellt, dass bei einzelnen Behinderungsarten nur ein Teil der vermuteten Gesamtpopulation in Sonderschulen erfasst ist (Tab.1). Es ist nicht ausreichend bekannt, ob und welche schichtenspezifische Faktoren sich selektiv auswirken auf den Verbleib behinderter Kinder in der Regelschule oder die Überweisung zu einer entsprechenden Sonderschule. So geben z. B. sozialstatistische Daten der in Sprachheilschulen, -kindergärten und -ambulatorien erfassten Sprachbehinderten allein angesichts der hohen Nichterfassungsquote von 90% ein falsches Bild. Hinzu kommt, dass eine Anzahl dieser Kinder mit Dysgrammatismus und Sprachentwicklungsverzögerungen in die Sonderschule für Lernbehinderte abgeschult und damit nicht als primär Sprachbehinderte gekennzeichnet sind.

Bisher vorliegende Untersuchungen, die schichtenspezifische Häufigkeiten unter organisch behinderten Sonderschülern ermittelten, liegen auf unterschiedlichem methodischen Niveau, vor allem hinsichtlich der benutzten Schichtungskriterien und haben verschiedene Reichweiten (Tab. 2). Da in den Blinden- und Gehörlosenschulen alle blinden und gehörlosen, schulpflichtigen Kinder erfasst sind, sind hier generalisierende Aussagen möglich: Blindheit und Gehörlosigkeit im Kindesalter sind in unteren sozialen Schichten erheblich überrepräsentiert (im Falle von Blindheit bezogen auf die Bundesrepublik, von Gehörlosigkeit auf Hessen).

Unter Beachtung aller gebotenen Einschränkungen bei den anderen Gruppen organisch bedingter Behinderungen erscheint die folgende Hypothese vielfach empirisch belegbar:

In unteren Sozialschichten kommen organische Behinderungen im Kindesalter weitaus häufiger vor als in höheren Sozialschichten (Tab. 2).

Tab. 2: Sonderschüler und Sozialschichtzugehörigkeit (Angaben in %).
(Bitte Erläuterungen und Einschränkungen beachten!)

	Ober- und Mittelschichten	Unterschichten
Bevölkerung BRD 1973	60	40
(1) Lernbehinderte	10	90
(2) Blinde	35	65
(3) Sehbehinderte	30	70
(4) Gehörlose	38	62
(5) Schwerhörige	36	64
(6) Geistigbehinderte	25	75
(7) Sprachbehinderte:		
Stammler	48	52
Stotterer	60	40

Erläuterungen:

(1) Ferdinand/Uhr 1970; Begemann 1974; Klein 1973; Thimm/Funke 1976. N=Schüler in Lernbehindertenschulen verschiedener Aufsichtsbezirke, Stadt- und Landkreise.
(2) und (3) Rath 1972; Siebertz 1975; Schüler aller deutschen Blinden- und Sehbehindertenschulen. N = 1.482 blinde, 1.844 sehbehinderte Schüler.
(4) und (5) Haschtmann/Kretschmer/Thimm 1976. Alle Schüler der hessischen Gehörlosen- und Schwerhörigenschulen. N = 276 gehörlose, 313 schwerhörige Schüler.
(6) Eggert 1972. Nichtrepräsentative Stichprobe aus Einrichtungen in der BRD, N = 1.119 geistigbehinderte Kinder.
(7) WILLIAMS. 1976 (unveröff.). Sprachheilschulen, -kindergärten und -ambulatorien Heidelberg und Rhein-NeckarKreis. N = 238 Stammler, 37 Stotterer.

Es deutet vieles daraufhin, dass es handfeste sozioökonomische und sozioökologische (regionale Disparität von Gesundheitsdiensten) Benachteiligungen mit direkten Auswirkungen auf den Gesundheitszustand von Schwangeren und Säuglingen dabei eine Rolle spielen. Erhebungen über den Zusammenhang zwischen dem sozioökonomischen Status von Müttern und Totgeburten bzw. Säuglingssterblichkeit sprechen eine deutliche Sprache. Daneben wären die Auswirkungen von soziokulturellen Variablen auf Gesundheitswissen, auf die Sensibilisierung zur Wahrnehmung von gesundheitlichen Störungen und Entwicklungsverzögerungen. auf die Einstellungen zu Vorsorgemaßnahmen, auf die Fähigkeit zur Bedürfnisartikulierung z. B. gegenüber Ärzten, auf die sprachliche Kompetenz, auf Einstellungen zu Institutionen wie Gesundheitsämtern und Sozialbehörden zu untersuchen. In diesen Bereichen dürften weitere mitverursachende soziale Faktoren bei der Entstehung von prä- und postnatalen Schädigungen zu finden sein. Eigens nachgegangen werden müsste dem Befund, dass auch im Bereich genetisch bedingter Behinderungen (wie in vielen Fällen von frühkindlicher Blindheit und Gehörlosigkeit) die Unterschichten stärker belastet sind.

Die offensichtlich bestehenden Kommunikations- und Interaktionsstörungen[33] zwischen den Adressaten gesundheits- und sozialpolitischer Maßnahmen aus unteren Sozialschichten und den Verwaltern und Verteilern von Prävention, Diagnose und Therapie (u. a. Ärzte. Gesundheitsämter, Krankenversicherungen) müssen detailliert aufgedeckt und behoben werden. Diese Störungen bestehen nicht nur im Bereich der Prävention mit dem Ergebnis höherer Behinderungsquoten bei Unterschichtkindern, sie beeinflussen dann auch die Rehabilitationschancen dieser Kinder.

Die Eltern halten in einem diffusen Gemisch von medizinischer Unwissenheit (insbesondere über die mögliche Ursache der Behinderung ihres Kindes) psychischen Bedrängnissen und praktischer Ratlosigkeit in erster Linie den Arzt für zuständig. Viele Ärzte reagieren darauf mit einem Rückzug auf den eng begrenzten, medizinischen Aspekt und vermitteln ihre Meinung den ratsuchenden Eltern in einer nicht verständlichen Sprache. Sie sind nicht in der Lage – zumindest erscheint das so für die betroffenen Eltern –, die nicht unmittelbar zu ihrem medizinischen Auftrag gehörenden signalisierten Nöte überhaupt wahrzunehmen (10, 15, 20). Mangelnde Verständigung über die Diagnose, nicht ausreichende psychologische Beratung, ungenutzte Therapiechancen und fehlende oder zu spät einsetzende sonderpädagogische Förderung sind die Folge. Die derzeitige Organisierung von Vorsorge, Früherkennung, Frühberatung und Frühbetreuung, die weitgehend auf dem Prinzip der Freiwilligkeit beruht, reicht nicht aus. Sie setzt Handlungskompetenz bei denjenigen Mitgliedern unserer Gesellschaft voraus, welche wesentliche Voraussetzungen dazu aufgrund ihrer sozialen Lage nicht besitzen. Es geht – pointiert formuliert – darum, die offensichtlich höhere, quantitative und qualitative Belastung von Unterschichtfamilien mit

---

[33] Kommunikation: Austausch von Informationen über Gefühle, Gedanken. Erwartungen, Absichten, Bedürfnisse usw. zwischen Personen durch Gestik. Mimik und Sprache. Interaktion: Austausch von Handlungen zwischen Personen, Organisationen, Institutionen, wobei sich die Handlungspartner in einer konkreten Situation an den gegenseitigen Erwartungen orientieren (über die muss also vorher kommuniziert werden).

behinderten Kindern nicht mit der alltäglichen Rede abzutun (auch unter Professionellen!): „Jeder kann doch zum Arzt gehen, auch die..." (dabei wird schon unterstellt, dass dieses auch überall und allen mit gleichem Aufwand an Zeit und Geld möglich sei!), sondern mit der problematisierenden Aussage anzugehen: „Sie können nicht, weil sie nicht wissen, dass sie Rat suchen sollten, warum sie das tun sollten, und wie sie es sollten". Das aber ist nicht primär ein medizinisches Problem.

Die relativ höhere Anzahl behinderter Kinder aus Unterschichten in unseren Sonderschulen ist bisher – mit Ausnahme bei den Lernbehinderten – nicht ernsthaft zur Kenntnis genommen worden. Die durch solche Befunde signalisierten, wissenschaftlichen und praktischen Probleme laufen Gefahr, zwischen die jeweils nur teilweise berührten Wissenschaften (Sonderpädagogik, Sozialpädagogik, Medizin, Psychologie, Soziologie) zu fallen. Die Sonderpädagogik kann von sich aus kein Kooperationsangebot an die anderen mitbetroffenen Wissenschaften machen: Sie fristet in der Bundesrepublik, was ihre wissenschaftliche Dignität, ihre wissenschaftliche Durchschlagskraft und damit ihre Forschungskapazität angeht, ein kümmerliches Dasein.

Als möglicher Integrationsort für die Erforschung und Lösung der von uns aufgezeigten Probleme mit dem Ziel, die Quote kindlicher Behinderungen drastisch zu senken und die Rehabilitationschancen behinderter Kinder aus Unterschichten zu erhöhen, erscheint die Sozialmedizin in Kooperation mit der Sonderpädagogik.[34]

Literatur

(1) ABHOILZ, H. H. (Hrsg.): Krankheit und soziale Lage. Befunde der Sozialepidemiologie. Frankfurt 1976.
(2) BEGEMANN, E.: Behinderte – eine humane Chance unserer Gesellschaft Berlin 1974.
(3) BERTRAM, H.: Probleme einer sozialstrukturellorientierten Sozialforschung. Zeitschrift f. Soziologie 5 (1976), 103- 117.
(4) BRUSTEN, M., HURRELMANN, M.: Abweichendes Verhalten in der Schule, eine Untersuchung zu Prozessen der Stigmatisierung. München 1973.
(5) DEUTSCHER BILDUNGSRAT: Zur pädagogischen Förderung behinderter und von Behinderung bedrohter Kinder und Jugendlicher. Empfehlung der Bildungskommission 1973.
(6) EGGERT, D.: Ein Beitrag zur Sozial- und Familienstatistik von geistig behinderten Kindern. Eggert (Hrsg.): Zur Diagnose der Minderbegabung. Weinheim 1972.
(7) FERDINAND, W. u. R. UHR: Sind Arbeiterkinder dümmer – oder letztlich die Dummen. Die Grundschule (1973), 237- 239.
(8) HASCHTMANN, W., R. KREZTSCHMER, W. THIMM: Die soziale Herkunft der Schüler an Schulen für Gehörlose und Schwerhörige in Hessen. Hörgeschädigtenpädagogik 4 (1976).
(9) KLEIN G.: Die soziale Benachteiligung der Lernbehinderten. G. Heese/A. Reinartz (Hrsg.): Aktuelle Probleme der Lernbehindertenpädagogik. Berlin (1973), 7-21.
(10) (KLUG, F.: Einstellungen von Eltern mit geistig behinderten Kleinkindern zu Institutio-

---

[34] Die Ergebnisse zur sozialen Herkunft sinnesgeschädigter Kinder blinder, sehbehinderter, gehörloser, schwerhöriger) werden im Kapitel 2.9 näher erläutert, vor allem im Hinblick auf pädagogische Konsequenzen.

nen des Helfens. Heidelberg 1974 (Unveröffentlichte Examensarbeit Päd. Hochschule Heidelberg).

(11) LÖSEL, F.: Prozesse der Stigmatisierung in der Schule. In: Brusten/Hohmeier (Hrsg.), Stigmatisierung Bd. 2. Neuwied/Darmstadt 1975.

(12) RATH, W.: Selektion und Bildungschancen sehgeschädigter Schüler. In: W. Thimm (Hrsg.), Soziologie der Behinderten – Materialien. Neuburgweier 1972.

(13) SIEBERTZ, M.: Die soziale Herkunft der Schüler an Blinden- und Sehbehindertenschulen. Sehgeschädigte. Intern. Wiss. Archiv 6, Neuburgweier 1974.

(14) THIMM, W., E. FUNKE: Soziologie der Lernbehinderung. In: Pädagogik der Lernbehinderten. G. O. Kanter/O. Speck (Hrsg.), 1976.

(15) DERS.: Zur sozialen Situation der Familien mit behinderten Kindern. Vierteljahreszeitschrift für Heilpädagogik (VHN) (1974) 11-18.

(16) DERS.: Lernbehinderung als Stigma. In: Brusten/Hohmeier (Hrsg.): Stigmatisierung Band 1. Neuwied/Darmstadt 1975.

(17) DERS.: Behinderung als Stigma, Überlegungen zu einer Paradigma - Alternative. Sonderpädagogik 5 (1975), 149. (In diesem Band als Beitrag 2.3).

(18) WILLIAM, D.: Zur sozialen Herkunft sprachbehinderter Kinder. Unveröffentl. Examenarbeit Päd. Hochschule Heidelberg 1976.

(19) WINDZUS, B.: Situation von Familien mit behinderten und Jugendlichen, Bd. I u. II. Forschungsinstitut f. Sozialpolitik Univ. Köln 1972 (Unveröffentlicht).

(20) YOUNGHUSBAND, E. et al.: Living with handicap. London 1970 (National Children's Bureau).

2.7 Einstellungen zu Behinderten und Möglichkeiten der Änderung von Einstellungen (1976)[35]

Zusammenfassung

Ausgehend von kurzen Definitionen von „Einstellungen" und „Vorurteilen" werden wichtige Untersuchungen zum Problem unter den drei Gesichtspunkten „Informationsmangel", „Soziale Distanz" und „Soziale Zuschreibung" referiert. Es zeigt sich, dass das Problem der Funktion von Vorurteilen gegenüber Behinderten und damit die Frage nach ihrer Entstehung nicht ausreichend untersucht ist. Gesamtgesellschaftliche Ansätze auf marxistischer Grundlage können nicht befriedigen. Auf der Basis eines interaktionistischen Ansatzes werden Vorurteile als Manifestationen gestörter interpersonaler Kommunikation und Interaktion gekennzeichnet. In 10 Thesen werden daraus resultierende Konsequenzen für Versuche zu Einstellungsänderungen aufgezeigt. Diese sollen in einem konkreten Erwachsenenbildungs-Projekt überprüft werden.

Einstellungen – Vorurteile – Vorurteile gegenüber Behinderten

Von *Charles Dickens* wird folgende Begebenheit erzählt: Mitte des vorigen Jahrhunderts besuchte Dickens Rom und unternahm abends einen Spaziergang. Im Mondlicht stieß er im Collosseum mit einem Mann zusammen. Blitzartig

---

[35] Erweiterte Fassung eines Vortrages, gehalten am 8. 9.1975 anlässlich der vom Katholische Bildungszentrum Heidelberg in Verbindung mit der Pädagogischen Hochschule Heidelberg durchgeführten „Woche der Behinderten" in Heidelberg. In: Rehabilitation 15 (1976) 1 – 11.

entsann sich Dickens der vielen Ermahnungen, man müsse bei jedem Italiener die Taschen zuhalten. Ein Griff zur Westentasche: die Uhr fehlte! Er lief dem Unbekannten nach, packte ihn und rief: Orologio! (Uhr!). Höchst erschrocken gab der andere seine Uhr heraus. – Zurückgekehrt, musste Dickens im Hotel feststellen, dass seine Uhr auf dem Nachttisch lag. Am nächsten Morgen ging er zur Polizei und traf dort auf einen Engländer, der den Diebstahl seiner Uhr anzeigen wollte (mitgeteilt v. W. Faber (1969).

Charles Dickens war das Opfer eines Vorurteils geworden, hier in der Version: Italiener sind Taschendiebe! Dieses vergleichsweise harmlose Ereignis, das durchaus im Bereich unserer eigenen Erfahrung liegt, darf nicht darüber hinwegtäuschen, dass solche Einstellungen, d.h. Dispositionen, wie wir uns denkend, fühlend und handelnd anderen gegenüber verhalten, in weitaus radikalerer Weise auftreten können, mit verheerenden Folgen für die von solchen negativen Einstellungen Betroffenen: „Alle Italiener sind Taschendiebe" und „Alle Juden sind Volksfeinde" das liegt auf der gleichen Linie; die Folgen sind bekannt.
Ob Charles Dickens nach diesem Erlebnis seine Meinung von den Italienern wohl geändert hat? Wohl kaum!

Solche negativen und ablehnenden Einstellungen gegenüber Personengruppen, denen aufgrund eines bestimmten Merkmals – hier Nationalität – stereotyp bestimmte Eigenschaften zugeschrieben werden – in unserem Beispiel „diebisch" – beruhen ja nicht auf eigenen Erfahrungen, sondern sie sind schon früh im Verlaufe des Sozialisationsprozesses durch die Vermittlung der vorangegangenen Generation vermittelt worden. Sie zeichnen sich in aller Regel durch einen hohen gefühlsmäßigen Gehalt aus und sind selbst bei gegenteiliger Erfahrung nur schwer korrigierbar. Einstellungen dieser Art bezeichnen wir als soziale Vorurteile.

Halten wir fest: Einstellungen sind gesellschaftlich vermittelte Dispositionen, auf bestimmte Merkmale in bestimmter Weise denkend, fühlend und handelnd zu reagieren. Sie werden zu sozialen Vorurteilen, wenn Personen oder Personengruppen ungeprüft (meist) negative Eigenschaften aufgrund kategorialer Merkmale (Geschlecht, Rasse, Nationalität, äußeres Aussehen u. a.) zugeschrieben werden.

Behinderungen als Abweichung von physischen und/oder psychischen Normen stellen nun aber von jeher in allen Gesellschaften ein solches kategoriales Merkmal dar, ein Stigma, wie es schon die Griechen nannten, die Merkmalsträger (Behinderte) sehen sich also sozialen Vorurteilen ausgesetzt. Dabei reicht die Skala der aus solchen Vorurteilen resultierenden Diskriminierungen von der physischen Ausstoßung aus der Gesellschaft durch Tötung oder Aussetzung bis hin zur Zuweisung eines transzendentalen Status (wie in einigen Gesellschaften bei Blinden und Epileptikern). Hier zeigt sich schon, dass wir die Rede von den Vorurteilen gegenüber Behinderten differenzieren müssen: Vorliegende Untersuchungen zeigen, dass sich die Einstellungen einzelnen Behindertengruppen gegenüber unterscheiden in Bezug auf die Intensität und die Richtung der negativen Abwertung. So sehen sich psychisch Behinderte und geistig Behinderte weitaus negativeren und mehr die gesamte Persönlichkeit betreffenden Zuschreibungen ausgesetzt als der sonst äußerlich nicht entstellte Rollstuhlfahrer oder ein Blinder.

Von solchen Faktoren, die die Struktur und das Ausmaß von Vorurteilen gegenüber Behindertengruppen bestimmen, seien einige genannt (ergänzend dazu: SAFILIOS-ROTHSCHILD 1970):

- Die Bedeutsamkeit von Behinderungsrisiken für die Gesellschaft (Arbeitsunfall- und Kriegsgeschädigte sehen sich positiveren Einstellungen gegenüber als sog. Zivilgeschädigte);

- Arbeitsplatzverhältnisse und Arbeitsmarkt: bei Stellenverknappung nimmt der soziale Druck auf Behinderte zu;

- der „Öffentlichkeitscharakter" einer Behinderung: das dramatische Image der sog. Contergankinder hebt diese Gruppe körperbehinderter Kinder positiv von anderen ab, z. B. Cerebralparetikern.

- Gesellschaftspolitische Leitvorstellungen von individuellen Notständen und der Rolle des Staates bei der Lösung solcher Probleme.

Auf die Behinderung bezogen kommen noch folgende Faktoren hinzu, die Einstellungen zu einzelnen Behindertengruppen differenzieren: Sichtbarkeit; Ansteckungsgrad bzw. Vermutungen darüber, betroffener Körperteil (McDANIEL 1968); Verursachung bzw. Vermutungen darüber. Eine Behinderung ist umso weniger diskriminierend, je klarer sie in ihren funktionalen Auswirkungen abzuschätzen ist; je klarer und rationaler die Ursache erfasst wird; je weniger sie durch äußere Entstellungen abstoßend wirkt und je weniger von ihr die für unsere Gesellschaft zentralen Werte wie Intelligenz und Sprachfähigkeit betroffen sind bzw. als betroffen gelten.

Untersuchungen zu Vorurteilen gegenüber Behinderten

Hier können keine Detailergebnisse mitgeteilt werden. Vielmehr sollen die wichtigsten Untersuchungen[36] zusammengefasst werden unter drei Stichworten: Informationsmangel – Soziale Distanz – Zuschreibung von Andersartigkeit.
Neben Studien an kleineren Populationen haben zwei repräsentative Untersuchungen (v. BRACKEN/CONTANIDIS 1971: Geistig Behinderte; JANSEN 1972: Körperbehinderte) gezeigt, dass in der Bevölkerung ein großer Informationsmangel besteht. Einmal zeigt sich, dass sehr wenig zwischen den einzelnen Behinderungsarten differenziert wird, dass kaum bewusst ist, dass jede Behinderung sowohl hinsichtlich der Art als auch des Schweregrades ganz spezifische Probleme hat. Globale, unspezifische zur Verfügung stehende Reaktionsmuster müssen dann in einer konkreten Begegnungssituation Unsicherheit erzeugen.

---

[36] Wir verzichten im Folgenden auf Einzelnachweise und verweisen auf das Literaturverzeichnis, das die wesentlichen neueren deutschsprachigen Untersuchungen zu den verschiedenen Behindertengruppen enthält.

Zum zweiten zeigt es sich, dass eine generelle Unkenntnis über die Verursachung von Behinderungen, insbesondere von frühkindlichen Behinderungen, vorherrscht. Dieser Mangel an Informiertheit wirkt sich, wie Untersuchungen belegen, besonders katastrophal für Familien mit einem schwer behinderten Kind aus (KLUG 1974, THIMM 1974). Bei den Untersuchungen zu dieser Frage der Verursachung von frühkindlichen Behinderungen ergibt sich bei den Befragten eine Reihenfolge der Nennungen, die die tatsächlichen Verursachungen auf den Kopf stellt: Vererbung, Tablettenmissbrauch, Alkoholmissbrauch, versuchte Abtreibung und Geschlechtskrankheiten werden als die häufigsten Ursachen für geistige Behinderung bei Kindern angesehen (v. BRACKEN; das Ergebnis bei JANSEN im Hinblick auf Körpermissbildungen ist ähnlich). Eine nicht zu unterschätzende Gruppe in unserer Bevölkerung meint auch, dass die Schädigung eines Kindes wohl mit irgendeinem schrecklichen Erlebnis der Mutter in der Schwangerschaft zusammenhängen würde. Hinter solchen Vermutungen von der Verursachung versteckt sich der Glaube an irgendwelche Strafmechanismen, an irgendeine Bestrafung für etwas, das solche Eltern doch vielleicht verschuldet haben. Es wird immer wieder versucht herauszufinden, wer denn nun eine solche schreckliche Behinderung verschuldet hat. Eltern von geistig behinderten oder von körper- oder sinnesbehinderten Kindern nennen diesen Umstand als besonders belastend: in der Verwandtschaft, in der Nachbarschaft und – so meinen die Eltern schließlich – überall ist latent die Vermutung vorhanden: „Na ja, wer weiß ..." „Warum hat die Mutter denn auch Schlaftabletten während der Schwangerschaft genommen?" – „Sie hatte wohl besondere Sorgen während der Schwangerschaft." „Und die Ehe der beiden, na ja!" „Der Mann soll ja auch trinken..." „Und ein Wunschkind war's wohl auch nicht ...!" – Solche Mechanismen erscheinen immer wieder – wer kennt sie nicht aus seiner Alltagserfahrung. Man konstruiert so lange an der Verursachungsproblematik herum, bis man sagt: Also, irgendwo mitschuldig sind die Eltern ja wohl doch! Darum werden Tablettenmissbrauch, Alkoholmissbrauch und Vererbung genannt. Das ist eine irrationale Schuld, die da zugeschrieben wird. Die tatsächlichen Verhältnisse liegen anders: Krankheiten der schwangeren Frau, Geburtskomplikationen und postnatale Schädigungen sind die Hauptursachen für frühkindliche Behinderungen. Es sind also oft klare, auf äußere Faktoren zurückzuführende und vor allem nicht verschuldete Verursachungskomplexe. Das wissen die Leute nicht, und in die Wissenslücken schießen scheinbar vernunftsmäßige Gründe ein. Durch scheinbar klare Schuldzuschreibung ist man selbst entlastet, entschuldigt.

Soziale Distanz

In den genannten Untersuchungen kommt zum Vorschein, dass etwa zwei Drittel der Befragten auf entsprechende Fragen es auf jeden Fall für besser halten, wenn schwerbehinderte Kinder nicht in der Familie blieben, sondern in ein Heim überführt würden. Operiert man in solchen Befragungen mit sozialen Interaktionsangeboten, so kommen bei den einzelnen Behinderungsarten unterschiedliche Ergebnisse heraus. Generell lässt sich aber feststellen: Je geringer die soziale Distanz wird in solch einem Interaktionsangebot, umso stärker wird die ablehnende Haltung zum Vorschein kommen. Hierzu einige Beispiele: Beim Rollstuhlfahrer könnte sich etwa ein Drittel der Befragten immerhin vorstellen, eine Freundschaft – also eine über eine Bekanntschaft hinausgehende soziale

Beziehung – anzuknüpfen, und ebenfalls ein Drittel würde auch keinerlei Probleme darin sehen, einen solchen Gelähmten als Arbeitskameraden zu akzeptieren. Fragt man aber danach, ob man gegebenenfalls auch eine Heirat für sich bzw. für eines seiner Kinder akzeptieren würde, dann sind es nur noch sehr wenige, die hier eindeutig mit ja antworten. Bei zwei Behinderungsarten – und zwar bei geistig Behinderten und noch verstärkt bei psychisch Behinderten – können die meisten sich nicht einmal eine oberflächliche Bekanntschaft vorstellen, geschweige denn ein Verhältnis als Arbeitskollege oder gar eine Freundschaft. Bei diesen Behinderungsarten treten dann auch die Ablehnungen immer unverhüllter zum Vorschein. Das tun sie nämlich im allgemeinen nicht. Man stößt in solchen Untersuchungen nur selten darauf, dass Leute unverhüllt sagen, es wäre doch besser, man würde solche armen Wesen töten, also Euthanasie empfehlen. Die meisten ziehen sich zurück auf scheinbar humanere Formen der Aussonderung aus der Gesellschaft: Sie halten es für das Beste, wenn so schwer Behinderte in ein Heim, möglichst abseits von den Ballungszentren, untergebracht würden. Und es bleibt dabei die Frage völlig offen, ob hier echt zum Wohle des Behinderten gedacht wird, wie das so oft in den Begründungen erscheint, oder ob hier nicht ein Schutzmechanismus zutage tritt, ob hier nicht ein Schutzwall „für mich" aufgebaut wird gegen die Konfrontation mit solchen Lebewesen. Einen ähnlichen Schutzwall stellt die in weiten Bevölkerungskreisen vorhandene Bereitschaft dar, in möglichst großer sozialer Distanz zu den Behinderten über anonyme Institutionen, Spenden zu geben.

Unsere Ablehnungen sind sehr subtil (das bedeutet: heimtückisch) und in ein gesellschaftlich positiv sanktioniertes Gefühl gekleidet, nämlich in Mitleid. Auf Mitleid kann der Behinderte in aller Regel rechnen. Es ist ein Mitleid, das soziale Distanz stiftet und nicht ein auf Solidaritätsgefühlen basierendes Mit-Leiden. Es kaschiert verbotene, sehr hässliche Gefühle und bringt sie in eine gesellschaftlich positiv bewertete Form. Mitleid ist aber darüber hinaus in der Regel sehr global und gar nicht auf die ganz spezifischen Probleme dieses einen so oder so Behinderten zugeschnitten. Damit vergewaltigt es eigentlich immer die Individualität eines Behinderten. Man lässt sich auf ihn nicht ein. Durch die üblichen globalen Äußerungen von Mitleid wird sehr pauschal und unspezifisch der als ausreichend betrachtete Tribut gegenüber Behinderten bezeugt.

Zuschreibung von Andersartigkeit

Als weiterer genereller Befund der Untersuchungen über Vorurteile gegenüber Behinderten lässt sich Folgendes feststellen: Das eigentliche Behinderungsmerkmal (eine Körperbehinderung, eine Sinnesbehinderung, ein geistiger Funktionsausfall) signalisiert für die Nichtbehinderten eben nicht nur einen klar umrissenen Funktionsausfall, sondern es ist Anlass für die Zuschreibung einer ganzen Kette von Andersartigkeit konstituierenden Merkmalen. So ist der Lernbehinderte neben seiner, wie man meint, erwiesenermaßen vorhandenen Dümmlichkeit eben auch frech, faul und sozial unangepasst. Ihm wird die volle Kompetenz für das Schulversagen durch die Zuschreibung solcher negativer Eigenschaften zugeschoben. Geistig Behinderte und ganz besonders auch psychisch Kranke sind gefährlich; Gehörlose sind brutal, Blinden werden transzendentale Gaben zugedichtet. Solche Stigmatisierungen machen Behinderte zu Individuen, deren voraussichtliches Verhalten nicht mehr kalkulierbar ist (2). Es erscheint dem Nichtbehinderten mehr als fraglich, ob der andere, der Behinderte nämlich, überhaupt ungefähr weiß, was ich von ihm will und welche Verhaltenserwartungen der Behinderte in einer konkreten Situation an mich stellt. Aus der Sicht der Unbehinderten erscheint der Behinderte als jemand, in dessen Rolle ich mich nicht hineinversetzen kann und der sich hin wiederum in meine Rolle nicht hineinversetzen kann. Die allen sozialen Beziehungen vorgelagerte und soziale Beziehung überhaupt erst ermöglichende Umkehrbarkeit der Perspektiven wird in Frage gestellt und im Extremfall als unmöglich angesehen. Die Aufkündigung der Reziprozitätsnorm für die sozialen Beziehungen zwischen Nichtbehinderten und Behinderten scheint allen Einstellungen gegenüber Behinderten anzuhaften, allerdings in unterschiedlichem Grad. Total aufgekündigt wird sie bei Geisteskranken (DÖRNER 1972, JAECKEL/WIESER 1970). Da wissen wir überhaupt nicht mehr, welche konventionellen Erwartungen wir an sie herantragen können, und wir haben auch das volle Bewusstsein, dass Geisteskranke überhaupt keiner unserer Erwartungen entsprechen können. Wo das der Fall ist, ist die soziale Interaktion auf den Nullpunkt gesackt, d.h. soziale Beziehung kann überhaupt nicht mehr stattfinden. Es lohnt sich auch einmal zu kontrollieren, inwieweit sich etwas davon in das professionelle Handeln an Behinderten eingeschlichen hat: Je mehr wir Behinderten Andersartigkeit unterstellen, je mehr wir also die Umkehrbarkeit gegenseitiger Verhaltenserwartungen aufkündigen, umso weniger werden wir überhaupt noch soziale Interaktion mit unseren Adressaten haben können. Wie oft unterstellen wir als Professionelle im tagtäglichen Umgang mit Behinderten, dass wir es besser wissen, was sie eigentlich von uns zu erwarten haben; wir gestehen ihnen gar nicht mehr zu, dass sie auch Erwartungen an uns haben, die wir nicht immer schon im voraus völlig determiniert haben.

Stigmatisierungen sind also in ihrer Konsequenz immer Festschreibung von Erwartungen, und zwar sowohl der „legitimen" Erwartungen der Nichtbehinderten an die Behinderten als auch der von uns als legitim angesehenen Erwartungen der Behinderten an uns, an die Gesellschaft.[37]

Das führt in der Konsequenz zu einer extremen Einengung des Rollenhaushaltes von Behinderten im tagtäglichen Umgang, über die defektspezifischen Rollenausfälle hinausgehend zum Ausschluss von Freizeitrollen; zum Ausschluss von Normalschulrollen und, von vielen Behinderten als besonders bedrückend empfunden, zum Ausschluss aus einer der intensivsten sozialen Beziehungen, der Ehe.

Kaum untersucht worden sind bisher die Auswirkungen einer solchen Stigmatisierung, d.h. der Zuschreibung einer Andersartigkeit aufgrund eines abweichenden körperlichen oder geistigen Merkmals, auf die Persönlichkeit des Betroffenen oder, wie wir heute sagen, auf die Identität des Behinderten. Wir wissen wenig darüber, wie sich der systematische Ausschluss von gesellschaftlichen Rollen, vor allen Dingen aus sozialen Beziehungen des Alltags, auf die Selbstfindung des Behinderten auswirkt.

---

[37] Das Stigma-Konzept wird in der Behindertenpädagogik inzwischen – angeregt vor allem durch *Goffmann* (1967) – breit diskutiert (HOMFELD 1974 und *THIMM* 1975 a und b). Vgl. dazu die Beiträge 2.2 und 2.3 im vorliegenden Band.

Funktionen von Vorurteilen

Unser notwendigerweise kurzer Aufriss zur Struktur und zu Auswirkungen der Einstellungen gegenüber Behinderten hat deutlich gemacht, dass kognitive, emotionale-affektive sowie Handlungsdefizite der Nichtbehinderten diese häufig unfähig machen zu „normalem" Umgang mit Behinderten und darüber hinaus mit dem Faktum „Behinderung". In die Lücken einschießende kognitive und affektive Komponenten sowie Handlungsimpulse (wobei in alter soziologischer Tradition zum sozialen Handeln auch das Unterlassen einer Handlung gehört) ergeben behinderungsspezifische Einstellungskonstrukte, die wir als Vorurteile bezeichnet haben. Über einige wenige Ansätze hinaus ist die Vorurteilsforschung im Hinblick auf Behinderung nicht von der beschreibenden Ebene zur systematischen Erforschung der Funktionen dieser Vorurteile vorgedrungen.

BARRES (1974) nennt folgende Funktionen, die Vorurteile ganz allgemein in jeweils unterschiedlichem Ausmaß erfüllen:[38]

Orientierungsfunktion: Vorurteile dienen der Orientierung für das Handeln und garantieren ein Minimum an Verhaltenssicherheit angesichts einer Situation, für die persönliche Erfahrungen fehlen.

Anpassungsfunktion: In der Identifikation mit den Einstellungen und Vorurteilen einer Bezugsgruppe integriere ich mich in diese Gruppe – der „Lohn" ist Akzeptierung und emotionale Befriedigung.

Utilitaristische Funktion: Sie tritt in vielen Vorurteilen deutlich zutage: Minderheiten werden diskriminiert, um sie von der Teilhabe an hohen Gütern (die offensichtlich nicht einmal knapp zu sein brauchen) auszuschließen und/oder um sie in ungeliebte, aber notwendige, sonst nicht zu besetzende Positionen hineinzubugsieren. (Jede Gesellschaft hat ihre Kulis!)

Selbstdarstellungs- und Selbstbehauptungsfunktion: Vorurteilen kann eine große Bedeutung zukommen für die Stabilisierung des psychischen Systems einzelner Menschen. Der Zwang zur Darstellung einer einmaligen Identität führt zu stereotyper Abgrenzung von anderen; das Vorurteil stellt einen Abwehrmechanismus dar, es hat in der Projizierung unannehmbarer Ichelemente auf andere, auf Sündenböcke, eine entlastende Funktion.

Diese sehr heterogenen Funktionen liegen auf ganz verschiedenen Ebenen. Sie beziehen sich auf allgemeine wahrnehmungstheoretische Zusammenhänge, auf gruppentheoretische Überlegungen, auf gesamtgesellschaftliche Mechanismen

---

[38] *Skowronek* kommt zu einer ähnlichen Auflistung, wenn er als „Motivationen und Bedürfnisse, in deren Dienst sie (die Vorurteile, W. Th.) stehen", nennt: Vorurteile und das Bedürfnis nach Wissen und Verstehen; Einstellungen im Dienste der Anpassung; Vorurteile als Abwehrhaltung und im Dienst des Selbstbildes *(Skowronek* 1970, 78 ff.). – Ausgespart bleibt hier die makrosoziologische Ebene, auf der ein Behinderter z.B. in der Sozialpolitik vordergründig als homo oeconomicus, d. h. unter der Perspektive gesehen und bewertet wird, wie er optimal in Arbeits- und Konsumentenrollen hineingebracht werden kann. Vgl. dazu: v. Ferber (1968), Thimm (1972 und 1973).

sowie schließlich auf persönlichkeitstheoretische Erwägungen, hier vor allem in psychoanalytischen Denkkategorien. Die vorliegenden Untersuchungen bieten bislang ein verwirrendes Bild, erscheinen doch mehr oder weniger alle Funktionselemente. Da die Untersuchungen nicht in erster Linie auf die Erforschung der Funktionen der Einstellungen zu Behinderten angelegt waren, sind Aussagen hierzu meist Ex-Post-Fakto-Erklärungen mit hohem spekulativem Gehalt[39].

Welche der Funktionen in welcher Ausprägung und in welchem Verhältnis zueinander stehend jeweils ein Vorurteil aufweist, dürfte *deshalb* eine entscheidende Frage sein, weil von der Beantwortung dieser Frage der mögliche Zugang zur Entstehung der Vorurteile abhängt. Aber: das „Problem der Genese von Vorurteilen (ist) bis heute keineswegs zufrieden stellend beantwortbar" (BARRES 1974, 71).

Exkurs

Näher erläutert werden müssen an dieser Stelle die Bemühungen aus der jüngsten Zeit, die negativen Einstellungen gegenüber Behinderten aus dem derzeitigen Stand der Produktionsverhältnisse, der kapitalistischen Produktion, abzuleiten. So wurzeln die Einstellungen unserer Gesellschaft gegenüber Behinderten nach JANTZEN (1973) in der Bewertung, die Behinderung in der kapitalistischen Produktion erfährt:

1. Aufgrund des Marktwertes der Arbeitskraft;

2. aufgrund des im Verlaufe des kapitalistischen Sozialisationsprozesses erworbenen Verlangens, diesen „Wert" durch maximale Verausgabung zu steigern, sowie

3. aufgrund der „Angst", den der Anblick des Behinderten in Bezug auf den künftigen Tauschwert unserer eigenen Arbeitskraft hervorruft (Jantzen 169).

Hinzu kommt eine ästhetische Komponente: Behinderte lassen sich in unsere ästhetischen Werturteile, die auf den Fetischen des Warenmarktes, auf Schönheit und Jugendlichkeit, beruhen, nicht einordnen (JANTZEN, 170 ff).

In aller Kürze einige Anmerkungen dazu:

1. Bei solchen Versuchen wird ein vorhandenes Gesellschaftsbild, eine vorgeschaltete Gesellschaftstheorie, Stück um Stück durch empirische Belege zu verifizieren versucht. Dabei werden empirische Befunde der so genannten bürgerlichen Soziologie je nach Bedarf herangezogen, obwohl die Voraussetzungen der „bürgerlichen" empirischen Sozialforschung wegen des „falschen" erkenntnis-

---

[39] Ein Beispiel hierzu stellt der Versuch dar, die Einstellungen gegenüber Blinden mit ihrem auffallend hohen Anteil an der Dimension „Einsamkeit" und „Todesnähe" auf abgewehrte Kastrationsängste, die der „Anblick" von Blindheit hervorrufen soll, zurückzuführen, also einseitig auf die Selbstbehauptungsfunktion des Vorurteils. Vgl. dazu: *Chevigny and Braverman* (1950), erläutert in *Thimm* (1970).

leitenden Interesses andernorts grundsätzlich angezweifelt werden. Das Verhältnis von Theorie und Empirie bleibt in den bisherigen Versuchen zu einer marxistischen Deutung des Vorurteils gegenüber Behinderten weitgehend ungeklärt.

2. Der interkulturelle Kern von Vorurteilen, erscheint größer, als das z.B. von JANTZEN zugegeben wird, also der Teil, der nicht auf die jeweiligen Produktionsverhältnisse zurückzuführen ist (McDANIEL, RICHARDSON, SAFILIOS-ROTHSCHILD). Es erscheint auch in marxistischen Ansätzen schwierig, Vorurteile ohne Rückgriffe auf psychoanalytische und psychologisch-anthropologische Kategorien ausschließlich auf die Produktionsverhältnisse zurückzuführen. Und schließlich

3. lassen sich nicht alle vorliegenden Befunde, insbesondere die Rangordnung der Behinderungsarten, in die marxistische Deutung einbeziehen: es besteht kein linearer Zusammenhang zwischen dem Ausmaß der negativen Einschätzungen einer Behinderung und der Einschränkung der Verwertbarkeit im Produktionsprozess: Wenn dem so wäre, dann müssten z. B. Lernbehinderte sich weitaus positiveren Einstellungen gegenübersehen, da an ihrer „Verwertbarkeit" (jedenfalls bei einem nicht geringen Teil) als Hilfsarbeiter, als Müllkutscher, Kanalarbeiter usf. kein Zweifel besteht und ein hohes gesellschaftliches Interesse besteht, diese Berufspositionen zu besetzen. Und die große Distanz gegenüber Blinden lässt sich auch nicht mit der Kategorie „Arbeitskraft" erklären.

Unabhängig von den offensichtlichen Widersprüchen marxistisch angelegter Analysen zum Vorurteilsproblem führen diese Analysen zu einer deprimierenden Schlussfolgerung: Durch „Information und rationale Diskussion die Vorurteilsproblematik" lösen zu wollen, die „Stigmatisierung von Behinderten als Problem der interindividuellen Aufgeklärtheit und Rationalität" aufzufassen, sei eine irrige Auffassung (JANTZEN, 152). Ein solcher Rückzug, der die „Voraussetzung der freien kritischen Auseinandersetzung, d.h., den Verzicht auf Gewalt, wie die Voraussetzung der Objektivität der Meinungsbildung durch intersubjektive rationale Diskussion beinhaltet" (182) wird als „falsches Bewusstsein" gekennzeichnet. Wenn nun aber intersubjektive rationale Diskussion unter Verzicht auf Gewalt als untaugliches Mittel zur Überwindung der Barrieren zwischen Nichtbehinderten und Behinderten angesehen wird, stellt sich die Frage nach Alternativen – sie liegen im wörtlichen Sinne „auf der Straße", in der Einbeziehung des Behinderten in die aggressive Auseinandersetzung mit der Umwelt (Beispiele dafür wurden uns bereits vor Augen geführt) – oder aber in einem elitären Rückzug auf praxisferne Ideologiediskussion und Gesellschaftsutopien.

Abbau von Vorurteilen: Vorurteile als Kommunikationsstörung

Wir gehen von einer anderen Basis aus, die nach dem bisherigen Wissen von den Möglichkeiten der Einstellungsänderungen einige Chancen eröffnet, die Beziehung zwischen Nichtbehinderten und Behinderten für *beide Teile* zu entspannen, weniger angstvoll und leidvoll zu gestalten, zu einer für beide Teile gewinnbringenden menschlichen Beziehung werden zu lassen.

Wir gehen davon aus, dass Kommunikation und Interaktionen in konkreten sozialen Situationen die Bausteine der Gesellschaft sind. Hier bilden sich Vorurteilsstrukturen aus, die, treten sie gruppenweise oder massenweise auf, sich als öffentliche Vorurteile in Institutionen und schließlich in der Gesellschaft in mannigfacher Weise manifestieren. Es gilt, der Kollektivierung des Vorurteils, die allzu leicht in kollektives Handeln gegenüber ganzen Gruppen einer Gesellschaft umschlägt, entgegenzuarbeiten. Das kann nach dem bisherigen Stand unseres Wissens über Einstellungen zu Behinderten nur durch Beeinflussung der Fähigkeiten zu interpersonaler Kommunikation und Interaktion geschehen. Wir fassen also Vorurteile gegenüber Behinderten als die Manifestationen gestörter interpersonaler Kommunikation und Interaktion auf. Dabei ist mit *Kommunikation* der Austausch von Informationen jedweder Art, die für das soziale Handeln in einer konkreten Situation notwendig sind, gemeint und mit *Interaktion* das an der Situation und den gegenseitigen Erwartungen und Einstellungen orientierte Handeln. Dahinter verbirgt sich eine Fülle soziologischer und sozialpsychologischer Fragestellungen, die hier nicht aufgeworfen werden können.[40] Sie können schlagwortartig mit einer Formulierung MITSCHERLICHS zusammengefasst werden: Was notwendig ist – auch und gerade im Hinblick auf den Abbau von Vorurteilen gegenüber Behinderten – ist die Heranbildung einer „Moral der einfühlenden Voraussicht".

Lassen Sie mich diese etwas abstrakt anmutende Forderung in praktisch verwertbare Thesen – eingeschränkt auf das hier zur Diskussion stehende Problem der Einstellungen gegenüber Behinderten – zusammenfassen:

1. Der Abbau von Vorurteilen gegenüber Behinderten kann nicht als einseitiger Vorgang der Beeinflussung der Nichtbehinderten aufgefasst werden, ebenso bedeutsam ist die Vorbereitung des Behinderten auf die Kommunikation und Interaktion mit Nichtbehinderten.

2. Behinderte wie Nichtbehinderte müssen lernen, dass „Behinderung" neben der klar umrissenen Funktionseinschränkung auch das Produkt sozialer Zuschreibungen ist, die es gemeinsam aufzuarbeiten gilt in konkreten Begegnungssituationen. Das bedeutet auf Seiten der Behinderten, dass sie informiert sein müssen, mit welchen Einstellungen sie in konkreten Begegnungssituationen rechnen müssen und wie sie die kategoriale Wahrnehmung und Beurteilung als „Behinderter" durch die Nichtbehinderten umstrukturieren, indem sie ihre Individualität ins Spiel bringen. Stigmamanagementtechniken müssen Gegenstand von Sondererziehung und Rehabilitation sein. Das ist bis heute nicht der Fall[41].

3. Sachgerechte Informationen über Behinderungsarten und vor allem über die Verursachungen müssen die Unterschiedlichkeit der Probleme bei den einzelnen Behindertengruppen klar herausstellen. Massenmediale „Aufklärung" lässt diese Trennschärfe häufig vermissen.

---

[40] Vgl. dazu Quasthoff, Skowronek, Triandis. Zur näheren Erläuterung unseres - dem Symbolischen Interaktionismus nahe stehenden - Standpunktes vgl. *Argyle* (1974).
[41] Die didaktische Aufarbeitung von Goffmans „Stigma" (Untertitel: Über Techniken der Bewältigung beschädigter Identität!) steht noch aus.

4. Falldarstellungen, die soziale und psychische Probleme einer bestimmten Behinderung konkret darstellen, erscheinen vor allem geeignet, die notwendige Trennung in der Personwahrnehmung der Nichtbehinderten zwischen Behinderung und Person anzubahnen und die Einsicht zu fördern, dass Behinderung schicksalhaft und unverschuldet jeden treffen kann.

5. Erfolgversprechender als groß angelegte, über die gesamte Bevölkerung sich erstreckende „Aufklärungswellen" erscheinen Programme, die sich konkret auf örtliche Gegebenheiten konzentrieren (Standorte von Behinderteneinrichtungen), Jeder Rehabilitationseinrichtung müsste eine fachkundige Public-Relation-Kraft zur Verfügung stehen für gemeindeorientierte Behindertenarbeit.

6. Versuche zur Einstellungsänderung sind nur erfolgreich in einem angstfreien Klima. Die zu Beeinflussenden dürfen sich nicht gedrängt sehen, ihre „falschen" Einstellungen als ganz persönliches moralisches Versagen interpretieren zu müssen. Ihnen muss die Möglichkeit eröffnet werden, ihre Einstellungen (am besten „mit anderen, denen es auch so geht"!) auf mangelnde Information zurückführen zu können.

7. Der leichteste Einbruch in vorhandene Einstellungen, die verändert werden sollen, gelingt auf der kognitiven Ebene (zur Erinnerung: Einstellungen haben eine kognitive, eine affektive und eine Handlungskomponente.). Durch neuartige Information wird eine „kognitive Dissonanz" (FESTINGER) erzeugt, die nicht ohne Einfluss auch auf die beiden anderen Ebenen bleibt (LUTHE 1968, TRIANDIS 1975). Die dabei auftretenden emotionalen Spannungen müssen zutage gefördert, aufgearbeitet und in wünschenswerte Handlungsimpulse überführt werden.

8. Programme zu Einstellungsänderungen sollten Wahrnehmungstraining in den Mittelpunkt stellen. Selektive soziale Wahrnehmung, d.h. die Tendenz, nur das zu registrieren bei der Begegnung mit sozialen Objekten, was in das vorhandene Bewertungssystem hineinpasst, ist eine durchaus notwendige ökonomische Form der Auseinandersetzung mit unserer sozialen Umwelt. Verloren gegangen ist dabei in den immer komplizierter werdenden sozialen Strukturen komplexer Gesellschaften wie der unseren die Fähigkeit, in aktuellen Situationen sprachliche und vor allem nichtsprachliche Signale von unserem Gegenüber auf seine Individualität bezogen zu deuten und nicht auf seinen verschiedenen sozialen Status: Fritz Müller ist zunächst einmal Fritz Müller mit Wünschen, Absichten, Gefühlen usf., die er uns signalisiert in Wort, vielmehr noch in Mimik und Gestik, und nicht in erster Linie „mittlerer Beamter um die 40" mit „typischem Beamtengehabe" usf.

9. Vorliegende Untersuchungen (u. a. KRAAK 1968, SKOWRONEK 1970, TRIANDIS 1975) legen es nahe, Vorurteile nicht direkt, sozusagen im Hauruck-Verfahren, sondern indirekt anzugehen. Stück um Stück muss die Diskrepanz zwischen den eigenen Einstellungen und den wünschenswerten dadurch abgebaut werden, dass die von dem Einstellungsobjekt (das können behinderte Personen direkt sein oder sie repräsentierende Objekte wie Zahlen, Aussagen, Bilder usw.) ausgehenden Signale so gestaltet werden, dass sie sowohl kognitiv als

auch affektiv und und auch handlungsmäßig akzeptiert werden können: Auf den Straßenbahnschienen demonstrierende Rollstuhlfahrer mit Megaphon und Protestparolen - Polizei einsatzbereit im Hintergrund – führen zu einem Bumerang-Effekt: Behinderte in der Wahrnehmung des nicht informierten Mitbürgers als „Baader-Meinhof-Sympathisanten" – das dürfte ablehnende Haltungen zur Aggressivität steigern und – wie vorhin erwähnt – einer unbedingt zu verhindernden Kollektivierung der Einstellung gegenüber Behinderten Vorschub leisten.

10. Das erklärt auch, warum die einfache Begegnung zwischen Behinderten und Nichtbehinderten – „Schafft Kontakte, und die Vorurteile werden schon abgebaut werden" – nicht immer den wünschenswerten Effekt hat. Sind neben der Diskrepanz Behinderter – Nichtbehinderter noch andere Diskrepanzen im sozialen Status aufzuarbeiten (z.B. Geschlechtsunterschiede; Unterschiede im Schulbildungsniveau; im beruflichen Status), können Vorurteile, die dieses Verhältnis belasten, mit den Einstellungen gegenüber der Behinderung vermischt werden und diese schließlich in negativer Weise verstärken. Z.B.: Eine behinderte Frau wird es schwer haben, ihre fraulichen Emanzipationsbestrebungen durchzusetzen. Sie hat gleich *zwei* soziale Merkmale, die sie (vor allem auf beruflichem Sektor) nichtbehinderten Männern als nicht vollwertig erscheinen lassen. Hier gilt es für alle Beteiligten zu lernen, in der Interaktion sauber auseinander zu halten. Und das ist u. a. ein Problem der Sensibilisierung der sozialen Wahrnehmung (s. These 8). – Die Chance, dass aktuelle Begegnungen vorurteilsvermindernd wirken, ist größer, wenn Nichtbehinderte und Behinderte gleiche oder ähnliche soziale Merkmale aufweisen.

Schlussbemerkungen

Wir versuchen mit Studierenden unseres Fachbereiches (angehende Sonderschullehrer), nach diesen in den 10 Thesen zusammengefassten Grundsätzen – einem aktuellen Bedürfnis nachkommen – Erwachsenenbildungs-Seminare zur Aufarbeitung von Einstellungen gegenüber Behinderten durchzuführen. Der Anlass sei kurz mitgeteilt. Im Sommer 1974 begann in Neckargemünd (Kleinstadt mit rd. 11.000 Einwohnern) die Arbeit im neu errichteten „Südwestdeutschen Rehabilitationszentrum für behinderte Kinder und Jugendliche" mit zunächst 350 Behinderten. Der Endausbau sieht eine Belegung mit 1.000 schwer körperbehinderten Kindern und Jugendlichen der unterschiedlichsten Behinderungsarten vor. Bei ersten Untersuchungen (Hummel 1973, Schiedeck 1974, Wiegand 1974) stellten wir fest, dass in der Planungsgruppe des Trägers (Stiftung Rehabilitation Heidelberg), die seit Jahren an der medizinischen, pädagogischen und baulichen Konzeption arbeitete, keinerlei Ansätze zu einer gemeindeorientierten Sozialplanung zu erkennen waren. Andererseits zeigten sich aber in der Bevölkerung Neckargemünds ähnliche Einstellungssyndrome, wie sie JANSEN mitgeteilt hatte. Wir waren und sind der Meinung, dass soziale Planung gleichgewichtig neben den anderen Aktivitäten hätte vorgenommen werden müssen, wenn der Gefahr einer Gettoisierung der Einrichtung, die vor allem auch in der gigantischen Größenordnung gegeben ist, begegnet werden soll. Dazu hätte es vor allem der Entwicklung von Modellen zur Schulung (Einstellungs-Aufarbeitung) von Multiplikatoren und wichtigen Kontakten (z.B. Gemeinderäte, Sportvereinsmitglieder, Lehrer der örtlichen Schulen, Gruppen der Kirchengemeinden) bedurft. Unsere Suche setzte also zu spät ein. Zudem ergab sich rasch, dass brauchbare Modelle für Erwachsenenbildungsarbeit, bezogen auf das Einstellungsobjekt „Behinderung", erst entwickelt werden müssen. Wertvoll für unsere Überlegungen erwies sich ein Versuch auf dem Gebiet des Abbaus politischer Vorurteile (BEIER 1971). Die praktische Arbeit ist inzwischen angelaufen, obwohl keineswegs alle theoretischen und vor allem auch didaktischen Voraussetzungen hinreichend abgeklärt sind. Zu einem anderen Zeitpunkt wird über den Modellversuch zu berichten sein.

Wie bitter notwendig diese Arbeit ist, zeigt ein Vorfall aus jüngster Zeit. Ein Neckargemünder Verein veranstaltete (sicher guten Willens) ein weinseliges Altstadtfest zugunsten der Aktion Sorgenkind mit Rollstuhlemblem auf den Werbeplakaten. Behinderte Jugendliche aus dem Körperbehinderten-Zentrum (vor den Toren der Stadt) versuchten auf diesem Fest (in der Stadt) gegen die anonyme Spendenmentalität und den Gebrauch des Rollstuhls als werbewirksames Mittel (Rollstuhlfahren in der verbauten Altstadt Neckargemünds ist ein Alptraum!) – zu protestieren: Unverständnis, Missverständnisse, Verärgerung und sicherlich Verhärtung der Fronten auf beiden Seiten. Mit naiven unreflektierten Aktivitäten ist dem schwierigen Problem der Kommunikation und Interaktion zwischen Nichtbehinderten und Behinderten nicht beizukommen.

Literatur

ARGYLE, M.: Soziale Interaktion. Köln 1972.
BARRES, E.: Das Vorurteil in Theorie und Wirklichkeit. Opladen 1974.
BEIER, G.: Ost-West-Vorurteile in der politischen Bildung. Stuttgart 1971.
BRACKEN, H. V. U. W. CONTANIDIS: Die Einstellung der Gesellschaft zu geistig Behinderten. Unveröffentlichter Forschungsbericht (Marburg 1971).
CHEVIGNY, H., S. BRAVERMAN: The Adjustment of the Blind. Yale University Press, New Haven 1950.
CLAUßEN, H.: Schwerhörigenstereotype. Hörgeschädigtenpäd. 1973/4.
DÖRNER, K.: Die Rolle des psychisch Kranken in der Gesellschaft. In. Thimm, W. (Hrsg.): Soziologie der Behinderten. Materialien. Neuburgweier 1972.
FABER, W.: Mit Vorurteilen leben? In: der kath. Erzieher 22 (1969).
FABRIZ (FÜTTERER, HORSCH): Reaktionen unserer Gesellschaft auf Gehörlose. Unveröff. Examensarbeit Päd. Hochschule Heidelberg 1972.
FERBER, C. V.: Der behinderte Mensch und die Gesellschaft. In: Thimm, W.: Soziologie der Behinderten. Materialien. Neuburgweier 1972.
GOFFMAN, E.: Stigma. Über Techniken der Bewältigung beschädigter Identität. Frankfurt 1967.
HOMFELD, H. G.: Schule und Stigma. Düsseldorf 1974.
HÖHN, E.: Der schlechte Schüler. München 1967.
HUMMEL, R. UND SCHIEDECK, U.: Südwestdeutsches Rehabilitationszentrum Neckargemünd – Ziele und Vorstellungen der Planungsgruppe. Unveröff. Examensarbeit Päd. Hochschule Heidelberg 1974.
JAECKEI, M., ST. WIESER: Das Bild des Geisteskranken in der Öffentlichkeit. Stuttgart 1970.
JANSEN, G.W.: Die Einstellung der Gesellschaft zu Körperbehinderten. Neuburgweier 1972.
JANTZEN, W.: Sozialisation und Behinderung, Gießen 1974.
JUSSEN, H.: Schwerhörigkeit und soziale Umwelt. Neue Bl. für Taubstummenbildung 1970, 193-198.

KAUFMANN, L: Ergebnisse zum Selbst- und Fremdbild in der Einschätzung von Lernbehinderten. Z. f. Heilpäd. 21 (1970) 563-574.
KEESE, A.: Selbst- und Fremdbild des stotternden Kindes. Sonderpädagogik 1 (1971) 165-169 und 2 (1972) 14-21.
KLUG, F.: Einstellungen von Eltern mit geistig behinderten Kindern zu Institutionen des Helfens. Unveröff. Examensarbeit Päd. Hochschule Heidelberg 1974.
KNURA, G.: Das sprachbehinderte Kind als potentieller Außenseiter in Kindergarten und Schule. Sonderpädagogik 1 (1970) 41-44, 120-129.
KRAAK, B.: Auswirkungen von Psychologieunterricht auf soziale und pädagogische Vorurteile. Weinheim-Berlin 1968.
LUTHE, H.O.: Interpersonale Kommunikation und Beeinflussung. Stuttgart 1968.
MCDANIEL, M.: Physical Disability and Human Behavior. London 1968.
QUASTHOFF, U.: Soziales Vorurteil und Kommunikation. Frankfurt 1973.
RICHARDSON, ST. A.: Die Einheitlichkeit der Reaktion gegenüber Körperbehinderten innerhalb einer Kultur. In: Fortschritte der Heilpädagogik Bd. 1, Berlin 1968.
SAFILIOS-ROTHSCHILD, C.: The Sociology and Social Psychology of Disability and Rehabilitation. New York 1970.
SCHMIDT, G., V. SIGUSCH: Zur Frage des Vorurteils gegenüber sexuell devianten Gruppen. Stuttgart 1967.
SKOWRONEK, H.: Änderung von Einstellungen und Abbau von Vorurteilen. In: Strzelewicz, W., a.a.O.
STRZELEWICZ, W. (Hrsg.): Das Vorurteil als Bildungsbarriere. Göttingen 1970.
THIMM, W.[42]: Blinde in der Gesellschaft von heute. Untersuchungen zu einer Soziologie der Blindheit. Berlin 1970.
THIMM, W.: Die amtliche Behindertenstatistik in der Bundesrepublik Deutschland. In: Thimm, W. (Hrsg.): Soziologie der Behinderten. Materialien. Neuburgweier 1972.
TRIANDIS, H. C: Einstellungen und Einstellungsänderungen. Weinheim 1975.
WIEGAND, H.: Der Versuch einer Analyse der Einstellungen gegenüber behinderten Kindern und Jugendlichen in Verbindung mit dem Bau des Rehabilitationszentrums in Neckargemünd. Unveröff. Heidelberg 1974.

2.8 Zur sozialen Situation von Familien mit behinderten Kindern (1974)[43]

Problemaufriss

Ich möchte meine Ausführungen unter den gelegentlich zu findenden Ausspruch: „Ein behindertes Kind ist eine behinderte Familie" stellen und versuchen, in einem ersten Anlauf über diese etwas plakatierende und globale – im Kern allerdings zutreffende – Kennzeichnung der sozialen Situation von Familien mit behinderten Kindern hinauszukommen. Leider können sich die nachfolgenden Ausführungen nicht in allen Punkten auf ausreichende empirische Befunde stützen, so dass dieses Referat unter Rückgriff auf soziologische Konzepte

---

[42] Die nachfolgend aufgeführten Arbeiten wurden in diesen Band aufgenommen: Zum Begriff der Rehabilitationsbedürftigkeit (1973), Kap. 1.4; Behinderung als Stigma. Überlegungen zu einer Paradigma-Alternative (1975), Kap. 2.2; Lernbehinderung als Stigma (1975), Kap. 2.3; Zur sozialen Situation der Familien mit behinderten Kindern (1974), Kap. 2.8.
[43] Vieteljahresschrift für Heilpädagogik und ihre Nachbargebiete (VHN), Luzern, (43) 1974, 11-18.

und einzelne empirische Befunde im wesentlichen programmatische Züge trägt; programmatisch in zweierlei Hinsicht: einmal, um den in der Rehabilitationspraxis Tätigen, und da besonders denen, die mit Familien behinderter Kinder in Kontakt stehen, einen soziologischen Bezugsrahmen für die Reflexion anzubieten. Das könnte sodann dazu führen, dass soziologisch orientierte Einzelfallstudien, die ich als notwendige Voraussetzung größer angelegter systematischer Studien ansehe, angeregt würden. Es geht mir also auch darum, den im Thema angesprochenen Komplex im Hinblick auf forschungswürdige Fragen zu problematisieren und zu strukturieren.

Zwei Aspekte sind zu unterscheiden. Einmal soll der Blick auf die gesellschaftlichen Faktoren gerichtet werden, die das soziale System Familie beeinflussen, wenn eine Behinderung eines Familienmitgliedes – die Abweichung von der psychisch-physischen Normalität – als ein vom Normalfall abweichendes Accidens die Familie strukturiert.

Unter diesem *makrosoziologischen Aspekt* ist zu fragen, ob und inwieweit Prozesse der Desintegration, der Labilisierung des Verhältnisses zwischen Familie und gesellschaftlichen Institutionen und Organisationen (der *extrafamilialen Beziehungen*) festgestellt werden können. Unter mikrosoziologischem Aspekt wäre sodann nach möglichen Prozessen der *Desorganisation,* der Labilisierung *intrafamilialer* Sozialbeziehungen zu fragen.

Für unsere Überlegungen muss noch kurz der vieldeutige Begriff der Situation geschärft werden. Eine soziale Situation ist „jede, in der Menschen ihr Handeln aufeinander ausrichten" (ELIAS, 37), wobei die Chance, dass in einer sinnhaft angebbaren Art sozial gehandelt wird (M. WEBER) darin besteht, dass dem Situationsgeflecht von Deutungen, Erwartungen und Verhalten der Interaktionspartner gemeinsame gruppenspezifische und im weitesten Sinne kulturelle Situationsdefinitionen zugrunde liegen. Über diesen Konsensus ist soziales Handeln möglich. Klaffen die Situationsdefinitionen der Interaktionspartner auseinander oder sind sie nur schwer zur Deckung zu bringen, dann können wir von einer divergenten Strukturierung der Situation sprechen (vgl. hierzu ausführlicher THIMM 1972).

In einer ersten Aussage zum Thema sollen folgende Hypothesen aufgestellt werden:

1. Ein behindertes Kind verursacht divergente Strukturierungen *extrafamilialer* sozialer Situationen, die zu vorübergehenden oder dauernden *Desintegrationserscheinungen* führen.

2. Ein behindertes Kind verursacht divergente Strukturierungen *intrafamilialer* sozialer Situationen, die zu vorübergehenden oder dauernden *Desorganisationserscheinungen* führen.

Tendenzen zur Desintegration

SCHELSKY sah Spannungen zwischen Familie und Gesellschaft vor allem begründet in dem Gegensatz zwischen der vornehmlich altruistischen Ausrichtung der familiären Sozialbeziehungen und den auf Konkurrenz beruhenden Beziehungen in der Gesamtgesellschaft – eine These, die in der neueren Familiensoziologie zumindest relativiert wird. Im Falle der Familien mit behinderten Kindern wird sichtbar, dass die Spannungen solcher Familien zur Gesellschaft darauf beruhen, dass die *soziale Situation des Helfens* innerhalb der Familie auf der Basis der Reziprozität der Beziehungen, als Austausch von Erwartungen und Handlungen definiert ist – diese ‚archaische' Struktur der Beziehung zwischen Hilfsbedürftigem und Helfendem, die auf unmittelbarer Reziprozität der Bedürfnislagen gründet, auf die Gesellschaft aber nicht anwendbar ist (vgl. LUHMANN 1973). Die Rede: auch Sie könnten in der gleichen Lage sein (hier: ein behindertes Kind zu haben), mag in dem einen oder anderen Falle wirksam sein und zur Hilfe motivieren, im Ganzen jedoch widerspricht eine solche Sicht den institutionalisierten Formen des Helfens in unserer Gesellschaft, die *eben nicht* mehr begründet sind in einer grundsätzlichen „Reversibilität der Lagen" und somit nicht zu „unmittelbarer Reziprozität" des Helfens und Empfangens motivieren (LUHMANN a.a.O., 28). In unserer Gesellschaft hat sich die „Organisation als dominante Form des helfenden Bedarfsausgleichs durchgesetzt" (LUHMANN, 36). Individuelle Notlagen sind in Programme überführt, die auf die Gleichartigkeit der Notlagen hin konzipiert sind. Betroffene – und dazu zählen Familien mit behinderten Kindern – müssen ihren Einfluss geltend machen sowohl, was die Hilfsprogramme selbst angeht, als auch bei der Zuordnung ihres Einzelfalles zu einem Programm. Entscheidende Einflussnahme ist dabei nur über die Organisierung der gemeinsamen Interessenlagen möglich.

Es ist zu fragen, ob die besondere Bedürfnislage der Eltern mit einem behinderten Kind bisher ausreichend programmiert ist, das heißt, auf eine Ebene organisierten helfenden Handelns, das auf der Gleichartigkeit von „Fällen" beruht, transformiert ist und ob eine solche Programmierung überhaupt möglich erscheint.

Die Konfrontation von Eltern mit einem behinderten Kind drängt diese Eltern in einen völlig unerwarteten, unerwünschten und im Verlauf ihres bisherigen Sozialisationsprozesses auch nicht antizipierten Status. Zu dem nach außen dokumentierten Lebensstandard, der als Signal für den erwünschten und in der Regel auch gewährten sozialen Status, den man einnehmen möchte, fungiert, der Orientierungsdaten für das Miteinanderumgehen setzt, tritt ein soziales Merkmal – ein behindertes Kind zu haben –, dessen Wirkung auf die soziale Umwelt in aller Regel äußerst negativ eingeschätzt wird. Bei den Eltern, selbst Mitglieder einer Gesellschaft, die ihre Mitglieder auf Werte wie aufsteigende Mobilität, schulische, berufliche und ökonomische Erfolge sozialisiert, verursacht die Konfrontation mit einem a-normalen, behinderten Kind Gefühle der Minderwertigkeit, der Zweit- oder gar Drittklassigkeit, des Ausgestoßenseins, der Stigmatisierung (familiärer Makel), verbunden mit irrationalen Erklärungsversuchen wie das Gefühl für symbolische Bestrafung (vgl. die Befunde bei SOMMERS; MEADOW & MEADOW; SUSSMAN; YOUNGHUSBAND et al.) Dabei scheint eine wichtige Determinante für den Grad und das Ausmaß der oben beschriebenen Reaktionen zu sein, welche Struktur das Stigma einer Behinderung hat, welche zentralen gesellschaftlichen Werte von der vorliegenden Behinderung besonders betroffen sind⁴⁴. Mit anderen Worten: die Reaktionen der Eltern liegen in der Bandbreite der unterschiedlichen gesellschaftlichen Vorurteile gegenüber den einzelnen Behinderungsarten.

Gerade weil die Eltern eines behinderten Kindes selbst kaum anders als innerhalb des gesellschaftlichen Reaktionspotentials auf die Behinderung ihres Kindes reagieren können, sehen sie sich mit zusätzlichen, diskriminierenden Statusmerkmalen ausgestattet, die sie dazu zwingen, ihre Rolle als Eltern eines behinderten Kindes neu zu definieren. Die Studie eines Arbeitsausschusses des National Children's Bureau (YONGHUSBAND et al.), die u. a. auf der Auswertung von über 400 Elternzuschriften basiert, in denen die Eltern behinderter Kinder ihre Sorgen, Nöte und Probleme schildern, liefert eindrucksvolle Belege dafür, wie sehr diese Eltern sich isoliert fühlen, verlassen von der Gesellschaft, ausgestoßen, in einen Sonderstatus gedrängt: „'Someone who cares' epitomised many of the writers' feelings not only about friends and social contacts within their own immediate environment but also about the need for radical changes in community attitudes to handicapped children and their families, by neighbours, by officials, by towns and villages where they lived and by society at large" (a. a.O., S. 47).

MEADOW & MEADOW diskutieren den Prozess der Anpassung von Eltern mit einem behinderten Kind an die soziale Situation unter dem Konzept der Sozialisation, d. h. der Übernahme der durch die Behinderung des Kindes neu zu definierenden Elternrolle und analysieren dabei die Aufgaben der Sozialisationsagenten wie Ärzte, Lehrer und Berater, anderer Eltern mit einem behinderten Kind und schließlich behinderter Erwachsener, sowie den Einfluss sozialer Faktoren wie sozialökonomischer Status der Eltern, Status des Kindes (Geschlecht; Stellung in der Geschwisterreihe) auf den Prozess der Sozialisation in die Behinderteneltern-Rolle. Die in diesem Aufsatz referierten Befunde sowie die Ergebnisse der Überlegungen von SUSSMAN und die Darstellungen in der National Children's Bureau-Studie lassen sich folgendermaßen zusammenfassen:

Die Rolle „Eltern eines behinderten Kindes" hat zwei deutlich voneinander (wenn auch sich gegenseitig beeinflussende) unterscheidbare Teile: instrumentale-technische Anteile auf der einen und emotionale-expressive Anteile auf der anderen Seite.

Unter *instrumental-technischem* Aspekt haben die Eltern die Inanspruchnahme und den richtigen Einsatz von diagnostischen, therapeutischen, sozialen und pädagogischen Hilfsprogrammen (im weitesten Sinne) zu initiieren und für den eigenen alltäglichen Umgang mit dem behinderten Kind zu übernehmen. Der Stand der Früherkennung und Frühförderung Behinderter zeigt, dass den Eltern eine Schlüsselfunktion sowohl in der Entdeckung der Schädigung⁴⁵ als auch

---

⁴⁴ Der Zusammenhang zwischen Stigmastruktur der verschiedenen Behinderungsarten, gesellschaftlichen Werten und Reaktionen auf eine Behinderung – bis in die Ebene sozialpolitischer Fixierung der Hilfsbedürftigkeit – bedürfte dringend der Erforschung. Hinweise dazu im vorhergehenden Beitrag dieses Bandes (2.7).
⁴⁵ *Löwe* berichtet, dass in einer vergleichenden Befragung von Eltern hörgeschädigter Kinder in der BRD und den USA festgestellt wurde, dass in rd. 70 % der Fälle die Eltern, in weiteren

durch die richtige Inanspruchnahme von Diensten im gesamten Rehabilitationsprozess ihres Kindes zukommt. Die von Eltern behinderter Kinder immer wieder beklagte Unzulänglichkeit der Abdeckung dieser instrumentalen-technischen Bedürfnisse scheint nicht so sehr ein Problem der Programmierbarkeit und Organisierbarkeit dieser Bedürfnisse zu sein als vielmehr ein Vermittlungsproblem. Die derzeitigen Kommunikationswege zwischen den Institutionen des Helfens (staatliche Fürsorge-Sozialhilfestellen, Gesundheitsämter, Beratungsstellen, Sonderschuleinrichtungen) und den Adressaten (hier: den Eltern behinderter Kinder) garantieren nicht zureichend den Kontakt zwischen Helfer und Hilfebedürftigen. Dem stehen entscheidende Barrieren entgegen, die vor jeder Konzipierung von Rehabilitationsprogrammen und der gesetzlichen Fixierung von Rehabilitationsbedürftigkeit abzubauen wären. Ich möchte nur drei Probleme kurz nennen:

1. Rehabilitatives Denken und spezifische, behinderungsadäquate Kenntnisse, die die Frühförderung eines behinderten Kindes rechtzeitig unter Einschaltung zuständiger Einrichtungen in die richtige Bahn lenken könnten, sind nur unzureichend an Ärzte vermittelt. Die frei praktizierenden Ärzte (der Hausarzt, der Kinderarzt) als Anlaufstelle entsprechen häufig nicht den Erwartungen und Hoffnungen der Eltern, wenn sie mit einer auffälligen Besonderheit ihres Kindes oder einem vermuteten Schaden zu ihnen kommen. In der Bundesrepublik reicht jedenfalls im Augenblick die Kanalisierung der Früherkennung und Frühförderung über den Haus- bzw. Kinderarzt nicht aus (vgl. SPECK, 166 ff.).

2. Die aus bisherigen Untersuchungen bekannt gewordenen Nöte der Eltern, ihre Interpretationen der Hilfsbedürftigkeit sind zwar außerordentlich heterogen, gleichzeitig aber auch unspezifisch und global. Es erscheint als dringende Notwendigkeit, dass diesen behinderten Familien Hilfe zur *Artikulation ihrer Bedürfnisse* geleistet wird, Hilfe, die nur aus der intimen Kenntnis der individuellen Lage dieser Familie *und* der Kenntnis der von der Gesellschaft bereitgehaltenen Hilfeleistungen resultieren kann. Das ist ohne professionelle Ausrüstung nicht zu leisten. Wir brauchten den *direkten Kontakt* zu diesen Familien, wie er z. B. durch den englischen Health Visitor oder das Fachpersonal der schwedischen Kinderzentralen sichergestellt ist.

3. Schließlich sind schichtspezifische Faktoren zu berücksichtigen, welche die Reaktion der Eltern auf eine Behinderung ihres Kindes beeinflussen. Es gibt nicht nur die vieldiskutierten Bildungsbarrieren, sondern ganz offensichtlich auch Gesundheitsdienst-Barrieren und Sozialhilfe-Barrieren, eine unterschiedliche Affinität in den einzelnen Schichten zur Inanspruchnahme solcher Dienste. Es gibt Behinderungen, die in den unteren Sozialschichten prozentual häufiger sind als in höheren Schichten. Es gibt Hinweise dafür, dass die Rehabilitationschancen behinderter Kinder aus unteren Schichten besonders gering sind, sei es, dass die Kommunikationswege zwischen gesellschaftlich organisierter Hilfe und diesen Familien total verschüttet sind, sei es, dass unterentwickeltes Aufstiegs-

---

17-21 % Verwandte, also in rd. 90 % der Fälle die Familie den Schaden entdeckt hatte. – Auch *Younghusband* et al. heben die große Bedeutung der Eltern (insbes. der Mutter) für die Früherkennung eines Schadens hervor.

streben in den Unterschichten kaum zu besonderen Rehabilitationsanstrengungen motiviert. Das sind letztlich zwei Seiten ein und desselben Tatbestandes[46].

In diesem Feld brauchten wir dringend Untersuchungen, damit anhand verlässlicher Einsichten sozioökonomische Faktoren freigelegt und bei der Konzipierung von Vermittlungsstrategien in Rehabilitationsprogrammen berücksichtigt werden könnten. Wahrscheinlich wird auch hier der gangbarste und effektvollste Weg der über die persönliche Kontaktaufnahme von Fachpersonal mit den Familien sein (s. o.).

Zu diesen Schwierigkeiten, die technisch-instrumentalen Anteile der ‚Behinderteneltern-Rolle' zu definieren und mit den Definitionen der Hilfsbedürftigkeit in der organisierten Behindertenhilfe zur Deckung zu bringen – wir haben diese desintegrierenden Spannungen als Kommunikationsbarrieren zu kennzeichnen versucht – kommen große Schwierigkeiten bei der Definition der emotionalen-expressiven Rollenanteile. Die emotionale-expressive Bedürftigkeit lässt sich nicht durch programmierte, organisierte Hilfe abdecken, in die oben beschriebenen, in unserer Gesellschaft vorherrschenden Strukturen des Helfens, überführen. Es hieße einer Utopie nachzujagen, darauf zu hoffen, dass „Behinderung" in einer gesamtgesellschaftlichen Umzentrierung der Werte zu einer „strategischen Funktionsleistung, die die industrielle Gesellschaft bestrebt ist, zu motivieren und auszuzeichnen" (v. FERBER 1972, 32 f.) ‚umfunktioniert' werden könnte und somit den Behinderten und ihren Eltern soziale Anerkennung, Prestige verleiht. Eltern behinderter Kinder fühlen sich daher – auch das zeigen die Ergebnisse der National Children's Bureau-Studie sehr eindrucksvoll – in ihrem Bemühen, die emotionalen Probleme des ihnen schicksalhaft auferlegten Status zu meistern, auf ursprünglichere Beziehungen zwischen Hilfsbedürftigem und Helfendem verwiesen. Soziale Kontakte mit anderen Eltern behinderter Kinder, mit freiwilligen Hilfsorganisationen, das Angebot, für einige Nachmittagsstunden oder als Babysitter zeitweise zu entlasten, das fachkundige Gespräch mit einem Arzt oder einem anderen fachlich qualifizierten Berater, z. B. über die vermeintliche und/oder tatsächliche Ursache der Behinderung, die Ermöglichung eines Urlaubs – die Aufzählung könnte fortgeschrieben werden –, alles das könnte einer Familie helfen, aus dem Gefühl der Isolierung, der Abqualifizierung, des schuldhaften Versagens herauszufinden, ihre Selbstachtung zu erhalten oder wiederzuerlangen. Vorliegende Untersuchungen (MEADOW & MEADOW; Sommers; Sussman; Younghusband) berichten ausdrücklich über die Tendenz der Eltern behinderter Kinder zur Selbstverachtung: „Viel ist darüber geschrieben worden, wie Behinderten geholfen werden kann, Selbstrespekt zu erreichen, wenig darüber, wie ihre Familien ihre Selbstachtung wiedergewinnen können!" (YOUNGHUSBAND, 62 f.) Voraussetzung für die aktive Mitwirkung an der Rehabilitation ihres Kindes wäre es, dass die eigenen Ziele und Wünsche der nicht behinderten Familienmitglieder nicht dauernd gefährdet erscheinen. Eigene Sicherheit, Erfolg, Integrität sind die Basis, von der aus Hilfeleistungen an das behinderte Familienmitglied geleistet werden können (SUSSMAN).

---

[46] So erreichen Vorschulprogramme zur „Förderung sozial benachteiligter Kinder" gerade diesen Personenkreis nicht, sondern pervertieren geradezu ins Gegenteil, nämlich zur zusätzlichen Förderung ohnehin gut geförderter Kinder (*Klein*, 172-176).

Voraussetzung dafür sind tragfähige Sozialbeziehungen in der Nachbarschaft, der Wohngemeinde, der Kirchengemeinde, in Vereinen, die erhalten, gestützt und aufgebaut werden müssen[47], besonders dann, wenn ein Ortswechsel wegen der fachlichen Betreuung des behinderten Kindes erfolgt. In diese außerfamilialen Gruppenkontakte sind gezielt Informationen über das behinderte Kind speziell und über Behinderungen im allgemeinen einzubringen. Hier an der Front erscheint der Abbau von Vorurteilen zuallererst notwendig und auch möglich. Was die Behinderten-Familie braucht, ist das Gefühl, dass sich andere Menschen in ihrem sozialen Umfeld solidarisch mit ihr fühlen. Das kann nur erreicht werden durch sozialarbeiterischen Einsatz, wiederum also durch professionelle Hilfe, wobei der Anspruch an den Beruf des Sozialarbeiters zu stellen ist, dass er sich mit seiner Klientel (Familie und behindertes Kind) beispielhaft solidarisiert (vgl. v. FERBER 1972). Nur über solche akzeptierende, helfende, nicht von Ängsten, Unwissen und Gleichgültigkeit überlagerten Sozialbeziehungen können Eltern ihre psychischen Probleme meistern und somit die ganze Rolle in ihren psychischen und instrumentalen Dimensionen erfüllen.

Fassen wir zusammen: Die auf die Familie desintegrierend wirkende Tatsache eines behinderten Kindes, die Störungen im Verhältnis Familie und Gesellschaft, können nur abgefangen werden, wenn programmierte und organisierte Rehabilitationshilfen sich ausreichend an die Adressaten vermitteln. Neben diese Organisationsstruktur des Helfens, richtiger gesagt, ihr vorgelagert, müssten ursprünglichere Strukturen des Helfens, auf Austausch von Leistung und Gegenleistung oder auf moralischen Wertentscheidungen beruhende Hilfeleistungen in das soziale Umfeld der Behinderten-Familie eingebracht werden. Sie sind nicht als selbstverständlich vorhanden vorauszusetzen, da diese Formen des Helfens nicht mehr durch gesamtgesellschaftliche Normen abgedeckt sind.

Tendenzen zur Desorganisation

Als zweiten Aspekt zur Analyse der sozialen Situation der Familien mit einem behinderten Kind hatte ich eingangs die möglichen divergenten Strukturierungen der intrafamilialen Beziehungen, die zu Desorganisationserscheinungen führen können, herausgestellt. Beide Prozesse – Desintegration und Desorganisation – sind aufeinander bezogen und unterliegen teilweise gleichen Faktoren. Ich möchte mich daher bei der Beschreibung des Einflusses eines behinderten Kindes auf die intrafamilialen Beziehungen kürzer fassen, zumal wesentliche Aussagen hierzu und vor allem zu Therapiemöglichkeiten in den noch folgenden Referaten gemacht werden.

---

[47] Mit der Gemeinwesen orientierten Etablierung von vernetzten Unterstützungs- und Hilfeformen beschäftigte sich fast 25 Jahre später das vom Bundesfamilienministerium geförderte Modellvorhaben „Wege der Unterstützung" der Arbeitsstelle REHAPLAN der Universität Oldenburg (1997 bis 2002), publiziert unter: W. THIMM und G. WACHTEL „Familien mit behinderten Kindern. Wege der Unterstützung und Impulse zur Weiterent-wicklung regionaler Hilfesysteme", Weinheim/München 2002. **Kurzbericht im letzten Beitrag dieses Bandes, Kapitel 4.2.** Desintegrations- und Desorganisationserscheinungen sind auch heute noch feststellbar, wenn auch z. T von geänderten sozialen Bedürfnissen geprägt (z. B. verstärkter Wunsch auch bei den Müttern mit einem behindetren Kind nach Wiederaufnahme einer Berufstätigkeit).

Auch hier ist es hilfreich, die ablaufenden Prozesse unter dem Rollenkonzept zu betrachten mit der oben beschriebenen Differenzierung nach technisch-instrumentalen und emotional-expressiven Anteilen der neu zu definierenden Elternrolle.

Das Rollengleichgewicht innerhalb der Familie wird durch ein behindertes Kind schwer gestört. Die Basis der familiären Beziehungen, die auf Reziprozitätsnormen beruht, d. h. auf dem sicheren Gefühl der Entsprechung von Erwartungen und Gegenerwartungen, von physischen, psychischen und sozialen Leistungen und Gegenleistungen, ist erschüttert. Das behinderte Kind kann aus der Sicht der Familienmitglieder diese Reziprozitätsnormen nicht erfüllen.[48]

Dabei spielen mannigfache Faktoren mit, wie stark die Kluft zwischen Erwartung der Eltern und Nichterfüllung durch das Kind empfunden wird. Ich darf einige nennen:

Mit dem sozioökonomischen Status der Eltern ist ein bestimmtes Anspruchsniveau hinsichtlich der Rolle ihres Kindes verbunden. Bei hohem Niveau erscheint die Kluft zwischen Erwartung und den dem behinderten Kind zugeschriebenen Möglichkeiten der Erfüllung häufig unüberbrückbar. MEADOW & MEADOW berichten von mehreren Untersuchungen bei geistig behinderten und gehörlosen Kindern, dass in oberen Sozialschichten das behinderte Kind als schwerstes, irreparables Unglück empfunden wird, das große Hoffnungen zunichte macht, während Eltern aus unteren Schichten die Tatsache mehr als eine Krise, die überwindbar erscheint, interpretieren. Mittel- und Oberschichteltern tendieren daher auch eher zur Heimunterbringung und kümmern sich weniger um das „gut versorgte" Kind. Als Folge lässt sich feststellen, dass behinderte Kinder aus höheren Sozialschichten häufig ein niedrigeres Selbstkonzept entwickeln als behinderte Kinder aus unteren Schichten (a. a. O., S. 25).

Im Zusammenhang mit dem vom sozioökonomischen Status der Eltern abhängigen Anspruchsniveau steht die Frage, welche der tradierten gruppen- und schichtspezifischen Erziehungsmuster, die angesichts des behinderten Kindes fragwürdig erscheinen müssen, am leichtesten auf die spezifischen Bedürfnisse des Kindes umgebaut werden können und den Eltern am schnellsten die Wiedergewinnung von Verhaltenssicherheit ermöglichen. Meine sicherlich völlig unzulänglichen Einsichten, die auf eigenen Erfahrungen und gelegentlichen Hinweisen in der Literatur beruhen, lassen die folgenden *Hypothesen* als überprüfungswert erscheinen:

In einem typischen Unterschicht-Erziehungsmilieu ergeben sich größere Schwierigkeiten für die Eltern eines behinderten Kindes bei der Erfüllung der instrumental-technischen Aufgaben als bei der Erfüllung der emotional-

---

[48] So nennt FÜRSTENAU in Anlehnung an RICHTER drei Funktionselemente der kindlichen Rolle (die allerdings nur Teile dieser Rolle erfassen): das Kind als Substitut für einen anderen Partner; das Kind als Substitut für einen Aspekt des eigenen Selbst; als umstrittener Bundesgenosse. Ein behindertes Kind steht diesen Rollenerwartungen, nämlich von elterlichen Konfliktspannungen zu entlasten, zunächst diametral entgegen.

expressiven Rollenanteile; in typischem Mittelschicht-Erziehungsmilieu[49] liegt das Verhältnis umgekehrt. Diese Zusammenhänge bedürften dringend der Klärung im Hinblick auf effektive familien-zentrierte Therapie.

Eine besondere Rolle für die empfundene Kluft zwischen Erwartung und Nichterfüllbarkeit spielt natürlich die Behinderung selbst: der Schweregrad, die Art der Behinderung, das ihr anhaftende gesellschaftliche Image, ihre Verursachung (ob sie nach Meinung der Eltern auf außerfamiliale oder innerfamiliale Faktoren zurückzuführen ist). Gerade die Verursachung der Behinderung (ihre subjektive Deutung ist entscheidend) spielt eine wichtige Rolle für die Beziehungen der Ehegatten untereinander: wird die Behinderung des Kindes als Folge eigenen schuldhaften Versagens oder das des Ehepartners interpretiert, sind die Ehegattenbeziehungen auf das schwerste belastet (SUSSMAN, 45). Eine eindeutige Exculpation der Eltern fördert gleichgerichtetes Verhalten im Hinblick auf das behinderte Kind.

Der Einfluss religiöser Orientierung auf die Bewältigung der Spannung zwischen Elternerwartungen und das behinderte Kind ist bisher nicht ausreichend abgeklärt. Inwieweit das Ausmaß der Schuld- und Stigmatisierungsgefühle, der herabgesetzten Selbstachtung von unterschiedlichen religiösen Orientierungen abhängt, sind wichtige und notwendige Forschungsfragen.

Auch der Status des behinderten Kindes (erstes Kind; einziges Kind; Stellung in der Geschwisterreihe; Geschlecht) beeinflusst den Prozess der Anpassung an die Behindertenelten-Rolle. Besondere Probleme entstehen, wenn das behinderte Kind erstes Kind überhaupt ist und dann noch ganz besonders, wenn es ein Junge ist; wenn das Kind ungeplant, insbesondere ein Nachzügler ist; mit zunehmendem Gebäralter der Mutter (MEADOW & MEADOW).

Weiter kommt der Art der familialen Beziehungen zwischen Kernfamilie und Herkunfts- bzw. angeheirateter Familie für die realistische Rollenanpassung Bedeutung zu. Dichte, auf Solidarität ausgerichtete verwandtschaftliche Sozialbeziehungen erhöhen die Chance, dass die durch ein behindertes Kind entstehenden Probleme nicht zur unerträglichen Überhitzung des emotionalen Klimas in der Kernfamilie führen. Wir wissen, dass solche Beziehungen in unteren Schichten eher zu finden sind als in höheren Sozialschichten. SUSSMAN fordert daher eine Sozialdiagnose der verwandtschaftlichen Sozialbeziehungen mit dem Ziel, außerhalb der Kernfamilie in der Verwandtschaft geeignete Personen zu finden, die als Sozialisationsagenten für das behinderte Kind fungieren können, die in der Lage sind, Mitverantwortung zu übernehmen frei von Schuld-, Scham- und Mitleidsgefühlen und Feindseligkeit.

Diese und andere Faktoren entscheiden darüber, ob die Eltern zu einer realistischen Rollendefinition finden, die zur Annahme des Kindes führen und zu einer flexiblen, für fachkundige Beratung offenstehenden Einstellung. Vorliegende Untersuchungen legen allerdings eher nahe, dass in der Mehrzahl der Fälle

---

[49] Zur Konkretisierung und auch Relativierung der hier so apodiktisch vorausgesetzten „typischen" Erziehungsmilieu vgl. die Beiträge von Grauer, Holzkamp und Lüdtke in: FAMILIENERZIEHUNG, Sozialschicht und Schulerfolg, a.a.O..

die erforderliche Rollenanpassung nicht ausreichend gelingt und die Eltern einige typische Verhaltensmuster wie Überbehütung, versteckte Ablehnung, offene Ablehnung oder fatalistische Negierung herausbilden (SOMMERS).

Schließlich soll abschließend auf einen bisher wahrscheinlich viel zu wenig beachteten Tatbestand hingewiesen werden: Von der Verunsicherung des elterlichen Rollenverhaltens gegenüber ihrem behinderten Kind können die Beziehungen zu den gesunden Kindern, den Geschwistern eines behinderten Kindes, nicht unberührt bleiben. Inwieweit Erwartungen der nicht behinderten Kinder an ihre Eltern nicht ausreichend erfüllt werden, bedürfte ebenfalls genauer Untersuchungen. Sie sind deshalb so bedeutend, da als Voraussetzung für ein günstiges rehabilitatives familiäres Klima – wie an anderer Stelle schon erwähnt – das Rollengleichgewicht zwischen den unbehinderten Mitgliedern der Familie Voraussetzung zu sein scheint (SUSSMAN, S. 51).

Zusammenfassung

Unter *makrosoziologischem* Aspekt wurden Störungen bei Eltern mit einem behinderten Kind in ihrem Verhältnis zur Gesellschaft aufgedeckt (*Desintegrationserscheinungen*), die vor allem darauf beruhen, dass zwischen vorhandenen organisierten Strukturen der Behindertenhilfe und den Bedürfnissen der Behinderteneltern Diskrepanzen bestehen. Vielfältige Hilfeleistungen zur Anpassung an die *instrumentalen-technischen* Anteile der neu zu definierenden Elternrolle sind zwar programmiert und organisiert. Die vorhandenen Kommunikationswege zwischen der organisierten Behindertenhilfe und den Eltern sind aber wenig effektiv. Anpassungshilfen zur Erfüllung der emotionalen *Rollenanteile sind* nur in ursprünglicheren Strukturen des Helfens, die auf Austausch von persönlicher Leistung und Gegenleistung oder/und auf moralischen Wertentscheidungen der Interaktionspartner beruhen, zu leisten. Rehabilitation muss sich auch auf die Schaffung solcher Strukturen des Helfens im sozialen Umkreis der Familie erstrecken.

Unter *mikrosoziologischem* Aspekt wurden einige Faktoren (z.B. sozioökonomischer Status der Eltern) und ihre Auswirkungen auf die intrafamiliären Sozialbeziehungen diskutiert. Der Widerspruch zwischen elterlichen Definitionen der Kinderrolle und der eingeschränkten Fähigkeit bzw. Unfähigkeit des behinderten Kindes, diesen Erwartungen zu entsprechen, führt zur Labilisierung des Rollengleichgewichtes innerhalb der Familie, zu *Desorganisationserscheinungen*.

Der Gefährdung der außer- und innerfamiliären Sozialbeziehungen muss durch sozialarbeiterische, d.h. auf die Solidarisierung mit den Behinderteneltern ausgerichtete Hilfe begegnet werden.

Literatur

BERGER, P. L.: Einladung zur Soziologie, München 1971 (List-Taschenbuch).
DEUTSCHER BILDUNGSRAT: Gutachten und Studien der Bildungskommission 25; J. MUTH (Hrsg.): Behindertenstatistik, Früherkennung, Frühförderung, Stuttgart 1973 (Klett).

FAMILIENERZIEHUNG, Sozialschicht und Schulerfolg, hrsg. von der b: e Redaktion, Weinheim 1971 (Beltz).

FERBER, Ch. v.: Der behinderte Mensch und die Gesellschaft, in: W. Thimm (Hrsg.): Soziologie der Behinderten – Materialien, Neuburgweier 1972 (Schindele), S. 30-41.

DERS.: Sozialarbeit zwischen Rehabilitation und Resozialisation, in: Otto, H.-U. und Schneider, S. (Hrsg.): Gesellschaftliche Perspektiven der Sozialarbeit Bd. 1, Neuwied-Berlin 1973 (Luchterhand), S. 67-85.

FÜRSTENAU, P.: Soziologie der Kindheit, Heidelberg 1967 (Quelle und Meyer).

KLEIN, G.: Die Frühförderung potentiell lernbehinderter Kinder, in: Deutscher Bildungsrat, a.a.O., S. 151-186.

LÖWE, A.: Elternaussagen zu Fragen der Frühbetreuung hörgeschädigter Kinder, in: hörgeschädigte Kinder, 4 und 5/1970.

LUHMANN, N.: Formen des Helfens im Wandel gesellschaftlicher Bedingungen, in: Otto, H.-U. und Schneider, S. (Hrsg.): Gesellschaftliche Perspektiven der Sozialarbeit Bd. 1, Neuwied-Berlin 1973 (Luchterhand), S. 21-43.

McDANIEL, J. W.: Physical disability, and human behavior, London-New York 1969 (Pergamon Press).

MEADOW, K. P. & MEADOW, L.: Changing Role Performance for Parents of Handicapped Children, in: exceptional children 9/1971, S. 21-27.

SOMMERS, V.S.: The influence of parental attitudes and social environment on personality development of the adolescent blind, New York 1944 (American Foundation for the Blind).

SPECK, O.: Früherkennung und Frühförderung behinderter Kinder, in: Deutscher Bildungsrat, a.a.O., S. 111-150.

SUSSMAN, M. B.: Family structure, parental-child relationships and disability, in. Blindness Research: The expanding frontiers, The Pennsylvania State University Press, University Park and London 1969.

THIMM, W.: Die amtliche Behindertenstatistik in der Bundesrepublik Deutschland, in: Thimm, (Hrsg.): Soziologie der Behinderten – Materialien, Neuburgweier 1972 (Schindele), S. 42-65.

DERS.: Sehschädigungen als Ursache für die divergente Strukturierung sozialer Situationen, in: Soziologie der Behinderten, a.a.O., S. 246-260.

YOUNGHUSBAND, E. et al. (Ed.): Living with handicap, London 1970 (National Children's Bureau).

2.9 Soziale Rahmenbedingungen der Sondererziehung und Rehabilitation Sinnesgeschädigter (1977)[50]

Ausgehend von einer Reflexion zum Behinderungsbegriff möchte ich Ihnen aus drei Betrachtungsebenen einige Überlegungen zu sozialen Dimensionen von „Behinderung und Intervention" anbieten. *Einen* neuen empirischen Einstieg in solche Überlegungen möchte ich Ihnen mit Befunden zur sozialen Herkunft Sinnesgeschädigter darlegen.

---

[50] Referat auf der Landestagung der Fachgruppe Blinden- und Gehörlosenschulen in der Gewerkschaft Erziehung und Wissenschaft, Landesverband Niedersachsen, 27. November 1976.

Zum Begriff Sinnesgeschädigte

Unter welchen Gesichtspunkten ist es überhaupt sinnvoll, die verschiedenen Gruppen der Seh- und Hörgeschädigten unter dem Oberbegriff Sinnesgeschädigte zusammenzufassen? Gibt es eine wissenschaftliche und/oder pädagogisch-pragmatische Legitimation dafür, oder geschieht diese gelegentliche begriffliche Zusammenfassung vor allem aus gemeinsamen, historisch gewachsenen standespolitischen Interessen der mit der Sondererziehung und Rehabilitation dieser Behindertengruppen befassten Lehrer? Handelt es sich bei einer gemeinsamen Fachgruppe von Blinden- und Gehörlosenlehrern bzw. Sehgeschädigten- und Gehörlosenlehrern lediglich um ein Zweckbündnis kleiner Sonderschul-Lehrergruppen gegenüber gemeinsamen größeren Konkurrenten unter insbesondere besoldungspolitischen Gesichtspunkten?

Ohne auf die in neuerer Zeit diskutierte Komplexität des Behinderungsbegriffes näher einzugehen (vgl. BERICHT über das Kolloquium der Deutschen Forschungsgemeinschaft 1976) zeigt es sich, dass es sehr wohl sinnvoll, ja notwendig sein kann, unterschiedliche Behinderungsgruppen unter bestimmten Gesichtspunkten gemeinsam zu betrachten, wenn man zunächst einmal die folgende Unterscheidung mit vollzieht (vgl. Abbildung 1).

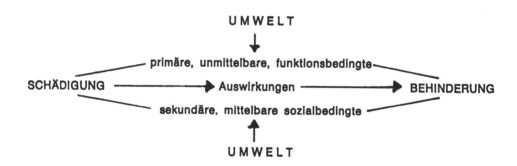

Abbildung 1: Schädigung – Behinderung

Behinderung (Disability) ist das Ergebnis von

• primären, unmittelbaren, funktionsbedingten Auswirkungen eines physiologischen/ psychischen Schadens und

- sekundären, mittelbaren, vor allem sozial bedingten Auswirkungen aufgrund gesellschaftlicher Reaktionen auf einen physiologischen/psychischen Schaden.

Das Gutachten des DEUTSCHEN BILDUNGSRATES 1973 hat das mit aller Deutlichkeit angesprochen: *„Behinderungen werden auf zwei Ebenen wirksam: Einmal als unmittelbare Lebenserschwerung für den Behinderten selbst, zum anderen als Erschwerung sozialer Interaktionen und sozialer Eingliederung im öffentlichen Leben, in den Bildungsinstitutionen, in der Arbeitswelt und im Zusammenleben in der Familie"* (Deutscher Bildungsrat 1973, 33). Im Hinblick auf Gehörlose und Blinde wird ausgesagt: „Die Lebenserschwerungen, die die Behinderungen unmittelbar verursachen, bestehen etwa – beim Gehörlosen in seiner Unfähigkeit, akustische Reize aufzunehmen und zu verwerten..." „– beim Blinden in seiner Unfähigkeit, optische Reize aufzunehmen und zu verwerten..." In Bezug auf die Erschwerungen in der Interaktion und bei der sozialen Eingliederung heißt es, dass „Gehörlose infolge ihrer sprachlichen Eigenheiten außerordentlich schwer Kontakt zu Normalhörenden finden, ...Blinde und Körperbehinderte durch ihre eingeschränkte Mobilität spezifische Schwierigkeiten in der Anbahnung und Aufrechterhaltung des Kontaktes zu Nichtbehinderten haben" (Deutscher Bildungsrat 1973, 33).

Setzt Sonderpädagogik einseitig auf die pädagogische Intervention zur Kompensation der unmittelbaren Behinderungsauswirkungen (Unfähigkeit, akustische Reize aufzunehmen und zu verwerten; Unfähigkeit, optische Reize aufzunehmen und zu verwerten usw.), dann haben in der Tat Gehörlosenpädagogik und Blindenpädagogik wenig Gemeinsames. Dann reduziert sich der sonderpädagogische Auftrag auf behinderungsspezifische didaktische/methodische Konzepte zur Minimalisierung des primären physiologischen Schadens unter Zuhilfenahme vorwiegend individual- und lernpsychologisch orientierter Konzepte mit dem Ergebnis des Postulates weitestgehender Selbständigkeit von Gehörlosenpädagogik, Blindenpädagogik, Sehbehindertenpädagogik, Schwerhörigenpädagogik. Damit kommen soziale Rahmenbedingungen bei der Ausdifferenzierung eines physiologischen/psychischen Schadens zur „Behinderung" nur schwer in den Blick, sie können in das Handeln kaum miteinbezogen werden. Das kann fatale Folgen haben, die in der wissenschaftstheoretischen Diskussion vehement diskutiert werden z. B. unter dem Sammelbegriff *„Stigmatisierung"* (THIMM 1975)[51]. Unter Stigmatisierung versteht man die Zuschreibung von negativen Eigenschaften aufgrund eines Merkmals. Stigmatisierung, also negative Zuschreibungen lägen in unserem professionellen Handeln dann vor, wenn bestimmte (negative) Eigenschaften oder Merkmale der Klienten aufgrund des Sinnesschadens, also als unmittelbare, lineare, funktionale Folge zugeschrieben würden, wobei aber nachweisbar wäre, dass sie in Wirklichkeit das Ergebnis bestimmter sozialer Gegebenheiten sind – also mittelbare, sekundäre sozialbedingte Folgen des primären Schadens. *Unter diesem Aspekt stellt Soziologie einen Behinderungsbegriff immer wieder zur Disposition als ein von Menschen geschaffenes Konstrukt für das Denken über und das Handeln an einer bestimmten Gruppe von Menschen.*

---

[51] Kapitel 2.2 bis 2.5 im vorliegenden Band.

Soziale Dimensionen von Sondererziehung und Rehabilitation

Diesen Sachverhalt, wie also eine in medizinischen Begriffen fassbare primäre „Schädigung" sich unter dem Einfluss von sozialen Faktoren ausdifferenziert und zu „Behinderung" wird und wie die entsprechenden sonderpädagogischen Maßnahmen davon betroffen sind, könnte man von drei Betrachtungsebenen her versuchen aufzudecken: Von der gesamtgesellschaftlichen Ebene, von der institutionellen Ebene und von der individuellen Ebene (Abbildung 2). Dazu seien nur kurz einige Beispiele aufgezeigt.

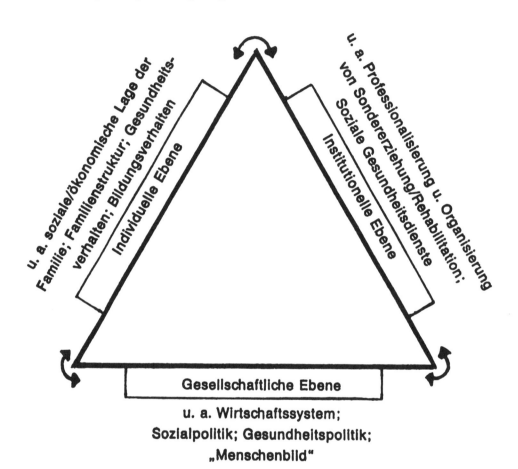

Abbildung 2: Soziale Dimensionen von „Behinderung und Intervention"

Betrachtungsebene: Gesellschaft

Das, was in einer Gesellschaft als Behinderung angesehen wird, richtet sich maßgeblich nach zentralen Werten dieser Gesellschaft. Ihren Niederschlag findet die zentrale Orientierung unserer Gesellschaft an der ökonomischen Verwertbarkeit von Menschen in den sozialrechtlichen Definitionen von Anspruchsberechtigung und der Bestimmung der Art der Hilfeleistung. Im Bundessozialhilfegesetz (BSHG) wird bei allen dort aufgeführten Behindertengruppen neben der Beschreibung der unterschiedlichen funktionellen Einschränkungen für die Anspruchsberechtigung die Gefährdung „in der Teilnahme am Leben der Gemeinschaft, vor allem aber auf einen angemessenen Arbeitsplatz" vorausgesetzt. Die unreflektierte Übernahme der vorwiegend an der ökonomischen Verwertbarkeit von Individuen orientierten Denkweisen auf der institutionellen Ebene, bei der Organisierung von Sondererziehung und Rehabilitation, bis hin zur täglichen Unterrichtspraxis wäre aufzudecken.

Betrachtungsebene: Institutionen

Es lässt sich zum Beispiel nachweisen, dass bestimmte Einengungen der Berufsmöglichkeiten für Blinde und Gehörlose organisationsbedingt sind und nicht aus dem primären Funktionsausfall ableitbar. Hierher gehört der auch oft mit irrationalen Argumenten geführte Streit um die schulische Integrierbarkeit gehörloser und blinder Kinder. Wir täten gut daran, die dazu entwickelten Vorstellungen in den entsprechenden Gutachten des Bildungsrates (HUDELMAYER, JUSSEN, LÖWE, MERSI) zur Kenntnis zu nehmen. In diesen Gutachten wird nicht die Frage nach den Behinderungsspezifika isoliert zum Ausgangspunkt für Überlegungen zu integrativen Beschulungsmöglichkeiten gemacht, sondern das Problem wird als ein zentrales Problem der Organisierung unseres gesamten Schulsystems überhaupt angegangen. Im übrigen fußen die Überlegungen der Autoren ja durchaus auch auf empirischen Erfahrungen andernorts. So ist es jedenfalls eine im Augenblick durch nichts belegte Behauptung, dass zum Beispiel die Vollbeschäftigung Blinder in der Bundesrepublik als das Ergebnis des segregierten Schulsystems für Blinde anzusehen sei. Die relativ günstige Beschäftigungslage im Vergleich zu anderen Ländern dürfte wohl eher eine Folge des sozialpolitischen Systems der BRD sein.

Behinderungsbedingte Defizite können in Organisationen, die zu ihrer Kompensation errichtet wurden, durch diese Organisationen gefördert, verstärkt, modifiziert werden. Diese von GOFFMAN in seinem Buch „Asyle" unter dem Begriff der totalen Institution diskutierten Erscheinungen sind durchaus nachweisbar auch im Bereich der Blinden- und Gehörlosenpädagogik. Die Geschichte der Loslösung der Sehbehinderten- bzw. Schwerhörigenpädagogik von ihren Mutterdisziplinen ist in dieser Hinsicht lehrreich. So weist SCOTT (1969) nach, dass unter dem Einfluss eines für sozialpolitische Zwecke weit gefassten Blindheitsbegriffes in den USA ein Teil der Sehgeschädigten ungeachtet ihres erheblichen Restsehvermögens in die soziale Rolle des Blinden hineinsozialisiert wird. - *The Making of Blind Men* - so lautet der Buchtitel! Die Sozialbeziehungen Sehbehinderter werden unter dem Einfluss der an einem formalen Blindheitsbegriff orientierten Institutionen eingeengt, Mobilität wird eingeschränkt, Hilflosigkeit verstärkt in einem Ausmaß, das in keinem Verhältnis zur tatsächlichen Einschränkung der Sehfunktion steht. Im Bereich der Hörgeschädigtenpädagogik haben GRAF, JUSSEN und SEIFERT auf organisationsbedingte Einschränkungen des Rollenhaushalts Hörgeschädigter hingewiesen. E. M. SCHUR, einer der führenden Stigma-Theoretiker in den Sozialwissenschaften, weist unter Bezug auf die Untersuchungen von Scott gerade am Beispiel der Sehgeschädigten die stigmatisierenden und den Behinderungsstatus verfestigenden Einflüsse von Rehabilitations-Institutionen nach. Das, was einen Menschen mit spezifischen Organausfällen schließlich zum „Blinden", „Gehörlosen", zum „Körperbehinderten", zum „Geistigbehinderten" macht, ist eben nur zum Teil aus den linearen funktionsbedingten Ausfällen erklärbar, es ist zu einem größeren Teil das Ergebnis der diese Menschen umgebenden Sozialbeziehungen. Und die in diesem Zusammenhang wichtigsten Sozialbeziehungen sind vielleicht diejenigen, die in den Rehabilitations-Instituten organisiert sind und denen behinderte Kinder und Jugendliche über viele Jahre hinaus ausgesetzt sind. Inwieweit also Blinden- bzw. Gehörlosenschulen durch die Art des organisierten Umgangs mit ihren Klienten selber Behinderungen mitproduzieren, wäre aufs Ganze gesehen bei uns noch aufzudecken.

Betrachtungsebene: Individuum

In der wissenschaftlichen Diskussion werden lineare Folgen der Sinnesschädigungen auf die Persönlichkeitsentwicklung im Sinne von behinderungsspezifischen charaktereologischen Merkmalen durchweg verneint. Im Vordergrund steht die Deutung so genannter „typischer" Eigenschaften, Merkmale und Verhaltensweisen als reaktive Muster, an deren Zustandekommen soziale Einflüsse maßgeblich mitbeteiligt waren. Inwieweit sich die pädagogische Alltagspraxis von der Psychologisierung „des" Blinden und „des" Gehörlosen freigemacht hat und die sozialisierenden Einflüsse, insbesondere der Familie und der Primärgruppen im Vorschulalter, dann aber auch die vorhin angesprochenen Einflüsse der sonderpädagogischen Organisationen selbst zur Relativierung von Blindheit bzw. Gehörlosigkeit mit in das Handeln einbezieht, möchte ich hier einmal offen lassen. – Nicht alle in der Abbildung 2 genannten Stichworte konnten angesprochen werden.

Zur sozialen Herkunft sinnesgeschädigter Schüler

Am Beispiel ganz konkreter neuerer Forschungsergebnisse zur sozialen Herkunft sinnesgeschädigter Schüler kann das bisher Gesagte vielleicht noch einmal verdeutlicht werden. Ausgangspunkt der Untersuchungen waren kollegiale Gespräche in der Landesblindenschule Hannover, die schließlich zu der Untersuchung von RATH im norddeutschen Raum und zu den Anschlussuntersuchungen von SCHILLER und SIEBERTZ, sowie HASCHTMANN und KRETSCHMER (von Heidelberg ausgehend) führten.

Es gehörte ganz offensichtlich zum pädagogischen Alltagswissen der Blinden- und Taubstummenlehrer des vorigen Jahrhunderts, dass ihre Kinder vorwiegend aus ärmeren Schichten kamen. Der Wandel des Krankheitspanoramas (immer weiteres Zurückdringen postnataler, vor allem infektionsbedingter Verursachung) lässt diesen Sachverhalt für heute nicht ohne weiteres vermuten. So äußern HEESE und SOLAROVA (nach BACH 1975) noch jüngst, dass hinsichtlich der Schichtzugehörigkeit der Familien mit hörgeschädigten bzw. sehgeschädigten Kindern keine Abweichung von der Normalverteilung vorliege. Die angeführten Untersuchungen zeigen nun aber ein hochsignifikantes Überwiegen von Unterschichtkindern in den Schulen der Sinnesgeschädigten.

Abbildung 3: Zur sozialen Herkunft sinnesgeschädigter Schüler (in %)

		\multicolumn{6}{c}{Sozialschichten}		
		OM	MM	UM	OU	UU	SV	O+M	U
BRD	Blinde	2,7	3,5	27,1	35,9	26,8	3,7	33	67
	Sehbehinderte	2,0	4,7	22,6	41,1	26,5	3,4	29	71
Hessen	Gehörlose	7,6	7,3	23,2	43,8	18,1		38	62
	Schwerhörige	4,5	8,6	23,0	41,0	23,0		36	64
	Bevölkerung BRD	8,0	12,0	40,0	27,0	11,0	2,0	60	40

Zum Schichtmessinstrument
OM-obere Mittelschicht, MM-mittlere Mittelschicht, UM-untere Mittelschicht, OU-obere Unterschicht, UU- untere Unterschicht, SV-sozial Verachtete

Das Schichtmessinstrument orientiert sich an den Väterberufen und dem Prestige dieser Berufe. Das von G. KLEINING entwickelte Schichtmodell ist in der empirischen Sozialforschung besonders weit verbreitet. Hinter dem Begriff Sozialschicht - gemessen an dem Prestige einzelner Berufe – steht die Annahme einer ungefähr gleichen Berufs- und Einkommenslage, ungefähr gleiche Ausstattung mit Sozialprestige, die Annahme von ähnlichen, eben schichtenspezifischen Sozialisationsbedingungen im Hinblick auf Sprachverhalten, kognitive Fähigkeiten, Leistungsmotivation, Schulerfolg und Sozialverhalten.

Reichweite der Ergebnisse

Bei den Schülern in den Blinden- und Gehörlosenschulen kann davon ausgegangen werden, dass diese Behindertengruppe total erfasst ist. Die Ergebnisse bezüglich der blinden Schüler sind also für die Bundesrepublik, die bezüglich der gehörlosen Schüler für Hessen generalisierbar. Da sowohl bei den sehbehinderten als auch den schwerhörigen Schülern unbekannt ist, in welchem Ausmaß und ob überhaupt die relativ niedrige Beschulungsrate in den entsprechenden Sonderschulen von schichtenspezifischen Selektionsmechanismen abhängig ist, ist die Reichweite der Aussagen über die Schichtenverteilung dieser Behindertengruppe auf die in den Sonderschulen beschulten Schüler einzuschränken. Abbildung 3 gibt die wichtigsten Ergebnisse wieder.

Blinden-, Gehörlosen-, Sehbehinderten- und Schwerhörigenschulen haben es zum überwiegenden Teil mit Unterschichtkindern zu tun (etwa zwei Drittel der Kinder).
Die vorliegenden Befunde bedürften nun der Diskussion in zwei Richtungen:

- Hinsichtlich der Zusammenhänge zwischen den Ursachen von Sinnesschädigungen und schichtenspezifischen Einflüssen. Diese Überführung in weit verzweigte sozialmedizinische Zusammenhänge, muss, da sie vor allem die Prävention betreffen, hier zunächst ausgespart bleiben.

- Hinsichtlich ihrer Bedeutung für therapeutische und sonderpädagogische Maßnahmen. Zu diesem zweiten Gesichtspunkt können auch nur einige Gedankenanstöße gegeben werden.

Pädagogische Konsequenzen

Damit gewinnen Einsichten in typische Folgen unterschichtenspezifischer Sozialisationsbedingungen für die Sonderpädagogik der Sinnesgeschädigten eine besondere Bedeutung. Aussagen zu behinderungsspezifischen Auswirkungen des jeweiligen Sinnesschadens müssten in Beziehung gesetzt werden zu Erkenntnissen über schichtspezifische Sozialisationsbedingungen und ihre Folgen für die Unterschichtkinder. Im folgenden sind einige Aussagen über den Einfluss von Hörschädigungen bzw. Blindheit auf die Entwicklung des Kindes zusammengestellt. Sie werden kurz in Beziehung gesetzt zu Feststellungen aus der Sozialisationsforschung. Gehörlose Kinder sind in ihrer Intelligenz hörenden Kindern unterlegen (LÖWE 1974, 61, unter Bezug auf verschiedene Untersuchungen): gehörlose Kinder haben ein „beschränkteres oberflächlicheres Weltbild" als Folge des Gehörausfalls. Sie haben eine eingeschränkte Erfahrungswelt, sie sind eingeschränkt im Kenntniserwerb, in der Möglichkeit, Zusammenhänge zu erfassen ... Es ist „unverkennbar, dass der Denkvollzug bei vielen prälingual gehörlosen Kindern am anschaulich Gegebenen haften bleibt, dass sie eine Art Bilderdenken entwickeln, das seinen Ausdruck in der Gebärdensprache findet" (LÖWE, a.a.O., 60). Auf den Gehörlosen allgemein bezogen: „Seine Persönlichkeitsstruktur ist weniger reif und differenziert ... er bleibt ... in seinem äußeren und inneren Verhalten abhängiger von der Umwelt. Begünstigt wird die äußere und innere Armut noch durch seine Erfahrungsarmut, insbesondere im Bereich des sozialen Verhaltens und durch sein damit im Zusammenhang stehendes enges und dürftiges Weltbild" (SEIFERT 1970, 66).

WOLFGART fasst seine Aussagen zusammen in der Feststellung, dass das Verhältnis Gehörloser zu den Mitmenschen gestört sei; er spricht vom gestörten dialogischen Prinzip (zit. bei Löwe, 58).

JUSSEN gesteht, dass Aussagen über die Auswirkungen der Hörbehinderungen auf das psycho-soziale Verhalten der Schwerhörigen (JUSSEN 1974, 212 ff.), sich insgesamt auf ungesicherte empirische Befunde stützen müssen. Im einzelnen werden unter anderem aufgeführt: die unmittelbaren Auswirkungen in der Sprachentwicklung, vor allem formale Störungen in der lautsprachlichen Kommunikation (Aussprachestörungen), eingeschränkter Wortschatz, Mängel im syntaktischen Gebrauch der Sprache. Bezüglich des Sozialverhaltens wird von fehlender Schulreife als Folge mangelnder sozialer Reife berichtet.

Zum Erwerb kognitiver Fähigkeiten und zu den Schulleistungen Schwerhöriger werden folgende Tatsachen aufgeführt: hohe Rückstellungsquoten, geringere geistige Beweglichkeit, Verlangsamung der Denkabläufe, Begriffsarmut, insgesamt Erfahrungsdefizit (JUSSEN a.a.O., 219).
Alle diese Aussagen weisen große Ähnlichkeiten auf mit allgemeinen Feststellungen aus der Forschung über unterschichtenspezifische Sozialisationseffekte bei nichtbehinderten Kindern. Ich greife verhältnismäßig willkürlich einige Feststellungen aus der Sozialisationsforschung heraus:

Gemessen an Sprachstandards der Mittelschicht weisen Unterschichtkinder Abweichungen auf, die je nach Standort des Betrachters als Defizit oder als Differenz interpretiert werden können. Die Sprache dieser Kinder ist mehr situativ bezogen, kontext-abhängig, syntaktisch weniger komplex. Dialogische Kommunikation fehlt weitgehend. Im Vordergrund steht nonverbale Kommunikation. Die Aufzählung könnte mühelos erweitert werden.

Die Einbeziehung sozio-linguistischer Forschung in die Gehörlosen- und Schwerhörigenpädagogik würde immer mehr durch die soziale Herkunft der Kinder mitbedingte Folgen für die Sprachentwicklung aufdecken und in zunehmendem Maße heute immer noch zu einseitig als primär, linear schädigungsbedingt interpretierte Auffälligkeiten relativieren. Konzepte der frühen Sprachanbahnung hätten sich also an den Ergebnissen der allgemeinen Sozialisationsforschung zu orientieren und sich schichtenspezifischen Gegebenheiten anzupassen. Eine Einbeziehung der spezifischen Gegebenheiten der Sozialisationsbedingungen in Unterschichtfamilien würde vermutlich den Effekt von Früherziehungsmaßnahmen steigern.

Ein Ergebnis der Untersuchungen zur sozialen Herkunft blinder Schüler war dieses, dass der weitaus höhere Anteil von Unterschichtkindern nicht durch den relativ hohen Anteil lern- und geistigbehinderter Kinder in den Blindenschulen zu erklären ist. Zu fragen ist aber, inwieweit der hohe Anteil an Lernbehinderten unter den blinden Schülern nicht so sehr eine Folge von zusätzlichen leichteren oder mittleren hirnorganischen Schädigungen ist, sondern mitbedingt wird durch den Zusammenhang zwischen Blindheit und soziokulturell depriviertem Milieu. Die Diskussion über die sozialen Faktoren von Lernbehinderung in der Lernbehindertenpädagogik dürfte unter diesem Gesichtspunkt wohl auch für die Blindenpädagogik von erhöhter Bedeutung sein. Im Bereich von Kommunikation und Lernen geht HUDELMAYER (1975, 66) davon aus, dass die Orientierung im Raum bei Blinden vermehrt intellektuelle Leistungen voraussetzt. Läge nun aber durch die spezifischen Sozialisationsbedingungen in den Unterschichtfamilien eine Einschränkung der kognitiven Fähigkeiten vor, so wären beobachtbare erhebliche Mobilitätseinschränkungen Blinder auch auf soziale Faktoren zurückzuführen.

Für beide Behindertengruppen gilt also, dass gerade im Hinblick auf Frühbetreuung und -beratung unterschichtenspezifische Gegebenheiten der Familien in die Überlegungen mit einbezogen werden müssten. Das sind u. a.: Kommunikationsbarrieren zu staatlichen, sozialen und pädagogischen Institutionen; sprachliche Barrieren bei der Vermittlung von Förderungsprogrammen; mangelnde Zukunftsorientierung und damit Schwierigkeiten, sonderpädagogische Maßnahmen auf eine fernere Zukunft hin abzuschätzen.

Und ein Letztes – bezogen auf beide Behindertengruppen, – kann nur in Fragen formuliert werden: Gehörlose und blinde Kinder befinden sich insgesamt wesentlich länger und auch „totaler" als ihre nicht behinderten Altersgefährten in sekundären Sozialisationsinstitutionen (Sonderschule und Internat, zum Teil mit Berufsausbildung) mit Mittelschicht orientierten Normen. Der größere Teil entstammt aber unteren Sozialschichten. Werden diese Kinder ihrem Herkunftsmilieu in doppelter Weise entfremdet? Einmal sind sie „Fremde" wegen ihrer Sinnesdeprivation; zum anderen werden sie ihrem Herkunftsmilieu (Unterschicht) entfremdet. Inwieweit führt das zur Randständigkeit in einer Randgruppe unserer Gesellschaft? Fördert dieser Sachverhalt das Hineinwachsen in die

Community of the Blind bzw. in die Deaf Community? – In welchem Umfange kumulieren primär schädigungsbedingte und den Prinzipien der Institution Sonderschule (Internatsschule) entgegenstehende Effekte der vorschulischen familiären Sozialisation und führen zu einer Fehlanpassung im Sinne der Schule, wie zum Beispiel zu Lernversagen oder zum Rückfall in nonverbale Kommunikation, die im eigenen Herkunftsmilieu (Unterschicht) unter Umständen von allen Beteiligten als völlig ausreichend empfunden wird?

Das alles mag vielleicht verwirrend klingen – verwirrend sind aber in der Tat die vielfältigen sozialen Faktoren bei der Entstehung dessen, was wir als Behinderung bezeichnen und damit auch die sozialen Einflüsse bei der professionellen Auseinandersetzung mit dem Phänomen „Behinderung". – Ich erinnere noch einmal: Soziologie stellt Behinderung immer wieder als ein von Menschen gemachtes Konstrukt für das Denken und das Handeln an einer bestimmten Gruppe von Menschen zur Disposition.

Sie anzuregen, Ihren Begriff von der Gehörlosigkeit bzw. Blindheit und Ihre Vorstellungen von Folgen zur Disposition zu stellen, das war das Anliegen dieser Ausführungen.

Literatur

BACH, Heinz: Sonderpädagogik im Grundriss. Berlin o. J. (1975).
BERICHT über das Kolloquium „Zum Begriff der Behinderung". Z. Heilpäd. 27 (1976), H. 7.
DEUTSCHER BILDUNGSRAT, Empfehlung der Bildungskommission „Zur Pädagogischen Förderung behinderter und von Behinderung bedrohter Kinder und Jugendlicher", Oktober 1973. Stuttgart 1973.
GOFFMAN, E.: Asyle. Über die Soziale Situation psychiatrischer Patienten und anderer Insassen. Frankfurt 1973.
GRAF, R.: Der Gehörlose und die Erwachsenenbildung. Phil. Diss., München 1967 (unveröffentlicht).
HASCHTMANN, W. und KRETSCHMER, P.: Die soziale Herkunft der Schüler an Schulen für Gehörlose und Schwerhörige in Hessen. Hörpäd. 30 (1976), H. 4.
HUDELMAYER, D.: Die Erziehung Blinder. In: Sonderpädagogik 5., Hrsg. Deutscher Bildungsrat, Gutachten und Studien der Bildungskommission 52, Stuttgart 1975.
JUSSEN, H.: Schwerhörigkeit und soziale Umwelt. Neue Blätter für Taubstummenbildung 24 (1970), 193-208.
DRES.: Schwerhörige und ihre Rehabilitation. In: Sonderpädagogik 2, Hrsg, Deutscher Bildungsrat, Gutachten und Studien der Bildungskommission 30, Stuttgart 1974.
LÖWE, A.: Gehörlose, ihre Bildung und Rehabilitation. In: Sonderpädagogik 2, Hrsg. Deutscher Bildungsrat, Gutachten und Studien der Bildungskornmission 30, Stuttgart 1974.
MERSI, F.: Die Erziehung Sehbehinderter. In: Sonderpädagogik 5, Hrsg. Deutscher Bildungsrat, Gutachten und Studien der Bildungskommission 52, Stuttgart 1975.
RATH, W.: Selektion und Bildungschancen sehgeschädigter Schüler: In: Thimm, W. (Hrsg.), Soziologie der Behinderten - Materialien. Neuburgweier 1971.
SCHILLER, H. u. SIEBERTZ, M.: Die soziale Herkunft der Schüler an Blinden- und Sehbehindertenschulen. Heidelberg 1974 (unveröff. Examensarbeiten).
SCHUR, E. M.: Abweichung und soziale Kontrolle. Frankfurt 1974,
SCOTT, R. A.: The Making of Blind Men. New York 1969.

SEIFERT, K. H.: Das Problem der Sozialisation des gehörlosen Menschen; sowie: Probleme der sozialen Eingliederung Gehörloser. In: Thimm, W. (Hrsg.), Soziologie der Behinderten – Materialien. Neuburgweier 1971.
SIEBERTZ, M.: Die soziale Herkunft der Schüler an Blinden- und Sehbehindertenschulen. Sehgeschädigter. Intern. Wiss. Archiv, No. 6, 1974.
THIMM, W.: Behinderung als Stigma. Überlegungen zu einer Paradigma-Alternative. Sonderpädagogik 5 (1975), H. 4.
DERS.:.: Sinnesbehinderte. In: Handbuch der Sozialmedizin, Bd. 3, hrsg. von M. Blohmke, Ch. v. Ferber, K. P. Kisker, H. Schaefer. Stuttgart 1976.

*2.10 Soziologische Aspekte von Sehschädigungen
Soziale Rolle, Identität und Minderheit (1985)*

Einführung in den Text (2005)

Es handelt sich bei diesem Artikel um eine leicht gekürzte Fassung des Beitrages zum Handbuch der Sonderpädagogik, Band 2 (Pädagogik der Blinden und Sehbehinderten, Hrsg. von W. Rath und D. Hudelmayer) Berlin 1985, 535-568). So wurde der Abschnitt zur Epidemiologie und zur Statistik nicht mit aufgenommen. Hier interessieren heute nicht so sehr die überholten Zahlen im Detail, sondern die in den anderen Kapiteln daraus gezogenen Schlussfolgerungen. Diese haben bei der Analyse neuerer Zahlen sicherlich nicht an Aktualität verloren.

Wegen der frühen soziologischen Beschäftigung mit Problemen der Sehgeschädigten (im engeren Sinne der Blindheit) in Deutschland, vor allem aber auch im anglo-amerikanischen Raum, konnten zu diesem Zeitpunkt (1985) im Lichte unterschiedlicher soziologischer Zugriffe (rollentheoretische Ansätze in Verknüpfung mit identitätstheoretischen Erkenntnissen sowie minderheitensoziologische Phänomene) die Arbeiten zu eingangs dieses Kapitels angesprochenen „Theorien mittlerer Reichweite" am weitesten vorangetrieben werden. Vorangegangen waren ähnliche Versuche zu Problemen der Lernbehinderten und der Körperbehinderten (u. a. in: Soziologische Aspekte der Lernbehinderung, gemeinsam mit E. H. Funke, Handbuch der Sonderpädagogik Bd. 4, Berlin 1977, 581-611; Soziologische Aspekte der Körperbehinderung, gemeinsam mit H. Wieland, Handbuch der Sonderpädagogik Bd. 8, Berlin 1982, 439-448).

Die wichtigsten frühen Arbeiten zu soziologischen Aspekten von Sehgeschädigten zwischen 1968 und 1977 sind im vorliegenden Buch in den vorhergehenden Kapiteln wiedergegeben. Danach erschienen noch einige Studien wie z. B. die von KRÄHENBÜHL (1977, Blinde in gemischten sozialen Situationen); KLEIN-GERBER (1979, Freizeitverhalten); MEYER (1981, zum Problem der soziale Deprivation) und BERNASCONI (1981), zur beruflichen Situation Blinder in der Schweiz.

Der nachfolgende Beitrag fasst die wesentlichen Arbeiten (vor allem auch amerikanische) bis 1985 unter systematischen soziologischen Gesichtspunkten zusammen. Er repräsentiert wohl über die Zielgruppe der Sehgeschädigten hinausgehend den Stand der deutschen Soziologie der Behinderten von den Anfängen bis Mitte der 80er Jahre.

Erst 1997 erschien dann mit dem Buch von CLOERKES (Soziologie der Behinderten. Eine Einführung) ein erster systematischer Überblick über das gesamte Fach Soziologie der Behinderten.

Vorbemerkung (1985)

Soziologische Forschungen zum Phänomen der Sehschädigung haben in den USA eine längere Tradition. Ein erster Höhepunkt ist die rollenanalytisch angelegte Studie von GOWMAN (1957) über die Kriegsblinden. Zur Kenntnis genommen wurden bei uns auch die Arbeiten von CHEVIGNY und BRAVERMAN (1950), CUTSFORTH (1951), besonders aber die Arbeiten von SCOTT (1969 a und b). Diese und einige weitere Veröffentlichungen werden im nachfolgenden Text noch angesprochen. Die Gründe für die mangelnde Rezeption angloamerikanischer soziologischer Ansätze im gesamten Bereich der Behinderungen und die bisher nur vereinzelten eigenen Ansätze im deutschsprachigen Raum mögen einmal in dem generellen Nachholbedarf der unterentwickelten deutschen Soziologie nach 1945 liegen. Die Soziologie verhielt sich dabei auffällig konform mit den gesellschaftlichen Interessen: Die bis vor kurzem weitgehend aus der öffentlichen Diskussion ausgeblendeten Behindertenprobleme waren auch nicht Gegenstand der universitären Soziologie. Eine Ausnahme stellen hierbei die frühen Arbeiten von C. v. FERBER dar. Entscheidende Ansätze sind vom außeruniversitären Bereich ausgegangen, indem einzelne Praktiker ihr Praxisfeld (Rehabilitation Behinderter, in unserem Falle Blinder und Sehbehinderter) durch vertieftes soziologisches Studium zu erhellen versuchten. Im Falle der Blindheit haben sicherlich die außerordentlich harten, zum Teil polemischen, weitgehend auf Missverständnissen und/oder auf der Furcht vor einer als „links" verdächtigten Soziologie beruhenden Reaktionen eines Teils der Blindenselbsthilfeorganisation und der Blindenpädagogen auf die ersten soziologischen Analysen hemmend auf weitere soziologische Untersuchungen gewirkt. Einem Außenstehenden wird man „verfremdende" Sichtweisen, wie sie soziologisch ausgerichtete Analysen nun einmal gegenüber dem Alltagsverständnis darstellen, eher verzeihen (er ist eben Unwissender) als einem „Weisen" im Sinne GOFFMANS (z. B. einem langjährigen Blindenpädagogen) oder gar einem „Seinesgleichen". Dabei zeigen die langanhaltenden Auseinandersetzungen mit dem Buch von THIMM (1971a) interessante Belege für die in soziologischen Analysen angesprochene Minderheitenproblematik.

Sehschädigung und soziale Rolle

A. G. GOWMAN hält das soziologische Konzept der sozialen Rolle für das bedeutsamste analytische Instrument zur „Analyse des Lebens der Blinden" (1957, 45). Nach seiner Ansicht werden alle anderen gesellschaftlichen Rollen durch die gesellschaftliche Bewertung von „Blindheit" umbewertet. Die zentrale Rollenerwartung im Stereotyp „Blinder" ist nach GOWMAN die des Leidtragenden, der in seiner extremen Abhängigkeit ein Anrecht auf „sorgendes, helfendes und unterstützendes Verhalten" der sehenden Umwelt hat (1957, 103). Somit wird das Verhalten Blinder durch dieses Stereotyp stark kontrolliert. Viele soziale Rollen werden aus dem Rollenrepertoire des Blinden herausgenommen, weil sie als nicht relevant für ihn angesehen werden. So werden Blinde nicht in das bedeutsame Bewertungkontinuum „Unterlegenheit – Überlegenheit" einbezogen, weil viele Bereiche des Handelns Sehender mit Blinden den sozialen Status des nichtbehinderten Interaktionspartner überhaupt nicht berühren (GOWMAN). Genaueren Einblick in die Dimensionen des deutschen Stereotyps „Blindheit", brachten die Untersuchungen von THIMM (1971a) und LAUTMANN u. a. (1972). Einige Einblicke in die spezielle Bewertung von Blindheit am Arbeitsplatz gibt die Untersuchung von SEIFERT (1981). Die Grundannahmen GOWMANS werden in diesen, auf unterschiedlichen methodischen Wegen gefundenen Ergebnissen bestätigt. Es ergeben sich aber einige wichtige Differenzierungen.

Alles, was Blinde an den Einstellungen Sehender als diskriminierend empfinden – Klagen darüber durchziehen die gesamte Geschichte der Blindenpädagogik und der Blindenselbsthilfe – beruht im Kern auf der emotionalen Distanz, die Sehende gegenüber Blinden empfinden. Der Blinde ist für Sehende in erster Linie ein einsamer Mensch, der in einer für Nichtbehinderte nur schwer vorstellbaren Gefühlswelt lebt. Das Bild vom Blinden enthält keine negativen Züge durch Zuschreibung gesellschaftlich unerwünschter, negativ sanktionierter Eigenschaften. Die mit Blindheit verbundenen Vorstellungen liegen aber auch außerhalb der Dimension, in der sich die für das auf gesellschaftlichen Erfolg gerichtete Handeln maßgeblichen Beurteilungsprozesse abspielen.

Die Ergebnisse der Untersuchungen zum Blindheitsimage legen die Vermutung nahe, dass es Blinden grundsätzlich eher möglich ist, in dem zweidimensionalen gesellschaftlichen Bewertungssystem von Tüchtigkeit und Beliebtheit einen hohen Grad an Beliebtheit zu erreichen.

Blindheit

(+)	(0)	(-)
Einsamkeit	Gesundheit	Erfolg
Höflichkeit	Intelligenz	Fortschritt
Geborgenheit	Ehrgeiz	Reichtum
Armut	Männlichkeit	Kampf

(+) positive, (0) neutrale, (-) negative Beziehung

Abbildung 1: Dimensionen des Blindheitsstereotyps

Die Einsichten in den Vorstellungsraum „Blindheit" und die Ähnlichkeiten zu anderen Begriffen wurden über eine faktorenanalytische Auswertung einer Untersuchung mit dem Polaritätenprofil gewonnen (THIMM 1971 a). Es ist überraschend, dass LAUTMANN u. a. (1972) über Tiefeninterviews mit Sehenden eine ganz ähnliche Struktur des Blindheitsstereotyps aufdeckten.

Die kurz dargestellten Ergebnisse lassen vermuten, dass es je nach Normenstruktur von sozialen Rollen zu unterschiedlichen Akzentuierungen des Blindheitsstereotyps kommen wird. Untersuchungen über Kausalattribuierungen Sehender bei bestimmten Leistungen Blinder deuten auch daraufhin (WEINLÄDER 1976). Selbst bei den Erwartungen Sehender bezüglich der beruflichen Leistungsfähigkeit Blinder ist nicht von einheitlichen Erwartungen auszugehen. Die Erwartungen Sehender werden zum Beispiel stark davon mitbestimmt, in welchem Positionsfeld sie selber stehen. So zeigt sich bei Seifert, dass Betriebsräte eine positivere Einstellung zu einem Blinden als möglichen Arbeitskollegen haben als Vorgesetzte in einem Betrieb. Auch LUKOFF und WHITEMAN (1970) widersprechen der Annahme Gowmans von der Einheitlichkeit der „Rolle des Blinden". Blindheit gehört für sie zu einem Rollentyp, der keineswegs immer von einheitlichen Erwartungen strukturiert ist, denen nicht ausgewichen werden könnte. Hinzu kommt, dass bei globalen Aussagen über Sehschädigung und sozialer Rolle nicht genügend scharf unterschieden wird zwischen der sozialen Rolle und dem tatsächlichen Rollenverhalten.

Unter Einbeziehung auch anderer Untersuchungen, die das Rollenkonzept thematisieren (SCOTT 1969a und b; JOSEPHSON 1970; MAYADAS 1970KIM 1970; GRENHALGH 1971; MEYERE 1981) wird hier ein Klärungsversuch unternommen, der sich auch im Hinblick auf andere Behinderungsarten und damit im Rahmen einer Soziologie der Behinderten als fruchtbar erweisen könnte. Die nachfolgenden Ausführungen beruhen auf folgenden Grundannahmen soziologischer Rollentheorie:

Die soziale Struktur einer Gesellschaft tritt dem Menschen in sozialen Rollen entgegen. Soziale Rollen sind manifestierte normative Verhaltenserwartungen. Mit der Kategorie der sozialen Rolle ist die Nahtstelle zwischen Individuum und Gesellschaft bezeichnet (DAHRENDORF). Soziale Rollen zeichnen sich durch unterschiedliche Grade der Normenverbindlichkeit aus, sie enthalten also unterschiedlich große Freiräume für die individuelle Ausgestaltung (sog. *„Ichleistungen"*) (vgl. DREITZEL 1968).

Ferner ist folgende weitere Differenzierung hilfreich: Soziale Rollen unterscheiden sich dadurch, aus welchen gesellschaftlichen Teilbereichen ihre Normen (auch im historischen Kontext) resultieren und auf welche Handlungsfelder sie sich beziehen. In der Kultur verankerte Rollen, durch frühe Sozialisationseinwirkungen vorgeprägt, zeichnen sich durch einen hohen Grad der *Identifikation* aufgrund verinnerlichter Normen aus (Sozialisierungsrollen nach DREITZERL, z. B. die Rolle „Mutter"). Nur vorübergehende, nicht die ganze Person betreffende Situationsrollen können zwar außerordentlich stark normiert sein (z. B. bei einem Spiel mit starren Regeln), verlangen aber einen nur verhältnismäßig geringen Grad an Identifikation (situationsbezogene Rollen).

Die nachfolgende Klassifikation von sozialen Rollen (Abbildung 2) lehnt sich an ein Schema von DREITZEL an. Sie dimensioniert soziale Rollen einmal hinsichtlich der Herkunft der Normen und damit des *Grades an Identifikation* (waagerecht), zum anderen (senkrecht) hinsichtlich der *Sanktionsverbindlichkeit* der Rollennormen (Art der Normen). Die Verfügbarkeit einer Rolle, die erfolgreiche Ausführung verlangt eine je spezifische Rollendistanz. Sie ist eine Funktion des ausbalancierten Verhältnisses zwischen der für eine Rolle erforderlichen *Identifikation* und der Sanktionsverbindlichkeit und damit der Freiräume zu *Ichleistungen*.

Hochdifferenzierte und spezialisierte Gesellschaften zeichnen sich dadurch aus, dass der gesellschaftliche Rollenhaushalt und damit auch der des Individuums enorm ausgeweitet wurde. Diese Ausweitung vollzog sich durch Ausdifferenzierung der Normen sowohl hinsichtlich ihrer Herkunft und als auch ihrer Sanktionsverbindlichkeit. Damit verbunden ist eine scharfe Trennung von Verhaltensbereichen und die Tendenz zur Affektverdrängung in den öffentlichen instrumentalen Rollen (vgl. Dreitzel 384 ff.). Deutlich wird das z. B. in der Rolle „Frau". Die Aufhebung des einheitlichen Sinnes, der durch starre Normen und verfestigte kulturelle Verhaltensmuster definierten Sozialisierungsrolle „Frau" vollzog sich in zwei Dimensionen: Aufsplitterung der Rolle in einzelne Segmente mit unterschiedlich stark erforderlichen Identifikationen und Ausdifferenzierung nach dem Grad der Verbindlichkeit der Normen (die Frau als Ehepartnerin; Mutter; Arbeitskollegin; Vorgesetzte; Studentin; Vereinskameradin usw.)

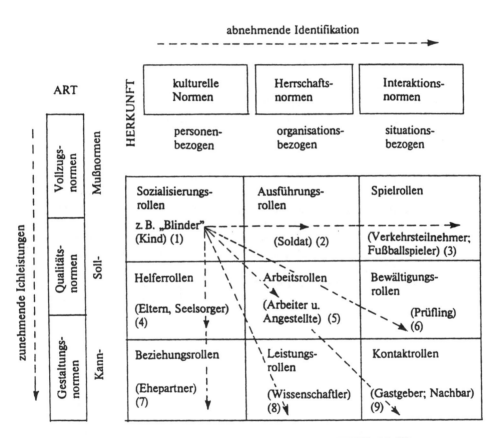

Abbildung 2: Klassifikation von sozialen Rollen (DREITZEL 1968)

Wenn in geschichtlichen Dokumenten von Blinden als Seher, Sänger oder Weise berichtet wird, so lag in dieser gesellschaftlichen Positionszuweisung mit ihrer genauen und umfassenden Fixierung der Verhaltensvorschriften grundsätzlich kein Sonderfall vor. Die Rolle des „Blinden" wäre in unserem Schema als Sozialisierungsrolle zu bestimmen. GOWMAN scheint nun davon auszugehen, dass dies auch noch in unseren modernen Industriegesellschaften der Fall ist. Aber schon die historischen Dokumente über berühmte Blinde in den alten Kulturen zeigen deutlich: Blindheit brachte keineswegs für alle davon Betroffenen einen einheitlichen, gleichen Status „des Blinden" mit sich. Die gesellschaftliche Positionszuweisung war von anderen gesellschaftlichen Normen mitbestimmt, die zwingendere Rollenvorschriften darstellten als die aus dem Blindheitsstereotyp resultierenden. So gab es neben berühmten blinden Sehern, Priestern, Sängern und Tänzerinnen eben auch die Vorschrift zur Vernichtung blinder (und anders behinderter) Kinder, das Heer der blinden Bettler, Sklaven und Prostituierten. Angeborene Statusmerkmale (wie Zugehörigkeit zu einer bestimmten Klasse) rangierten in ihrer Bedeutung für die gesellschaftliche Positionszuweisung *vor* dem zusätzlichen Merkmal „blind" (Quellen dazu bei KRETSCHMER 1925; GUTTENBERG 1968). Von einer einheitlichen, die anderen Rollen in gleicher Stärke und Richtung beeinflussenden sozialen Rolle des Blinden kann also schon nicht ausgegangen werden in den älteren, weniger differenzierten Gesellschaften. Viel weniger sinnvoll ist es, angesichts der kurz angedeuteten Rollendifferenzierung in modernen Gesellschaften, von einer solchen globalen Bestimmung der Rolle des Blinden auszugehen.

Ausgehend von den bisherigen Überlegungen, die unter rollen-theoretischen Aspekten einer hier nicht zu leistenden weiteren Differenzierung bedürften, sollen beispielhaft einige Auswirkungen von Sehschädigungen auf den Rollenhaushalt, auf die Modifizierung einiger Rollen und auf möglicherweise daraus resultierende Anpassungsmuster dargestellt werden.

Die hochindustrialisierte Gesellschaften auszeichnende Tendenz zur fortschreitenden Normendifferenzierung und die damit verbundene Ausweitung des Rollenhaushaltes und Ausdifferenzierung von Rollen betrifft auch die Behinderten, a) sie trägt möglicherweise zur Konstituierung neuer Behinderungstatbestände selbst bei. Nur in Ausnahmefällen kommt es zu einer totalen Einschränkung des Rollenspielraumes, zum Ausschluss aus allen Rollenverhältnissen der „nichtbehinderten" Gesellschaft, wie es Dörner für die „klassischen" psychischen Behinderten (Psychotiker) nachweist (DÖRNER 1972, 130 ff.), Auch bei geistig Behinderten, insbesondere bei den schwerstbehinderten, ist diese Tendenz nachweisbar. Die gesellschaftliche Stellung dieser Menschen ist als „Nicht-Rolle" (DÖRNER) zu kennzeichnen. Bei Blinden und Sehbehinderten können wir nicht, wie gezeigt wurde, von einer total normierten, kulturell tief verankerten Sozialisierungsrolle ausgehen, die zu einem Ausschluss aus allen gesellschaftlich bedeutsamen Rollen führt.

Es sei an einige wesentliche Aspekte des Blindheitsstereotyps erinnert. Danach ist der Blinde in erster Linie ein zur Innerlichkeit neigender, einsamer, gehemmter Mensch, der seine innere Ausgeglichenheit und Aussöhnung mit dem Schicksal durch eine nach außen gewendete gutmütige Höflichkeit zum Ausdruck bringt. Das gesellschaftliche Stereotyp vom Blinden weist keine oder nur eine schwache negative Beziehung zu solchen Begriffen auf, welche die Leistungsorientierung unserer Gesellschaft repräsentieren (Gesundheit, Intelligenz, Männlichkeit, Erfolg). Es ist leistungsneutral. Weicht nun das Selbstimage der

Behinderten von dieser gesellschaftlichen Interpretation ab, dann dürfte es in solchen Situationen, in denen Leistungsnormen das Verhalten aller Beteiligten bestimmen, zu komplizierten Normenkonflikten kommen. Dies soll unten am Beispiel von Berufsrollen verdeutlicht werden.

Das Rollenhandeln Behinderter wird aber – neben dem Behinderungsstereotyp der nichtbehinderten Umwelt – noch von einer Reihe anderer Faktoren maßgeblich beeinflusst. Wir versuchen im folgenden, einige von ihnen zu beschreiben.

Soziale Rollen als Bündel von Verhaltenserwartungen, die auf eine soziale Position gerichtet sind, aktualisieren sich in sozialen Situationen. Gelingt es uns, die Normenstruktur solcher sozialen Situationen freizulegen, das heißt, das Geflecht von Verhaltenserwartungen und -entsprechungen der behinderten und nichtbehinderten Interaktionspartner, so ist damit ein erster Beitrag zur Operationalisierung von Rehabilitationsbedürftigkeit geleistet.

Die beiden Untersuchungen von LUKOFF und WHITEMAN (1969) und MAYADAS (1970) versuchen, die Beziehungen zwischen Normensendern (sehende Umwelt), Wahrnehmung der Normen durch die Sehgeschädigten und Verhalten von Sehgeschädigten aufzudecken. Die erste Studie bezieht insgesamt 598 Sehgeschädigte im Alter von 15-54 Jahren mit unterschiedlichen Sehschädigungsgraden ein (einschließlich der im deutschen Sprachgebrauch Sehbehinderten), die zweite Studie erstreckt sich auf 62 blinde Schüler.

Bei LUKJOFF und WHITEMAN werden die erfragten Normen verschiedener Bezugsgruppen (Familie, sehgeschädigte Freunde, sehende Freunde, Arbeitskollegen), so wie sie von den Behinderten wahrgenommen werden, zu einem Index zusammengefasst und den Dimensionen „abhängig" – „unabhängig" zugeordnet. Die durch diesen Index repräsentierten Verhaltenserwartungen hinsichtlich der Selbständigkeit werden in Beziehung gesetzt zu den ebenfalls nach Abhängigkeitsgraden klassifizierten Selbststandards und zu einigen nach gleichen Kriterien konstruierten Rollentypen. Alle drei Bereiche (wahrgenommene Normen, Selbststandards, erfragtes Rollenverhalten) bezogen sich auf Aspekte der beruflichen Rolle, der Rolle als Verkehrsteilnehmer, der Rolle als Selbstversorger (z. B. Essen, Einkaufen). Dabei ging die berufliche Rolle mit dreifacher Gewichtung in die Rollenklassifizierung (von most independent bis least independent) ein. Aus der Fülle der Einzelergebnisse seien einige, für unsere weitere Diskussion wichtige, herausgestellt.

1. Die Interpretation von Blindheit als „extreme Abhängigkeit und Hilfsbedürftigkeit" durch sehende Bezugspersonen variiert nicht nur im Hinblick auf verschiedene Rollen, sondern auch innerhalb einer Rolle (z. B. der Berufsrolle) zwischen den verschiedenen Normensendern. Ergebnisse bei SEIFERT (1981) deuten auch daraufhin. Hier schätzen Vorgesetzte, Betriebsangehörige, Lehrlinge und andere Beschäftigte die berufliche Leistungsfähigkeit Behinderter unterschiedlichein: Wie LUKOFF und WHITEMAN zeigen, ist die Einschätzung der Leistungsminderung eines Sehgeschädigten durch Sehende weiterhin von bestimmten Merkmalen des Sehgeschädigten abhängig (z. B. Geschlecht; Restsehvermögen; Zeitpunkt der Erblindung; schulischer und ethnischer Status).

- „Blindheit als Hilfsbedürftigkeit" strukturiert in stärkerem Maße solche Rollen oder Rollensegmente, die von instrumental-leistungsorientierten Normen bestimmt sind. Der Normendruck steigt, wenn der Rollensender selbst Interaktionspartner in der betreffenden Situation ist. Die Erwartungen der Arbeitskollegen in der Arbeitssituation sind von größerer Relevanz als die beruflichen Erwartungen von Vorgesetzten, von Familienangehörigen oder auch anderen Blinden, etwa der Blindenorganisation.

- Männlichen Sehgeschädigten, Sehgeschädigten mit höherer Intelligenz und höherem Schulbildungsniveau, mit höherem ethnischen Status, aus höheren Sozialschichten und mit steigendem Restsehvermögen wird ein höherer Grad an Selbständigkeit zugetraut; ebenso später Erblindeten gegenüber Geburts- oder Früherblindeten. Diese letzten Erwartungen stehen zum Teil im Gegensatz zum tatsächlichen Verhalten (siehe unten).

Von LUKOFF und WHITEMAN nicht näher untersucht wird die entscheidende Frage, inwieweit die Fähigkeit Sehgeschädigter zur Wahrnehmung von Normen und zu ihrer Interpretation von der Sehfunktionseinschränkung selbst, aber auch, wahrscheinlich in entscheidenderem Maße, von den Sozialisationseinflüssen des *„Blindness-System"* (Schulen, Rehabilitationseinrichtungen, Blindenselbsthilfeorganisationen) beeinflusst wird. Diese Frage wird noch einmal aufgegriffen.

2. Von entscheidendem Einfluss ist die Einschätzung der Befragten selbst, wie sie glauben, mit den in der Untersuchung angesprochenen Rollen fertig zu werden (Selbststandards).

So ist der erreichte Grad der Unabhängigkeit in den angesprochenen Rollen bei den Sehgeschädigten mit hohem Selbststandard generell höher als bei denen, die sich eher als unselbständig einschätzen. Das trifft auch dann zu, wenn die an Selbstständigkeit orientierten Behinderten sich starken Unselbständigkeitserwartungen von Seiten der sehenden Bezugspartner ausgesetzt sehen. Sie weichen von den Erwartungen, insbesondere von Arbeitgebern und sehenden Bekannten stark ab. Das trifft z. B. bei blinden Akademikern zu.

An Unselbständigkeit orientierte Sehgeschädigte zeigen demgegenüber eine hohe Konformitätsrate, und zwar nicht nur dann, wenn von ihnen Hilflosigkeit erwartet wird, sondern auch dann, wenn Selbständigkeit erwartet wird: In solchen Situationen versuchen sie, sich dem ihren Selbststandard nicht entsprechenden Normen anzupassen.

Die Reaktionen auf die Erwartungen der sehenden Bezugspersonen sind abhängig von dem vorhandenen Restsehvermögen und dem Eintritt der Sehschädigung. So zeigen Sehgeschädigte mit größerem Restsehvermögen größere Unsicherheiten und finden sich in dieser Untersuchung in stärkerem Maße in der Gruppe der Unselbständigen. Früherblindete zeigen größeres Selbstvertrauen hinsichtlich ihrer Selbständigkeit und finden sich auch mehr in dem Rollentyp „unabhängig" wieder.

Die wenigen Beispiele zeigen, dass es zu vielfältigen Normenkonflikten in konkreten Situationen kommen kann, die mit der Annahme, das Blindheitsstereotyp erzeuge automatisch den „Typ" des unselbständigen Blinden, völlig unzureichend beschrieben sind. Es verdient vor allem festgehalten zu werden, dass es den an der oberen Grenze zur amtlichen Blindheit (nach der amerikanischen Definition) liegenden Sehgeschädigten (also den Sehbehinderten in unserem Sinne) offensichtlich schwerer gelingt, sich aus der Umwelt resultierenden Abhängigkeitsnormen zu widersetzen. Es kommt zu Identifikationsschwierigkeiten in der marginalen Position zwischen Blinden und Sehenden.

Die Untersuchung von MAYADAS erweitert den Ansatz von LUKOFF und WHITEMAN insofern, als die erfragten Normen, so wie sie von den Blinden wahrgenommen werden, in Beziehung gesetzt werden können zu den tatsächlichen Verhaltenserwartungen der untersuchten sehenden Bezugsgruppen (Lehrer, Eltern bzw. Internatspersonal). Gehen Lukoff und Whiteman von der ungeprüften Hypothese aus, dass sich wahrgenommene Normen und von den Bezugspersonen ausgesandte Normen decken, so zeigt die Studie von Mayadas, dass auch hier differenziert werden muss. Von einer Deckungsgleichheit kann nur dann ausgegangen werden, wenn die normenaussendenden Bezugsgruppen mit den Blinden „akkulturiert" sind (etwa als Eltern oder als pädagogisches Personal). Es ist also zu erwarten, dass in sozialen Situationen außerhalb solcher Bezugsgruppen schon die Wahrnehmung der Normen bei Sehgeschädigten gestört ist. Interpretationen aus dem *„Blindness-System"* erhalten somit eine hervorragende Bedeutung.

Die das Rollenhandeln angesichts einer Sehschädigung beeinflussenden Faktoren (Grad der Funktionseinschränkung, Wahrnehmung und Einschätzung der Erwartungen der anderen, stereotypisierende Erwartungen der Interaktionspartner, unterschiedliche Normenstruktur einer Rolle, Einfluss behinderungsspezifischer Sozialisationsagenturen wie Sonderschulen, Selbsthilfeorganisationen) sollen an zwei Beispielen konkretisiert werden. Wir greifen zwei unterschiedliche Rollentypen heraus, einmal die von organisationsbezogenen Normen strukturierte Berufsrolle, zum anderen den Bereich der von situationsbezogenen Normen mit schwachem Verbindlichkeitscharakter bestimmten Kontaktrollen (siehe Abb. 2).

Beispiel 1: Berufsrollen (Rollentypen 2, 5, 8 aus Abb. 2)

Die Berufsmöglichkeiten Blinder sind sowohl in vertikaler als auch in horizontaler Hinsicht außerordentlich begrenzt. Der größte Teil der berufstätigen Blinden verteilt sich auf drei Bereiche: bürotechnischer Bereich, industrielle Fertigung, handwerklicher Bereich (und hier z. T. in Werkstätten für Behinderte). Der relative Anteil Blinder an Tätigkeiten auf niedrigem Niveau ist deutlich höher als in der nichtbehinderten Bevölkerung, wie schon 1971 gezeigt wurde (THIMM 1971 a, 69 ff.; MEYER 1981; BERNASCONI 1981). Blinde in bürotechnischen und industriellen Tätigkeiten sehen sich also auf ihren eng spezialisierten Arbeitsplätzen relativ starren tätigkeitsbezogenen Normen mit mittlerem Identifikationsgrad ausgesetzt. Bezogen auf unser Rollenschema (Abb.2) handelt es sich dabei um Ausführungsrollen, allenfalls um Arbeitsrollen. Wie an anderer Stelle ausführlich – auch grafisch – dargestellt (THIMM 1972 a, 246 ff.), kann es in der konkreten Arbeitsplatzsituation zu einer Reihe von Normenkonflikten kommen.

- Blinde können wegen funktionsbedingter Einschränkungen, aber auch wegen mangelhafter Vorbereitung den instrumentalen, tätigkeitsbezogenen Erwartungen nicht entsprechen. Das wird man durch entsprechende berufliche Qualifizierung und großer Sorgfalt bei der Vermittlung auf einen Arbeitsplatz, verbunden mit blindentechnischer Umrüstung, in aller Regel vermeiden können.

- Die Bewertung von Blindheit durch die sehenden Arbeitskollegen – wie wir sahen, dadurch charakterisiert, dass sie stark emotional geprägt und leistungsirrelevant ist – steht dem Anspruch des Behinderten auf Einbeziehung in die Leistungsbeurteilung entgegen. Die Einschätzungen des Behinderungsmerkmals im Hinblick auf die konkrete berufliche Tätigkeit weichen voneinander ab.

- Eine weitere Gefahr besteht darin, dass die Bewertung der Berufstätigkeit (das Leitbild von Beruf) von der kulturspezifischen Bewertung, wie sie von den nichtbehinderten Kollegen am Arbeitsplatz aktualisiert wird, abweicht. Erwartungen Sehgeschädigter an den Beruf, die weit über die ökonomische Funktionsleistung und der Tätigkeit eine hohe Sozialfunktion abverlangen, etwa im Hinblick auf außerberufliche Sozialkontakte oder auf leidenskompensierende Wirkung, konkurrieren auf den meisten Arbeitsplätzen mit einer nüchternen „Jobmentalität" der nichtbehinderten Kollegen.

- Die Sozialfunktion von beruflicher Tätigkeit im Hinblick auf die Prestigezuweisung unterliegt einer Gefährdung, wenn das Sozialprestige einer ausgeübten Tätigkeit von Behinderten überschätzt wird. Auch hierzu gibt es Hinweise, insbesondere in den Darstellungen von Berufstätigkeiten durch die Blindenselbsthilfeorganisationen.

Für die hier in aller Kürze dargestellte mögliche divergente Strukturierung von Berufsrollen angesichts von Blindheit liegen Einzelbefunde in den schon angesprochenen amerikanischen Untersuchungen vor, aber auch in Befunden bei THIMM 1971 a, BERNASCONI 1981, MEYER 1981, SEIFERT 1981. Sie bedürfen der systematischen Aufarbeitung unter rollentheoretischen Gesichtspunkten, um zu weiteren fruchtbaren Hypothesen zu kommen. E
gehalten werden:

Blinde Berufstätige sehen sich in den von relativ starken Normen strukturierten beruflichen Rollen einem doppelten Druck ausgesetzt. Einmal haben sie Schwierigkeiten, die verschiedenen Aspekte der Berufsrolle erwartungsgemäß zu erfüllen. Das resultiert zum Teil aus behinderungsspezifischen Funktionseinschränkungen, zum Teil aber auch aus nicht zureichender Vorbereitung und Ausbildung. Es gelingt ihnen noch am ehesten, den eng spezialisierten instrumentalen Arbeitsnormen zu entsprechen. Größere Schwierigkeiten ergeben sich aufgrund der sozialisierenden Einflüsse des Blindness- Systems bei den sozialen Aspekten der Berufsrolle (ökonomische Funktion versus leidenskompensierender Funktion; Einschätzung des zu beanspruchenden Sozialprestiges). Ein zusätzlicher Druck ergibt sich aus leistungsabwertenden Erwartungen der nichtbehinderten Kollegen.

Vieles deutet daraufhin, dass es zu zwei typischen *Rollengefährdungen* kommen kann.

1. Als Folge des Normendrucks durch die tätigkeitsbezogenen Normen, deren soziale Anteile als widersprüchlich erfahren werden, kann es zu einer Überanpassung an die relativ eindeutig normierten instrumentalen Anteile der Arbeitsplatznormen kommen. Dieses Muster wird einem Blinden unter Umständen aus Einflüssen des *Blindness-Systems* nahegelegt, etwa in der Forderung, dass ein Blinder eben doppelt soviel leisten müsse wie ein Nichtbehinderter, um anerkannt zu werden. Es kann zu einer totalen, ritualistischen Anpassung an einzelne Aspekte der Berufsrolle kommen mit einem zu hohen Grad an Identifikation. In diesem Falle liegen *Distanzierungsstörungen* (DREITZEL) vor.

2. Vielen Blinden fällt es schwer, sich den aus dem Blindheitsstereotyp der Nichtbehinderten resultierenden Normen zu entziehen. Das zeigten auch die Befunde bei LUKOFF und WHITEMAN. Passt der Blinde sich diesen Normen an, dann bestätigt er die Erwartungen der sehenden Kollegen. Die Erfüllung der Berufsrolle erstreckt sich auf einige soziale Teilaspekte des Akzeptiertwerdens: ein netter, stiller Kollege, der von allen anerkannt wird, wenn er den Arbeitsablauf nicht stört. Mangelnde Distanzierung vom Behinderungsstereotyp wird zwar mit teilweiser sozialer Akzeptierung belohnt, bedeutet aber gleichzeitig Ausschluss aus allen wesentlichen, die Berufsrolle strukturierenden Leistungsnormen (*Kontaktstörungen* nach DREITZEL).

Wie wir schon sahen, verschärfen sich diese Rollenkonflikte, wenn die Erwartungen der Blinden aus einem hohen Selbstanspruch entspringen. Dieses scheint bei Sehgeschädigten mit höherem Schulbildungsabschluss und einem akademischen Studium der Fall zu sein. Akademische Berufe (Juristen, höhere Verwaltungsbeamte, Lehrer, Wissenschaftler) zeichnen sich durch einen höheren Anteil nicht klar normierter Rollenanteile aus (Leistungsrollen in unserer Abb. 2) Sie bedürfen in weiten Bereichen der individuellen Interpretation und erfordern im hohen Maße die Fähigkeit zur Anpassung an wechselnde, nicht eindeutig normierte Situationen. Dass es hier zu Rollenstörungen in erheblichem Umfang kommen kann, deuten die Ergebnisse von MEYER an, in dessen Untersuchung Blinde in höheren Berufspositionen ihre Lage eher als Außenseiter empfinden als blinde Stenotypisten, Telefonisten oder Handwerker (1981, 358).

Leider fehlt es weitgehend an Untersuchungen zur beruflichen Situation Sehbehinderter. Hier lassen sich amerikanische Untersuchungen, die Sehgeschädigte mit einer in deutscher Definition als Sehbehinderung zu interpretierenden Sehfunktionseinschränkung in den Kreis der Blinden (legal blind) einbeziehen, zur Klärung der deutschen Situation kaum gebrauchen.

Vorliegende kleinere, unveröffentlichte Studien zur beruflichen Situation von Abgängern der Sehbehindertenschulen bedürften noch der systematischen theoretischen Aufarbeitung (zumeist handelt es sich um Staatsexamensarbeiten an den Studienstätten des Faches Sehbehindertenpädagogik in Dortmund, Hamburg und Heidelberg). Folgende Gesichtspunkte sollten dabei in den Vordergrund gestellt werden:

- Inwieweit treten Rollenkonflikte auf in der Abgrenzung zur Population der Blinden?

- Wie bewältigen Sehbehinderte ihr in den meisten Fällen nicht ohne weiteres sichtbares Stigma (ihre Diskreditierbarkeit im Sinne GOFFMANS)? Welche Strategien entwickeln sie dabei am Arbeitsplatz?

- Welchen Erwartungen hinsichtlich ihrer beruflichen Leistungsfähigkeit sehen sie sich ausgesetzt, wenn die Behinderung offensichtlich bzw. bekannt ist?

- Können Sehbehinderte mit einem „Behindertenrabatt" rechnen? Wie sehen dabei die Vor- und Nachteile aus?

Es sei ausdrücklich darauf verwiesen, dass der hier vorgelegte Ansatz zur rollentheoretischen Abklärung der Berufsprobleme Sehgeschädigter sich relativ unabhängig vom Behinderungsmerkmal auch als fruchtbar erweisen könnte im Hinblick auf andere Behindertengruppen, insbesondere bei Hörgeschädigten und im engeren Sinne Körperbehinderten (physically disabled). Die äußere Struktur des Bildungs- und Ausbildungssystems, sonderpädagogische Zielsetzungen sowie die Befunde zu den gesellschaftlichen Einstellungen (sehr eindrucksvoll bei SEIFERT 1981 bezogen auf die berufliche Situation) weisen so große Ähnlichkeiten auf, dass auf ähnliche Berufsrollenkonflikte geschlossen werden kann.

Beispiel 2: Kontaktrollen (Rollentyp 9 aus Abb. 2)

Sehschädigungen verschiedener Grade machen sich besonders störend bemerkbar in Situationen, die durch Normen mit relativ hohem Anteil an „*Ichleistungen*" strukturiert sind. Dies wurde schon am Beispiel der akademischen Berufsrolle deutlich. Rollen, die „fallweise, situationsadäquates Verhalten" (Gehlen) erfordern, die also neben dem geringen Anteil an klar definierten Verhaltensvorschriften bei einem hohen Anteil an Ichleistungen nur partielle und vorübergehende Identifikation erfordern, dürften für Behinderte zum besonderen Problem werden, da sie die Antizipation vielfältiger Rollen im Verlaufe des Sozialisationsprozesses sowie einen hohen Grad an Informiertheit und Flexibilität in konkreten Situationen voraussetzen. In unserem Rollenschema (Abb. 2) sind solche Rollen als *Kontaktrollen* gekennzeichnet.

TONKOVIC(1966) bemerkt völlig zu Recht; dass diesem von ihm mit „sozialen Kontaktstörungen" bezeichneten Bereich bisher wenig Aufmerksamkeit in der Fachliteratur gewidmet wurde. Im einzelnen beschreibt er sechs Situationskategorien näher (Situationen des Kennenlernens, des Wiedererkennens, der Identitätsbestimmung, des Erkennens, des Grüßens, des Orientierens). Wenn auch kein ausdrücklicher Bezug auf soziologische Begriffe genommen wird, so ist mit diesem Systematisierungsversuch schon mehr gewonnen, als mit einer unsystematischen Aufzählung von „Regeln" für den „Umgang zwischen Blinden und Sehenden" (so bei GARBE 1965). Dem Bereich des alltäglichen Umganges mit Sehgeschädigten widmet sich auch eine kleine Informationsbroschüre des Deutschen Blindenverbandes (van DYCK 1977). Etwas systematischer analysiert GOWMAN eine konkrete Situation (Einkaufen) mit Hilfe eines entsprechenden Experimentes (GOWMAN 1957, 186 ff.). MEYER spricht diesen von uns mit

Kontaktrollen bezeichneten Bereich unter rollenanalytischen Aspekten ebenfalls an und ordnet ihm Befunde aus seiner Untersuchung zu (MEYER 1981, 359 f.).

Im einzelnen stellen sich für Sehgeschädigte bei der Bewältigung von Kontaktrollen (zu denken wäre hier etwa an Rollen wie: Gast, Gastgeber, Nachbar, Straßenpassant, dem ein Bekannter begegnet, Käufer, Theaterbesucher) folgende Probleme:

- Der Anlass der Situation muss bekannt sein. Das dürfte für Sehgeschädigte in den meisten Fällen zutreffen.

- Allgemeine gesellschaftliche Typisierungsschemata (z. B. alt – jung, männlich – weiblich) zur ersten Orientierung des Verhaltens können nur verzögert oder gar nicht ins Rollenspiel eingebracht werden.

- Identitätsaufhänger der an der Interaktion beteiligten Personen sind gar nicht oder nur schwer zu erkennen. Dazu gehören das Erkennen von nur optisch wahrnehmbaren Rollenattributen wie Kleidung, äußeres Aussehen; dazu gehört auch die Schwierigkeit, bekannte Personen in einer Situation wiederzuerkennen. Diese Basisinformationen sind für jeden Interaktionsteilnehmer wichtig und lassen sich über optische Wahrnehmung leicht beschaffen.

- Ein spezielles Problem stellt sich für Sehgeschädigte in der Erfüllung von Erwartungen hinsichtlich des körperlichen Verhaltens, der Gestik und Mimik, die in relativ unstrukturierten und wechselnden Situationen von besonderer Bedeutung sind. Hier fällt es insbesondere Blinden oft schwer, den Rollenbräuchen als Gesprächsteilnehmer, Diskussionsteilnehmer, Gesellschafter o. ä. zu entsprechen und sich auf die ablaufenden Interaktionsprozesse angemessen einzustellen (z. B. Ausrichtung des eigenen Verhaltens an nur optisch wahrnehmbaren Reaktionen von Gesprächsteilnehmern).

In allen diesen Bereichen dürfte es auch zu Schwierigkeiten kommen für Sehbehinderte. Für Blinde wie für Sehbehinderte stellt sich in den von uns beschriebenen Kontaktrollen noch ein besonderes Problem: die Inszenierung der Information über die eigene Person als Behinderter.

- Sowohl Blindheit, sehr viel häufiger aber Sehbehinderungen, sind vor allem in den hier angesprochenen Kontaktrollen-Situationen für die anderen nicht unmittelbar wahrzunehmen. Es ergibt sich nun für Sehgeschädigte eine Reihe von Verhaltensalternativen aus der Frage, ob die Behinderung von den anderen unmittelbar identifiziert werden kann oder durch Vorabinformation bekannt ist. Dann ist der Behinderte „diskreditiert" (GOFFMAN 1967) und sein Verhalten erhält eine andere Richtung als für den Fall, dass niemand der Beteiligten die Behinderung unmittelbar wahrnehmen kann und auch keinerlei Information darüber hat. Der Behinderte ist „diskreditierbar". Es ist für einen Sehgeschädigten also wichtig zu wissen, ob die Behinderung als bekannt vorausgesetzt werden kann oder nicht, ob sie in letzterem Falle in die Situation eingebracht werden soll oder nicht und in welcher Weise dies geschehen soll. Damit sind nur einige der Informationskontrollprobleme angesprochen.

Isolierende Sondereinrichtungen im Verlaufe des Sozialisationsprozesses Sehgeschädigter mit einem Verlust an antizipatorischem Rollenlernen, spezifische Funktionseinschränkungen im Hinblick auf offen strukturierte soziale Situationen und erhöhte Anforderungen bezüglich der Informationskontrolle über das Stigma in vorübergehenden, schwach normierten Rollen bedrohen die erwarteten Ichleistungen (also den persönlichen Spielraum zur Rollengestaltung) und führen zu Orientierungsstörungen (DREITZEL).

Fassen wir zusammen: Je nach Konstellation von Normenstrukturen sozialer Rollen, Bedeutung des Behinderungsstereotyps für eine Rolle und Fähigkeiten des behinderten Rollenspielers zur Rollenausführung, kann es zu zwei Typen yon Ursachen kommen, die das Rollenverhalten stören:

1. Verstärkter Normendruck (bedingt durch Repression der Ichleistungen durch Rollennormen und das Behinderungsstereotyp) führt zu Distanzierungsstörungen. Das haben wir am Beispiel der Berufsrolle näher ausgeführt. Dabei zeigte es sich, dass der Leidensdruck offensichtlich zunimmt, wenn die Rolle an sich größere Freiräume zu Ichleistungen vorsieht, diese aber durch das Blindheitsstereotyp unter Druck geraten (blinde Akademiker).

2. Die Ichleistungen (insbesondere in Rollen mit hohen Anteilen, wie am Beispiel von Kontaktrollen gezeigt) erfordern einen hohen Grad an Informiertheit und flexible, situationsangemessene Verhaltenstechniken. Sie sind gefährdet, wenn diese Voraussetzungen (funktionsbedingt, sozialisationsbedingt) fehlen. Orientierungsstörungen sind die Folge (vgl. DREITZEL, 376 ff.). Distanzierungsstörungen und Orientierungsstörungen signalisieren ein je spezifisches Ungleichgewicht zwischen der „normativen Struktur" einer Interaktionssituation und den „Motivationsstrukturen" der Handelnden (PARSONS). Dabei ist davon auszugehen, dass bei Sehgeschädigten die Gefährdung des Rollenverhaltens durch Orientierungsstörungen mit wachsendem Anteil an erforderlichen Ichleistungen zunimmt, während Distanzierungsstörungen eher zu erwarten sind mit zunehmendem Identifizierungsgrad der Rollen. Dieses versuchen wir in der nachfolgenden Abbildung 4 durch Modifizierung der Abbildung 3 zu verdeutlichen:

Aus diesen Störungstypen für das Rollenverhalten resultieren eine Fülle von Anpassungsmustern, die sich als abweichendes Verhalten identifizieren lassen. Auf der individuellen Ebene soll dieses unter dem Identitätsbegriff auf der kollektiven Ebene unter dem Minderheitenbegriff diskutiert werden. GOWMAN geht schon 1957 den vielversprechenden Weg der Identifizierung und Klassifizierung rollentheoretisch zu deutender Abweichungsmuster bei Sehgeschädigten in Anlehnung an T. PARSONS Dimensionen der Abweichung (GOWMAN 1957, 97-130), Eine Darstellung und Weiterführung dieses Ansatzes ist hier leider aus Platzgründen nicht möglich.

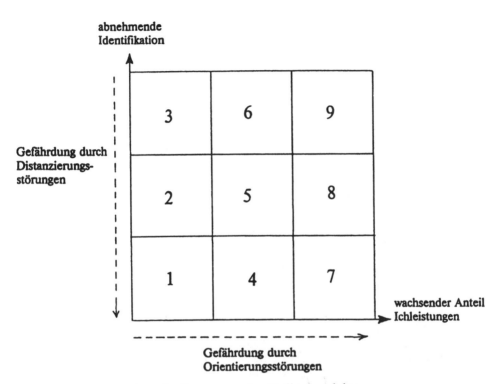

Abbildung 3: Ursachen für Störungen des Rollenhandelns
(Die Ziffern kennzeichnen die Rollentypen aus Abb. 2)

Sehschädigung und Identität

Auf der individuellen Ebene lassen sich Störungen des Rollenverhaltens am Konzept der Identität festmachen. Zusammenhänge zwischen Behinderungen als Stigma und Identitätsprozessen sind in den letzten Jahren in der Behindertenpädagogik in der Auseinandersetzung mit Goffmans Stigmabegriff (deutsch 1967) wiederholt thematisiert worden. Wir verwenden hier den Identitätsbegriff, wie er von uns ausdifferenziert und auf die Situation Lernbehinderter angewandt wurde[52].

---

[52] In diesem Band unter 2.3 abgedruckt.

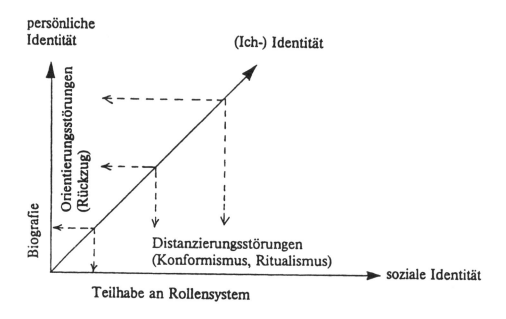

Abbildung 4: Gefährdungen der Identität

Ich-Identität (im folgenden Identität) wird als Ergebnis der Balance zwischen sozialer und persönlicher Identität aufgefasst. Identitätsfindung und -sicherung ist ein lebenslanger Prozess. Immer wieder müssen persönliche Identität als das Ergebnis einer als einzigartig empfundenen Lebensgeschichte und soziale Identität als das Ergebnis von Identifikationen mit Rollennormen in aktuellen sozialen Situationen ins Gleichgewicht gebracht werden.

Tragfähige Kompromisse beim Rollenhandeln gelingen dabei nur, wenn (1.) die biographische Andersartigkeit und Einzigartigkeit dispositionellen Charakter hat (als „scheinbare" Einzigartigkeit („phantom uniqueness" bei HABERMAS) und jeweils anderen Interaktionspartnern Ansatzpunkte für ihre Erwartungen liefert, und wenn (2.) die Interaktionspartner bereit bzw. in der Lage sind, soziale Identität als Scheinnormalität („phantom normalcy") darzustellen, sich also nicht bedingungslos („biographielos" könnte man sagen) Rollennormen zu unterwerfen.

Somit lassen sich die von uns dargestellten Orientierungs- und Distanzierungsstörungen bei Sehgeschädigten als Gefährdungen der Identität darstellen. Bei Orientierungslosigkeit droht dem Individuum der Zusammenbruch in Richtung auf die persönliche Identität. Es kommt zum Rückzug aus auf Normalität abzielenden Normen und schließlich aus vielen Rollen. Distanzierungsstörungen zwingen zur Anpassung an die Rollennormen, sie können zu ritualistischem, überkonformem Verhalten führen. Die Identität bricht in Richtung auf die soziale Identität zusammen.

Einige der von DREITZEL aufgeführten Typen von Verhaltensstörungen aufgrund von Distanzierungs- oder Orientierungsstörungen finden ihre Entsprechung in Verhaltensmustern, wie sie in der blindenpädagogischen und -psychologischen Literatur als psychosoziale Auswirkungen von Sehschädigungen diskutiert werden.

Für Sehgeschädigte – und wahrscheinlich auch für andere Behinderungsformen – bestehen folgende Gefährdungen in den einzelnen Rollentypen:

- In Kontaktrollen (3, 6, 9) kann mangelnde Fähigkeit oder Möglichkeit zur Distanzierung zu zwanghaften Konventionen führen (z. B. verbunden mit demonstrativer Ablehnung von Identitätsaufhängern wie Blindenbinde, weißer Stock oder Ablehnung von Informationen an die Interaktionspartner über die Behinderung) unter Verzicht auf die gerade in diesen Rollen erwartete persönliche Ausgestaltung der Rollenfreiräume. Orientierungslosigkeit hinsichtlich der Rollenbräuche kann zur zwanghaften Thematisierung z. B. der eigenen Behinderungsproblematik führen oder aber zu stillschweigendem (von den anderen möglicherweise als Interessenlosigkeit interpretiertem) bloßen Dabeisein (und damit häufig auch zum Übersehenwerden!).

- In organisationsbezogenen Rollen (2, 5, 8) (z. B. Berufsrolle) lässt eine ritualistische, pedantische Erfüllung der Erwartungen auf mangelnde Fähigkeit zur Distanzierung schließen (der „zufriedene" Behinderte, der isoliert auf seinem Arbeitsplatz – häufig genug auch räumlich isoliert – seine Bedürfnisse aus irgendwelchen Aktivitäten zieht). Orientierungsverlust hinsichtlich der Rollennormen bringt die Gefahr mit sich, Nebenaspekte der Rolle aufzublähen, wie wir das z. B. kurz an nicht situationsangemessenen sozialen Erwartungen in der Berufssituation ansprachen.

- Kaum Einblick haben wir bisher über die Auswirkungen von Sehschädigung auf die Erfüllung personenbezogener Rollen (1, 4, 7) (z. B. Blinde als Ehepartner, als Elternteil, als Geschwisterkind, als Seelsorger im evangelischen Pastorenamt). Inwieweit sind hier Tendenzen zu zwanghaftem Konformismus aus der Unfähigkeit, eigene Bedürfnisse zu artikulieren, gegeben (Distanzierungsstörungen)? Kann bei Orientierungsunsicherheiten bezüglich der Normen, die letztlich aus der Unsicherheit aller beteiligten Interaktionspartner resultieren, der Blinde unter Originalitätszwang geraten? Die Rückzugsquote aus solchen Rollen scheint hoch zu sein. In älteren Untersuchungen (bis etwa 1970) ist die Verheiratungsquote erwachsener Früherblindeter im Vergleich zu Sehenden wesentlich niedriger. Hoch ist der Anteil der Ehen, in denen beide Partner sehgeschädigt sind. Die ältere Blindenpädagogik hatte dieses aber außerordentlich negativ sanktioniert.

Wir haben nur einige Verhaltensauffälligkeiten angesprochen, wie sie in der blinden-pädagogischen und -psychologischen Literatur thematisiert werden. Psychosoziale Auswirkungen von Behinderungen als Störungen der Identitätsbalance aufzufassen, könnte zum besseren Verständnis der sozial vermittelten Persönlichkeitsanteile führen und damit für die pädagogische Intervention neue Einsichten gewinnen.

Unter solchen sozialisations- und identitätstheoretischen Aspekten deutet SCOTT (1969 a) einige „hervorstechende Charakteristika bei blinden Kindern" wie „Egozentrizität", „unrealistische Sprache" und als schwerste Störung, die noch bis ins Jugend- und Erwachsenenalter nachwirken kann, das Zusammenfallen von Ego und Umwelt („self-other confusion"): eine autistisch anmutende Störung bei einigen blinden Kleinkindern, die als schwere Orientierungsstörung aufgrund mangelhafter Objektbeziehungen im Kleinstkindalter gedeutet werden kann. Das Kind zieht sich ganz auf „seine Biographie" als Säugling zurück: Hier sind schichtenspezifische Einflussfaktoren (unter Umständen mehr Körperkontakt bei Unterschichtmüttern als in einem „aseptischen" amerikanischen Mittelstandsmilieu) nicht auszuschließen (bei SCOTT fand sich „self-other confusion" mehr bei blinden Mittel- und Oberschichtkindern!). Eine weitere Studie von SCOTT befasst sich mit der Sozialisation erwachsener Blinder, insbesondere unter dem Einfluss des *Blindness-System* (dazu im nächsten Abschnitt). Unter sozialisationstheoretischen Gesichtspunkten sind Blinde nach Scott im gleichen Maße ein Produkt sozialer Definitionen und gesellschaftlicher Reaktionen wie das innerpsychischer Vorgänge (SCOTT 1969 b, 8). Blindheit ist eine erlernte Rolle, resultierend aus dem Kontext der persönlichen Beziehungen zu Sehenden und zu Organisationen der Hilfe – wie sehr Blinde und auch Sehbehinderte dabei Identitätsgefährdungen unterliegen, sollten unsere Überlegungen deutlich gemacht haben.

Sehschädigung und Minderheitenstatus

Die soziale Lage Blinder als Minderheitenstatus aufzufassen, hat eine längere wissenschaftliche Tradition (z. B. CHEVIGNY und BRAVERMAN 1950; BAKER et al. 1952; GOWMAN 1957; ausführlich dann KIM 1970; THIMM 1971b; MEYER 1981). B. LOWENFELD stellt Parallelen fest zwischen der historischen Entwicklung der sozialen Lage Behinderter, insbesondere der Sehgeschädigten, auf der einen Seite und der „anderer Minderheitengruppen" wie Juden und amerikanische Neger auf der anderen Seite. Die Entwicklung wird von ihm mit folgenden Stufen gekennzeichnet: Von der „Separation" über einen „Ward Status" und „Self-emancipation" zur „Integration" in jüngster Zeit (LOWENFELD 1975).

In der Bundesrepublik entzündete sich seit 1967 am Minderheitenbegriff eine scharfe Kontroverse zwischen soziologisch orientierten Forschern und den Blindenselbsthilfeorganisationen. Ausgangspunkt war die Kennzeichnung der sozialen Lage Behinderter als Minderheitensituation durch v. FERBER (1972), die von Seiten des Deutschen Blindenverbandes für Blinde als nicht zutreffend, ja schädlich bezeichnet und auf das schärfste abgelehnt wurde (vgl. dazu THIMM 1971 a, 52 f.).[53] Alle anschließenden Klärungsversuche stießen auf tiefe Ressentiments des Verbandes gegenüber jeder soziologischen Thematisierung von Blindheitsproblemen.

Die soziologische Kennzeichnung des Minderheitenbegriffs geht zunächst einmal von der schlichten Tatsache aus, dass es in einer Gesellschaft Bevölke-

---

[53] Im nachfolgenden greifen wir auch auf den frühen Aufsatz zum Thema von 1971 zurück, abgedruckt als Kapitel 2.1.

rungsgruppen gibt, die auf Grund eines Merkmals von der als „normal" geltenden übrigen Bevölkerung abweichen. Ein solches Merkmal liegt zweifelsfrei bei Sehschädigungen als Abweichung von der physiologischen/physischen Normalität vor.

Minderheitengruppen sind also Bevölkerungsgruppen mit einem sozialen, körperlichen, ethnischen oder anderen Kategorienmerkmal, das sie von der Bevölkerungsmehrheit unterscheidet. Erfahren diese kategorialen Merkmale eine negative Bewertung, so dass es zu Ausschlüssen aus wichtigen gesellschaftlichen Bereichen kommt, so kann dies als Reaktion auf Seiten der Personen mit gleichem Schicksal zu Zusammenschlüssen führen. Minderheitengruppen sind also weiterhin dadurch gekennzeichnet, dass sie auf Grund eines gemeinsamen kategorialen Merkmals von gesellschaftlichen Werten und Normen und damit von der Teilhabe an sozialen Rollen teilweise ausgeschlossen werden. Dies kann schließlich zu Gruppenbildungen führen, deren Mitglieder sich durch ein eigentümliches (abweichendes) Verhältnis zu gesellschaftlichen Werten und Normen auszeichnen.

Allein die Tatsache, dass Blindheit einer – wie wir sahen – stereotypisierenden Bewertung unterliegt, die soziale Rollen Blinder maßgeblich beeinflusst, führte im amerikanischen Schrifttum dazu, die soziale Lage Sehgeschädigter als Minderheitenstatus zu umschreiben. Als weitere Belege für die Minderheitenthese wurden die berufliche Situation Sehgeschädigter, die Isolierung eines Teils der Sehgeschädigten und der Rückzug auf die eigene Gruppe angeführt. So zeigen sich in den Untersuchungen bei LUKOFF und WHITEMAN (1970) sowie JOSEPHSON (1968) – beide betreffen relativ große Populationen – deutlich Tendenzen zur Ausrichtung vieler Blinder an der Eigengruppe.

JOSEPHSON stellt bei 684 blinden Erwachsenen aus vier amerikanischen Staaten (unter Einschluss der in unserem Sinne Sehbehinderten bis 20/200 zentralem Visus) einen Index „soziale Isolierung" auf und hält danach 25% für extrem isoliert, 55% zeigen mittlere Grade von Isolierung. Dabei differenziert JOSEPHSON nicht, inwieweit es sich bei den Beziehungen um vorwiegend blinde Kontaktpersonen bzw. Organisationen für Blinde handelt. Diese Unterscheidung wird von LUKOFF und WHITEMAN vorgenommen. Sie stellen die tatsächlichen Gruppenmitgliedschaften bei 509 Sehgeschädigten (legally blind) im Alter von 15 bis 54 Jahren aus dem Staate New York fest. Alle Befragten sind nicht in einem Heim untergebracht. Nach dem in dieser Untersuchung gebildeten Index, in den Kontaktarten, Frequenzen und die unterschiedlichen Kontakte zu Organisationen eingingen, werden 15% der Befragten als total isoliert, 24% als partiell isoliert eingestuft. Eine genauere Analyse der Daten zeigt jedoch, dass auch in den Kategorien der partiell Isolierten und der Nichtisolierten eine Reihe von Sehgeschädigten nur Kontakte zu blinden Freunden und speziellen Blindenorganisationen hat. Der Prozentsatz der Sehgeschädigten, die im wesentlichen mit „Ihresgleichen" verkehren, liegt bei 38 %. Zählt man die 15 % extrem Isolierten hinzu, dann sind insgesamt über 50 % der untersuchten Population offensichtlich von wesentlichen Rollenbeziehungen mit Sehenden abgeschnitten. Während bei JOSEPHSON auch die älteren Blinden in die Untersuchung einbezogen waren und die Zahl der extrem Isolierten beeinflussen, erfasste die Untersuchung von LUKOFF und WHITEMAN nur Sehgeschädigte bis zum 54. Lebensjahr. In einer kleinen Studie über 85 Blinde aus Minneapolis und St. Paul stellt KIM fest, dass etwa je 1/3 der Befragten eine eindeutige subkulturelle Ausrichtung an der Gruppe der Blinden oder eine eindeutige Orientierung an Außengruppen oder eine ambivalente Ausrichtung zeigt (KIM 1970).

In diesen amerikanischen Untersuchungen zeigt sich, dass das große Angebot an speziellen Agenturen und Hilfsorganisationen für Sehgeschädigte subkulturelle Gruppierungen begünstigt. SCOTT stellt dieses in den Mittelpunkt seiner Analyse und macht das Blindness-System dafür verantwortlich, dass der Sehgeschädigte – auch der nichtblinde Mensch mit Sehproblemen – schließlich durch die organisierte Hilfeleistung in den Agenturen zwangsläufig auf den Typ des Blinden fixiert wird („Der Blinde" als Sozialisierungsrolle). *„Zu Beginn des Eintritts in das Blindness-System haben die Menschen Schwierigkeiten mit dem Sehen, nach ihrer Rehabilitation sind sie alle blinde Menschen"* (SCOTT 1969 b, 119: *„ The Making of blind Men"*!). Zum Blindness-System zählt das gesamte Beziehungsgeflecht zwischen Menschen, auf die die Definition Blindheit angewandt wird; die Institutionen und Gruppen, die helfen; Ausbildungen und Dienste, die diese Menschen betreffen (SCHON 1970). Der Einfluss der Gesetzgebung verdient besondere Beachtung, da Blinde nach amerikanischen Gesetzen gegenüber anderen Behindertengruppen eigens hervorgehoben und begünstigt werden (KIM 1970, 28 f.). Auf diesen Tatbestand weisen für die Bundesrepublik auch die Untersuchungen von THIMM (1971 a) hin. Ohne auf weitere mitbedingende Faktoren eingehen zu können, kann für amerikanische Verhältnisse festgehalten werden: Es lassen sich bei der Gruppe der Sehgeschädigten kollektive Rückzugsphänomene feststellen. Ein großer Teil der Blinden zeigt bezüglich der Beschneidung in der gesellschaftlichen Teilhabe, hervorgerufen durch die Einstellungen der Nichtbehinderten und durch die starke sozialisierende Wirkung des institutionalisierten Systems der Öffentlichen Hilfeleistung, deutliche Züge einer Minderheitengruppe.

Entstehung

Eine Analyse von Minderheitengruppen und die Bestimmung ihrer Struktur hat nach FÜRSTENBERG (1965, 238 f.) einmal bei den Entstehungsursachen und zum anderen bei der Ermittlung ihrer inneren Struktur anzusetzen.

Minderheiten können u. a. dadurch entstehen, dass der Sozialisationsprozss einer Bevölkerungsgruppe von dem der übrigen Bevölkerung abweicht. Solche Diskontinuitäten weist aber die Sozialisation vieler Sehgeschädigter offensichtlich auf. Die nachfolgende schematische Aufstellung versucht diesen Prozess der Minderheitengruppenbildung zu verdeutlichen. Daran schließt sich eine kurze Darstellung an, inwieweit diese Entwicklung auch für die Situation in der Bundesrepublik zutrifft.

Zu den einzelnen Stationen eines solchen Prozesses haben die vorangegangenen Darstellungen auch für die deutsche Situation Belege geliefert. Es sei an die berufliche Situation Blinder erinnert, die bezüglich der horizontalen und der vertikalen Einschränkungen auf wenige Berufspositionen deutliche Abweichungen zu den Nichtbehinderten aufweist. Typische Beziehungen zwischen einem abweichenden Merkmal und der ökonomischen Rolle hält SMELSER (1968, 110) für ein Indiz, dass eine Minderheitenproblematik vorliegt. Verstärkend auf die Randgruppenbildung wirken sich unterschiedliche Interpretationen der ökonomischen Wertigkeit zwischen Angehörigen der Minderheit und denen der Mehrheit aus.[54] Auch hierzu wurden im Abschnitt zur Berufsrolle Belege angeführt. Einige Hinweise auf Vereinsamung größerer Gruppen Blinder finden sich in einer Studie des Bayerischen Blindenbundes (1979). Leider lassen sich hier aber nicht die Auswahleffekte der Untersuchung kontrollieren.

Auf dem Wege zur Minderheit – The Making of Blind Men

Einflüsse der öffentlichen Meinung und des institutionalisierten Hilfssystems (des Blindness-Systems)

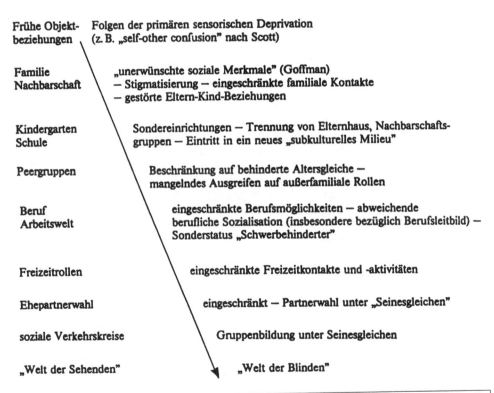

Abbildung 9: Brüche im Sozialisationsprozess Sehgeschädigter

---

[54] Deutlich wird das in dem Beitrag „Behinderung und gesellschaftliches Leistungsideal" von 1972, abgedruckt als Kapitel 2.3.

Auf der kollektiven Ebene kommen den Darstellungen der Blindheitsprobleme, wie sie durch die in beiden deutschen Staaten sehr einflussreichen Blindenselbsthilfeorganisationen (Deutscher Blindenverband und Bund der Kriegsblinden in der Bundesrepublik; Blinden- und Sehschwachen-Verband in der DDR) abgegeben werden, eine besondere Bedeutung zu.

Die Blindenselbsthilfeorganisationen haben großen Einfluss auf die Sozialgesetzgebung genommen und dort eine Sonderstellung der Blinden etablieren können. Sie sind außerdem maßgeblich darum bemüht, ein nach ihrer Ansicht zutreffendes Bild vom blinden Menschen in der Gesellschaft zu vermitteln. Leitgedanke dabei ist, die Bevölkerung von der vollen Kooperationsfähigkeit und Integrationsfähigkeit vor allem im ökonomischen Bereich zu überzeugen. Dem steht aber – wie gezeigt werden konnte – das Image von „Blindheit" unter Nichtbehinderten entgegen (vgl. ausführlich dazu Thimm 1971 a)[55]. Die Aktivitäten der Blindenselbsthilfe zielen zum einen auf eine breite Wirkung in der sehenden Öffentlichkeit, zum anderen dienen sie dazu, den Angehörigen der Gruppe „eine intellektuell aufgearbeitete Version ihres Standpunktes zur Verfügung" zu stellen (GOFFMAN 1967, 37). Dabei kommt es zu einer auffälligen Selektion der Probleme: die Situation der überwiegenden Anzahl der Altersblinden und die der mehrfach behinderten Sehgeschädigten bleibt in der öffentlichen Darstellung ausgeblendet. Auch das amerikanische Blindness-System zeigt diese Selektivität.

Durch die Darstellungen der Blindenselbsthilfe wird der Öffentlichkeit, aber auch dem einzelnen Blinden, das Problem der gesellschaftlichen Integration als eine Frage der instrumentalen Vergesellschaftung durch Berufsarbeit interpretiert. Die ideologisch überhöhte Behauptung von der grundsätzlich gleichwertigen ökonomischen Leistungsfähigkeit Blinder verstellt den Blick für Barrieren, die in der Funktionseinschränkung selbst, aber auch in der Wirtschaftsstruktur liegen können. Mangelnder Erfolg wird zuallererst auf die negativen Einstellungen der Sehenden zurückgeführt. Das erlaubt dem einzelnen Blinden, seine individuelle Situation in die Gruppen-Identität einzubringen, wie sie ihm von Seinesgleichen über die Verbandsmeinung angeboten wird. Die Identifizierung mit der Eigengruppe hat identitätsstabilisierende Wirkung. Die von der Führungsschicht der Blinden – MEYER kennzeichnet sie als „funktionale Elite" (1981, 356) – geforderte Solidarität im Hinblick auf die sozialpolitischen Aktivitäten findet ihren Niederschlag im Begriff der „Schicksalsgemeinschaft", wie sie sich in den vielen örtlichen Aktivitäten der Blindenverbände etabliert. Das sozialpolitische Zweckbündnis ist für viele Blinde nur noch der äußere Anlass zu vielfältigen Gruppenformierungen, die ein Minimum an sozialen Kontakten garantieren. Dies scheint besonders stark ausgeprägt zu sein bei Blinden in Berufen, die mit wenig Prestige ausgestattet sind. Die auf Integration ausgerichteten Bemühungen der Blindenselbsthilfe haben gleichzeitig Minderheitengruppen fördernde Wirkungen. Diese „Wir-Gruppe" erfährt je nach sozialem Standort der Blinden unterschiedliche Interpretation (MEYER a. a. O., 356 f.).

An der Dichotomisierung der Lebenswelten („Welt der Sehenden" – „Welt der Blinden") sind die isolierenden Sondereinrichtungen, die den Sozialisations-

---

[55] Vgl. dazu auch den Beitrag unter 3.5.

prozess vom Vorschulalter bis in das junge Erwachsenenalter unter behinderungsspezifischen Arrangements (Sonderkindergärten und Sonderschulen einschließlich Berufsausbildung z. T. mit Internat) begleiten, ebenfalls maßgeblich beteiligt. In der Bundesrepublik stehen wir erst am Anfang mit der Etablierung integrierter Sozialisationsprozesse (in größtmöglicher Nähe zu den jeweiligen altersgleichen Nichtbehinderten).

„Quereinsteiger", die in den skizzierten Sozialisationsablauf zu einem späteren Zeitpunkt ihres Lebens eintreten, wie z. B. bei im Erwachsenenalter erworbener Sehschädigung oder Sehbehinderte, die in das Berufsausbildungssystem für Blinde eintreten, werden der Sozialisierung zum „Blinden" Widerstand entgegensetzen. Nicht allen scheint das zu gelingen. Eine generelle Subsumierung der Sehbehinderung unter den Blindheitsbegriff, wie es in der US-amerikanischen Definition geschieht, fördert auch bei diesem Personenkreis die subkulturelle Abkoppelung von den Nichtbehinderten. Sehbehinderte befinden sich – so übereinstimmend alle amerikanischen Untersuchungen – in einer besonders schwierigen Lage: Sie können zu Randpersonen im doppelten Sinne werden. Es gelingen ihnen zu keiner der beiden Gruppen dauerhafte befriedigende Sozialbeziehungen.

Überlegungen zur Organisation der Rehabilitation Sehbehinderter in der Bundesrepublik hätten also die isolierenden Effekte mit der Gefahr der Randgruppenbildung zu berücksichtigen, die ein ausdrücklich auf die spezifischen Bedürfnisse dieser Behindertengruppe abhebendes geschlossenes System der Hilfen einschließlich einer organisierten Selbsthilfegruppierung nach sich ziehen kann. Diese „Angst vor dem Minderheiteneffekt", der ja schon bei bloß identifizierenden Aktivitäten auftreten kann, mag mit verantwortlich dafür sein, dass wir bezüglich der sozialen Situation Sehbehinderter und daraus abzuleitender spezieller Rehabilitationsbedürfnisse bei allen Verantwortlichen Zurückhaltung beobachten können. Einen Schritt nach vorn bedeutet es, wenn die Beschulung Sehbehinderter konsequent im Regelschulsystem vorangetrieben wird bei gleichzeitigem Aufbau eines unterstützenden Systems (so neuerdings ausgehend von der Hamburger Schule in Schleswig-Holstein).

Innere Struktur

Bei der Beschreibung des Entstehungstypus sehgeschädigter Minderheiten als Folge einer Sonder-Sozialisation zeichnen sich auch schon einige Züge der inneren Struktur der Minorität ab. Der Organisationsgrad der Gruppierungen reicht von einer Fülle von Primärgruppenbildungen aufgrund gemeinsamer Sozialisationserfahrung in speziellem Ausbildungssystem (jahrelange gemeinsamen Internatsbeschulung!) über privatistische Züge aufweisende Veranstaltungen der örtlichen Blindenvereine bis hin zur großen, vor allem auf politische Wirksamkeit abzielenden Verbandsbildung. Die vielfältigen Gruppenbildungen unter Sehgeschädigten, nachdrücklich gefördert von der Selbsthilfeorganisation, haben dem generellen, von der Organisation postulierten Ziel der Integration Sehgeschädigter als voll kooperative Mitglieder dieser Gesellschaft zuwiderlaufende Effekte: Sie stabilisieren das stereotypisierende Bild vom Blinden dadurch, dass sie Blinden zunächst eine Identifikation mit den Blinden abverlangen.

Wenig Einblicke haben wir bisher in das (neben dem Organisationsgrad) zweite Merkmal der inneren Struktur, nämlich *Art und Ausmaß der Nonkonformität* mit gesellschaftlichen Zielsetzungen und Mitteln zur Errreichung dieser Ziele. Die Arbeit von THIMM (1971 a) stellt als wahrscheinliche Strukturtypen der Abweichung angesichts der Befunde zur beruflichen und sozialen Situation und der Politik des Blindenverbandes die Typen *Ritualismus* und *Rückzug* vor (Thimm 1971 a, 139 ff;). Zu ähnlichen Feststellungen kommt auch GOWMAN (1957). Wir müssen hier auf eine nähere Darstellung verzichten und auf die entsprechende Literatur verweisen. Eine quantitative Gewichtung der mit ritualistischen oder mehr mit resignativen Zügen ausgestatteten Gruppierung von Blinden steht noch aus. Es sei hier daran erinnert, dass sich diese beiden Ausgangsmuster auch auf der individuellen Ebene unter identitätstheoretischen Gesichtspunkten bei Sehgeschädigten nachweisen ließen.

Ausblick

Der Versuch, bisherige Untersuchungen zur sozialen Lage Sehgeschädigter, insbesondere Blinder, unter rollen- und minderheitentheoretischen Aspekten zu sichten und zu deuten, kann nicht darüber hinwegtäuschen, dass es uns an ausreichenden Erfahrungen – insbesondere über Sehbehinderte – fehlt. Eine Lebenslagenforschung für Behinderte steht aufs Ganze gesehen noch aus. Es erweist sich vor allem als hinderlich, dass makrosoziologische Daten und mikrosoziologische Überlegungen nicht in einen gemeinsamen Bezugsrahmen zu bringen sind. Damit wäre ein Beitrag wie dieser überfordert.

Wir beabsichtigen, für die Zukunft einen solchen Rahmen zu entwickeln Hierzu bietet sich die soziologische Indikatorenforschung an, die in der Entwicklung von objektiven und subjektiven Indikatoren von Integration einen methodischen Zugang zu Lebenslagen unterschiedlicher Behindertengruppen öffnen könnte, der weit über die methodisch differierenden und häufig auch zufällige Populationen betreffenden Untersuchungen hinausweisen könnte. Erste Ansätze dazu liegen vor (Thimm 1981).[56]

Literatur

BARKER, R. G. and B. WRIGHT: The Social Psychology of Adjustment to Physical Disability. Washington 1952.
BAYERISCHER BLINDENBUND e. V. (Hrsg.): Die Blinden in Bayern. München 1979.
BERNASCONI, R: Blinde in der Wirtschaft der Schweiz. Rheinstetten 1981.
BLEIDICK, U.: Pädagogische Theorien der Behinderung und ihre Verknüpfung. Z.Heipäd. (28), 1977,207-229.
BUNDESMINISTER für Arbeit und Sozialordnung (Hrsg.): Bericht und Empfehlungen der Kommission zum Internationalen Jahr der Behinderten 1981. Bonn 1981.
CHEVIGNY, H. and S. BRAVERMAN: Adjustment of the Blind. New Haven 1951.
CUTSFORTH, Th. D.: The Blind in School and Society. New York 1951.
DAHRENDORF, R: Homo sociologicus. Opladen 1959.

---

[56] Abgesteckt wurde dieser Rahmen u. a. in einem Aufsatz von 1977, hier als Kapitel 3.2 (Behinderung und Lebensqualität) aufgenommen.

DÖRNER, K,: Die Rolle des psychisch Kranken in der Gesellschaft. In: W. Thimm (Hrsg.): Soziologie der Behinderten. Neuburgweier 1972, 130-143.
DREITZEL, H. P.: Die gesellschaftlichen Leiden und das Leiden an der Gesellschaft. Stuttgart 1968.
DYCK, H. van: Nicht so – sondern so. Kleiner Ratgeber für den Umgang mit Blinden. Bonn-Bad Godesberg 1977 (Deutscher Blindenverband e. V.).
FERBER, Ch. von: Der behinderte Mensch und die Gesellschaft. In: W. Thimm (Hrsg.): Soziologie der Behinderten. Neuburgweier 1972, 118-129.
FÜRSTENBERG, F.: Randgruppen in der modernen Gesellschaft. Soziale Welt 1965, 236-245.
GARBE, H.: Die Rehabilitation der Blinden und hochgradig Sehbehinderten. München 1965.
GOFFMAN, E.: Stigma. Über Techniken der Bewältigung beschädigter Identität. Frankfurt 1967.
GOWMAN, A. G.: The War Blind in American Social Structure. New York 1957.
GREENHALGH, R.: Social Work with Visually Handicapped Clients. The New Beacon 1971 (Vol L V, 255-259; 282-285).
GROHNFELD, M.: Stigmatisierung bei Hör- und Sprachbehinderten. Z. Heilpäd. 1976 (27) 724-735.
GUTTENBERG A. Ch. von: Der blinde Mensch. Weinheim/Berlin 1968.
HGUDELMAYER, D.: Die Erziehung Blinder. Deutscher Bildungsrat (Hrsg.): Sonderpädagogik 5. (Gutachten und Studien der Bildungskommission, Bd. 52) Stuttgart 1975, 17-137.
JOSEPHSON E.: The Social Life of Blind People. New York 1968.
KIM, Y. H.: The Community of the Blind. New York 1970.
KIRCHNER, C. and R. PETERSON: Men, Women and Blindness: A Demographic View. Visual Journal. of Impairment and Blindness 1981 (Vol 75) 267-270.
KLEIN-GERBER, M.: Freizeit und Sehbehinderung. Rheinstetten 1979.
KRÄHENBÜHL, P.: Der Blinde in gemischten sozialen Situationen. Rheinstetten 1977.
KRETSCHMER, R.: Geschichte des Blindenwesens vom Altertum bis zum Beginn der allgemeinen Blindenbildung. Ratibor 1925.
LAUTMANN, R., M. Schönhals-Abrahamson und M. Schönhals: Zur Struktur von Stigmata: Das Bild der Blinden und Unehelichen. Kölner Zeitschrift für Soziologie und Sozialpsychologie (KZfSS) 1972, 83-100.
LOWENFELD, B.: The changing status of the blind. From seperation to integration. Springfield (Ill., USA) 1975.
LOWENFELD, B.: On Blindness and Blind People. New York 1981.
LUKOFF, I. F. and M. WHITEMAN: The Social Sources of Adjustment to Blindness. New York 1970.
MAYADAS, N. S.: Selective Factors Associated with Role Behaviors oft he Blind. Washington-University 70 (Uni. Micro., Ann Arbor, Mich.).
MERSI, F.: Die Erziehung Sehbehinderter. Deutscher Bildungsrat (Hrsg.): Sonderpädagogik 5. (Gutachten und Studien der Deutschen Bildungskommission, Band 52) Stuttgart 1975, 139-223.
MEYER, E. The blind and social deprivation. Int. J. Rehab. Research 1981, 4 (3) 353-364.
PLANUNG und Organisation der Rehabilitation in der DDR. Berlin 1979.
RATH, W.: Selektion und Bildungschancen sehgeschädigter Schüler. In: W. Thimm (Hrsg.): Soziologie der Behinderten. Neuburgweier 1972, 222-245.
SCHÖFFLER, M.: Der Blinde im Leben des Volkes. Eine Soziologie der Blindheit. Leipzig/Jena 1956.
SCHON, D. A.: The Blindness System. New Outlook 1970 (Vol 64) 169-180.
SCHULTHEIS, J. R.: Die Integration der Blinden in historischer und systematischer Hinsicht.

Marburg 1969 (Eigenverlag).
Schwerbeschädigtenbetreuung und Rehabilitation. Berlin 1978 (Staatsverlag der DDR).
SCOTT, R. A: The socialisation of blind children. In: D. A. Goslin: Handbook of socialisation theory and research. Chicago 1969 a.
DERS.: The Making o Blind Men. New York 1969 b.
SEIFERT K. H. und W. STANGEL: Einstellungen zu Körperbehinderten und ihrer beruflich-sozialen Integration. Bern 1981.
SIEBERTZ, M.: Die soziale Herkunft der Schüler an Blinden- und Sehbehindertenschulen. Sehgeschädigte – Internationales wissenschaftliches Archiv 1975, No.6, 7-21.
SMELSER, N. J.: Soziologie der Wirtschaft. München 1968.
THIMM, W. (1971 a)[57]: Blinde in der Gesellschaft von heute. Untersuchungen zu einer Soziologie der Blindheit. Berlin 1971.
DERS.: (1972): Sehschädigung als Ursache für die divergente Strukturierung sozialer Situationen. In: W. Thimm (Hrsg.): Soziologie der Behinderten. Neuburgweier 1972, 246-260.
DERS.: (1972 b): Die amtliche Behindertenstatistik in der Bundesrepublik Deutschland. In: W. Thimm (Hrsg.): Soziologie der Behinderten. Neuburgweier 1972, 42-65.
DERS.: Die Rehabilitation Sinnesgeschädigter. Was wissen Sonderpädagogen vom Leben ihrer erwachsen gewordenen Klienten? Z. f. d. Blinden- und Sehbehindertenbildungswesen 1981 (101) 61-69.
TONKOVIC, F.: Über soziale Kontaktstörungen bei Blinden. Die Gegenwart 1966 (20), Heft 4 und 6.
WEINLÄDER, H.G.: Leistungen Behinderter im Urteil Nichtbehinderter. Empirische Untersuchung zur Kausalinterpretation von Handlungsergebnissen Blinder. Neuburgweier 1976.

---

[57] Der Beitrag bezieht sich auch auf Veröffentlichungen, die in den vorliegenden Band aufgenommen wurden:
2.1: Minderheitensoziologische Überlegungen zur beruflichen Lage Blinder. Die Rehabilitation 1971 b (10) 21-32. *2.2:* Behinderung als Stigma. Überlegungen zu einer Paradigma-Alternative. Sonderpädagogik (5), 1975, 149-157. *2.3:* Lernbehinderung als Stigma. In: M. Brusten/J.Hohmeier (Hrsg.): Stigmatisierung 1. Neuwied/Darmstadt 1975 b, 125-144. *2.9:* Soziale Rahmenbedingungen der Sondererziehung und Rehabilitation Sehgeschädigter. Z. f. d. Blinden- und Sehbehindertenbildungswesen 97 (1977), 74-83. *3.2:* Behinderung und Lebensqualität. In: Brennpunkt Sonderschule (Verband Bildung und Erziehung). Bonn-Bad Godesberg 1978, 24-30. *3.5:* Integration Blinder - Gedanken zur Neuorientierung der Blindenhilfe und Blindenpolitik. In memoriam Günter Hartfiel. horus 1979 (41) 4-8.

3. Von der Sonderpädagogik zur umfassenden Behindertenhilfe

3.0 Einführung in die Texte (2005)

Schon die Beiträge in den vorangegangenen Kapiteln zeigen, dass auf das Feld der Sonder- (Behinderten-)pädagogik bezogene soziologische Forschung über den Bereich der schulischen Förderung behinderter Kinder und Jugendlicher hinausgeht. Die chronische Einengung der etablierten Sonderpädagogik auf Schule, auch im universitären Bereich, ist entscheidend von der Soziologie der Behinderten und von ihr beeinflusster Konzepte, z. B. durch die Forschungen zum Normalisierungsprinzip, aufgebrochen worden[58]. Dieses wird besonders deutlich in den Beiträgen zu diesem Kapitel. Sie rücken noch einmal die Diskussionen um einen soziologisch und sozialpolitisch reflektierten Behinderungsbegriff ins Blickfeld (3.1); zeigen im Begriff der Lebensqualität eine Zielorientierung für sozialpolitische Bemühungen vor allem für erwachsene Menschen mit Behinderungen auf (3.2 und 3.5); versuchen einen behindertenpädagogische, sozialpädagogische und sozialpolitische Bemühungen in gleicher Weise umspannenden tragfähigen Begriff des Helfens als übergeordneter Kategorie des Handelns anzuregen (3.3)[59], in der auch die neu zu bestimmende *Rolle* der Klienten, *als mitproduzierende Adressaten* von sozialen Dienstleistungen vom Typ des Helfen, ihren Platz hat (3.4).

Der Beitrag 3.5 greift eine seit 1971 immer wieder aufflammende Kontroverse zum Deutschen Blindenverband auf. Es geht hier aber, anders als es der Bezug zu Blinden vermuten lässt, um ein grundsätzliches Problem der Behindertenhilfe, nämlich inwieweit auch ein Leben ohne Arbeit (als Erwerbstätigkeit) als sinnvoll angesehen werden kann. Sowohl die Zunahme von komplexeren Behinderungstatbeständen (Schwerstmehrfachschädigungen) als auch die massiven Veränderungen der Erwerbsgesellschaft, die immer mehr Menschen von der Arbeit freisetzen, fordern Antworten auf unbequeme Fragen heraus. Ist die berufliche Integration wirklich das „Herzstück" der Integration? Ist die Eingliederung in den „freien" Arbeitsmarkt überhaupt z. B. für Menschen mit einer geistigen Behinderung erstrebenswert? Sollten wir nicht vielmehr darauf verweisen, dass auch andere, nicht auf Erwerbstätigkeit bezogene Einkommensarten in Zukunft eine gesellschaftlich positivere Bewertung erfahren müssen?

---

[58] THIMM; v. FERBER; SCHILLER; WEDEKIND 1985: Ein Leben so normal wie möglich führen ... Zum Normalisierungskonzept in der Bundesrepublik Deutschland und in Dänemark. Marburg 1985. Zur Entwicklung im deutschen Sprachraum BECK; DÜE; WIELAND (Hrsg.): Normalisierung. Behindertenpädagogische und sozialpolitische Perspektiven. Heidelberg 1996 (Edition Schindele). Dazu auch: W. THIMM (Hrsg.), Das Normalisierungsprinzip. Ein Lesebuch zur Geschichte und Gegenwart eines Reformkonzeptes (Marburg 2005).

[59] Die Arbeiten an einer Theorie des Helfens wurden wieder aufgegriffen (THIMM 2005: Helfen als Beruf, Vierteljahresschrift für Heilpäd. u. ihre Nachbargebiete – VHN 2005; vor allem aber durch R. SLUZALEK-DRABENT: Berufliches Helfen und freiwilliges soziales Engagement. Hamburg 2005, Diss. Universität Oldenburg (Verlag Kovac).

Überlegungen, die vor 35 Jahren nach der *Funktion von Arbeit im Rehabilitationsprozess* fragen, sind angesichts der gegenwärtigen hohen Arbeitslosigkeitszahlen von äußerster Aktualität und von allgemeinem Interesse.

3.1 Zur Handlungsrelevanz von Behinderungsbegriffen (1979)

Einleitung

Das von der Deutschen Forschungsgemeinschaft zur Vorbereitung eines Schwerpunktprogramms „Sonderpädagogik" durchgeführte Kolloquium zum Begriff der Behinderung (Bericht 1976) hat zu einer zusammenfassenden Ortsbestimmung des theoretischen Zustandes der deutschen Behindertenpädagogik geführt. Die Darstellung BLEIDICKS (1977) fasst eine Entwicklung zusammen, die m. E. seit etwa 1970 dadurch gekennzeichnet ist, dass sozialwissenschaftlich orientierte Denkansätze und forscherische Aktivitäten in der Behindertenpädagogik zunehmend an Bedeutung gewinnen: aus der engen HERBARTianischen Orientierung an *Schule und Unterricht* scheint sich die Behindertenpädagogik nun endlich dem SCHLEIERMACHERschen Ansatz zuzuwenden und das *Insgesamt an gesellschaftlicher Praxis* des erziehenden Umgangs zum Gegenstand ihrer Reflexion zu erheben.

Paradigmenkonkurrenz

Als maßgebliche methodologische Positionen der Behindertenpädagogik werden von BLEIDICK herausgestellt:

- das individualtheoretische Paradigma: Behinderung als medizinisch/psychologische Kategorie;

- das interaktionistische Paradigma: Behinderung als Folge von Definitions- und Etikettierungsprozessen;

- das systemtheoretische Paradigma: Behinderung als Folge insbesondere des Schulsystems;

- das gesellschaftstheoretische Paradigma: Behinderung als direkte Folge der Gesellschaftsstruktur.

Die Ausführungen BLEIDICKS bedürfen der weiteren Modifizierung und zum Teil auch der Korrektur u. a. in folgenden Bereichen:

- Die Darstellung des interaktionistischen Ansatzes erscheint verkürzt, der Erklärungswert des Symbolischen Interaktionismus reicht darüber hinaus (vgl. dazu SCOTT 1968; SCHUR 1974);

- der gesellschaftstheoretische Ansatz wird verkürzt auf politökonomische Theorien, er wäre auszudehnen auf struktur-funktionalistische Theorie;

- die Nähe des sogenannten systemtheoretischen Ansatzes zu gesellschaftstheoretischen Paradigmen wäre herauszuarbeiten;

- der Erklärungswert der verschiedenen Paradigmen für die unterschiedlichen Behinderungsarten ist zu präzisieren.

Das alles muss weiteren Bemühungen überlassen bleiben.

Methodologischer Pluralismus

Das schwerwiegende Problem liegt in dem Vorschlag, die unterschiedlichen Theorieansätze in einen gemeinsamen, handlungsorientierten Bezugsrahmen einmünden zu lassen, systembegriffliche Isolierungen unterschiedlicher theoretischer Konzepte auf der Handlungsebene in einem sozialtechnologischen Begriff von Behinderung zu verknüpfen, einem Begriff, der sich pragmatisch auf konkrete Hilfeleistungen bezieht. Ein solches Vorgehen beinhaltet, dass „Theorien ... als Vorschläge für Problemlösungen zunächst einmal vorbehaltlos akzeptiert, ausprobiert und revidiert" werden (HONDRICH 1973, 276); es hebt den perspektivischen Charakter einzelner Theorien hervor und begegnet der Gefahr, einzelne Theorien und ihre Handlungsperspektiven zu verabsolutieren (z. B. Verabsolutierung des medizinisch/ätiologischen Paradigmas mit der Gefahr der Individualisierung von Defektauswirkungen). Die Anerkennung eines methodologischen Pluralismus, der seine Legitimation aus einem pragmatischen, handlungsorientierten Zielbegriff ableitet, wirft zwei Fragen auf:

1. Ist ein solcher Zielbegriff in der Behindertenpädagogik aufweisbar? Er liegt m. E. vor. Professionelles Handeln im Bereich von Sondererziehung, Rehabilitation und Sozialpolitik ist mehr oder weniger klar erkennbar an einem – wie immer näher bestimmten – Begriff der Integration ausgerichtet. Es wird vorgeschlagen, den Begriff der Integration einzubinden in einen zentralen Begriff der internationalen Indikatorenbewegung, den Begriff der Lebensqualität.

2. Es ist zu klären, wie sich bei der Anerkennung eines methodologischen Pluralismus, der seine Rechtfertigung ableitet aus einem handlungsorientierten sozialtechnologischen Begriff von Behinderung (in unserem Sinne: Behinderung als eingeschränkte Lebensqualität) das Normenproblem darstellt.

Wenn man – wie BLEIDICK ausdrücklich – „eine normative Legitimation ... in der Sonderpädagogik nicht erwünscht" (a. a. O., 227), dann bleibt der Handlungswert der je unterschiedlichen wissenschaftlichen Bemühungen (medizinisch/psychologischer, interaktionistischer, systemtheoretischer, strukturellfunktionalistischer Forschungen) zunächst unbestimmt. Erst die sozialtechnologische Transformation der wertfreien wissenschaftlichen Aussagen schließt den potentiellen Handlungswert zu unmittelbaren Handlungswerten auf. Der Ort dieser Transformation ist in der Tradition des Kritischen Rationalismus eben nicht die wissenschaftliche Theorie; BLEIDICK verlagert diese Aufgabe der Integration wertfreier erfahrungswissenschaftlicher Erkenntnisse und ihre Überfügung in Handlungswerte auf den Praktiker: „Ich stelle mir vor, dass dies auch die Aufgabe des Sonderpädagogen sein muss (d. h. die partielle Anwendung aller Perspektiven, *W. Th.),* zwar situationsspezifisch variiert, aber auch in durchgängigen Grundhaltungen, einen personenorientierten, einen interaktionistischen, einen systemkritischen und einen gesellschaftsbewussten Begriff von Behinderung zu haben" (BLEIDICK a. a. O., 220).

Die Auslagerung der mit Wertentscheidungen verbundenen Ableitung von Handlungsregeln aus (empirischen) wissenschaftlichen Ergebnissen auf die Ebene des Praktikers schafft natürlich Probleme. In einem solchen Modell von Pädagogik als Erfahrungswissenschaft ist die Erziehungsphilosophie als nichtwissenschaftliche Disziplin der empirischen Erziehungswissenschaft allenfalls (unverbindlich) nebengeordnet – die sich wissenschaftlich verstehende Behindertenpädagogik sieht sich offensichtlich nicht bemüßigt, nennenswert erziehungsphilosophisch tätig zu werden. Hier klafft ein Vakuum. Es fehlt an Sinndeutungen, an Angeboten teleologischer Reflexion durch die sonderpädagogische Theorie an die Praktiker und auch an die Adressaten sonderpädagogischer Bemühungen, die Behinderten selbst. Eine Berufsethik als die zweite Säule (neben der theoretischen Wissensbasis) der Legitimation beruflichen Handelns ist dem individuellen Belieben anheim gestellt. Ich wage die Vermutung, dass sich die sonderpädagogische Praxis angesichts der nur geringen Einbindung von expliziten Handlungsregeln in die theoretische Wissensbasis und in eine mit anderen gemeinsam erfahrene Berufsethik in weiten Bereichen in einem Zustand „professioneller Anomie" (BLINKERT 1972, 294) befindet.

Anomische Situation

Diesen Zustand professioneller Anomie möchte ich näher so präzisieren: Konkretes Handeln (sowohl das des sogenannten Theoretikers als auch das des sogenannten Praktikers) im Objektbereich der Behindertenpädagogik steht im Spannungsfeld von Entdeckungszusammenhängen und Wirkungszusammenhängen.

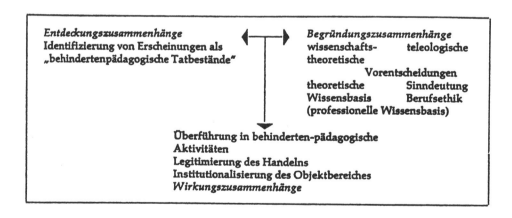

Alle drei Ebenen sind wechselseitig aufeinander bezogen: die Identifizierung von Erscheinungen als sonderpädagogisch relevante (1) ist abhängig davon, welche theoretische Wissensbasis und auch, welche Zielvorstellungen (z. B. von „menschlichem" Leben!) zum Ausgangspunkt genommen werden (2). Andererseits werden noch nicht als sonderpädagogisch zu identifizierende Sachverhalte vor dem Hintergrund theoretischen Wissens und normativer Grundvorstellungen als sonderpädagogische Interventionsfälle interpretiert. So wird aus dem Wechselspiel von entdeckendem und begründendem Verhalten der Objektbereich konstituiert (3): sonderpädagogisches Handeln wird präzisiert, institutionalisiert und organisiert. Die Adressaten werden identifiziert und kategorisiert. Je höher der Grad der Institutionalisierung und Organisierung des sonderpädagogischen Handlungsfeldes, um so stärker sind die Rückwirkungen auf Begründungs- und Entdeckungszusammenhänge: Bleidick hat in dem angesprochenen Aufsatz einige Beispiele für die „funktionelle Autonomie" des Systems der Sonderpädagogik aus dem Bereich der Lernbehindertenpädagogik angeführt. Andere Beispiele ließen sich anführen, z. B. bezüglich der Blindenpädagogik (z. B. bei SCOTT). Ich hege den Verdacht, dass in der Konkurrenz zwischen Sprachbehindertenpädagogik und Logopädie nicht auf eine überzeugende theoretische Wissensbasis beruhende Entscheidungen, sondern eher am „Bestandsprinzip" orientierte Begründungen für die Zuteilung von Klienten maßgeblich werden. Andere als ursprünglich auf eine im Ausbildungsgang (in der professionellen Sozialisation) vermittelte theoretische Wissensbasis bezogene Handlungslegitimierungen gewinnen nun für den Praktiker an Bedeutung: es treten konkurrierend zu den professionellen Legitimierungen (in der Orientierung an einer wissenschaftlich begründeten Wissensbasis und an professionellen Sinndeutungsangeboten (2) organisationsbezogene Orientierungen auf, die an nicht mit den professionellen Zielen übereinstimmenden Zielen der Organisation ausgerichtet sind: professionelle, auf eine theoretische Wissensbasis und professionelle Normen bezogene Legitimationsorientierung wird ersetzt durch eine an der Institution ausgerichtete „Sanktionsorientierung" (vgl. hierzu BLINKERT (1972) für den Bereich der Sozialarbeit!). Die Gefahr einer solchen Sanktionsorientierung nimmt offensichtlich mit der Größe von Behinderteneinrichtungen zu.

Aus dieser Strukturierung lässt sich nun die *anomische Situation* sonderpädagogischer Praxis näher kennzeichnen:

1. Die Theorie entwickelt konkurrierende theoretische Modelle zum Behinderungsbegriff. Behinderung erhält in theoretischer Rekonstruktion perspektivischen Charakter. Die Transformation der unterschiedlichen potentiellen Handlungswerte in unmittelbare Handlungswerte, in konkrete Handlungsregeln für den Praktiker, wird nicht mitgeliefert. Unter Verzicht auf Normierung liefert die sonderpädagogische Theorie nicht mehr als eine *pluralistische, halbierte Legitimierung für das praktische sonderpädagogische Handeln:* Perspektivenvielfalt ohne Zielorientierung.

2. Dem Praktiker präsentiert sich aber die Praxis nicht in diesen theoretischen Konstrukten (Behinderung als medizinisch/psychologische, als gesellschaftliche Kategorie, als Folge von Etikettierungsprozessen, als Systemfolge). Sie „springt" ihn vielmehr in den professionellen Alltagssituationen in der Regel nicht perspektivisch an, sondern global, diffus, unstrukturiert, ja chaotisch. Er muss, basierend auf einer individualistischen professionellen Ethik, sein Handeln in eine heterogene theoretische Wissensbasis integrieren unter Beachtung organisationsspezifischer Regeln.

Anpassungsmuster

In Anlehnung an das klassische Anomieschema von R. K. MERTON können nun folgende typischen Anpassungsmuster an diesen anomischen Zustand beispielhaft aufgezeigt werden:

Konformität:

Es gelingt dem Praktiker, die Situationen des beruflichen Handelns situationsspezifisch auf die jeweilige Behinderungsperspektive hin zu strukturieren. Die Zielvorstellungen des Handels sind auf bewusste Wertentscheidungen rückführbar. Die Normenstruktur des Arbeitsbereiches (in der Organisation/Institution) steht dem nicht entgegen. Welche Qualifikationen dem zukünftigen Sonderpädagogen hierfür zu vermitteln sind, darüber scheint mir weitgehend Unklarheit zu herrschen. Auf der institutionellen Seite scheinen die Bedingungen einer so beschriebenen Konformität (als Übereinstimmung des praktischen Handelns mit professionellem Wissen) noch am ehesten in kleinen Organisationen mit der Chance der bestmöglichen Kommunikation aller Handelnden erfüllt zu sein.

Rückzug:

Das Praxisfeld wird verlassen; oder: Höherqualifizierung und Einzug in den theoretischen Überbau der Sonderpädagogik; oder: Aufstieg innerhalb der Organisation (Schulleiter, Schulrat, Verwaltung, Abteilungsleiter in größeren Einrichtungen).

Ritualismus:

(a) *Instrumenteller Ritualismus:* Die Wissensbasis wird auf eine Perspektive verkürzt bei gleichzeitiger Immunisierung gegen Erkenntnisse aus anderen Behinderungsperspektiven. So beschreibt SCHAIBLE (1976) ein „traditionelles Legitimationssyndrom" des Unterrichts in der Sonderschule für Lernbehinderte folgendermaßen: Kompensation und unauffällige berufliche und soziale Eingliederung werden zum „zentralen Legitimationsstrang traditioneller Didaktik" (S. 194), wobei die Hauptschule Bezugspunkt ist: „die Legitimation (wird) auf institutionelle Kriterien" verkürzt. Im Zentrum des Unterrichts stehen „methodische Optimierungskategorien". WOCKEN hält kausale Orientierungen in Bezug auf den Unterricht bei Lernbehinderten schlichtweg für belanglos. „Die Entwicklung und Erprobung von Technologie einer adressatenspezifischen Förderung hat eine eigene Berechtigung und Dignität" (1977, 155-56). Man vergleiche zu diesem von uns mit instrumentalem Ritualismus bezeichneten Anpassungstyp die Ausführungen von WÖHLER (1978): Diagnostik fungiere häufig als Instrument zur Abwehr heterogener Leistungserwartungen vor allem aus soziologischen und sozialpsychologischen Erkenntnissen!

(b) *Ethischer Ritualismus:* Verhaltenssicherheit wird in der starken Hervorhebung *besonderer* berufsethischer Einstellungen gewonnen. So glauben fast alle befragten Sonderschullehrer in einer Untersuchung von GRUNWALD, dass bei ihrer Arbeit mehr „Einfühlungsvermögen" notwendig sei als in anderen

Schularten, und 70 % sind davon überzeugt, die sozialen Chancen ihrer Schüler zu vergrößern (GRUNWALD 1975). Es ist anzunehmen, dass dabei ein eher diffuser Begriff von Integration eine Rolle spielt: Integration ist ja auch als Wertbegriff nicht wissenschaftlich vorstrukturiert. Möglicherweise unterscheidet sich das berufspraktische Handeln aber gar nicht von dem anderer Lehrergruppen. So konnte KRETSCHMANN in einer kleinen Population nachweisen, dass Lernbehindertenlehrer weitgehend identisches Verhalten in der pädagogisch-therapeutischen Interaktion mit ihren Schülern zeigen wie Hauptschullehrer (1975).

(c) *Bürokratischer Ritualismus:* Ein anderer Typus im Ritualismus-Syndrom wäre die Anpassung an die bürokratischen, organisationsbezogenen Strukturen des Arbeitsbereichs. Unter Verzicht auf den Bezug zu einer theoretischen Wissensbasis und auf eine explizite Zielorientierung, richtet sich das Handeln stark an den Sanktionen des Arbeitsbereiches aus. Der reibungslose Ablauf von bürokratisch gesteuerten Organisationsabläufen wird Selbstzweck: in manchen sonderpädagogischen Großorganisationen offenbar der erfolgreichste Weg zum Aufstieg in der Hierarchie. Immunisierung des theoretischen Wissens und amöbenhafte Flexibilität eines diffusen Zielbegriffes von Integration und Rehabilitation sind damit verbunden.

Innovation

Die perspektivische Vielfalt von Behinderungen in praktisches professionelles Handeln umsetzen zu wollen, sprengt die Unterrichtsbezogenheit der sonderpädagogischen Profession. Solidarisierungen mit Behinderten und ihren Angehörigen, sozialpolitische Aktivitäten, Öffentlichkeitsarbeit sowie die Abstimmung mit anderen Berufsgruppen (z. B. mit Sozialarbeitern) – um nur einige Beispiele zu nennen – , das alles durchbricht die traditionelle Rolle des Sonderschullehrers. Innovatorische Ansätze dieser Art werden nur möglich sein unter stillschweigender Duldung von Vorgesetzten, da sie nicht unterrichtsbezogene Tätigkeiten aus dem Klassenzimmer auslagern (Beispiel: Stellenvermittlung für Absolventen durch Sonderschullehrer). Sie liegen hart am Rande der Legalität oder auch außerhalb (hier: Vermittlungsmonopol der Bundesanstalt für Arbeit). Als Ausweg bleibt die Verlagerung solcher Aktivitäten, die aus einem mehrperspektivischen Wissen von Behinderungen resultieren, in die Privatsphäre.

Behindertenpädagogik als normative Wissenschaft?[60]

Welche Auswege aus diesem anomischen Verhältnis zwischen *perspektivisch fraktionierter Wissensbasis* (fehlende kollektive Zielorientierung und Organisationszwänge) einerseits und der Notwendigkeit der Verknüpfung pragmatischer Handlungsregeln in der Praxis mit einer expliziten und systematischen Wissensbasis andererseits bieten sich an? Eine denkbare Lösung wäre, die unbestritten notwendig werdenden wertenden Entscheidungen bei der Umsetzung erfahrungswissenschaftlicher Erkenntnisse für das professionelle Handeln durch eine früh ansetzende, den erfahrungswissenschaftlichen Bemühungen absolut gleich-

---

[60] 1996 spricht HAEBERLIN etwas vorsichtiger von der „Heilpädagogik als wertgeleitete Wissenschaft", Bern u.a. : P. Haupt.

rangige erziehungsphilosophische Wertediskussion vorzubereiten. Welcher Art das Verschränkungsverhältnis ist, bleibt dabei zunächst offen. Für mich folgt daraus nicht zwingend die Übernahme von Denkkategorien der Kritischen Theorie. Im möchte einen Schritt darüber hinausgehen und die ständige Reflexion und Definition ihrer Normativität als konstitutiv für die Pädagogik und damit auch für die Behindertenpädagogik ansehen. Es ist eine wissenschaftshistorische Konvention relativ jungen Datums, nur erfahrungswissenschaftliche Bemühungen als wissenschaftlich zu bezeichnen – nichts spricht dagegen, ein Modell von normativer Wissenschaft dagegenzusetzen. Pädagogik ist insofern eine normative Wissenschaft, als sie die Verantwortung für die Verbindung von Sein und Sollen ausdrücklich in ihren Zuständigkeitsbereich hineinnimmt und diese nicht in die Beliebigkeit der Praxisebene oder auf andere soziale Entscheidungssituationen abdrängt. Ich bin mir der Gefahr bewusst, dem sich ein solches Verständnis von Behindertenpädagogik als normativer Wissenschaft aussetzt, ein Verständnis von Wissenschaft, das die Integrierung von normativen Handlungsbegründungen und erfahrungswissenschaftlichen Erkenntnissen in eigener Regie leisten will. BELLEBAUM charakterisiert diesen Sachverhalt (für die Soziologie) treffend, wenn er darauf hinweist, dass Vertreter des Faches in diesem Punkte (nämlich Soziologie als normative Wissenschaft zu bestimmen) große Zurückhaltung zeigen, dabei aber „andere auffordern voranzugehen – um aber sogleich Grenzüberschreitungen zu kritisieren" (1977, 131). Damit ist – in Anerkennung eines methodologischen Pluralismus – die von BLEIDICK geforderte Verknüpfungsleitung in einem pragmatischen, sozialtechnologischen Behinderungsbegriff ausdrücklich von der Ebene des Praktikers in den Bereich der Behindertenpädagogik als (normativer) Wissenschaft hineingeholt. Die Diskussion darum, welche Ziele die Behindertenpädagogik in ihren praktischen wie theoretischen Bemühungen leiten sollten, muss also auf allen Ebenen geführt werden. Nur über diese gemeinsam geführte Diskussion führt der Weg zur Anerkennung unterschiedlicher theoretischer Positionen und zu einem besseren Verhältnis von Theoretikern und Praktikern. Das könnte am Begriff der Lebensqualität als Ziel sonderpädagogischen Bemühens verdeutlicht werden. Erste Ansätze dazu liegen vor (THIMM 1978 a und 1978 b).[61]

Zusammenfassung

Die sonderpädagogische Theorie ist, wie BLEIDICK (1976) sie charakterisiert, von einem methodologischen Pluralismus gekennzeichnet. Eine Normierung für das praktische Handeln wird nicht mitgeliefert. Für den Praktiker stellt sich die Aufgabe, sein Handeln aus theoretischer Perspektivenvielfalt ohne professionelle Zielorientierung zu legitimieren. Das erzeugt eine anomische Situation. Daraus resultierende Anpassungsmuster können sein: Konformismus, Rückzug, instrumenteller, ethischer und bürokratischer Ritualismus sowie Innovation. Es wird vorgeschlagen, die Wertediskussion ausdrücklich in den Zuständigkeitsbereich der Behindertenpädagogik als (normativer) Wissenschaft hereinzuholen.

---

[61] Vgl. dazu die nachfolgenden Beiträge 3.2 und 3.5.

Literatur

ADORNO, Th. W.: Der Positivismusstreit in der deutschen Soziologie. Neuwied/Berlin 1969.
BELLEBAUM, A.: Handlungswert der Soziologie. Vermittlungs- und Verwertungsprobleme. Meisenheim 1977.
BERICHT über das Kolloquium „Zum Begriff der Behinderung". Z.für Heilpäd. 27 (1976), 395-446.
BLEIDICK, U.: Pädagogische Theorien der Behinderung und ihre Verknüpfung. Z. Heilpäd. 28 (1977), 207-229. Dazu auch: BLEIDICK u. HAGEMEISTER, Einführung in die Behindertenpädagogik, Bd. 1., Stuttgart 1977.
BLINKERT, B.: Unvollständige Professionalisierung im Bereich der Sozialpädagogik. Z. f. Soziol. (1972), 291-301.
GRUNWALD, A. : Empirische Untersuchungen zu Meinungen und Ansichten von Lehrern an Sonderschulen. Z. für Heilpäd. 26 (1975), 700-715.
HABERMAS, J.: Erkenntnis und Interesse. Frankfurt 1973.
HONDRICH, K. O.: Bedürfnisorientierung und soziale Konflikte. Z. f. Soziol. 2 (1973), 263-281.
KRETSCHMANN, R.: Vergleichende Untersuchung über einige Aspekte des Lehrerverhaltens in Haupt-, Lernbehinderten- und Heimsonderschulen anhand von Schülerbefragung und Expertenurteil. Z. für Heilpäd. 26 (1976), 691-699.
SCHUR, E. M.: Abweichendes Verhalten und Soziale Kontrolle. Etikettierung und gesellschaftliche Reaktionen. Frankfurt/New York 1974.
SCOTT, R. A.: The Making of Blind Men. New York 1968.
THIMM, W.: Behinderungsbegriff und Lebensqualität. In: Brennpunkt Sonderschule, hrsg. v. Verband Bildung und Erziehung (VBE), Bonn-Bad Godesberg 1978, 24-30.
THIMM, W.: Lebensbedingungen behinderter Kinder und Jugendlicher. EASE-Seminar Kassel 1977 (Gesamtbericht).
WOCKEN, H.: Ursachen von Lernbehinderungen als Orientierungspunkte unterrichtlichen Handelns. Z. für Heilpäd. 28 (1977), 149-156. Entgegnung dazu: H. WIELAND, Z. für Heilpäd. 29 (1978), 112-113.
WÖHLER, K.: Diagnostiker als Beruf. Zur Professionalisierung des Sonderschullehrers für Lernbehinderte. Z. für Heilpäd. 29 (1978), H. 5.

3.2 Behinderungsbegriff und Lebensqualität (1977)
Ansätze zu einer Vermittlung zwischen sonderpädagogischer Theorie und Praxis[62]

Soziale Dimensionen von Behinderung

Die Art des praktischen Umgangs mit sogenannten Behinderten auf allen Ebenen des gesellschaftlichen Lebens – im Alltagshandeln „von Mensch zu Mensch", im professionellen Umgang in Institutionen und Organisationen (z. B. in den Sonderschulen) bis hin zur sozialrechtlichen Fixierung von Hilfeleistungen – wird maßgeblich davon bestimmt, was jeweils als Behinderung und damit als „Andersartigkeit", als „Sonderschulbedürftigkeit" oder als „Hilfsbedürftigkeit" angesehen und definiert wird. Die Bezugssysteme für das Denken und das Handeln an Gruppen von Menschen unserer Gesellschaft, die eben von dieser

---

[62] Brennpunkt Sonderschule – Sonderschultag 77, Hrsg. Verband Bildung und Erziehung.

Gesellschaft als „Behinderte" kategorisiert werden, sind in jüngster Zeit mehr und mehr ins Blickfeld geraten (THIMM 1972; ZUR PÄDAGOGISCHEN FÖRDERUNG 1973; THIMM 1975; Bericht über das Kolloquium „Zum Begriff der Behinderung" 1976; BLEIDICK 1977)[63]. Die Einbeziehung sozialwissenschaftlicher Denkansätze in die sonderpädagogische Theoriediskussion hat zu einer Fülle von Erkenntnissen geführt. In zunehmendem Maße werden wir uns sozialer Einflussfaktoren bei der Entstehung von Behinderungen (soziale Verursachungsmechanismen), bei der Organisierung der Behindertenhilfe sowie in individuellen Entwicklungsverläufen von Geschädigten bewusst. Es ist in der sonderpädagogischen Theorie zu konkurrierenden Orientierungsmustern gekommen, die von BLEIDICK ausführlich dargestellt wurden (BLEIDICK 1977). Als solche Orientierungen der Sonderpädagogik – in der wissenschaftstheoretischen Diskussion Paradigmen genannt – lassen sich herausstellen:

Individualtheoretisches Konzept

Behinderung wird als ein individueller Zustand angesichts einer in medizinischen und/oder psychologischen Kategorien beschreibbaren Normabweichung aufgefasst. Wird der auf die individuelle Ebene verlagerte Defekt zum primären Bezugspunkt sonderpädagogischer Intervention, dann hat das weitreichende Konsequenzen. Z. B.: Lernbehinderung wird aufgefasst als (angeborener) Intelligenzmangel bzw. als Folge hirnorganischer Defekte. Die Folgen sind Lehrplanminimierungen, eine quasi ontologische Rechtfertigung der Aussonderung in Schulen minderer Qualität und auch der benachteiligenden Ausgangslage dieser Schüler und ihrer schlechten gesellschaftlichen Platzierung nach der Schulentlassung. Oder: Es kommt zu Aussagen über lineare, defektspezifische Folgen eines Primärdefektes (z. B. Gehörlose zeichnen sich durch Rigidität des Denkens aus; Blinde neigen zur Verinnerlichung). Beides lässt sich weit einleuchtender als sekundäre Folge, als Folge der Umweltreaktion auf die Tatsache der Gehörlosigkeit bzw. Blindheit, als Folge einer schichtenspezifischen Ausgangslage, als Folge der Organisierung der Gehörlosenbildung bzw. Blindenbildung darstellen und wäre damit durch Veränderung des sozialen Umfeldes zu vermeiden.

Stigmatheoretisches Konzept - Behinderung als Stigma

Behinderung wird primär als Folge einer langen Kette sozialer Zuschreibungen aufgefasst. Dieser Ansatz nimmt inzwischen in der sonderpädagogischen Diskussion einen breiten Raum ein (GOFFMAN 1967; HOMFELD 1974; BRUSTEN UND HOHMEIER 1975; THIMM, s. Anmerkung 63). Dabei geht es keineswegs nur um die bekannte Tatsache, dass das Lehrverhalten Leistungsmotivation und Schulkarrieren von Schülern maßgeblich beeinflussen kann (positiver und negativer Pygmalioneffekt; ROSENTHAL und JACOBSON 1971). Die unterschiedlichen Überweisungsquoten zur Sonderschule für Lernbehinderte von Ort zu Ort, von Bundesland zu Bundesland, sowie die Tatsache, dass hinsichtlich des Intelligenzquotienten weite Überlappungsbereiche zwischen nicht ausgeschulten Hauptschülern und Sonderschülern vorliegen, lassen den Verdacht aufkommen, dass der wissenschaftlich durch Tests legitimierten

---

[63] Vgl. dazu u. a. die Beiträge zu diesem Band 2.2; 2.3; 2.4 und 2.9.

Aussonderungspraxis ganz andere Definitionsakte zugrunde liegen (PROBST 1973). Sogar bei Vorliegen eines organischen Primärdefektes erscheint unter der stigmatheoretischen Perspektive das, was z. B. einen Blinden zum Blinden macht, primär als Folge einer durch Institutionen wie die Blindenschule und andere Hilfseinrichtungen vermittelten sozialen Rolle (SCOTT 1969: The making of blind men (!); SCHUR 1974). Ein absolut gesetzter stigmatheoretischer Standpunkt vermag allerdings nicht zu beantworten, warum es bei Vorliegen einer primären Abweichung zu unterschiedlichen Bewertungen und Interpretationen einer solchen Primärabweichung kommt. Ferner läuft eine solche Orientierung Gefahr, Lebenserschwerungen Behinderter ebenfalls ausschließlich auf die individuelle Ebene zu verlagern, diesmal nicht auf die der Betroffenen, sondern auf die der nicht Betroffenen. Aus dem Defekt unmittelbar resultierende Erschwerungen des Lernens und der Teilhabe an Lebensvollzügen werden u. U. bagatellisiert.

Gesellschaftstheoretisches Konzept – Behinderung als Gesellschaftsprodukt

Im Bereich der Lernbehindertenpädagogik sind in den letzten Jahren in aller Deutlichkeit wieder Tatsachen ins Bewusstsein gerückt und z. T. empirisch überprüft worden, die schon immer bekannt waren: Die Sonderschüler der Lernbehindertenschule stammen zum überwiegenden Teil aus sozial schwachen Schichten, gehäuft aus der untersten Unterschicht. Ihr häusliches Milieu ist gekennzeichnet durch Armutsbedingungen: geringes Einkommen, niedriges Konsumniveau bei durchschnittlich höherer Kinderzahl, schlechte, z. T. diskriminierende Wohnverhältnisse. Uns sind auch Einsichten vermittelt worden, wie sich der Zusammenhang zwischen diesen Bedingungen in der primären Sozialsituationsphase und dem späteren Schulversagen darstellen könnte (zusammenfassend vgl. THIMM/FUNKE 1977). Hinzu kommen neueste Befunde, dass auch organische Behinderungen ganz offensichtlich in unteren Sozialschichten häufiger sind als in höheren Schichten. Das hat in der Sonderpädagogik zu einer linearen, monokausalen Ableitung von Behinderung aus gesellschaftlichen Verhältnissen geführt. Die Verhältnisse in der Bundesrepublik werden dabei in politökonomischen Begriffen als kapitalistische Gesellschaft charakterisiert (Kritik der Sonderpädagogik 1973; JANTZEN 1974). Die lineare, monokausale Deutung von Behinderung und der Interventionsmaßnahmen aus einem voraus postulierten gesellschaftlichen Deutungssystem sieht sich vor großen Schwierigkeiten: die empirische Zuordnung von Behinderungserscheinungen zu Begriffen wie Arbeiterklasse, Proletariat, industrielle Reservearmee gelingt nicht, korrelative Häufigkeiten werden unter der Hand kausal interpretiert und damit vergröbernd dargestellt. Individuelle Hilfeleistung zementiert in diesem Interpretationsrahmen die ausbeuterischen gesellschaftlichen Verhältnisse. Der Sonderpädagoge sieht sich schließlich zur Untätigkeit verurteilt, er wird in die Rolle des Erfüllungsgehilfen kapitalistischer Ausbeuter gedrängt. Jede ausschließliche, monokausale und lineare Ableitung für das sonderpädagogische Handeln aus einer dieser Grundorientierungen stellt eine perspektivische Verkürzung von Behinderung dar, zum Schaden der Adressaten.

Sozialtechnologischer Behinderungsbegriff

Die Situation ist fatal: Der militante Charakter der einen oder anderen Position zugerechneter Darstellungen erzeugt Verhärtung in den jeweils anderen Positionen. Für die sonderpädagogische Praxis und Administration sehe ich die Gefahr, dass das gerade keimende Bewusstsein von sozialen Rahmenbedingungen der Sonderpädagogik angesichts aggressiver stigmaorientierter Verlautbarungen, die das Kontrollverhalten von Lehrern und Therapeuten anzielen, oder aber durch globale, marxistisch sich gerierende Gesamtdeutungen erstickt wird.

Wir müssen aus den Frontstellungen innerhalb der sonderpädagogischen Theorie und der Frontstellung zwischen Theorie und Praxis herauskommen. So fordern v. FERBER und BLEIDICK pragmatische Begriffsfestlegungen, die sich auf konkrete Hilfeleistungen beziehen (v. FERBER 1976, 417), einen „sozialtechnologischen Behinderungsbegriff" (BLEIDICK 1977, 224). Die unterschiedlichen systematischen und darum notwendig perspektivisch verkürzenden Begriffe von Behinderung müssen ihre unterschiedlichen Handlungsperspektiven in ein gemeinsames Ziel integrieren. Diesem Ziel wären in gleicher Weise alle theoretischen wie auch praktischen professionellen Tätigkeiten in der Sonderpädagogik unterzuordnen.

Lebensqualität als Ziel von Sondererziehung, Rehabilitation und Sozialpolitik

Zielangaben im Bereich der Sonderpädagogik lassen sich im Begriff der Integration zusammenfassen. Dabei ist auffällig, dass sich evaluative Aussagen zur Lage Behinderter allgemein, zur Situation verschiedener Behindertengruppen oder einzelner Behinderter nicht auf ein klar erkennbares Konzept von Integration beziehen. Was man unter Integration versteht, mit welchen Maßzahlen man sie misst, das alles bleibt auffallend verschwommen. Beruflich-ökonomische Standards auf der einen Seite und geäußertes individuelles Wohlbefinden auf der anderen Seite bilden nur je eine Dimension ab. Sie allein operationalisieren das Konstrukt Integration nur unzureichend. Es ist sicher ein Verdienst marxistisch orientierter Darstellungen der Lebenssituation Behinderter, einseitige Orientierungen sonderpädagogischer und sozialpolitischer Maßnahmen an der ökonomischen Verwertbarkeit Behinderter offengelegt zu haben.

Wir müssen zu einem mehrdimensionalen Begriff der Integration kommen. Hier bietet sich der Begriff der Lebensqualität an. Lebensqualität (Quality of Life) als Zentralbegriff der internationalen Indikatorenforschung signalisiert die Abkehr von einem einseitig ökonomisch orientierten zu einem mehrdimensionalen Wohlfahrtsbegriff (ZAPF 1975, WERNER 1975). ZAPF (1975, 186) definiert Lebensqualität „versuchsweise" als „Zufriedenheit mit den Lebensbedingungen in Übereinstimmung mit Standards". Lebensqualität ist also eine Funktion objektivierbarer Lebensumstände (an Standards gemessen) und individueller Erwartungen und Ansprüche. Aussagen über das Ausmaß an Integriertheit von Behinderten, Behindertengruppen und einzelnen behinderten Personen müssten sich also auf das erreichte Maß an Lebensqualität im Vergleich zu relevanten Nichtbehinderten beziehen. Relevant heißt: auf der jeweiligen Betrachtungsebene müssen Vergleiche zur gesamten Gesellschaft (Behinderte allgemein) auf der Kategorienebene zu vergleichbaren Gruppen Nichtbehinderter (alters- und geschlechtsgleich) sowie auf der individuellen Ebene zu vergleichbaren Bezugspersonen (wiederum alters-, geschlechtsgleich und in der gleichen Statuszone) angesiedelt werden.

Nun ist Lebensqualität ein Begriff, der eine sehr komplexe Wirklichkeit bezeichnet. Er muss schrittweise in seine Dimensionen zerlegt werden bis hin zu messbaren Indikatoren. Eine erste Dimensionierung von Lebensqualität liegt in den von den Mitgliedsländern der OECD (Organization for Economic Cooperation and Development) aufgestellten Zielfeldern vor (OECD-Studie vgl. WERNER 1975, 226; REGAN, in ZAPF 1975, 13). Diese umfassen folgende acht Bereiche:

Zielfelder Lebensqualität (OECD)

1. Gesundheit
2. Persönlichkeitsentwicklung und intellektuelle und kulturelle Entfaltung durch Lernen
3. Arbeit und Qualität des Arbeitslebens
4. Zeitbudget und Freizeit
5. Verfügung über Güter und Dienstleistungen
6. Physische Umwelt
7. Persönliche Freiheitsrechte und Rechtswesen
8. Qualität des Lebens in der Gemeinde.

Jede dieser acht Dimensionen von Lebensqualität stellt für sich genommen wiederum noch einen komplexen Sachverhalt dar, für den in einer weiteren Analyse die eigentlichen Indikatoren zu bestimmen wären. Aber allein an dieser globalen Übersicht von acht Dimensionen gemessen stellt sich unser Wissen von dem Grad an erreichter Lebensqualität bei Behinderten erschreckend dürftig dar, wiederum sowohl auf der gesamtgesellschaftlichen Ebene als auch auf der gruppenspezifischen und individuellen Ebene. Haben die einzelnen sonderpädagogischen Sparten eigentlich zureichende Kenntnisse darüber, wie sich primäre Folgen eines Defektes in allen diesen Bereichen darstellen? Haben wir eine klare Vorstellung darüber, welche Standards in den Bereichen als erstrebenswert angezielt werden müssen? Kennen wir die Bezugsgrößen? Unterscheiden wir immer klar genug zwischen primären, defektspezifischen Begrenzungen und sekundären, durch die Art des laienhaften und professionellen Umgangs mit Behinderten gesetzten Grenzen? Zu welchen Konsequenzen eine entideologisierte Normalitätsdiskussion im Hinblick auf Behinderte führen kann, wird uns deutlich gemacht in den skandinavischen Normalisierungsbestrebungen. Einfache, pragmatische Setzungen wie diese: „normalerweise sind in unserem Kulturkreis so wichtige Lebensbereiche wie Wohnen/Schlafen – Arbeit bzw. Schule – organisierte Freizeitaktivitäten sowohl räumlich als auch organisatorisch getrennt" führten schrittweise zu bedeutsamen Konsequenzen wie: Entflechtung großer Behinderteneinrichtungen, Integrierung schulischer und sozialrechtlicher Hilfen in das allgemeine Schul- und Sozialhilfesystem, vor allem aber immer wieder zu einer praktischen Ausrichtung aller sonderpädagogischen Maßnahmen an den alltäglichen Bedürfnissen und Bedingungen der Nichtbehinderten, im skandinavischen Sprachgebrauch eben zu einer schrittweisen Normalisierung (z. B. im Bereich der Sexualität Geistigbehinderter).

Beispiel: Dimension „Arbeit und Qualität des Arbeitslebens"

Für die Dimension, von der wir glauben noch am ehesten informiert zu sein, möchte ich einen ersten groben, kommentierten Operationalisierungsversuch vorlegen. Ich möchte hier völlig offen lassen, welche Gewichtung die Dimension „Arbeit und Qualität des Arbeitslebens" in dem gesamten Indikatorenfeld von „Lebensqualität" erhält. Sicher sollte diese Dimension bei Behinderten nicht anders gewichtet werden als bei Nichtbehinderten (also nicht etwa: Beruf als Mittel zur Leidenskompensation, wie es gelegentlich von der Behindertenpädagogik nahegelegt wird – und das angesichts einer nüchternen Job-Mentalität Nichtbehinderter am gleichen Arbeitsplatz!).[64] Die Frage der Gewichtung der OECD-Dimensionen von Lebensqualität ist ohnehin nicht geklärt und muss darum auch hier ausgespart bleiben.

1. Berufschancen im horizontalen Vergleich (Indikatoren):

Beschäftigungsquoten, Arbeitslosenquoten, Verteilung auf Berufsfelder und Berufsgruppen, Mobilitäts- und Fluktuationsraten. Primär behinderungsbedingte Einschränkungen (Funktionseinschränkungen); sekundär bedingte Einschränkungen (Struktur des Ausbildungssystems, z. B. Beschränkung auf wenige Berufe in den Ausbildungsstätten für Behinderte; Einstellungen von Berufsverbänden, Arbeitgebern, Mitarbeitern, Angehörigen, Behindertenpädagogen. Struktur des Arbeitsmarktes an Orten von Behinderteneinrichtungen.

2. Berufschancen im vertikalen Bereich (Indikatoren):

Verteilung der beruflichen Positionen Behinderter in einem Schichtmodell (Gesamtkategorie, einzelne Gruppen), Auf- und Abstiegsmobilitätsraten, primär behinderungsbedingte Einschränkungen – sekundär bedingte Einschränkungen; Struktur des Schul- u. Ausbildungssystems; Struktur des Arbeitsmarktes an Orten von Behinderten-einrichtungen; Einstellungen, s.o..

3. Ökonomischer Stand/Niveau des Entgeltes (Indikatoren):

Einkommensvergleiche; Konsumniveauvergleiche; Einschränkungen, z. B. behinderungsbedingte Mehraufwendungen

4. Arbeitsplatzbedingungen (Indikatoren):

Vergleichende Arbeitsplatzanalysen

5. Arbeitszufriedenheit (Indikatoren):

siehe Infas-Studie 1973 (in: ZAPF 1975, 111 ff.)

Zu einigen dieser Bereiche liegen Daten für die Gruppe der Behinderten, die nach dem Schwerbehindertengesetz (SchwbG) als Erwerbsgeminderte definiert ist, vor (BRINKMANN 1973). Im allgemeinen sind Behinderte nach dem

---

[64] Vgl. dazu den Beitrag 3.5 in diesem Band.

SchwbG in höherem Maße von Arbeitslosigkeit betroffen, sie sind überproportional in unqualifizierten Berufspositionen beschäftigt, auch bei relativ hohem, schulischem und beruflichem Ausbildungsniveau. In Angestelltenpositionen sind sie unterrepräsentiert. Mobilität ist mehr auf Abstieg, weniger auf Aufstieg ausgerichtet. Im Durchschnitt ist das Ausbildungsniveau geringer als bei Nichterwerbsgeminderten. Diese Untersuchung erfasst nicht die ehemaligen Schüler der Lernbehindertenschule, sie zählen in arbeits- und sozialrechtlicher Hinsicht nicht zu den Behinderten. Einzelne Studien über die berufliche Eingliederung dieser Gruppe zeigen starke regionale Schwankungen. Charakteristisch aber ist die Platzierung als Hilfsarbeiter, auch dann, wenn eine Lehre nach Schulabschluss begonnen wurde. Statistiken über Berufseinmündungen allein gestatten nur unzureichende Vorhersagen über die tatsächliche spätere berufliche Platzierung. Tendenzen in der Sonderpädagogik, aus der relativ unauffälligen Integrierung der Lernbehinderten in das Heer der Ungelernten auf insgesamt geglückte Integration zu schließen, sind eher ein Zeichen für geglückte selektive Wahrnehmung der Sonderpädagogen.

Zu einzelnen Behindertengruppen liegen für einige Bereiche Befunde vor: Einschränkungen in den Berufsmöglichkeiten insgesamt sind bei Blinden primär behinderungsbedingt, einige Einschränkungen ergeben sich aber aus den oben unter 1 genannten sekundären Faktoren. Die Konzentration Gehörloser auf relativ wenige Berufsfelder ist vor allem auf solche sekundären Faktoren zurückzuführen. Für die Kategorie der berufstätigen Blinden konnte gezeigt werden, dass sie überproportional in niedrigen Berufspositionen beschäftigt sind, krass unterrepräsentiert in mittleren und gehobenen Positionen. Blindenpädagogik und Blindenselbsthilfe aber hatten gerade die nicht der Realität entsprechende normale Verteilung im hierarchischen Gefüge mit der Tendenz zu relativ hohen Anteilen Blinder an gehobenen Positionen behauptet und als Beweis für die „Normalität" und den hohen Stand der Integration Blinder angeführt. Eine solche ideologisierte Position kann zu negativen Folgen führen (vgl. dazu ausführlich THIMM 1971[65]). Aussagekräftige oder gar generalisierbare Einkommensvergleiche sind mir nicht bekannt – obwohl bekannt ist, dass bei Nichtbehinderten gerade die entgeltbezogenen Faktoren den entscheidenden Anteil für Arbeitszufriedenheit darstellen. Ich wage die vorsichtige Aussage, dass die Sonderpädagogik ihren Klienten andere als entgeltbezogene Bewertungsmaßstäbe für den Wert von Arbeit nahe legt: nämlich Arbeitszufriedenheit abweichend von der Hauptdimension „Entgelt" aus interaktionsbezogenen Werten (aus dem Grad der Akzeptierung durch Nichtbehinderte am Arbeitsplatz) oder aus personenbezogenen Werten (Selbstverwirklichung, Kompensation für behinderungsbedingte Versagungen) abzuleiten. Subjektiv geäußerte Arbeitszufriedenheit bei Behinderten sagt noch nichts darüber aus, ob die objektiven Arbeitsbedingungen, ob das Niveau an Qualität des Arbeitslebens vergleichbaren Standards entspricht. Arbeitszufriedenheit könnte zustande kommen als Kompromiss zwischen einer tiefempfundenen, immer wieder vermittelten – internalisierten – Minderwertigkeit einerseits und der Verkürzung des Lebenshorizontes auf Teilbereiche menschlichen Lebens andererseits: um den Preis sozialer Akzeptierung werden niedriger Lohn und schlechte Arbeitsbedingungen akzeptiert (ein Behinderter, der fordernd auftritt – unvorstellbar für viele!); um den Preis der Akzeptierung

---

[65] Vgl. dazu Beitrag 3.5.

werden als diskriminierend und stigmatisierend empfundene Merkmale (so ehemaliger Sonderschüler zu sein, leichtere Sinnesschädigungen) verdeckt, mit allen daraus resultierenden Folgen (Rückzug aus gefährlich erscheinenden Situationen, Anpassung um jeden Preis); um den Preis sozialer Akzeptierung werden am Behinderungsmerkmal orientierte Zuschreibungen der Nichtbehinderten in das eigene Verhalten eingebaut (self-fulfilling prophecy). So kann es z. B. zu einer völlig falschen Selbsteinschätzung der eigenen Stellung im Beruf, des Sozialprestiges der eigenen Tätigkeit kommen, weil die soziale Anerkennung durch Nichtbehinderte sich nicht an der beruflichen Position des Behinderten orientiert, sondern völlig normale Leistungen als „phänomenal" interpretiert werden (das BSHG liefert dazu im Kommentar zur Blindenhilfe ein Beispiel).[66]

Eine falsche Einschätzung der subjektiven Zufriedenheitsbekundungen Behinderter kann dazu führen, das tiefgreifende Desintegration vordergründig als geglückte Integration gedeutet wird. Ich erinnere: *Lebensqualität bedeutet Zufriedenheit mit Lebensbedingungen in Übereinstimmung mit Standards*. Bloßes Zufriedensein auf objektiv niedrigem Lebensniveau aus Unkenntnis der Standards Nichtbehinderter kann nicht Ziel der Sonderpädagogik sein. Eine solche Pädagogik hat ihr vornehmstes Ziel, nämlich Hilfestellung zu leisten bei der Bedürfnisartikulation angesichts körperlich/psychischer/sozialer Benachteiligung, aus dem Blick verloren.

Die gemeinsame Orientierung an einem pragmatischen Begriff von Lebensqualität könnte die unterschiedlichen, z. T. konkurrierenden theoretischen Perspektiven in der Sonderpädagogik sowie die sonderpädagogische und sozialpolitische Praxis in einem gemeinsamen Handlungskonzept vereinigen.[67]

Literatur

BLEIDICK, U.: Pädagogische Theorien und ihre Verknüpfung. Z. für Heilpäd. 28 (1977), 207-229.
BRINKMANN, Ch.: Minderung der Erwerbsfähigkeit (Behinderung) und Berufsverlauf. Mitteilungen aus der Arbeitsmarkt- und Berufsforschung, 6. Jg./1973, 67-90.
BRUSTEN, M. und HOHMEIER, J. (Hrsg.): Stigmatisierung. Zur Produktion gesellschaftlicher Randgruppen. 2 Bde., Neuwied/Darmstadt 1975.
FERBER, C. v.: Zum soziologischen Begriff der Behinderung. Z. Heilpäd. 27 (1976), 416-423.
GOFFMAN, E.: Stigma. Über Techniken der Bewältigung beschädigter Identität. Frankfurt 1967.
HOMFELDT, H. G.: Stigma und Schule. Düsseldorf 1974.
JANTZEN, W.: Sozialisation und Behinderung. Gießen 1974.
KRITIK DER SONDERPÄDAGOGIK, Gießen 1973.

---

[66] Ausführlichere Erörterungen dazu – vor allem unter rollentheoretischen Gesichtspunkten – finden sich im Beitrag 2.10.
[67] Eine ausführliche Auffächerung des Lebensqualität-Konzeptes findet sich in THIMM: Zur sozialen und beruflichen Situation ehemaliger Schüler der Schule für Lernbehinderte. Hagen 1980 (Fernuniversität, Kurs 3357/01 und 02).

PROBST, H. H.: Die scheinbare und wirkliche Funktion des Intelligenztestes im Sonderschulüberweisungsverfahren. In: Kritik der Sonderpädagogik, a. a.O..
REGAN, P.: Social Indicators in the „Health" Primary Goal Area of the OECD Social Indicator Development Programme. In: ZAPF (Hrsg.), a. a. O., 12-23.
ROSENTHAL, R. and JACOBSEN, L.: Pygmalion im Unterricht. Weinheim 1971.
SCHUR, E. W.: Abweichendes Verhalten und soziale Kontrolle. Etikettierung und gesellschaftliche Reaktion. Frankfurt/New York 1974.
SIEPMANN, K. E.: Soziale Herkunft und Chancengleichheit? Bildung und Politik 6, (1971), 6-9, 27-32, 65-70.
SCOTT, R. A.: The making of blind men. New York 1969.
THIMM, W. (1971): Blinde in der Gesellschaft von heute. Untersuchungen zu einer Soziologie der Blindheit, Berlin 1971.
THIMM, W. (1972) (Hrsg.): Soziologie der Behinderten. Materialien. Neuburgweier 1972.
THIMM, W. (1975)[68]
THIMM, W. (1977 a): Mit Behinderten leben. Freiburg (Herder Tb).
THIMM, W. (1977 b): Soziale Rahmenbedingungen der Sondererziehung und Rehabilitation Sinnesgeschädigter. Zeitschrift für das Blinden- und Sehbehindertenbildungswesen 1977, H. 3 und Hörpäd. 1977/4[69].
THIMM, W. und FUNKE, E. H.: Soziologische Aspekte der Lernbehinderung. In: Pädagogik der Lernbehinderten, hrsg. v. G. O. Kanter und O. Speck. Handbuch der Sonderpädagogik, Bd. 4, 581-661.
WERNER, R.: Soziale Indikatoren und politische Planung. Reinbek 1975.
ZAPF, W. (Hrsg.): Soziale Indikatoren. Konzepte und Forschungsansätze III., Frankfurt/New York 1975.
ZUM BEGRIFF DER BEHINDERUNG. Bericht über das Kolloquium. Z. für Heilpäd. 27 (1976), H. 7.
ZUR PÄDAGOGISCHEN FÖRDERUNG behinderter und von Behinderung bedrohter Kinder und Jugendlicher. Empfehlung der Bildungskommission des Deutschen Bildungsrates 1973.

3.3 Versuch einer Ortsbestimmung professioneller Behindertenhilfe (1978)[70]

Vorbemerkung

Mit meinen Ausführungen zur Ortsbestimmung professioneller Behindertenhilfe hoffe ich auch einen Beitrag zu leisten zu dem Rahmenthema des heutigen Morgens, zu einigen Perspektiven für die Zukunft. Ich greife über den zentralen Gegenstand Ihrer Tagung – die Werkstätten für Behinderte – hinaus, da ich der Meinung bin, dass alle Bemühungen, Überlegungen und Forderungen in diesem Bereich der Behindertenhilfe nicht losgelöst vom gesamten Feld der Behindertenhilfe gesehen werden dürfen. Ferner: ich werde in den folgenden Ausführungen nicht immer scharf trennen zwischen soziologischen oder pädagogischen

---

[68] Kapitel 2.2 und 2.3 in diesem Band.
[69] Kapitel 2.9.
[70] Grundsatzreferat auf der 1. Bundeskonferenz der Werkstätten für Behinderte in Düsseldorf 1978. Nicht veröffentlichter Bericht der Bundesarbeitsgemeinschaft der Werkstätten für Behinderte BAG-WFB.

oder sozialpolitischen Aussagen, um einer zu frühen ressortmäßigen Aufteilung von Problemen vorzubeugen, Probleme des professionellen Umgangs mit Behinderten präsentieren sich dem Praktiker ja nicht in theoretischer Strukturierung sondern unstrukturiert, diffus, global, ja oft chaotisch.
Ich möchte zu drei Bereichen sprechen:

1. Probleme der Professionalisierung der Behindertenhilfe

2. Behindertenhilfe als System sozialer Dienstleistungen

3. Zur Verknüpfung von professionellen Diensten und Laienhilfe

Probleme der Professionalisierung der Behindertenhilfe

Mit Professionalisierung ist der Prozess gemeint, in dessen Verlauf gesellschaftlich als wichtig angesehene Funktionen zu Berufen „gebündelt" und institutionalisiert werden. Das Berufsfeld wird festgelegt, Ausbildungskonzepte werden erstellt, es bildet sich allmählich ein fester Bestand an zu tradierendem Berufswissen heraus. Es muss eine kontinuierliche Erwerbschance sichergestellt werden. Neben der ökonomischen Chance muss ein Beruf darüber hinaus auch durch entsprechende Verankerung in der Gesellschaft soziales Ansehen verleihen. Schließlich bildet sich neben der theoretischen Wissensbasis eine an gemeinsamen Zielen ausgerichtete Berufsethik heraus (vgl. dazu v. FERBER 1973).

Die professionelle Behindertenhilfe bietet ein verwirrendes Bild: Aufgesplittert auf verschiedenste Leistungsträger und Organisationen sind im direkten Umgang mit Behinderten beschäftigt: Medizinisches, paramedizinisches Personal, Pädagogen (Heil-, Sonder-, Sozialpädagogen), Theologen, Psychologen, auch Angehörige von handwerklichen und kaufmännischen Berufen. Sie weisen einen höchst unterschiedlichen Ausbildungsgang auf, mit oder ohne spezifische Vorbereitung auf ihre Tätigkeit. Die Vielfalt der Tätigkeiten (Diagnose, Therapie, Lehren, Erziehen, Informieren, Beraten, Planen, Verwalten u. a.) kann in vier Bereiche zusammengefasst werden: Beratung, Erziehung, Behandlung, Pflegedienste. So vielgestaltig die Mitarbeiterschaft im System der Behindertenhilfe und die von ihnen verrichteten Tätigkeiten sind, so heterogen ist die Klientel, die mit dem Oberbegriff ‚Behinderte' nur vage beschrieben ist.

Es ist zu fragen, ob die Heterogenität der Empfänger von sozialen Dienstleistungen aufgrund des Merkmals ‚Behinderung' und die der Anbieter und Vermittler solcher Leistungen es überhaupt möglich machen, von einer einheitlichen Profession ‚Behindertenhilfe' zu sprechen oder zumindest einen allen, die in direktem Umgang mit Behinderten beruflich tätig sind, gemeinsamen Kern einer solchen Profession zu bestimmen.

Gemessen an den oben aufgezeigten Konstruktionselementen von Berufen – einheitliches Berufsfeld – Ausbildungskonzepte – Berufswissen- und Berufsethik – kontinuierliche Erwerbschance – Sozialprestige – handelt es sich bei der Behindertenhilfe um einen Komplex, der bisher kaum inhaltlich systematisch zusammengedacht wurde. Die verschiedensten Interventionssysteme stehen mehr oder weniger unverbunden nebeneinander und orientieren sich jeweils an tradierten institutionellen Kontexten: Sonderschulen, Fach- und Spezialkliniken, Berufsbildungs- und Berufsförderungswerke, Werkstätten für Behinderte, Pflegeheime, Wohnstätten, Träger, Verbände, Selbsthilfeorganisationen usf. definieren ihre Klientel häufig unterschiedlich, da sie an unterschiedlichen rechtlichen Anspruchsberechtigungen ausgerichtet sind oder/und sich auf verschiedene Wissenschaftssysteme zur Definition ihrer Klientel und deren Bedürftigkeit beziehen. So konkurrieren z.B. im Bereich der Hilfen für geistig behinderte Menschen die auf Sonderschule bezogene Definition der besonderen Erziehungsbedürftigkeit und die auf Werkstätten bezogene Definition der ökonomischen Verwertbarkeit von Leistungsresten.

Die Diskussion um die Novellierung einer Werkstättenverordnung nach dem Schwerbehindertengesetz (SchwbG) zeigt diesen Konflikt sehr deutlich, herausgearbeitet wurde er ausführlich von K. DÖRRIE. Dieser Konflikt kann nicht isoliert in der Werkstättendiskussion ausgetragen werden, er deutet auf einen das gesamte Rehabilitationssystem bestimmenden Widerspruch hin:
Das System der Rehabilitation als Teilsystem der Sozialpolitik spiegelt wie diese einen Grundwiderspruch unseres Gesellschaftssystem wieder, den Konflikt zwischen „*Leistungskonkurrenz* als ein individualisierendes Prinzip der Auslese und der Erfolgszurechnung auf der einen und *Solidarität* als gemeinschaftsbildendes Prinzip der gegenseitigen Hilfe, aber auch des Einstehens für den Schwächeren auf der anderen Seite" (v. FERBER, 1977a). Es konkurrieren – sowohl in der sozialpolitischen Gesetzgebung als auch im konkreten Praxisvollzug – am Äquivalenzprinzip ausgerichtete Kriterien für die Hilfeleistung (Leistung gegen Leistung, also an marktwirtschaftlichen Gegebenheiten ausgerichtet) mit Kriterien des Bedarfsprinzips (Vorstellungen über menschenwürdige Standards in konkreten Lebenslagen). Eine Ausrichtung am Bedarfsprinzip hat der Gesetzgeber zwar eingeleitet durch die Hinwendung zum Finalprinzip in der Sozialpolitik. Der praktischen Durchsetzung des Finalprinzips mit dem neutralen Gesichtspunkt bestimmter Lagen von Hilfsbedürftigkeit ohne Rücksicht auf die Verursachung stehen aber große Hindernisse im Wege.

Es erweist sich die traditionelle Zuordnung zu Sozialleistungsträgern als schwer überwindbar. Das Rehabilitationsangleichungsgesetz von 1974 muss nicht nur das gegliederte System der Rehabilitation – an dem ja grundsätzlich festgehalten wird – koordinieren, es hat vielmehr auch die Hindernisse zwischen den einzelnen organisatorischen Verfestigungen dieses gegliederten Systems zu überwinden, zwischen den unterschiedlichen Trägern und ihren Einrichtungen zu vermitteln. Dem Praktiker stellen sich also immer wieder Widerstände entgegen, die aus der Verrechtlichung und der Bürokratisierung von ‚Behinderung' resultieren. Vom Professionellen werden Hilfeleistungen produziert für einen vorab weitgehend durch Rechtsnormen und bürokratische Strukturen schon bestimmten Zustand der Hilfsbedürftigkeit.

Dem Sonderschullehrer werden behinderte Kinder überantwortet als – gemessen am bestehenden Schulsystem – von der Norm Abweichende; die medizinischen Fachkräfte sehen im Behinderten einen von einer fiktiven physischen oder psychischen Norm von Gesundheitsnormen Abweichenden; der Sozialpädagoge hat zu intervenieren in Bezug auf – nicht schulbezogene – Entwicklungsgefährdungen und -einschränkungen; der Berufsausbilder hat den Behinderten unter dem Aspekt der ökonomisch verwertbaren Leistungsreste zu sehen: Der behinderte Mensch erscheint so als ein in seine physischen, psychischen, sozialen und gesellschaftlichen Einzelteile zerlegtes Objekt. Niemand weiß, ob die Entwicklung einer unzerteilbaren Subjektivität dabei überhaupt noch möglich ist.

Halten wir fest: die helfenden Aktivitäten in Bezug auf Behinderte haben ein so hohes Maß an Spezialisierung, an generalisierender Verrechtlichung und an formalisierender Bürokratisierung angenommen, dass es für den Praktiker kaum noch möglich ist, in jedem einzelnen Fall eine spezifische, individuelle Ausprägung von sozialen Problemen wahrzunehmen und situationsspezifisch beruflich zu handeln. Auf der Ebene des Praktikers schlägt der generelle Konflikt des sozialpolitischen Systems zwischen *Äquivalenzprinzip und Bedarfsprinzip* auf eine typische Weise durch: als Agent des Rehabilitationssystems ist er diesem System und dessen an ökonomischen, rechtlichen und bürokratischen Notwendigkeiten ausgerichteten Strukturen ausgeliefert, andererseits fühlt er sich dem hilfsbedürftigen Individuum verpflichtet. Dieser Konflikt ist nicht individuell zu lösen. Lösungsangebote wären von einer einheitlichen professionellen Wissensbasis oder gar einer allen helfenden Tätigkeit im Bereich der Behindertenhilfe gemeinsamen ethischen Begründung des Handelns zu erwarten. Sie existieren aber nicht. So wie das Praxisfeld bietet auch das Ausbildungssystem ein Bild extremer Parzellierung: Sonderpädagogische Studienstätten für Sonderschullehrer entwickeln Theorien und Praxislösungen in völliger Trennung von heilpädagogischen Inhalten an Fachhochschulen für Sozialberufe. Großunternehmer in der Branche bilden ihr sozialpädagogisches und pflegerisches Personal gleich selber aus (Heilerziehungspflegeschulen, Fachschulen), ganze Mitarbeitergruppen haben keine spezielle Qualifizierung (z.B. Gruppenleiter in der WfB). Die extreme Parzellierung der Behindertenhilfe ist wie es nur kurz aufgezeigt werden konnte – zurückzuführen

- auf die unterschiedliche juristische Zuordnung von Hilfsbedürftigkeiten;

- auf historisch gewachsene verschiedene Interventionssysteme (Einrichtungen im medizinischen System, Einrichtungen der Kirchen und anderer karitativ orientierter Organisationen, Selbsthilfeorganisationen, staatliche Institutionen)

- mit dem letzten Punkt zusammenhängend: auf das Bestreben der Sozialunternehmer und hoch dotierter professioneller Gruppen in Konkurrenz untereinander einmal eroberte Marktanteile zu sichern und auszubauen;

- und auf die Heterogenität der Klientel im System der Behindertenhilfe.

Es mag angezweifelt werden, ob die Charakterisierung dieses zersplitterten Systems als notwendige Folge eines als kapitalistisch zu begreifenden Gesellschaftssystems stimmt (so kürzlich z. B. bei Ulrike SCHILDMANN (1977). Dieser Frage kann hier nicht nachgegangen werden. Es bleibt aber festzustellen: als kleinster gemeinsamer Nenner der weitgehend unkoordiniert ablaufenden Aktivitäten im System der Behindertenhilfe treten immer wieder ökonomische Sinngebungen und Rechtfertigungen des Handelns auf: Das BSHG definiert Anspruchsberechtigungen mit der Gefährdung der Teilnahme am Leben der Gemeinschaft, *vor allem aber* (so wörtlich) bei der Gefährdung, einen angemessenen Arbeitsplatz auszufüll

Der die Rehabilitationsgesetzgebung leitende Gesichtspunkt „Rehabilitation vor Rente" wird auf seine in Einzelfällen ruinösen Auswirkungen hin gar nicht hinterfragt. Werner Boll (Vorstand der Stiftung Rehabilitation Heidelberg) stellt immer wieder die Behauptung auf, dass bei ausreichenden Investitionen 80% aller Behinderten (wohlgemerkt: aller) beruflich einzugliedern seien und damit die öffentlichen Soziallasten im Behindertenbereich wesentlich zu senken seien. Es würde sich verlohnen, den Auswirkungen einer solchen globalen Behauptung im einzelnen in Rehabilitationseinrichtungen nachzugehen: der Behinderte wird Objekt, Material, das auf seine physische und geistige Belastbarkeit abgecheckt wird, um dann einem entsprechenden Ausbildungsgang zugewiesen zu werden. Berufliche Eingliederung erhält eine unantastbare Dignität, Scheitern ist auf persönliches Versagen der Ausbilder, viel eher aber auf das Nichtwollen des Rehabilitationsobjektes zurückzuführen. Wegen der prinzipiellen Schwierigkeit, am Bedarfsprinzip ausgerichtete Rehabilitationsbemühungen zu legitimieren (eine solche Legitimation setzt Wertentscheidungen über Standards eines menschenwürdigen Lebens voraus!), weicht man solchen Bemühungen aus. Es ist einfacher und erfolgreicher, Bedürfnisse am Äquivalenzprinzip anzusiedeln, d. h. Leistungskriterien als Legitimation für Forderungen einzubringen. Institutionen der Behindertenhilfe legitimieren sich nicht selten so, sowohl bei finanziellen Forderungen an das sozialpolitische System, als auch – und das ist für mich die erschütterndste Bankrotterklärung des Systems der Behindertenhilfe – gegenüber der Laienöffentlichkeit.

Wenn überhaupt ein einheitlicher Sinn zu stiften ist zwischen den einzelnen Institutionen und Organisationen der Behindertenhilfe, aber auch zwischen den einzelnen, häufig nicht koordinierten Tätigkeiten innerhalb einer Organisation, dann noch am ehesten über die ökonomischen Begründungen („soziale Investitionen sind Investitionen für die Zukunft und nicht nur ökonomisch vertretbar sondern u. U. unverzichtbar"). Das gelegentliche Unbehagen an solchen Orientierungen wird abgefangen durch einen zu einer anthropologischen Kategorie hochstilisierten diffusen Begriff von „Arbeit". Dabei ist es aber im Behindertenbereich nicht zu einer – von den derzeitig in industriellen Gesellschaften gültigen einseitigen ökonomischen Bestimmungen von menschlicher Arbeit abkehrenden – neuen Begriffsbestimmung von „Arbeit" gekommen, zu einem Begriff, der das Recht auf Arbeit ableitet aus der Notwendigkeit der Auseinandersetzung des Menschen mit seiner materiellen und geistigen Umwelt zur Sicherung nicht nur seiner materiellen Existenz, sondern auch – und das vielmehr – seiner Identitätsfindung. Das schließt auch nicht ökonomisch verwertbare Tätigkeiten ein. Insofern müssten wir mutig darauf bestehen, in der Auseinandersetzung um die Werkstatt für Behinderte einen nicht vorrangig ökonomisch orientierten Arbeitsbegriff durchzusetzen. Ich bin davon überzeugt, dass hier im Behindertenbereich Innovationen in Gang gesetzt werden könnten, die Modellcharakter für unsere zukünftige gesellschaftliche Entwicklung bekommen könnten."[71]

---

[71] Vgl. dazu auch Kap. 3.5.

Zusammenfassend lässt sich sagen:

Von einer einheitlichen Profession der Hilfen für Behinderte kann angesichts der extremen Parzellierung des Handlungsfeldes nicht die Rede sein. Der einzelne Praktiker sieht sich vor die Aufgabe gestellt, sein spezialisiertes Wissen ohne Rückbindung an eine einheitliche Zielsetzung in verrechtlichte Organisationsstrukturen einzubringen. Das erzeugt Unsicherheiten und Fehlanpassungen, die hier nur genannt werden sollen: Apathie und verschiedene Formen des Ritualismus (vgl. dazu nähere Ausführungen bei BLINKERT 1972, THIMM 1978[72]).

Es erscheint dringend notwendig, die Aktivitäten im Feld der Behindertenhilfe auf ihre gemeinsamen Strukturmerkmale hin zu untersuchen. Sie gilt es bewusst zu machen und in Strategien zur Lösung der mit Behinderungen verbundenen Probleme zu überführen. Konkret: Ihre BAG hätte es leichter mit der Durchsetzung einer Werkstattkonzeption, wenn Ihre Forderungen (z.B. nach einem alternativen Arbeitsbegriff) als Konkretisierungen einer gemeinsamen Zielsetzung aller Professionellen im Bereich der Behindertenhilfe sichtbar und hörbar gemacht werden könnten. Zu leisten ist eine gemeinsame professionelle Wissensbasis mit handlungsrelevanten theoretischen Grundlegungen und einheitlichen Zielsetzungen.

Dazu sollen die beiden nächsten Abschnitte einige Anhaltspunkte geben.

Behindertenhilfe als soziale Dienstleistungen

In den Nachkriegsjahren haben sich die Bedürfnisse nach sozialen Dienstleistungen in den von uns schon eingangs erwähnten Bereichen Beratung – Erziehung – Behandlung – Pflege ungeheuer ausgeweitet. Sozialpolitik ist längst nicht mehr eingegrenzt auf die Steuerung und Regulierung von Geldströmen, also auf die Sicherung sozialer Einkommensleistungen. Zunehmend an Bedeutung gewonnen haben nicht einkommensbezogene soziale Dienstleistungen. Hierzu zählt auch das berufliche Handeln in der Behindertenhilfe.

Während soziale Einkommensleistungen (z.B. Renten) elementare materielle Bedürfnisse (Nahrung, Kleidung, Wohnung) sicherstellen, sichern soziale Dienstleistungen „die Befriedigung zunächst elementarer immaterieller oder somatischer Bedürfnisse nach Behandlung, Pflege, Beratung und Bildung, wo entweder Selbstversorgung aus der unmittelbaren sozialen Umwelt oder die finanziellen Voraussetzungen zum Kauf solcher Dienstleistungen nicht gegeben sind" (GROSS/BADURA, 1977, 362). Soziale Einkommensleistungen beziehen sich auf weitgehend standardisierbare Bedürfnisse, soziale Dienstleistungen sind schwer oder überhaupt nicht standardisierbar.

Dem Ansteigen des Bedürfnisses nach sozialen Dienstleistungen liegt ein tief greifender gesellschaftlicher Wandel zugrunde, dem auch die Formen des Helfens unterworfen sind (LUHMANN 1973). Zwar sind noch „archaische" Formen des unmittelbaren auf gegenseitigen Austausch beruhenden Helfens, sowie

---

[72] Zur Handlungsrelevanz von Behindertenbegriffen, Kap. 3.1 in diesem Band.

auch Helfens im Sinne karitativer Moral vorhanden, als dominierende Form des helfenden Bedarfsausgleichs hat sich aber die Organisation durchgesetzt (Luhmann). Helfer und Hilfsbedürftiger sind gesellschaftlich definierte, organisationsbezogene Rollen. Nichtprofessionelle, unentgeltliche Formen der Bewältigung von sozialen Problemen werden fortschreitend ersetzt durch bezahlte, professionelle organisierte Hilfsmaßnahmen. Das erzeugt in unser aller Bewusstsein einen Zustand des persönlich nicht Verantwortlichseins und ein Klima das „Alles ist machbar", auch im Behindertensektor (ich erinnere: 80% aller Behinderten sind beruflich einzugliedern ...).

Soziale Dienste im System der sozialen Sicherung sind „Versuche monetarisierter, professionalisierter und bürokratisierter Rekonstruktion und Reintegration elementarer sozialer Strukturen und Prozesse, gestörter Kommunikation, Motivation und beschädigter Identität" (GROSS/BADURA, 1977, 374).

Hilfe wird ihrer Beliebigkeit und Zufälligkeit enthoben und wird zu einer „zuverlässig erwartbaren Leistung" (LUHMANN).

Das setzt voraus, dass die Bedürfnisse Behinderter angemessen artikuliert und in das sozialpolitische System eingebracht werden. Dem stehen einige Schwierigkeiten entgegen:

1. Behinderte bilden weder eine einheitliche Statusgruppe (wie z. B. „Frauen" oder „Kranke"), deren spezielle Interessen sich an einem einheitlichen Statusmerkmal festmachen lassen, noch bilden sie eine einheitliche Funktionsgruppe, über deren für die Gesellschaft wichtige Funktion sich Sonderinteressen öffentlich durchsetzen ließen (wie z. B. „Fluglotsen", „Arbeitnehmer").

2. Behinderte stellen kein Machtpotential dar in der Auseinandersetzung zwischen Kapital und Arbeit oder in dem Kampf der Parteien um Wähler. So kann es nicht überraschen, dass z. B. die Herabsetzung der Altersgrenze für Schwerbehinderte, die ja keine nennenswerte Entlastung auf dem Arbeitsmarkt bringt, als wirtschaftlich nicht vertretbar und damit als „Unfug" bezeichnet wird (so Dieter PIEL in der Zeit Nr. 37 vom 8. September d. J.).

3. Es trifft auch eine dritte Bedingung für erfolgreiche Interessengruppierung nicht zu: die Sonderinteressen Behinderter sind nicht „konfliktfähig" (WIDMAIER 1977, 439 f). Sie stellen keine Marktmacht dar (was brächte wohl eine kollektive Ablehnung der Konsumentenrolle oder die berufliche Leistungsverweigerung der Behinderten?). Behinderte beherrschen auch nicht wichtige und durchschlagende Informationsmittel.

So schlagen z. B. R. G. HEINZE und K. RUNDE eine Koalition zwischen den verschiedenen Behindertenorganisationen und dem Deutschen Gewerkschaftsbund vor.

Von einer erfolgreichen kollektiven Interessenvertretung kann angesichts der Parzellierung des Gesamtsystems der Behindertenhilfe – wie ich es im ersten Abschnitt zu skizzieren versuchte – nicht die Rede sein. Die Forderung

ACHINGERS (Sozialenquête 1966) nach einer Bundesanstalt für Rehabilitation war erfolglos. So bleibt es dabei, dass die sozialpolitische Trennung zwischen Verwaltung und therapeutischer Arbeit den Zustand „fehlender Gesamtverantwortlichkeit" (v. FERBER 1977a, 625) perpetuiert.

Überlegungen dieser Art bewegen sich aber immer noch im Kontext der Optimierung von sozialen Diensten für Bedürfnislagen, die grundsätzlich als organisierbar angesehen werden. Wir müssen aber darüber hinausgehend fragen, ob den Bedürfnissen Behinderter allein durch – noch so erfolgreiche – organisierte und bürokratisierte Hilfsstrukturen problemadäquat begegnet werden kann. Sperren sich nicht bestimmte Strukturmerkmale der helfenden Beziehung einer monetarisierten und professionalisierten Organisierung? Haben wir für wesentliche Strukturmerkmale der Behindertenhilfe überhaupt schon die richtigen Fragen gestellt?

Als zentrales Strukturmerkmal der Beziehung zwischen Helfer und Hilfsbedürftigem möchte ich herausstellen:

Behinderungen stellen nicht nur eine aktuelle Bedrohung oder Einschränkung für das betroffene Individuum dar (also etwa im Vollzug bestimmter körperlicher, geistiger, psychischer und sozialer Funktionen), sondern sie sind auch eine existenzielle Gefährdung der Personagenese für den Betroffenen. Dieser ist aber nur adäquat zu begegnen durch personale Kommunikation.

Es kennzeichnet soziale Beziehung zwischen Behinderten und Nichtbehinderten vom Typ der sozialen Dienstleistung, dass sie nur zu einem Teil als rationale Mittel-Zweckbeziehung organisierbar sind: der Klient als Empfänger der sozialen Dienstleistung ist gleichzeitig Mitproduzent dieser Dienstleistung; soziale Dienstleistungsbeziehungen sind auf symmetrische Kommunikation anzulegen. Der Begründungszusammenhang dieser Aussage kann hier nur angedeutet werden: Er geht von der anthropologischen Aussage aus, dass Innen- und Außenaspekt des Selbst dialektisch verschränkt sind (PLESSNER: Conditio Humana), dass Identität – um es mit einem Begriff auszudrücken, der in der sozialwissenschaftlichen Diskussion und auch in der Behindertenpädagogik zunehmend eine Rolle spielt (THIMM 1975) – dass Identität nur zu gewinnen ist über immer wieder neue Akte des Ausbalancierens zwischen biografischer Einmaligkeit (persönlicher Identität) und dem Sosein wie andere (sozialer Identität).[73] Voraussetzungen für nicht beschädigte Identität ist es, dass die Austauschbeziehungen zwischen Menschen – also auch zwischen Helfer und Behinderten – nicht ungleichgewichtig verlaufen, dass die Fremddefinitionen, die die Selbstdefinitionen der Interaktionspartner bestimmen, nicht von einer Seite der anderen aufoktroyiert werden. Diese Gefahr ist aber gegeben, wenn das Verhältnis zwischen Helfer und Hilfsbedürftigem ausschließlich in organisationsbezogenen Sachverhältnissen definiert ist. In der professionellen Begegnung erfahre ich mich als nichtbehinderter Lehrer/Erzieher/Therapeut als mehr oder weniger erfolgreich im Rahmen definierter, organisationsbezogener Rollennormen. Der Behinderte als Hilfeempfänger erfährt sich als mehr oder weniger erfolgreich im Rahmen seiner – ebenfalls organisationsbezogen definierten – Klientenrolle (er-

---

[73] Vgl. dazu die Beiträge zu Stigma und Identität in diesem Band (2.2 bis 2.6).

folgreich in schulischen Leistungen, in motorischen Leistungen, in Alltagsverrichtungen). *Behinderte wie Nichtbehinderte erfahren sich aber wohl kaum als Medium der Menschwerdung des anderen.* Nichtbeschädigte Identität angesichts von Behinderung kann nur erreicht werden, wenn der Behinderte sich in den ihn umgebenden Kommunikationsstrukturen als gleichberechtigt erfährt: als gleichberechtigt im gegenseitigen Anspruch der Kommunikationspartner, durch den anderen wesentlich Elemente des eigenen Ichs zu erfahren. Das hat weite Folgen für die professionelle Behindertenhilfe.

Alle organisierte Interaktion zwischen Behinderten und Nichtbehinderten, also alle Veranstaltungen zur Sondererziehung und Rehabilitation von Behinderten sind daran zu messen, inwieweit sie dazu verhelfen, beschädigte Identität angesichts von Behinderungen zu verhindern, zu nicht beschädigter Identität zu rekonstruieren und in den Lebenszusammenhang des Behinderten zu reintegrieren. Damit gewinnt Behindertenhilfe als soziale Dienstleistung einen Doppelaspekt: Sie hat (1) immer da, wo Identitätsprozesse bedroht werden, die Identität ermöglichenden Kommunikationsstrukturen zu praktizieren, und (2) diesen professionell erprobten symmetrischen Kommunikationsstrukturen im sozialen Umfeld des Behinderten Geltung zu verschaffen.

Alle organisierten Interaktionen im Feld der Behindertenhilfe wie auch alle in technologischen Termini formulierten Rehabilitationsziele (Integration, Normalisierung) sind nicht Ziel der Behindertenhilfe, sie bekommen Mittelcharakter: sie sind Mittel zur Etablierung symmetrischer personaler Kommunikation. Diese klärende Unterscheidung zwischen Mittel und Ziel könnte m. E. die z. T. unsachliche Diskussion über das so genannte Normalisierungsprinzip versachlichen. Die von Bengt NIRJE 1969 zuerst aufgestellten Forderungen aus diesem Prinzip (z.B. bezüglich Wohnstandards oder Standards sozio-sexueller Beziehungen) sind bei uns bisher jedenfalls noch nicht in dem oben von mir angedeuteten anthropologischen und kommunikationstheoretischen Zusammenhang diskutiert worden.

Ich sprach von den weit reichenden Folgen, die eine Bestimmung der Behindertenhilfe (einem speziellen Typus sozialer Dienstleistung) als ein Hilfssystem, das individuellen Identitätsprozessen angesichts von Behinderungen dient.

- Professionelle Behindertenhilfe bekommt eine zusätzliche Dimension – nämlich symmetrische personale Kommunikation mit dem behinderten Mitmenschen zu praktizieren – die mit unseren derzeitigen Vorstellungen über öffentlich bezahlte Tätigkeiten nicht in Übereinstimmung zu bringen ist.

- Wir stehen vor der Schwierigkeit – neben aller Bedürftigkeit Behinderter nach materiellen Hilfen – gemeinsam mit Behinderten und für sie spezielle Bedürfnisse im immateriellen Bereich der menschlichen Kommunikation zu artikulieren und durchzusetzen, Bedürfnisse die von der Öffentlichkeit in die Privatsphäre verdrängt werden. Diese ihrerseits ist aber gar nicht mehr in der Lage, solche elementaren Hilfsleistungen zu erbringen. Dabei ist aber zu bedenken: Je mehr Bedürfnislagen als Fälle von öffentlicher Hilfsbedürftigkeit in das sozialpolitische System überführt werden – diesen Trend hatten wir schon angesprochen –, umso mehr werden nicht professionelle Hilfspotentiale zerstört. Dieser

Gesichtspunkt spielt in der sozialpolitischen Diskussion inzwischen eine Rolle. „Der Umfang von öffentlichen sozialen Dienstleistungen kann nicht einfach schlechthin als Indikator für das soziale Engagement eines Staates angesehen werden – er könnte auch ein Indikator für die Zerstörung elementarer nicht professioneller Formen des Helfens in der Gesellschaft sein" (stellvertretend für andere: GROSS/BADURA 1977, 368).

- Die professionelle Behindertenhilfe wird mit solchen Überlegungen auf ihre Grenzen verwiesen. Überlegungen dieser Art (vorausgesetzt ihnen würde gesellschaftlich Geltung verschafft!) führen über den Bereich der Behindertenhilfe hinaus dazu, dass ein Klima erzeugt würde für die Einsicht in die Grenzen des organisatorisch Machbaren. Führende Vertreter des Behindertenwesens hätten, neben allen berechtigten Bemühungen um die Optimierung des organisatorisch Machbaren, hier ihre gesamtgesellschaftliche Verantwortung wahrzunehmen, indem beispielhaft im System der Behindertenhilfe die auch in anderen gesellschaftlichen Bereichen notwendige Verknüpfung von professionellen, organisierten und nichtprofessionellen, informellen Strukturen des Helfens geleistet würde.

Das führt uns zum dritten Punkt meiner Überlegungen, zur Forderung nach der Verknüpfung des professionellen Systems der Behindertenhilfe mit einem Laiensystem.

Professionelle Behindertenhilfe und Laiensystem

Aus der Analyse der Grenzen der Organisierbarkeit einer kommunikativen Leistung (wie sie soziale Hilfen wesentlich kennzeichnen) ergeben sich Forderungen nach komplementären ursprünglicheren, nicht monetarisierten und professionalisierten Hilfsstrukturen. Diese haben durchaus eine Chance zur Verwirklichung. Die gleiche Forderung wird nämlich von Sozialpolitikern vor allem aus ökonomischen Gründen erhoben (so z. B. in einer Veröffentlichung des Wirtschafts- und Sozialwissenschaftlichen Institutes – WSI des Deutschen Gewerkschaftsbundes; vgl. auch GROSS/BADURA).

Spezielle Forderungen zur Etablierung und Stützung eines Laiensystems in der Behindertenhilfe sollten nicht isoliert vorangetrieben werden, sondern sich den Überlegungen und Trends dieser Art in der allgemeineren sozialpolitischen Diskussion anschließen. Einige Ansatzpunkte zu der Behindertenhilfe liegen vor, wie z.B.

- Überall dort, wo Forderungen des Normalisierungsprinzips durchgesetzt wurden, handelt es sich primär um die Einbeziehung der Laienumwelt in den Rehabilitationsprozess.

- Die Lebenshilfe für geistig Behinderte stellt einen gelungenen Versuch einer Verbindung von Laien und Professionellen dar.

- Andere Elternorganisationen und Selbsthilfegruppen sind entstanden, deren Potential für die Problembewältigung von den Professionellen nicht immer genutzt wird; oft stehen sich beide Seiten sogar feindlich gegenüber.

- Aktionsgruppen und Wohngemeinschaften zwischen Behinderten und Nichtbehinderten sind entstanden (vor allem bei Körperbehinderten), die aber weitgehend ohne öffentliche Unterstützung oder gar die der Berufsexperten bleiben.

- In der Sozialpsychiatrie sind in die Rehabilitationskette Laienaktivitäten fest eingebaut, aber auch hier lassen sich diese Bemühungen bislang nur schwer in die vorhandenen Rechts- und Bürokratiestrukturen des professionellen Systems einbinden.

- Der Amerikaner Wolf WOLFENSBERGER fordert den Bürgeradvokaten (Citizen advocate), der als kompetenter, freiwilliger Bürger die Interessen eines anderen Bürgers, der in seiner instrumentalen oder expressiven Kompetenz behindert ist, wie seine eigenen Interessen vertritt (vgl. KURTZ 1977; 156).

Nicht zu unterschätzen sind die Widerstände des professionellen Systems gegen eine „partielle Renaturalisierung" (GROSS/BADURA) der Behindertenhilfe. Etablierte Träger, Organisationen und Einrichtungen müssten Grenzen ihrer Möglichkeiten eingestehen, Grenzen, die nicht allein auf mangelnder finanzieller Unterstützung beruhen sondern sich aus der Struktur der helfenden Beziehung als einer primär kommunikativen Leistung ergeben. Die Einsicht in die Grenzen des organisatorisch Machbaren müsste zuerst bei den in sozialen Diensten beruflich Tätigen vorhanden sein, ehe sich diese Einsicht zur vorhin angesprochenen Klimaverbesserung in die Öffentlichkeit vermitteln lässt.

Zusammenfassung

Lassen Sie mich meine Ausführungen in einigen wenigen Forderungen für die Zukunft zusammenfassen:

1. Die parzellierte professionelle Behindertenhilfe mit den Tendenzen zur ökonomischen Rechtfertigung ihrer Forderungen an das sozialpolitische System stellt eine einheitliche bedürfnisorientierte Ausrichtung der Behindertenhilfe nicht sicher. Institutionen sind häufig eher am Eigenbedarf als an den Bedürfnissen ihrer Klienten orientiert.

2. Das organisatorische Instrumentarium zu einer wirksamen kollektiven Interessenvertretung für Behinderte und mit Behinderten ist noch zu schaffen.

3. Eine kommunikationstheoretische Bestimmung der Behindertenhilfe ist voranzutreiben.

4. Eine solche Analyse des Wesens der helfenden Beziehung zeigt die Notwendigkeit eines nichtprofessionellen komplementären Systems der Behindertenhilfe (Laiensystem).

5. Die Zukunftsaufgabe der professionellen Behindertenhilfe liegt – neben der Wahrung, Sicherung und dem Ausbau organisierbarer sozialer Dienstleistungen für Behinderte – vor allem in der vielfältigen Unterstützung von Interaktionsfeldern im Umkreis von Behinderten. Schrittweise Deinstitutionalisierung der Be-

hindertenhilfe und Schaffung dezentralisierter, nichtprofessioneller Hilfsstrukturen sind parallel voranzutreiben.

6. Ohne eine Basis verbindlicher Wertvorstellungen ist das Konzept eines Systems der Behindertenhilfe, in dem professionelle und nichtprofessionelle Bemühungen gleichrangig nebeneinander stehen, nicht denkbar. Die unsere alltägliche Arbeit tragenden Wertvorstellungen müssen wir als Professionelle des Behindertenhilfssystems uns zuallererst einmal selbst bewusst machen. Was verbindet uns – bei aller Unterschiedlichkeit unserer Profession? Inwieweit ist das, was wir tun und womit wir unser Tun begründen von Bedeutung für eine humanere Gesellschaft?

Literatur

BLINKERT, B.: Unvollständige Professionalisierung im Bereich der Sozialpädagogik. Z. f. Soziologie 1 (1972), 291-301.
DÖRRIE, K.: Zielkonflikt in der Werkstatt für Behinderte? BAG der Werkstätten für Behinderte, Mitteilung 5/1978.
FERBER, C. v.: Sozialarbeit zwischen Rehabilitation und Resozialisation. In: Perspektiven der Sozialarbeit, Bd. 1, hrsg. von H.-U. Otte und S. Schneider. Neuwied/Berlin 1973.
FERBER, C. v.: Die Behinderten in der Sozialpolitik. Z für Heilpäd. 28 (1977), 616-627.
GROSS, P. und BADURA, B.: Sozialpolitik und soziale Dienste: Entwurf einer Theorie personenbezogener sozialer Dienstleistungen. In: Soziologie und Sozialpolitik, hrsg. v. C. v. Ferber und F.-X. Kaufmann. Opladen 1977.
HEINZE, R. G. und RUNDE, P.: Soziale Situation der Behinderten zwischen kollektiver Interessenvertretung und Marginalisierung. Seminar für Sozialwissenschaften der Universität Hamburg Manuskript (1971).
KURTZ, R. A.: Social Aspects of Mental Retardation. Lexington/Mass. and Toronto 1977: D.C. Heath and Comp.
LUHMANN, N.: Formen des Helfens im Wandel gesellschaftlicher Bedingungen. In: Perspektiven der Sozialarbeit, Bd. 1. Neuwied-Berlin 1973.
PLESSNER, H.: Die Frage nach der Conditio humana. Frankfurt 1976 (suhrkamp taschenbuch 361).
RIEF, J.: Ethische Grundhaltungen des Sozialarbeiters. In: Caritas '77, S. 42-53.
SCHILDMANN, Ulrike: Zur politischen und ökonomischen Funktion der beruflichen Rehabilitation Behinderter in der BRD und West-Berlin. Rheinstetten 1977.
THIMM, W.: Lernbehinderung als Stigma. In: Stigmatisierung, Bd. 1, hrsg. von M. Brusten und J. Hohmeier. Neuwied/Berlin 1975.
THIMM; W.: Mit Behinderten leben. Freiburg 1977 (Herder TB Nr. 604).
THIMM, W.: Zur Handlungsrelevanz von Behinderungsbegriffen. Sonderpädagogik 8 (1978), H. 4.
WIDMAIER, H. P.: Zur Theorie der Durchsetzbarkeit sozialer Bedürfnisse. In: Soziologie und Sozialpolitik. Opladen 1977.
Wirtschafts- und Sozialwissenschaftliches Institut des Deutschen Gewerkschaftsbundes (hrsg.): Sozialpolitik und Selbstverwaltung. Köln 1978 (WSI-Studien Nr. 35).

3.4 Für ein selbstbestimmtes Leben – Behinderte Menschen als „kritische Konsumenten" sozialer Dienstleistungen (1985)[74]

Vorbemerkung

Meine Überlegungen verstehen sich als ein Aufriss, der den Diskussionen in der Arbeitsgruppe 1 zugrunde liegen könnte. Manches bleibt daher hier nur skizzenhaft, allenfalls thesenartig. Offene Fragen stehen im Vordergrund, fertige Antworten lege ich Ihnen nicht vor.

Einleitend greife ich die Analysen zur Situation des sozialpolitischen Systems und die Überlegungen zur Stellung der Selbsthilfe auf, wie Sie Ihnen aus Heft 5/1983 der „selbsthilfe" (HERRIGER; von FERBER; TROJAHN u. a.) wahrscheinlich bekannt sind.

In einem zweiten Abschnitt möchte ich Ihnen ein soziogenetisches Modell des Rehabilitationsprozesses vorstellen, das es erlaubt, im dritten Abschnitt das Verhältnis zwischen Klient – Helfer – Selbsthilfegruppen näher zu bestimmen.

Die Grenzen sozialstaatlicher „Dienstleistungsstrategie"

Das gestellte Thema: „Behinderte Menschen als kritische Konsumenten sozialer Dienstleistungen" halte ich für problematisch. Wird auch durch das Wort „kritisch" die semantisch miterzeugte Vorstellung von „passiv" im Wort „Konsument" abgemildert – das Unbehagen bleibt: Vermindert eine kritische Haltung der Abnehmer die Frontstellung zwischen Produzenten und Konsumenten? Ist ein wünschenswertes Verhältnis zwischen Produzenten/Anbietern sozialer Dienstleistungen und den Adressaten eben dieser Leistungen dadurch hergestellt, dass Behinderte, Patienten (ich werde im folgenden die neutralere Bezeichnung Klienten wählen) von anderen produzierte Dienste zwar immer noch konsumieren, aber jetzt eben kritisch? So gestellt führen diese Fragen in zentrale Probleme unseres Sozialpolitiksystems, hier bezogen auf einen Sektor, dem der personenbezogenen sozialstaatlichen Dienstleistungen. Auf die zweite Säule des Systems der Sozialen Sicherheit, die personenbezogenen Einkommensleistungen, zu denen z. B. Rentenleistungen, Pflegegeld u. a. zählen, werde ich nicht weiter eingehen (*Abbildung 1*).

---

[74] Bundesarbeisgemeinschaft Hilfe für Behinderte (Hrsg.): Für ein selbstbestimmtes Leben. Tagungsbericht REHA-Forum, Düsseldorf 1985.

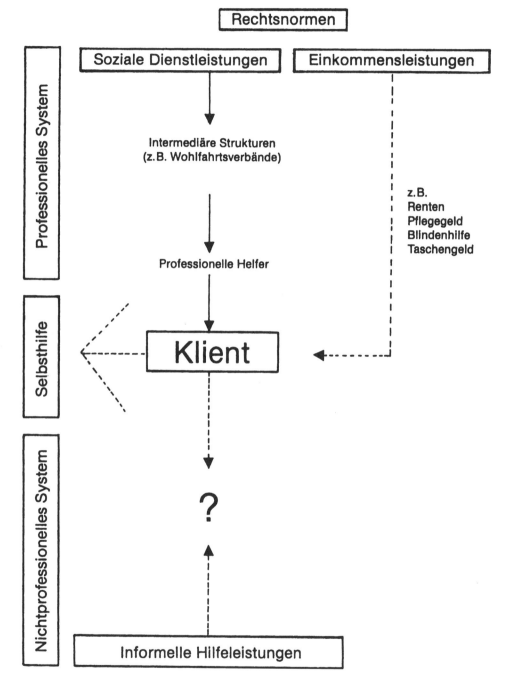

Abbildung 1: Staatl. System der Sozialen Sicherheit

Soziale Dienstleistungen basieren auf einem vorab definierten Rechtsstatus der Anspruchsberechtigung. Sie werden in unserem gegliederten System der Sozialen Sicherheit von intermediären Strukturen bereitgestellt und über professionelle, spezialisierte „Helfer" an die Klienten herangetragen.

Ärzte, Sozialpädagogen, Sozialarbeiter, Rehabilitationsberater, Sonderschulpädagogen u. a. Professionen erbringen Dienstleistungen für ihre Klienten, und zwar im Rahmen ihres zeitlich begrenzten Dienstauftrages, an vorab dafür bestimmten Orten. Sie sind jeweils nur für einen Ausschnitt der Gesamtbedürfnislage eines Klienten zuständig. Soziale Dienstleistungen als professionell erbrachte Leistungen sind *zeitlich und räumlich* und in ihrem jeweiligen *spezifischen Inhalt* begrenzt. An Einzelbeispielen ließe sich die für den Rehabilitationserfolg unter Umständen katastrophal auswirkende Grenze unserer staatlichen „Dienstleistungsstrategie" (von FERBER 1983) aufzeigen. Ich selbst könnte das an einem Beispiel demonstrieren, wo sich in der Rehabilitation eines 30jährigen Mannes mit Colitis ulcerosa die Schwächen des professionellen Anbietersystems dramatisch zeigten und nur durch informelle, nicht professionelle Hilfeleistungen eine Verschlechterung der physischen, psychischen und sozialen Situation verhindert werden konnte.

Der Klient als Abnehmer ist eben nicht Konsument in dem Sinne, dass er sich an seinen Bedürfnissen orientiert, aus einem Katalog möglicher Dienstleistungen die ihm gemäß erscheinende auswählen kann. Er wird behandelt nach einem vorab bestimmten Hilfsbedürftigkeitsstatus, nach einem vorab festgelegten Katalog von Dienstleistungen für bestimmte, formalisierte Formen der Hilfsbedürftigkeit. Bedarfsanalyse, Durchführung und Erfolgskontrolle liegen dabei im Zuständigkeitsbereich der Anbieter.

Selbsthilfegruppierungen, also kollektive Abnehmer-Interessenvertretungen, haben in diesem System nur insofern Platz, als sie sich in die organisatorisch verfestigten Ziel-, Mittel- und Kontrollstrukturen einpassen lassen. Diesem Zwang konnten und können sich offensichtlich so manche Selbsthilfebestrebungen nicht entziehen: Sie werden in unserem auf dem Subsidiaritätsprinzip beruhenden System der Sozialen Sicherheit selbst zu Anbietern, die ihr Angebot an sozialen Diensten wiederum als Agenten des gegliederten Systems der Sozialen Sicherung an eben diesen Strukturen des Systems ausrichten. Sie geraten damit in Konkurrenz zu anderen etablierten Anbietern. Die Geschichte der Lebenshilfe als Selbsthilfebewegung von Eltern geistig behinderter Kinder zeigt dieses deutlich (vgl. WEDEKIND 1983).

Das Prinzip des gegliederten Systems, das Platz bietet für eine Vielzahl von nichtstaatlichen Anbietern (in unserer Abbildung 1 als intermediäre Strukturen bezeichnet), vermittelt somit immer wieder den Anschein, als ob die Interessen der Abnehmer sozialer Dienstleistungen, der Hilfsbedürftigen in ausreichender Weise berücksichtigt werden könnten. Pluralität auf dem Anbietermarkt garantiert aber noch nicht automatisch Pluralität der Dienste aufgrund der Orientierung an der Pluralität der individuellen Bedürfnisse der Dienstleistungsempfänger. Salopp und überspitzt in Anlehnung an den Slogan „in der Nacht sind alle Katzen grau" formuliert:

Trotz großer konzeptioneller Unterschiede z. B. zwischen staatlichen und kirchlichen Trägern im intermediären System breitet sich auf der Ebene der professionellen Helfer allzu häufig das Grau der Bürokratisierung aus. Hier könnte eine Besinnung auf die unterschiedlichsten Formen des Helfens weiterführen.

Die historische Analyse von LUHMANN zu den „Formen des Helfens im Wandel gesellschaftlicher Bedingungen" (1973) stellt drei Typen dar, die im zeitlichen Nacheinander jeweils zur dominanten Form des Helfens in der Sozialstruktur einer Gesellschaft wurden:

1. Die archaische Form der wechselseitigen Hilfe: Sie ist konkret situationsbezogen und basiert auf allen gemeinsamen Kenntnissen und Deutungen der „Hilfsbedürftigkeitssituation", auf der „Reversibilität der Lagen". Sie ist eingebettet in elementare Interaktionen zwischen Helfendem und Hilfsbedürftigem;

2. Formen des Helfens, die gesellschaftlich abgestützt (legitimiert) werden durch generalisierte moralische Vorstellungen und geregelt werden durch gesellschaftliche Positionszuweisungen (Hilfe von oben nach unten). Die ersten Professionen (Ärzte, Juristen, Priester) bilden sich heraus.

3. Die Organisation des helfenden Bedarfsausgleichs: Helfer und Hilfsbedürftiger sind gesellschaftlich definierte, organisationsbezogene Rollen.

In diesem dritten Stadium werden nicht professionelle, unentgeltliche Formen der Bewältigung von sozialen Problemen fortschreitend durch bezahlte, professionelle, organisierte Hilfeleistungen ersetzt. Dabei scheint mir ein Charakteristikum unserer heutigen Situation zu sein, dass in unserem gigantischen Dienstleistungssystem, dem zumindest vom ideologischen Anspruch her die Gleichberechtigung aller Bürger zugrunde liegt, hierarchische Strukturen der vorangegangenen Epoche formal Geltung beanspruchen, ohne dass sie aus einer allen gemeinsamen gesellschaftlichen moralischen Basis legitimiert werden. Es scheint zweitens charakteristisch, dass staatlich organisierter Bedarfsausgleich den Eindruck des „Alles ist geregelt" und „Alles lässt sich regeln" erzeugt. Dabei wird verdeckt, dass unser tägliches Leben sehr wesentlich davon lebt, dass sich „archaische" Formen des Helfens, die auf unmittelbarem, gegenseitigem Austausch beruhen, gehalten haben. Sie sind nur aus dem öffentlichen Bewusstsein verdrängt. Die viel zitierte Socialdata-Studie zur „Anzahl und Situation zu Hause lebender Pflegebedürftiger" (1980) lässt das Ausmaß nichtorganisierter persönlicher Hilfeleistungen erahnen, wenn dort gezeigt wird, dass in der Bundesrepublik Deutschland 80 % aller Pflegebedürftigen zu Hause versorgt werden!

Zusammenfassend lässt sich mit BADURA (1981 b) feststellen: Es „besteht ein Hauptmangel bisheriger Sozialpolitik darin, dass sie die wohlfahrtsfördernde Bedeutung nicht professionalisierter und unentgeltlicher sozialer Leistungen erbringenden sozialen Netzwerke und Organisationen zumeist kaum beachtete, berücksichtigte oder aktiv förderte: Staatliche Sozialpolitik verstand sich bisher zu oft als Ersatz außerstaatlicher Leistungen und zu selten als deren Voraussetzung oder Ergänzung" *(BADURA, 1981 b, S. 152)*. (Vgl. hierzu das Fragezeichen in Abb. 1.)

Die Diskussion um die Grenzen sozialstaatlicher Dienstleistungsstrategien (von FERBER 1983) zeigen, dass das Verhältnis zwischen den Adressaten staatlicher sozialer Dienstleistungen und den etablierten Anbieterstrukturen grundsätzlich neu bestimmt werden muss.

Ein soziogenetisches Modell für „Rehabilitation"

In Medizin, Sozialpolitikforschung und in der Behindertenpädagogik haben sich durchaus theoretische Modelle durchgesetzt, die Behinderungen als einen sozial vermittelten Zustand begreifen. Stichwortartig seien dazu nur genannt: Wir unterscheiden zwischen Impairment (Schädigung), Disability (Beeinträchtigung) und Handicap (Behinderung) und versuchen, die diesen Prozess beeinflussenden sozialen Faktoren zu bestimmen, um ihn in umgekehrter Richtung durch rehabilitative Maßnahmen zumindest teilweise wieder aufzuheben. Soziokulturelle, sozioökonomische und sozioökologische Einflüsse auf den Prozess des Behindertwerdens werden analysiert. Dem Einfluss von Stigmatisierungen auf die Verfestigung des Behinderungsstatus wird forscherisch große Aufmerksamkeit gewidmet. Es fehlt aber eine breite Umsetzung dieser soziologischen und soziopsychologischen Erkenntnisse in die sonderpädagogische und Rehabilitations-Praxis.

Am besten lassen sich diese Bemühungen zusammenfassen in dem soziogenetischen Modell der neueren Sozialepidemiologie, einem Modell, das für die medizinische, sozialpolitische und pädagogische Rehabilitationspraxis einen gemeinsamen Orientierungsrahmen hergeben könnte: Erweisen sich neben den somatischen Faktoren soziale Faktoren als entscheidende Variablen für Krankheiten und Behinderungen, dann hat die Salutogenese (WALTZ), also der Prozess des Gesundwerdens bei Krankheiten und der Rehabilitation bei Behinderungen auch bei diesen sozialen Faktoren anzusetzen.

Wandte sich die Sozialepidemiologie bisher vorwiegend der Ursachenforschung, also der Bedeutung von sozialen Faktoren bei der Entstehung von Krankheiten zu, so ist neuerdings ein verstärktes Interesse an der Anwendung des soziogenetischen Modells in der Rehabilitationsforschung bei chronisch Kranken festzustellen (zusammenfassend bei BADURA 1981).

Zwei zentrale Variablen, die in der sozialepidemiologischen Literatur der jüngeren Zeit diskutiert werden, die aber bisher, zumindest im deutschsprachigen Raum nicht ausdrücklich auf den Rehabilitationsprozess Behinderter diskutiert werden, sollen kurz erläutert werden.

Die Bewältigung eines aktuellen belastenden Lebensereignisses (z. B. Krankheit) sowie eines andauernden Lebensproblems, wie Behinderung, hängt in entscheidendem Maße von den persönlichen und den sozialen Ressourcen (Hilfsquellen) ab, die einem Individuum zur Verfügung stehen. Hier haben sich zwei Forschungsrichtungen herausgebildet, die sich (a) mit den individuellen Fähigkeiten und Verhaltensweisen, mit einem bedrückenden Lebensereignis fertig zu werden, beschäftigen (Coping); und (b) mit den sozialen Unterstützungsleistungen (Social Support), die dabei eine entscheidende Rolle spielen (Abbildung 2).

Mit Coping (Bewältigungsverhalten) sollen also alle Aktivitäten eines Menschen bezeichnet werden, die darauf ausgerichtet sind, mit einem belastenden Lebensereignis irgendwie fertig zu werden (in unserem Falle mit einer körperlichen Beeinträchtigung, mit einer geistigen Beeinträchtigung usf.). Die entwickelten Bewältigungsmuster eines Behinderten stehen natürlich in engstem Zusammenhang mit sozialen und in weiterem Sinne gesellschaftlichen Gegebenheiten oder anders ausgedrückt: mit seiner Sozialisation. Ich nenne nur beispielhaft:

Welche Schwierigkeit ergibt sich daraus, dass keine gesellschaftlich abgestützte kollektive Deutung von „Behinderung" zur Verfügung steht? Welche Gefahren ergeben sich daraus, wenn – nahe gelegt durch das Rehabilitationssystem – die Überwindung einer Behinderung als rein technologisches Problem angesehen wird? Das Wissen über Voraussetzungen und Formen der individuellen Integrierung der Behinderung in die Lebensperspektive scheint mir unter Professionellen sehr gering zu sein. Die Diskussion könnte sich dabei an einem Persönlichkeitsmodell orientieren, welches die personalen und sozialen Dimensionen des Identitätsprozesses zueinander in Beziehung setzt (vgl. u. a. THIMM 1983). In unserer Abbildung 2 ist das dabei anzustrebende Ziel mit „physischer-sozialer-psychischer Integrität" bezeichnet.

Das soziogenetische Modell von Rehabilitation rückt eine zweite Variable in den Blickpunkt, nämlich die von uns schon angesprochenen vielfältigen informellen, nicht professionellen Hilfeleistungen, in der Fachliteratur mit Social Support bezeichnet (Abbildung 3).

Die angesprochene Socialdata-Studie lüftete hier ein wenig den verbergenden Vorhang. Einzelne Studien zur Situation von Familien mit behinderten Kindern, insbesondere mit einem geistig behinderten Kind und hier wiederum insbesondere mit dem zu Hause verbleibenden erwachsenen Kind, lassen erahnen, welche Unterstützungsleistungen von Eltern, Geschwistern, Verwandten, Freunden, Bekannten u. a. erbracht werden. Diese Hilfeleistungen sind eingebettet in ein Netz sozialer Beziehungen, wofür sich in der Forschung der Begriff des Sozialen Netzwerkes eingebürgert hat. Bisherige Einsichten in die Art und über den Umfang solcher informeller Hilfen im Sozialen Netzwerk des einzelnen lassen den Schluss zu, dass es sich um „soziale Dienstleistungen" vom Typ des unmittelbaren Helfens handelt, die nicht durch staatlich organisierte Leistungen einfach ersetzt werden könnten. BADURA legte eine erste Typologie solcher „informellen Leistungen" vor und zählt dazu:

1. emotionale Unterstützung,

2. soziale Unterstützung bei Gewinnung einer sozialen Identität,

3. personenbezogene, praktische Hilfe, zur Lösung alltäglicher Probleme,

4. finanzielle (informelle) Unterstützung,

5. Leistungen im Bereich der Information (BADURA 1981 b).

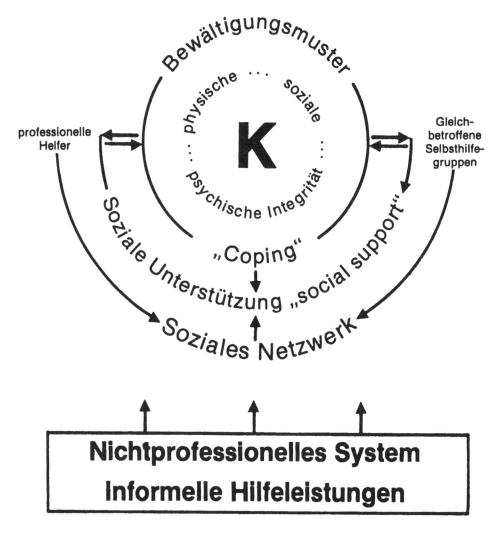

Die Soziale Netzwerkforschung befindet sich bei uns noch in den Anfängen. Eine verstärkte Zuwendung zu diesem Bereich würde uns zu neuen Fragen und auch Einsichten über die Lebenslage von Menschen mit einer Behinderung führen, die in das Gesamtsystem der Sozialen Dienstleistungen integriert werden müssten. Auch hier kann ich nur einige Akzente setzen.

Unterscheiden sich Soziale Netzwerke Behinderter entscheidend von denen Nichtbehinderter? Wo ist das Netzwerk geschwächt? Wie vollziehen sich die helfenden Austauschbeziehungen zwischen Nichtbehinderten und Behinderten? Gibt es hier Chancen zur Reversibilität der Lagen, d. h. erfährt sich ein Behinderter auch als Helfender, im weitesten Sinne als ein Mensch, der für andere Menschen, für bestimmte Aspekte ihres Selbst, bedeutsam ist?

Zum Verhältnis zwischen Klient – Helfer – Selbsthilfegruppen

An der Nahtstelle zwischen professionellem System und den sozialen Netzwerken des Klienten stehen pädagogische und therapeutische Bezugspersonen und Gleichbetroffene (Abb. 3).

Dabei tauchen eine ganze Reihe von Fragen auf, die ebenfalls in unseren Diskussionen aufgegriffen werden sollten. Ich nenne einige:

Wie gestalten sich die Beziehungen zwischen professionellen Helfern auf der einen Seite und Gleichbetroffenen auf der anderen Seite zum sozialen Netzwerk des Behinderten? Welche problembezogenen sozialen Beziehungen werden dabei aktualisiert, die von anderen Netzwerkmitgliedern nicht oder noch nicht übernommen werden können (Eltern, Angehörige, Verwandte, Freunde, Nachbarn usw.)?

Der professionelle Helfer handelt als Agent des offiziellen Dienstleistungssystems im Rahmen organisationsbezogener Rollen – er wird aber gleichzeitig in das Netz der informellen sozialen Beziehungen „seines" Klienten hineingezogen und sieht sich hier personenbezogenen Rollenerwartungen gegenüber. Ich halte die sich daraus ergebenden Rollenkonflikte nicht für destruktiv, sondern würde fordern, dass Sozialpädagogen, Angehörige der paramedizinischen Berufe usw. sich ihrer Doppelrolle bewusst werden sollten, und dass sie befähigt werden müssten, diese Rolle bewusst auszugestalten. Die Konflikte müssen nicht unausweichlich zum „Helfer-Syndrom" (SCHMIDTBAUER) führen.

Die Sonderpädagogik jedenfalls hat sich diesen Fragen erst vereinzelt zugewandt; sie ist immer noch allzu sehr fixiert auf „Behandlung" des Individuums. Hilfeleistung an das gefährdete, brüchig gewordene oder gar zerrissene Netz lebenswichtiger Sozialbeziehungen des Schülers liegt nicht ausdrücklich im staatlichen Auftrag des Sonderpädagogen. Die mangelnden Kenntnisse über die Lebenslage ihrer Klienten hat aber nicht nur für die aktuelle Hilfeleistung negative Folgen, sie wirkt sich auf die Zielsetzung der gesamten sonderpädagogischen Disziplinen insofern negativ aus, als mangelnde Kenntnisse über die späteren Lebensprobleme Behinderter eine sinnvolle Zielsetzung der pädagogischen Arbeit mit dem Kind oder dem Jugendlichen wohl kaum ermöglicht (vgl. THIMM 1981). Für die Sonderpädagogik wie auch für andere Rehabilitationssysteme trifft die Kennzeichnung zu, wie sie in einem Papier der Caritas zur Selbsthilfebewegung ausgedrückt wird: Die „zunehmende Institutionalisierung von Hilfen (hat) die realen und natürlichen Lebensräume der Menschen außer acht gelassen, bzw. beeinträchtigt" (Caritas 84 (1983), H. 6).

Ebenfalls an der Nahtstelle zwischen Klient und offiziellem Hilfssystem (Abbildung 3) stehen Selbsthilfegruppen, also Zusammenschlüsse Gleichbetroffener, die unmittelbar krankheits- bzw. gesundheitsbezogen und darüber hinaus lebensproblembezogen motiviert sind. „The Clients View" – hierüber müssen sich etablierte Organisationen der Behindertenhilfe, aber auch die Wissenschaften erst noch vergewissern. So standen viele Vorträge des 1984er Kongresses von „Rehabilitation International" in Lissabon ausdrücklich unter diesem Gesichtspunkt, und es war besonders eindrucksvoll, wie durch eine niederländische Gruppe dieses dadurch sinnfällig gemacht wurde, indem Betroffene und Angehörige der Administration gemeinsam eine Präsentation boten, die mit leicht ironischer Distanzierung zentrale Fragen der Rehabilitation aufs Korn nahm, in die schließlich die Zuhörer einbezogen wurden.

Auch hier warten Fragen ihrer Beantwortung. Wie stellen sich Beziehungen unter Gleichbetroffenen zu bestehenden Beziehungen im Netzwerk des einzelnen? Wie können Erfahrungen in Selbsthilfegruppen, die primär auf Veränderung individueller Situationen ausgerichtet sind, eingebracht werden über Selbsthilfeorganisationen in das professionelle System, ohne dabei ihre auf aktuelle Bedürfnisse ausgerichtete Flexibilität und Intimität zu verlieren? Neben zweifellos identitätsstabilisierenden Funktionen von Selbsthilfegruppen sind aber auch identitätsgefährdende Tendenzen zu beachten, wenn allein aus dem gemeinsamen Merkmal des Gleichbetroffenseins kollektive Sinndeutungen als die einzig möglichen abgeleitet werden, etwa zum Ausdruck gebracht in der Aussage: Ein Nichtbetroffener kann letztlich einen Betroffenen niemals ganz verstehen! Ich setze dagegen: Ist das ein Spezifikum, z.B. im Verhältnis zwischen behinderten und nicht behinderten Menschen? Ist das nicht vielmehr eine anthropologische Grunderfahrung überhaupt?

Welchen Stellenwert haben in den Beziehungen Gleichbetroffener untereinander die für viele Behinderte ja auch bestehenden bedeutungsvollen sozialen Beziehungen zu „ihrem" Helfer (Lehrer, ihrer Krankengymnastin)?

Ich denke, dass erst die Koalition zwischen diesen Dreien: dem Behinderten, ihm sozial besonders nahe stehenden professionellen Helfern und anderen, für die eigene Problembewältigung bedeutsamen Behinderten in Selbsthilfegruppen eine ausreichende Basis zur Entwicklung individueller Copingstrategien bildet; eine Basis, von der aus sich die Bedürfnisse des einzelnen sowohl in das soziale Netz der informellen Beziehungen als auch in die Strukturen des professionellen Systems einbringen lassen (Abbildung 4).

Das setzt freilich voraus, dass diese spezifischen kommunikativen Verhältnisse im sozialen Netzwerk eines Behinderten durch die staatliche Dienstleistungsstrategie und ihre Vermittler (die intermediären Strukturen) ermöglicht und gefördert werden.

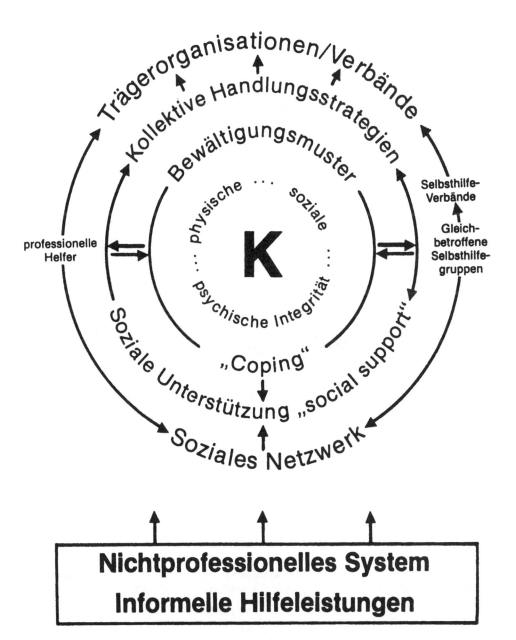

Ehe wir hierzu Forderungen an das professionelle System aufstellen, sollten wir aber mit einer gemeinsamen Reflexion der uns hier alle unmittelbar betreffenden Beziehungen in dem Dreieck: Behinderter – professioneller Helfer – Selbsthilfegruppe beginnen (Abbildung 5).

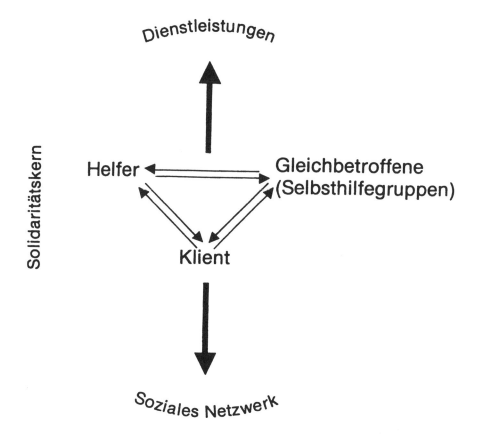

Nur wenn hier alle Betroffenen bereit sind, diese sozialen Beziehungen immer wieder auf ihre identitätsfördernde Qualität für alle zu reflektieren und gegebenenfalls zu korrigieren, nur dann, wenn hier nicht die gesellschaftlich üblichen Techniken der Leidensverdrängung übernommen werden (RICHTER), sondern gemeinsam nach Sinndeutungen für Leiden, Gebrechen, Hilfebedürftigkeit gesucht wird, nur dann bestehen die Chancen, einen Solidaritätskern zu bilden, der Modellcharakter hat für die zu etablierenden Strukturen sowohl im System der informellen Hilfen als auch im professionellen System.

Der Behinderte als Adressat sozialstaatlicher Dienstleistungen ist dann nicht mehr Konsument dieser Dienstleistungen, sondern „Mitproduzent" sozialer Dienstleistungen. *Er ist dies als gleichgewichtiges Mitglied, in der aus ihm selbst, Gleichbetroffenen und Professionellen bestehenden Solidaritätsgemeinschaft, die auf Selbstveränderung aller Beteiligten sowie Sozialveränderung der umliegenden Strukturen angelegt ist.*

Literatur

BADURA, B. (Hrsg.) (1981 a): Soziale Unterstützung und chronische Krankheit. Zum Stand sozialepidemiologischer Forschung. Frankfurt 1981 (ed. Suhrkamp 1063). Darin:
BADURA, B.: Sozialpolitik und Selbsthilfe aus traditioneller und aus sozialepidemiologischer Sicht. S. 147-160.
BADURA, B. (1983): Pflegebedarf und Pflegepolitik im Wandel. In: Sozialer Fortschritt 32 (1983), H. 5, S. 97-102.
COLLINS, Alice H. u. D. PANCOAST: Das soziale Netz der Nachbarschaft als Partner professioneller Hilfe. Freiburg 1981 (Lambertus).
FERBER, Ch. von: Perspektiven für die 80er Jahre. in: Bundesarbeitsgemeinschaft der Wohnstätten für Behinderte (Hrsg.) Dokumentation Werkstättentag '82 Kassel, 6.-8. Oktober 1982 (Osnabrück 1983).
FERBER, Ch. von: Soziale Netzwerke – ein neuer Name für eine alte Sache? in: Geistige Behinderung 4/1983, S. 250-258.
HERRIGER, N.: Behindertenverbände und Behindertenbewegung – zum Standort der Selbsthilfe in der Behindertenarbeit. In: Soziale Arbeit 33 (1984), H. 2, S. 49-54.
PETERS, Helge: Entprofessionalisierung der Sozialarbeit? Ja – aber nicht als Alternative: In: F. Peters (Hrsg.), Gemeinwesenarbeit im Kontext lokaler Sozialpolitik. Bielefeld 1983, S. 153-160.
RICHTER, H. E.: Der Gotteskomplex. Die Geburt und die Krise des Glaubens an die Allmacht des Menschen. Reinbek 1979: Rowohlt.
Selbsthilfebewegung und Caritasverband: In: CARITAS 84 (1983), H. 6.
Selbsthilfe und professionelle Zusammenarbeit. (Beiträge von K. Bremen; G. Englert u. a.). In: Blätter der Wohlfahrtspflege 130 (1983) H. 9.
Selbsthilfegruppen und Selbsthilfeverbände in der Behindertenarbeit. Schwerpunktthema in: selbsthilfe (BAG Hilfe für Behinderte) Oktober 5/1983.
SOCIALDATA (1980): Anzahl und Situation zu Hause lebender Pflegebedürftiger. Bundesminister für Jugend, Familie und Gesundheit (Hrsg.), Stuttgart u. a. 1980.
THIMM, Walter (1981): Die Rehabilitation Sinnesgeschädigter. Was wissen Sonderpädagogen vom Leben ihrer erwachsen gewordenen Klienten? Zeitschrift für das Blinden- und Sehbehindertenbildungswesen 101 (1981), S. 61-69.
THIMM, W. (1983): Soziologisch-anthropologische Überlegungen zur Entstigmatisierung. In: Plastische Chirurgie bei Menschen mit Down-Syndrom. Marburg 1983 (Große Schriftenreihe der Lebenshilfe e.V., Band 9).
WALTZ, E. M.: Soziale Faktoren bei der Entstehung und Bewältigung von Krankheiten – ein Überblick über die empirische Literatur, in BADURA 1981a, S. 40-119.
WEDEKIND, Rainer: Zu Unterschieden in der Bedeutung von „Selbsthilfe" und „Selbstorganisationen" für die Sozialpolitik in der Bundesrepublik Deutschland und Dänemark. In: Archiv für Wissenschaft und Praxis der sozialen Arbeit 3/1983, S. 157-172.

3.5 Integration Blinder – Gedanken zur Neuorientierung der Behindertenhilfe und Behindertenpolitik (1979)[75]. In memoriam Günter Hartfiel

Integration und menschliche Arbeit – Kontroversen

Es ist sicher in Ihrem Sinne, wenn ich das weitreichende Thema „Integration Blinder in Beruf, Familie und Gesellschaft" eingrenze auf einige Fragestellungen, die nach meiner Ansicht von besonderer Aktualität sind und die Missverständnisse zwischen verschiedenen Vertretern des professionellen Blindensystems aufgreifen sollen; Missverständnisse also zwischen Personen, die hauptberuflich mit der Rehabilitation Blinder zu tun haben. Ich zähle dazu auch alle, die an verantwortlicher Stelle in der Blindenselbsthilfe stehen. Wie mir scheint, sollten wir vor allem miteinander ins Gespräch kommen über den Komplex „Integration und menschliche Arbeit". Damit zusammenhängend ergeben sich Fragen nach den Orientierungen der professionellen Blindenhilfe und der Blindenpolitik (und darüber hinaus der Behindertenhilfe und Behindertenpolitik insgesamt) im Rahmen einer sich abzeichnenden Neuorientierung der Sozialpolitik. Zunächst sei der aktuelle Einstieg zu meinen Überlegungen charakterisiert, von dem ausgehend ich zentrale Fragestellungen ausbreiten möchte, mit denen sich meiner Ansicht nach die Blindenselbsthilfeorganisationen und mit ihr die Blindenpädagogen und alle, die im Blindenwesen tätig sind, auseinandersetzen sollten. Dabei lehne ich mich in meinen Darlegungen eng an die Ausführungen von Günter HARTFIEL aus dem Jahre 1973 zum Thema: „Der blinde Mensch in der Zukunftsgesellschaft" an, wobei sich meine Gedanken aus der Kommentierung, Interpretation, aber auch Erweiterung der Hartfielschen Ausführungen ergeben.

Karl BRITZ nahm kürzlich (horus 1/1978) unter der Frage „Signale am Scheideweg?" Stellung zu einigen Äußerungen von HUDELMAYER auf dem Marburger Symposium im Oktober 1976 (SCHOLLER 1977) und drückte seine Befürchtungen bezüglich der Folgen aus, die eine Entmythologisierung der Arbeit für Blinde haben könnte. Im gleichen Heft (horus 1/1978) rezensiert Frau HEISTER[76] eine zurückliegende Veröffentlichung von mir und formuliert ihren Ärger über ein „Denkmodell", das vor Jahren schon im Kreis der Blindenselbsthilfe so viel Staub aufgewirbelt habe. BRITZ bezieht sich nun ausführlich auf HARTFIEL und meint einen Widerspruch zwischen den – nach seiner Ansicht – richtigen Analysen HARTFIELS und den Vorstellungen von HUDELMAYER und MERSI feststellen zu können. Schon 1972 wurde HARTFIEL als Kronzeuge für 'richtige' Untersuchungen zum Blindenproblem herangezogen in der Auseinandersetzung mit meinem Buch (Thimm 1972).

---

[75] Grundsatzreferat auf dem Verbandstag des Deutschen Blindenverbandes in: horus – Marburger Beiträge 1979. G. HARTFIEL, geb. 1931, war bis zu seinem tödlichen Autounfall 1972 Professor für Soziologie an der Universität Würzburg. Als Vater einer blinden Tochter kam er mit dem Blindenbildungssystem in Kontakt. Bekannteste Veröffentlichungen: Die autoritäre Gesellschaft (Hg.) 1972, 3. Aufl.; Wörterbuch der Soziologie, Stuttgart 1972.
[76] Thimm 1972; es handelt sich dabei um die im einleitenden Abschnitt 1.0 erwähnte Dissertation des Verfassers.

Die Sache, um die es da geht, verlangt nun ein etwas näheres Eingehen auf den Aufsatz von Hartfiel; das ist mir auch in der Wertschätzung des tragisch verunglückten Kollegen ein Bedürfnis.

Es ist festzustellen, dass die Ausführungen HARTFIELS einerseits scharf bekämpft werden – so in Stellungnahmen zu seinen Vorstellungen über die schulische Integration Blinder – andererseits aber ins Feld geführt werden, wenn es darum geht, den Wert der Berufsarbeit für Blinde gegen vermeintlich andere Ansichten aus dem Lager der 'eingeweihten' Hochschullehrer im Bereich der Blindenbildung zu verteidigen. Eine Aneinanderrreihung von Zitaten, die aus dem Zusammenhang gerissen werden, stiftet meistens Unheil. Da kann es zu grotesken Einstellungen kommen, von denen eine in der Auseinandersetzung einzelner Vertreter der Blindenselbsthilfe mit C. v. FERBER und mir immer wieder aufgetaucht ist, von Frau HEISTER kürzlich wieder aufgegriffen und darum erwähnt:

Es werden Analysen und Charakterisierungen bestimmter gesellschaftlicher Tatbestände als des Autors Meinung unterstellt. Wenn Soziologen feststellen, dass in unserer Gesellschaft „Nützlichkeit, Verantwortlichkeit und Kontaktfähigkeit" (v. FERBER) als die zentralen Werte angesehen werden müssen, nach denen unsere Gesellschaft den Wert des einzelnen bemisst, und dass in dieses Wertsystem aus der Sicht der Gesellschaft der Nichtbehinderten die leistungsgeminderten Behinderten nicht hineinpassen, dann ist es für mich unerklärlich, wie man daraus folgern kann, die Soziologen sprächen Behinderten Nützlichkeit, Verantwortlichkeit und Kontaktfähigkeit ab. Gerade von der soziologischen Seite ist immer wieder – nicht nur auf Behinderte bezogen – die Relativität, ja die Unmenschlichkeit herrschender gesellschaftlicher Wertideen hervorgehoben worden. Allerdings – und vielleicht liegt daran das „Ärgerliche" an den Aussagen der Soziologen – haben diese aus solchen Analysen der sozialen Situation Behinderter auch nicht den einseitigen Schluss gezogen: also muss alles daran gesetzt werden, um Behinderte in dieses Wertsystem einzupassen. Ich habe den Eindruck, dass gerade Aussagen HARTFIELS zu diesem Punkte gerne überlesen und verschwiegen werden. Auch HARTFIEL kritisiert die „verkrampften" Anpassungsleistungen Blinder an die Normalitätsstandards, die – wie er es ausdrückt – oft von „einer seltsamen Blindenpädagogik angestachelt" werden (1973, 118). Priorität hat auch für ihn die Sozialbildung, es sei denn, man wolle Blinde „nur zu arbeitstechnisch verwertbaren Leistungsträgern heranbilden" (119). Aus solchen Überlegungen heraus kommt er dann ja zu der Forderung nach integrativer Beschulung Blinder. Diese uns alle bewegende Frage kann ich hier aussparen, da dazu ausgewogene Stellungnahmen vorliegen (HUDELMAYER 1975; Tagung der Arbeitsgemeinschaft der Elternbeiräte der Blindenschulen, München, Oktober 1977; Kongress der Blinden- und Sehbehindertenlehrer, Waldkirch 1978).

Einmal unterstellt, die Charakterisierung der zukünftigen Gesellschaft als „Informationsgesellschaft" ist richtig, dann muss man aber doch die Frage stellen, für welche Blinde sich Chancen eröffnen in der Ausbildung „für mathematisch-logische, für sprachtechnische wie sprachanalytische Aufgaben" (HARTFIEL), wie viele Blinde dem „Gebot der Zukunft" nach „mindestens mittlerer Qualifikation" entsprechen können?

Angesichts des in verschiedenster Hinsicht heterogenen Personenkreises Blinder (z. B. hinsichtlich des Behinderungsgrades; angesichts zusätzlicher, auch mentaler Behinderungen) treffen solche Bemühungen nur einen Teil der blinden Jugendlichen. Quantitativ gleichgewichtig müsste – so meine ich – die Frage nach Aufgabe und Funktion der Werkstatt für Behinderte gestellt werden. Das führt zu einer heiklen Frage: Haben Behinderte (auch Blinde), die nicht in ihren geistigen Funktionen eingeschränkt sind, ein besonders gestörtes Verhältnis zu Fragen der geistigen Behinderung? Hört die Verantwortung der Blindenpädagogen und der Blindenselbsthilfe auf, wenn zur Blindheit eine geistige Behinderung hinzutritt? Wird hier nicht die mangelnde Solidarität gegenüber dem (noch) Schwächeren praktiziert, die der Gesellschaft als Ganzes in ihrem Verhältnis zum Behinderten, auch zum Blinden, angelastet wird? Das verlegene Verschweigen der Wandlungen der Behinderungstatbestände unter Blinden (zunehmend Mehrfachbehinderungen); die Schwierigkeiten des Blindenschulsystems, die Probleme geistig und lernbehinderter sehgeschädigter Kinder angemessen anzugehen; terminologische Spitzfindigkeiten (HEISTER: „ein Mensch, der zugleich blind und geistig behindert ist, ist ein blinder Geisteskranker und nicht umgekehrt") – ein Satz, der schon allein wegen der substantivischen Verwendung des Begriffes „Geisteskranker" als Synonym für „geistig Behinderter" falsch ist), das alles muss offen diskutiert werden, es sei denn, wir orientieren uns an einem idealtypischen Bild vom Blinden, das nur aufrecht zu erhalten ist durch Verschweigen von Realitäten. Die Aussagen HARTFIELS zu den beruflichen Chancen Blinder treffen nur – das bleibt festzuhalten – auf einen Teil der Blinden zu. Das wird von BRITZ nicht erwähnt. Dem aufmerksamen Leser seiner Ausführungen kann nicht entgehen, dass in den unverbunden nebeneinander stehenden Zitaten HUDELMAYER/MERSI einerseits und HARTFIEL andererseits überhaupt kein logischer Argumentationszusammenhang zu erkennen ist.

Das liegt auch an der Widersprüchlichkeit der Aussagen HARTFIELS. Wie passt das zusammen:

• einerseits die deutliche Ablehnung, Blinde einseitig zu „arbeitstechnisch verwertbaren Leistungsträgern" heranzubilden, die Orientierung an einem Zufriedenheitskonzept, das sich, in der Hoffnung auf eine „wirklich humane Gesellschaft", an nicht primär beruflich-ökonomischen Daseinsfunktionen orientiert (Zufriedenheit des behinderten Menschen aus dem Gefühl, „inmitten der bunten Mannigfaltigkeit menschlicher Daseinsweisen einfach dazu zu gehören" (HARTFIEL, 122),

• andererseits: die Aussage, „dass der Mensch ohne Aufgabe, ohne Arbeit, ohne Beruf und produktive gesellschaftliche Beiträge überhaupt nicht zu entfalteter Identität, Mündigkeit, intellektueller Emanzipation kommen könne" (HARTFIEL, 120), dass über die soziale Integrationschance „letztlich in den Arbeits- und Berufsstrukturen entschieden" werde.

Wenig hilfreich erweist sich auch der Rückgriff von BRITZ auf das Weizsäcker-Referat (München 1976). Dieses Referat enthält in seinen doch recht allgemein gehaltenen Ausführungen weder brauchbare Hinweise zu den Erfordernissen in der Rehabilitation Behinderter angesichts zukünftiger Entwicklungen, noch wird die These „die Behinderten brauchen die Gesellschaft – die Gesellschaft braucht die Behinderten" – an irgendeiner Stelle konkretisiert. Gerade über die zweite These: die Gesellschaft braucht die Behinderten (zu der andernorts schon Gewichtiges ausgesagt wurde, z. B. v. FERBER 1972; A. GÖRRES 1974) sollten wir aber nachdenken. Sind also die Positionen bei BRITZ (er steht stellvertretend für andere aus der Blindenselbsthilfe)) überhaupt richtig gekennzeichnet:

- auf der einen Seite die Befürworter „programmierten Müßiggangs", die „taube Nüsse" aus Amerika importieren;

- auf der anderen Seite die Bewahrer des Erreichten, die berufliche Arbeit für Behinderte als das zentrale Problem ihrer Integration ansehen, als das Mittel, den Blinden dem „zum Grübeln verleitenden Müßiggang" (GARBE) zu entreißen (also Arbeit als Disziplinierungsmittel?).

Bedarfsprinzip versus Äquivalenzprinzip in der Rehabilitation

Ich habe diese Diskussion um Zitate nicht ausgewählt, um eine gegen die andere Position auszuspielen, sondern vielmehr darum, weil die Auseinandersetzung – wie auch das Referat von HARTFIEL selbst – eine Widersprüchlichkeit unseres Gesellschaftssystems spiegelt, nämlich den Konflikt zwischen „Leistungskonkurrenz" als ein individualisierendes Prinzip der Auslese und der Erfolgszurechnung auf der einen und Solidarität als gemeinschaftsbildendes Prinzip der gegenseitigen Hilfe, aber auch des Einstehens für den Schwächeren auf der anderen Seite" (v. FERBER 1977). So konkurrieren sowohl in der sozialpolitischen Gesetzgebung als auch in der Rehabilitationspraxis am Äquivalenzprinzip ausgerichtete Kriterien für die Hilfeleistung (Leistung gegen Leistung, also an marktwirtschaftlichen Gegebenheiten orientiert) mit Kriterien des Bedarfsprinzips (z. B. Vorstellungen über menschenwürdige Standards in bestimmten Lebenslagen und daraus abgeleitete Bedarfe). Im System der Behindertenhilfe treten immer wieder – trotz der finalen Ausrichtung der offiziellen Sozialpolitik – ökonomische Sinngebungen und Rechtfertigungen des Handelns auf:

- Das BSHG definiert Anspruchsberechtigungen zwar mit der Gefährdung der Teilnahme am Leben der Gemeinschaft, dann aber mit dem charakteristischen Zusatz: „vor allem aber" bei der Gefährdung, einen angemessen Arbeitsplatz auszufüllen.

- Der die Rehabilitationsgesetzgebung leitende Gesichtspunkt „Rehabilitation vor Rente" wird auf seine in einzelnen Fällen ruinösen Auswirkungen hin gar nicht hinterfragt.

- Werner Boll, Vorstand der Stiftung Rehabilitation Heidelberg, stellt immer wieder die Behauptung auf, dass bei ausreichenden Investitionen im Rehabilitationsbereich 80 % aller Behinderten (wohlgemerkt: aller!) beruflich einzugliedern seien und damit die öffentlichen Soziallasten zu senken seien. Es würde sich verlohnen, den Auswirkungen einer solchen globalen Behauptung im einzelnen in Rehabilitationseinrichtungen nachzugehen: der Behinderte wird Objekt, Material, das auf seine physische, geistige und psychische Belastbarkeit hin abgecheckt wird, um dann einem entsprechenden Berufsausbildungsgang zugewiesen zu werden. Berufliche Verwertbarkeit erhält eine unantastbare Dignität;

Scheitern ist nicht auf das Versagen der Rehabilitationsideologie zurückzuführen, sondern auf die Ausbilder, viel eher aber auf Nichtwollen des „Rehabilitationsobjektes".

Wegen der grundsätzlichen Schwierigkeit, am Bedarfsprinzip ausgerichtete Rehabilitationsbemühungen zu legitimieren (eine solche Legitimation setzt Wertentscheidungen über Standards menschenwürdigen Lebens voraus!), geht man den einfacheren Weg und siedelt Bedürfnisse und Forderungen für Behinderte am Äquivalenzprinzip an, d. h., zur Legitimation werden Leistungskriterien herangezogen. Institutionen der Behindertenhilfe und Selbsthilfeorganisationen legitimieren ihre Forderungen nicht selten so, sowohl gegenüber dem Gesetzgeber, als auch – und das halte ich für eine Bankrotterklärung der Behindertenhilfe – gegenüber der Öffentlichkeit. Das wohl hatte HARTFIEL im Auge, wenn er von der für Behinderte sich lebensgefährlich auswirkenden Perspektivlosigkeit einer einseitigen Orientierung fortgeschrittener Industriegesellschaften an der materiell-technischen Rationalität spricht. Zwei Punkte möchte ich etwas näher erläutern: 1. Entwicklung eines Integrationskonzeptes; 2. Bestimmung der Funktionen von Arbeit.

Entwicklung eines Integrationskonzeptes

Zielangaben im Bereich der Blindenpädagogik und der Sozialhilfe für Blinde wie in der gesamten Behindertenhilfe beziehen sich auf den Begriff der Integration. Es ist aber auffällig, wie wenig dieses Konzept klar umrissen ist. Was man genau unter Integration zu verstehen hat, mit welchen Maßzahlen man sie misst, das alles bleibt auffällig unklar. Die eingangs aufgezeigten Missverständnisse unter Experten der Rehabilitation Blinder lassen sich auf diese unklare Bestimmung des Integrationsbegriffes zurückführen. Beruflich-ökonomische Standards auf der einen, geäußertes individuelles Zufriedensein auf der anderen Seite, bilden je eine Dimension von Integration. Sind damit aber alle Dimensionen bestimmt? Wir müssen zu einem mehrdimensionalen Begriff der Integration kommen. Die Wege dazu sind in der neueren Sozialpolitik vorgezeichnet. Sozialpolitik ist längst nicht mehr eingeschränkt auf die Steuerung und Regulierung von Geldströmen, also auf die Sicherung sozialer Einkommensleistungen. Zunehmend an Bedeutung gewonnen haben nicht einkommensbezogene soziale Dienstleistungen. Während soziale Einkommensleistungen (z. B. Renten) materielle Bedürfnisse (Kleidung, Nahrung, Wohnung) sicherstellen sollen, sichern soziale Dienstleistungen „die Befriedigung zunächst elementarer immaterieller oder somatischer Bedürfnisse nach Behandlung, Pflege, Beratung und Bildung, wo entweder Selbstversorgung aus der unmittelbaren sozialen Umwelt oder die finanziellen Voraussetzungen zum Kauf solcher Dienstleistungen nicht gegeben sind" (GROSS/BADURA 1977, 362). Damit ist eine Abkehr von einem einseitigen, nur am ökonomischen Wachstum orientierten Wohlfahrtsbegriff eingeleitet. Unter dem politischen und inzwischen auch wissenschaftlichen Begriff der *Lebensqualität* sammeln sich die Bestrebungen zu einer Neubesinnung der Sozialpolitik, die in zunehmendem Maße neben der Sicherstellung materieller Standards darauf ausgerichtet ist, die immateriellen Bedürfnisse zu erfassen und zu befriedigen. Neben den Bereichen der Verfügung über materielle Güter wie Einkommen und privater Besitz, werden Lebensbereiche wie: Verfügung über Dienstleistungen, Chancen der Persönlichkeitsentwicklung sowie Möglichkeit der intellektuellen und kulturellen Entfaltung durch Lernen; persönliche Freiheitsrechte; Freizeit; Leben in der Gemeinde; Arbeit und Qualität des Arbeitslebens und Sicherung der physischen Umwelt in zunehmendem Maße Inhalte gesellschaftspolitischer Bemühungen.[77] Die Forschung hat sich diesen Gebieten zugewandt und ist darum bemüht, für solche Lebensbereiche Maßzahlen zu entwickeln, die Aussagen darüber gestatten, welches Maß an Qualität z. B. im Bereich Gesundheit oder Freizeit vorliegt (zur Internationalen Indikatorenforschung vgl. WERNER; ZAPF 1975).

Im Rahmen dieser Bemühungen um ein mehrdimensionales Wohlfahrtskonzept und um die Bestimmung von Lebensqualitäten ließe sich auch der Integrationsbegriff bestimmen. Fassen wir Lebensqualität als: *Zufriedenheit mit den Lebensbedingungen in Übereinstimmung mit Standards* (W. ZAPF) auf, dann wäre das Ziel von Integration Behinderter, die Ermöglichung von Lebensbedingungen, die

a) den Standards der Gesellschaft entsprechen und die

b) einen Behinderten befähigen, seine individuellen Voraussetzungen in den Lebenszusammenhang zu integrieren.

Damit ist deutlich geworden, dass Integration in ihrer objektiven Dimension grundsätzlich das Insgesamt menschlicher Lebensvollzüge im Auge haben muss (Arbeit ist ein Bereich unter anderen) und in ihrer subjektiven Dimension die individuelle Gestaltung des Verhältnisses zwischen Lebensbedingungen und Behinderung anzielen muss. Diese individuelle Integrierung der Behinderung in den Lebensvollzug hängt davon ab, dass zwischen Behinderten und Nichtbehinderten eine übereinstimmende Bewertung der Behinderung ausgehandelt wird. Aussagen über das Maß an Integriertheit eines Blinden oder aller Blinden müssten sich beziehen auf nachweisbare Maße an erreichten Standards in verschiedenen Lebensbereichen sowie auf das Ausmaß an Zufriedenheit, das aus einer realistischen Abschätzung der behinderungsbedingten Einschränkungen in diesen Lebensbereichen resultiert. Wenn wir uns noch einmal an einige der eben angesprochenen Bereiche erinnern: Verfügung über Dienstleistungen; Chancen der Persönlichkeitsentwicklung oder Leben in der Gemeinde, dann wird deutlich, wie wenig wir eigentlich über den Grad der Integration, gemessen an der erreichten Lebensqualität in den verschiedenen Bereichen, auch bei Blinden wissen. Denn wir müssen uns vor Augen halten, dass jedes dieser Zielfelder sozialpolitischer Bemühungen (z. B. Arbeit und Qualität des Arbeitslebens) für sich wiederum außerordentlich komplex ist. An anderer Stelle habe ich ausgeführt, wie der Bereich „Arbeit und Qualität des Arbeitslebens" im Hinblick auf Behinderte aufgefächert werden müsste, ehe wir eine Aussage wagen könnten über das erreichte Maß an Lebensqualität in diesem Bereich. Neben Maßzahlen über die vertikalen und horizontalen beruflichen Chancen Blinder und Vergleichsdaten zur Höhe des Entgeltes müssten Daten vorliegen zu den konkreten Arbeitsplatzbedingungen und vor allem Einsichten über den Grad an Berufszufriedenheit. Dabei taucht, wie es sich aus unserer Bestimmung von Integration ergibt, die Frage auf, inwieweit Zufriedenheit (oder Unzufriedenheit) mit den objekti-

---

[77] Vgl. dazu und auch den nachfolgenden Ausführungen den Beitrag 3.2.

ven Bedingungen der Berufssituation und der eigenen Stellung zur Behinderung zusammenhängt. An einem Beispiel sei das erläutert:

Subjektiv geäußerte Zufriedenheit mit der beruflichen Situation sagt noch nichts darüber aus, ob die objektiven Arbeitsbedingungen, das Niveau an Qualität des Arbeitslebens, und/oder das Entgelt den üblichen Standards entsprechen. Arbeitszufriedenheit könnte ja auch zustande gekommen sein, indem bei objektiv benachteiligenden Bedingungen, z. B. zu niedrigem Lohn, die bloße Freundlichkeit der Kollegen dem Behinderten das Gefühl gibt, voll akzeptiert und damit integriert zu sein. *Bloßes Zufriedensein auf objektiv niedrigem Lebensniveau aus Unkenntnis der Standards Nichtbehinderter – das kann aber doch nicht das Ziel der Blindenpädagogik und der sozialpolitischen Bemühungen um Blinde sein.* Auf der anderen Seite könnte Unzufriedenheit mit der beruflichen Situation daraus resultieren, dass durch die Behinderung nun einmal gesetzte Grenzen nicht anerkannt werden. Blindheit wird zu einem technischen Defekt heruntergespielt, der grundsätzlich zu beheben wäre, wenn die anderen (die sehende Umwelt, die Gesellschaft) es nur wollten. Was also zu leisten ist von allen in der Blindenhilfe Tätigen, das ist, in jedem einzelnen Falle die Balance herzustellen zwischen dem objektiv Möglichen und dem subjektiv Leistbaren. Ich bin mir nicht sicher, ob die Bemühungen der Blindenpädagogik und der Blindenselbsthilfe immer ausreichend auf dieses Ziel hin abgestimmt worden sind.

Halten wir fest: Unsere Bemühungen um die Integration Blinder müssten von einer Präzisierung des Integrationskonzeptes ausgehen. In Anlehnung an den Begriff der Lebensqualität müssten Schritt für Schritt objektive wie subjektive Indikatoren entwickelt werden, an denen der Grad an Integration für einen einzelnen wie auch für Gruppen gemessen werden könnte. Damit würde auch in der Behindertenpädagogik, vor allem aber in der Behindertenpolitik, nachdrücklich der Schritt von einem eindimensionalen, ökonomisch orientierten Wohlfahrtsbegriff zu einem mehrdimensionalen Konzept des sozialen Wohlbefindens, das auch die subjektive Dimension einbezieht, markiert.

Zur Funktion von Arbeit

Missverständnisse bezüglich des Zieles der Sondererziehung und Rehabilitation resultieren nicht zuletzt daraus, dass Begriffe wie Arbeit, Beruf, berufliche Tätigkeit nicht ausreichend klar bestimmt sind. So wird z. B. in der Diskussion um die Novellierung einer Werkstättenverordnung nach § 55 Schwerbehindertengesetz (SchwbG) deutlich, dass sich die Bedürfnisse vieler Schwerstbehinderter nach einer Beschäftigung, der nur geringe oder überhaupt keine wirtschaftliche Bedeutung nach unseren derzeitigen (prinzipiell doch als wandelbar anzusehenden) Bewertungsmaßstäben zukommt, in das geltende Arbeitsrecht nicht einbringen lassen. Mit dem dort zugrundeliegenden Arbeitsbegriff ist die Forderung nach wirtschaftlich verwertbarer Arbeitsleistung verbunden. Zu fragen ist, ob ein solcher Arbeitsbegriff (wirtschaftlich verwertbare Leistung) überhaupt noch dem gegenwärtigen Stand unserer Arbeitsgesellschaft oder gar zukünftigen Entwicklungen gerecht wird.

Ralf DAHRENDORF hat kürzlich Überlegungen angestellt, wie die zukünftige Gestaltung unseres sozialen Lebens aussehen sollte, angesichts der Tatsache, dass uns „die Arbeit ausgeht" (DIE ZEIT Nr. 39, 21. Sept. 1978). Er greift hier zurück auf die von MARX stammende hilfreiche Unterscheidung zwischen „Arbeit" und "Tätigkeit". Schon jetzt wird viel „überflüssige" Arbeit getan, überflüssig in bezug auf ihren ökonomischen Zweck: vom Landwirt, der für Butter- und Milchpulverberge produziert, über die Scheinarbeit in Behörden bis zum sprichwörtlichen Heizer auf einer Diesellokomotive. Deutlich wird das hier angesprochene Problem auch in der zurückliegenden Auseinandersetzung in der Druckindustrie. DAHRENDORF meint nun, dass sich angesichts dieser Entwicklung die Chancen einer *Tätigkeitsgesellschaft* abzeichnen, der es erlaubt ist, in weit größerem Umfange als bisher Beschäftigungen nachzugehen, die größere Chancen zur Selbstverwirklichung ermöglichen als Arbeit, die ausschließlich an ökonomischen Gesetzmäßigkeiten orientiert den Arbeitenden in ein Zwangskorsett einsperrt, um die Fiktion des ökonomisch Sinnvollen aufrecht zu erhalten. Ehe man solche Überlegungen als utopisch abweist, sollte man sich einige Tatsachen vor Augen führen, die deutlich machen, dass es sich bei DAHRENDORF keineswegs um exzentrische Überlegungen eines Einzelgängers handelt: die Möglichkeit, dass die steigenden Arbeitslosenzahlen und die Zunahme von Scheinarbeit nicht vorübergehende Erscheinungen, sondern struktureller Art sind; die Erkenntnis, dass eine einseitige Orientierung an einem ökonomischen Wohlfahrtsbegriff wesentliche menschliche Probleme gar nicht löst, ja, sogar zusätzliche Probleme schafft (wie z. B. auf dem Umweltsektor); eine Ahnung, dass die Expansion staatlicher Sozialleistungen langfristig nicht nur nicht bezahlbar ist, sondern auch immer mehr nicht professionelle, familiäre und nachbarschaftliche Formen des Helfens zerstört – das alles sind ja nicht völlig neue, überraschende Gedankengänge. Solche Überlegungen werden in zunehmendem Maße unter Politikern, aber auch in der Öffentlichkeit, diskutiert. Sie zeigen Einstiege für eine Neuorientierung der Arbeits- und Sozialpolitik. Sie sind von einer ganz besonderen Aktualität im Bereich der Behindertenhilfe!

Ich greife nochmals zurück auf die eingangs erwähnten Stellungnahmen von Frau HEISTER, insbesondere zum Aufsatz von C. v. FERBER aus dem Jahre 1967. Frau Heister – und nicht nur sie, andere Behinderte auch – zeigen sich zunächst verwirrt dadurch, dass angesichts der Schwierigkeiten unserer Gesellschaft, die Leistungen Behinderter in die herrschenden Leistungskriterien einzubringen, nach einem neuen Symbolsystem gefragt wird, welches die Leistungen Behinderter als gesellschaftlich „nützlich" im weitesten Sinne sichtbar macht; einem Symbolsystem, das die „Beispielhaftigkeit ihres Lebens und ihrer Lebensführung" zum gesellschaftlichen Wert erhebt (v. FERBER). *Eine* Antwort darauf kann sehr wohl im religiösen Bereich liegen. Sie kann aber auch sehr 'handfest' und praktisch ausfallen: Wenn wir uns im Behindertenwesen – im übrigen und bezeichnenderweise gegen den Widerstand der Gewerkschaften – um die Etablierung neuer Berufe nach dem Berufsbildungsgesetz (§ 48) oder der Handwerksordnung (§ 42 b) bemühen, dann ist das ein Stück Vorarbeit auf dem Weg der Umwandlung von Arbeit in sinnvolle Tätigkeit; sinnvoll deshalb, weil solche „besonders geregelten Ausbildungsgänge" bestimmte etablierte Berufe umstrukturieren und auf die individuellen Bedingungen eines Menschen (z. B. eines Blinden, aber auch eines Absolventen einer Lernbehindertenschule) zuschneiden. Oder: wenn Behinderte und ihre Vertreter sich in der Werkstättendiskussion den Forderungen einer bestimmten wirtschaftlich verwertbaren Mindestleistung als Zugangsvoraussetzung widersetzen, dann ist auch dies ein Stück Vorarbeit, einem gewandelten Begriff von Arbeit zum Durchbruch zu verhelfen; einem Begriff, der Arbeit als individuelle Auseinandersetzung mit der materiellen und kulturellen oder geistigen Umwelt im Dienst der Selbstentfaltung auffasst, eben als das, was DAHRENDORF mit Tätigkeit bezeichnet und als die große Chance fortgeschrittener Industriegesellschaften kennzeichnet. „Arbeit und Nichtarbeit, sowohl während des Arbeitslebens als auch nach der Pensionierung, werden stärker miteinander verzahnt, indem Nichtarbeit von vornherein als Tätigkeit verstanden und Arbeit zunehmend in sie verwandelt wird. Es ist ein erfülltes menschliches Leben denkbar, das nicht mehr kosten muss als das soziale Leben des Menschen heute, aber wesentlich mehr Sinn und Befriedigung bietet" (DAHRENDORF a. a. O.). So betrachtet, sind alle Bemühungen um Entmythologisierung der Arbeit im Rehabilitationswesen nicht eine Propagierung vorprogrammierten Müßiggangs (BRITZ), sondern sie könnten sich als Speerspitze einer gesamtgesellschaftlich notwendigen Innovation unseres Begriffes von menschlicher Arbeit und ihrer Organisierung erweisen.[78]

Es gibt Sozialpolitiker und Soziologen, die von der Notwendigkeit einer „partiellen Renaturalisierung (personenbezogener) sozialer Dienstleistungen" (GROSS/BADURA; vgl. auch LUHMANN) überzeugt sind, da mit zunehmender Verrechtlichung, Bürokratisierung und Monetarisierung sozialer Hilfsstrukturen immer mehr ursprüngliche Bedürfnisse nach Hilfeleistungen auf der Strecke bleiben; um nur einige Beispiele zu nennen:

- das Bedürfnis vieler Menschen nach jemandem, der Zeit hat, sich ihren Kummer anzuhören, ohne gleich eine (professionelle) therapeutische Bedürftigkeit zu unterstellen;

- das Bedürfnis überlasteter Mütter, Kinder stundenweise beaufsichtigen zu lassen oder von der Funktion als Schulbüttel der Nation befreit zu werden;

- das Bedürfnis alter Menschen nach kleinen Hilfsdiensten oder nach Beistand bei der Vorbereitung einer Reise oder im Umgang mit Behörden.

Wenn sich weiterhin zeigt – DAHRENDORF spricht die Do-it-yourself- Bewegung an – , dass im handwerklich-technischen Bereich immer mehr Selbstbetätigung gesucht wird, und dass sich im freiwilligen Austausch von Leistungen unter Freunden, Bekannten und Verwandten eine neue „Infrastruktur des Handwerks" auszubreiten beginnt, dann kann die Aussage gewagt werden, dass für unsere Zukunft einmal Kreativität im manuell-handwerklichen wie im beratend-sozialen Bereich, die unmittelbar in das soziale Umfeld eingebracht wird, mehr gefragt sein könnte als spezialisierte, auf den Arbeitsmarkt bezogene Fertigkeiten. Die Freisetzung vom Arbeitsmarkt, die angesichts neuer Technologien ein uns im Augenblick noch unvorstellbares Maß annehmen könnte, muss kein Schreckgespenst sein: sie könnte in der Tat genutzt werden, unsere Gesellschaft in eine (ich wiederhole ein Eingangszitat von HARTFIEL) „wirklich humane

---

[78] Die heute über 25 Jahre zurückliegenden Ausführungen in diesem Abschnitt zum Funktionswandel von „Arbeit" bewegen und bedrängen uns heute nach wie vor. Sie zeigen, wie träge sich gesellschaftspolitisch als notwendig angesehene Änderungen politisch durchsetzen.

Gesellschaft", die nicht primär an beruflich-ökonomischen Daseinsfunktionen orientiert ist, zu verwandeln.

Was ist dann so ungeheuerlich an dem Gedanken, dass Behinderte sich zu ihrer Funktionseinschränkung angesichts bestehender Arbeitsstrukturen bekennen und sich auf dem „neuen" Arbeitsmarkt freigewählter Tätigkeiten versuchen anzusiedeln? Den Kampf für die Durchsetzung eines solchen Arbeitsbegriffes, der in der Öffentlichkeit sicher nicht auf Anhieb auf Verständnis stoßen wird, können wir freilich nicht dem einzelnen Behinderten überlassen. Behinderte und ihre Interessenvertreter müssten sich zunächst selbst um die Aneignung dieses neuen Verständnisses von menschlicher Arbeit bemühen und sich nach Verbündeten umsehen, die sich mit ihnen um die gesellschaftspolitische Umsetzung bemühen. Das wird umso leichter gelingen, je mehr Behinderte und ihre Freunde, aber auch Behinderte der unterschiedlichsten Behinderungsarten untereinander, sich zuallererst selbst um Solidarität bemühen, damit der übrigen Gesellschaft das „kollektive Verantwortungsbewusstsein aller für alles Menschliche ungeachtet aller Verschiedenheit" (HARTFIEL) als Erfordernis einer zukünftigen Gesellschaft vorpraktiziert wird. So könnte die Leerformel „die Gesellschaft braucht die Behinderten" konkretisiert werden.

Zusammenfassung

1. Das Integrationskonzept hat alle menschlichen Lebensvollzüge einzuschließen. Das könnte geschehen in der Orientierung an einem nicht ausschließlich ökonomisch orientierten Wohlfahrtsbegriff, wie er sich in der Sozialpolitik, allerdings noch nicht auf der praktischen Ebene, durchzusetzen scheint. In den Sozialwissenschaften wird diese Entwicklung vorangetrieben in der internationalen Indikatorenforschung.

2. Eine Bestimmung der Begriffe 'Beruf', 'Arbeit', 'Tätigkeit' und ihrer Funktionen (für das Individuum wie für die Gesellschaft) muss auch eine individuelle wie kollektive Sinndeutung menschlichen Lebens angesichts extremer Funktionseinschränkungen (auch geistiger Behinderung und Mehrfachbehinderung) ermöglichen.

3. Die Sozialpolitik für Blinde (Behinderte) sollte – neben der Berücksichtigung technologischer Entwicklungen und struktureller Erfordernisse der Arbeitswelt – immer auch Wandlungen gesellschaftspolitischer Leitvorstellungen im Auge haben und an der Durchsetzung gerade nicht beruflich-ökonomischer Bedürfnisse interessiert sein. Die Verantwortung für die zunehmende Anzahl zusätzlich behinderter Sehgeschädigter (mehrfach Behinderter) fordert das geradezu heraus.

4. Professionelle im Bereich der Blindenhilfe sowie Blinde selbst und ihre Interessenvertreter müssten eine wichtige Funktion in der gesellschaftspolitischen Diskussion übernehmen. Statt nur reaktiv unter Ausnutzung der gesetzlichen Möglichkeiten auf die bestmögliche Anpassung an vorhandene soziale Strukturen (z. B. im Schul- und Berufsbereich) abzuzielen, hätten Behinderte und ihre Interessenvertreter die Signalfunktion, unserer Gesellschaft die gefährlichen Folgen einer einseitigen Orientierung an der „materiell-technischen Rationalität"

(HARTFIEL), der alles machbar erscheint, vor Augen zu führen und die Perspektive einer auf Solidarität abzielenden „sozialen Rationalität" in die Sozialpolitik und in den sozialpraktischen Umgang einzuführen und vorzuführen.

Literatur

Arbeitsgemeinschaft der Elternbeiräte Deutscher Blindenschulen AEB (Hrsg.): Bericht über die Jahrestagung in München Oktober 1977 (hektographiert).
BRITZ, K.: Signale am Scheideweg? horus 1/1978.
DAHRENDORF, R: Wenn uns die Arbeit ausgeht. DIE ZEIT, Nr. 39, 22.09.1978, S. 58.
FERBER, C. v.: Der behinderte Mensch und die Gesellschaft. In: W. Thimm (Hrsg.): Soziologie der Behinderten – Materialien, Neuburgweier 1972, 30-41 (zuerst 1968).
FERBER, C. v.: Die Behinderten in der Sozialpolitik. Z. f. Heilpädagogik 28 (1977), 616-627.
GARBE,H.: Die Rehabilitation der Blinden und hochgradig Sehbehinderten. München/Basel 1965.
GÖRRES, S.: Leben mit einem behinderten Kind. Zürich/Köln 1974.
GROSS, P. u. BADURA, B.: Sozialpolitik und soziale Dienste: Entwurf einer Theorie personenbezogener sozialer Dienstleistungen. In: Soziologie und Sozialpolitik, hrsg. v. C. v. FERBER u. F.-X. KAUFMANN, Opladen 1977.
HARTFIEL, G.: Der blinde Mensch in der Zukunftsgesellschaft. In: Nachrichtendienst des Vereins f. öffentl. u. private Fürsorge (NDV), 1973, H. 5,116-122.
HEISTER, F.: Besprechung zu: W. Thimm (Hrsg.): Soziologie der Behinderten. horus 1/1978, S. 44 ff.
HUDELMAYER, D.: Die Erziehung Blinder. Sonderpädagogik 5. Deutscher Bildungsrat (Hrsg.), Stuttgart 1975.
HUDELMAYER, D.: Curriculare Überlegungen für die gymnasiale Schulbildung angesichts sich wandelnder Berufschancen blinder Akademiker. In: Scholler (Hrsg.), a. a.O..
LUHMANN, N.: Formen des Helfens im Wandel gesellschaftlicher Bedingungen. In: Perspektiven der Sozialarbeit 1, Neuwied/ Berlin 1973.
SCHOLLER, H. (Hrsg.): Höhere und weiterführende berufliche Bildung für Blinde und Sehbehinderte in einer sich wandelnden Arbeitswelt. Rheinstetten 1977.
THIMM, W.: Blinde in der Gesellschaft von heute. Berlin 1971.
THIMM, W.: Behinderungsbegriff und Lebensqualität. Ansätze zu einer Vermittlung zwischen sonderpädagogischer Theorie und Praxis. In: Brennpunkt Sonderschule, hrsg. v. Verband Bildung und Erziehung (VBE), Bonn 1978.
WEIZSÄCKER, C. F.: Der Behinderte in unserer Gesellschaft. Z. f. das Blinden- und Sehbehindertenbildungswesen 1977 / 1.
WERNER, R.: Soziale Indikatoren und politische Planung, Reinbek 1975.
ZAPF, W. (Hrsg.): Soziale Indikatoren. Konzepte und Forschungsansätze III, Frankfurt//New York 1975.

4. Ausblicke

4.0 Einführung in die Texte (2005)

Im Mittelpunkt der eigenen Arbeiten nach Abschluss des deutsch-dänischen Vergleichs zur Übertragbarkeit des Normalisierungskonzeptes in den deutschen Kontext (THIMM, v. FERBER u. a. 1985) standen zwei größere vom Bundesfamilienministerium geförderte Projekte zur Implementierung des Normalisierungsgedankens.[79] Hier wurden die auf Dezentralisierung, Flexibilisierung und Regionalisierung ausgerichteten Dimensionen des Normalisierungskonzeptes konsequent umgesetzt. Die beiden nachfolgenden Aufsätze orientieren sich dabei an aktuellen soziologischen Diskussionen um Kennzeichen der Moderne und versuchen, die aus dem Normalisierungskonzept abgeleiteten Forderungen nach Regionalisierung der Behindertenhilfe abzustützen durch eine neuere soziologische/sozialpolitische Strömung, nämlich den Kommunitarismus. Beide Arbeiten sind – wie der überwiegende Teil der Beiträge dieses Bandes – angeforderte Referate, die sich jeweils an einen bestimmten Adressatenkreis mit einem speziellen (aktuellen) thematischen Interesse richten. Sie stellen sich aktuellen Diskussionen und Auseinandersetzungen in der Behindertenpädagogik und scheuen auch nicht vor deutlicher Positionierung zurück.

Im ersten Beitrag war es die ausufernde Paradigmen-Diskussion in der Behindertenpädagogik, die es notwendig erscheinen ließ (wie schon einmal 1997 mit einem Beitrag zur Selbstbestimmungsdiskussion), Stellung zu beziehen. Der zweite Beitrag führt solche Diskussionen und die Bemühungen um ein Gemeinwesen orientiertes Unterstützungssystem für Kinder, Jugendliche und ihre Familien zusammen.

Dabei wird in der Darlegung modernern Gerechtigkeitskonzeptionen auch ein Rahmen abgesteckt, an dem sich die jüngst aufgebrochene Diskussion um das Recht auf Anderssein des Menschen mit Behinderung orientieren könnte, wenn man überhaupt daran interessiert ist, Redewendungen wie *„es ist normal, verschieden zu sein"* (das schon wieder wie ein „Paradigma" daher kommt!) aus dem Sumpf schnelllebiger Slogans herauszuziehen. Siehe dazu auch den letzten Abschnitt des letzten Beitrages in diesem Band; der dort angesprochene Horizont von Gemeinwesen orientierter Subsidiarität und Solidarität verweist auf eine für die Behindertenhilfe notwendige Entwicklungsrichtung. Möge eine kritische Soziologie der Behinderten – mehr als das in der Vergangenheit der Fall war – Sonderpädagogik und das System der Hilfen für Menschen mit Behinderung insgesamt Einfluss nehmend begleiten.

---

[79] THIMM u. a.: Quantitativer und qualitativer Ausbau Familienentlastender Dienste (FED). Abschlussbericht. Baden-Baden 1997 (Nomos); THIMM und WACHTEL: Familien mit behinderten Kindern. Wege der Unterstützung und Impulse zur Weiterentwicklung regionaler Hilfesysteme. Weinheim-München 2002.

4.1 Gleichheit und Verschiedenheit.
Über Zieldimensionen behindertenpädagogischen und sozialpolitischen Handelns (1998)[80]

Zusammenfassung

Die sowohl für die Theorie als auch für die Praxis nicht besonders hilfreiche Verkündigung immer neuer 'Paradigmen' in der Sonderpädagogik (neuerdings z. B. Selbstbestimmung; Empowerment), die häufig mehr emotionsgeladene als vernunftgeleitete Diskussion um Integration (z. B. anlässlich des BVG-Urteils vom 08.10.1997 zur Ablehnung einer integrativen Beschulung eines behinderten Kindes) signalisieren erhebliche Theoriedefizite in unserem Fach. Sie könnten überwunden werden in einer differenzierenden Auseinandersetzung mit den Begriffen der Gleichheit und der Verschiedenheit. Hierzu werden Überlegungen in Bezug auf Gerechtigkeitskonzeptionen („Gerechtigkeit als Fairness", RAWLS 1975) und zur „Differenz als Nicht-Indifferenz" (LEVINAS 1985, 37) vorgestellt.

Zur Paradigmenflut in der gegenwärtigen Behindertenpädagogik

Ein kennzeichnendes Merkmal der heilpädagogischen – sonderpädagogischen – behindertenpädagogischen Entwicklung der letzten zwanzig Jahre ist wohl auch dieses, dass sich Sonderpädagogik als Praxisfeld und als Theorie (ich werde im folgenden vom System der Behindertenhilfe sprechen) Schritt für Schritt auch auf die nachschulischen Lebensbereiche bezieht. Zwar waren Zielbestimmungen des sonderpädagogischen Bildungssystems immer schon auf das spätere Leben der Sonderschüler ausgerichtet – konkret z. B. im vorigen Jahrhundert in der Taubstummen- und Blindenpädagogik beispielsweise auf 'die bürgerliche Brauchbarkeit', weniger konkret dann in den letzten Jahrzehnten eher diffus und global auf das Ziel der gesellschaftlichen Integration. Dennoch: immer wieder bricht auch heute noch die chronische Schulbezogenheit durch, nicht zuletzt bedingt durch die relative Abschottung der einzelnen Sonderschularten und der ihnen zugeordneten sonderpädagogischen Fachrichtungen in der Sonderschullehrerausbildung auf der einen Seite und die relative Trennung des Schulbereiches (unter der unmittelbaren Verantwortung des Staates) von den anderen Institutionen der Behindertenhilfe, die im wesentlichen von Trägern der Freien Wohlfahrtspflege vorgehalten werden. Die in den unterschiedlichen Institutionen der Behindertenhilfe tätigen Berufsgruppen weisen unterschiedliche Ausbildungsgänge auf. Ihre Ausbildungsinstitutionen (Fachschulen, Fachhochschulen, universitäre Lehrerbildung) kooperieren so gut wie gar nicht miteinander. Von einer einheitlichen Profession – Sonderpädagoge – Heilpädagoge – Behindertenpädagoge – Rehabilitationspädagoge – diese Reihung weist es überdeutlich aus! – sind wir noch weit entfernt. So ist es auch dem Verband Deutscher Sonderschulen bislang – nach meiner Einschätzung – nur in Ansätzen gelungen, mit der Zusatzbezeichnung 'Fachverband für Behindertenpädagogik' ein gemeinsames Dach aller in der Behindertenhilfe beruflich Tätigen zu bilden.

---

[80] Referat auf dem Sonderpädagogischen Kongress des Verbandes Deutscher Sonderschulen 1998 in Hannover: Entwicklungen – Standorte – Perspektiven, Verband Deutscher Sonderschulen Würzburg (Hrsg.): vds-Materialien.

Einheitliche Profession: das heißt nicht, die Differenzierung spezieller beruflicher Qualifikationen angesichts immer differenzierter sich darstellender spezieller Hilfebedarfslagen behinderter Menschen aller Altersstufen aufheben zu wollen – auch der Orthopäde versteht kaum noch etwas von dem Spezialwissen und -können eines Ophthalmologen! – es wirft aber die Frage auf, was denn aber die unterschiedlichsten Berufsgruppen in Feldern der pädagogischen und sozialen Hilfen für Menschen mit Beeinträchtigungen jenseits ihres speziellen beruflichen Auftrages eint.

Gibt es etwas Gemeinsames, einen alle verbindenden Kernbereich, ein Merkmal der unterschiedlichen behindertenpädagogischen Professionen, das dieses Handeln eindeutig in der Gesellschaft identifizierbar macht? Es ist nicht ganz leicht, angesichts der Heterogenität der Handlungsfelder im System der Behindertenhilfe und der sie repräsentierenden Institutionen, der Vielfalt der Berufsgruppen und auch angesichts der Vielfalt dessen, was wir mit Behinderung bezeichnen – es ist nicht ganz leicht, angesichts dieser Heterogenität auf der einen Seite, und angesichts der widersprüchlichen Zeitdiagnosen unterschiedlichster Herkunft auf der anderen Seite, einen gemeinsamen Professionskern aller im System der Behindertenhilfe beruflich Tätigen auszumachen. Ich glaube nicht, dass uns die neueren Tendenzen da weiterhelfen, uns auf *ein* Konzept, *ein* Ziel, möglichst noch als Paradigma bezeichnet, zu verpflichten (vgl. dazu auch Thimm 1988).

Teilweise gehen Propagierung und Profilierung eines sogenannten neuen Paradigmas einher mit äußerst selektiven Zustandsbeschreibungen, die gelegentlich in Erstaunen setzen. So leuchtet beispielsweise der „Empowerment-Paradigmenwechsel" (THEUNISSEN) 1997, 165) natürlich umso mehr, wenn etwa die zwanzig Jahre langen nachweislich in der Fachliteratur belegten Auswirkungen der Normalisierungsbestrebungen – auch auf die Großeinrichtungen der Behindertenhilfe – erst gar nicht erwähnt werden. Damit kann dann auf „überholte und fragwürdige (Alltags)-Theorien und Lehrmeinungen, auf die sich Repräsentanten der traditionellen Behindertenhilfe und Heilpädagogik beziehen" hingewiesen werden (155). Der sich daran anschließende zweiseitige Negativkatalog enthält von der „psychiatrisch-orthodoxe(n) Sicht von schwerer geistiger Behinderung" über das „klinisch geprägte Lebensmilieu" bis hin zum Helfersyndrom so ziemlich alles, was uns Behinderteneinrichtungen als Orte des Schreckens erscheinen lassen und das Versagen aller bisherigen Bemühungen und der sie tragenden Ideen vor Augen führen. Was ist weiter davon zu halten, wenn in einem Sammelband zur „Neuorientierung unter dem Paradigma der Selbstbestimmung" (HÄHNER u. a. 1997) als zentraler Begriff für das professionelle Handeln in der Behindertenhilfe der Begriff des Begleitens herausgestellt wird, in Opposition zur Pädagogik schlechthin, die Menschen zu Objekten degradiere (9). „Niemand braucht Erziehung, aber jeder braucht Beziehung!" (a. a. O, 73). Muss man, so wird man fragen dürfen, wegen der Abirrungen unter dem Deckmantel der Erziehung gleich Erziehung überhaupt abschaffen? (Wer käme beispielsweise auf die Idee, die Freiheit gänzlich abzuschaffen, weil es Missbrauch der Freiheit gibt!) Ist hier nicht vielmehr das gemeint, was KOBI schon 1985 forderte, dass sich nämlich der Sonderpädagoge als „Erwecker und Begleiter" und nicht als „Macher und Führer" zu verstehen habe (Kobi 1985, 281), damit sich die vorherrschende „Persönlichkeitsorientierte Pädagogik des Bewerkstelligens" zu einer „personorientierten Pädagogik der gemeinsamen Daseinsgestaltung" wandle (Kobi 1986, 83).

Auch SCHINNER und ROTTMANN (1997) gehen wie selbstverständlich von einem „neuen Paradigma" aus, bei ihnen ist es die Selbstbestimmung. Geradezu abenteuerlich mutet das Vorgehen BRONFRANCHIS an, wie er die im Buchtitel gestellte Frage „Löst sich die Sonderpädagogik auf?" behandelt, um sie am Ende für weite Bereiche der Sonderpädagogik zu bejahen. Er erweitert sie um die Forderung, den Rest an Sonderpädagogik auch noch abzuschaffen (1997). Was hat die Sonderpädagogik nach Ansicht des Autors bislang alles nicht zur Kenntnis genommen! Auf 150 Seiten wird von der Geschichte der Sonderpädagogik bis hin zur SINGER-Debatte so gut wie kein Thema ausgelassen, pauschal und selektiv abgehandelt, um die gesamte sonderpädagogische Professionsgemeinschaft als dümmlichen, ignoranten Verein erscheinen zu lassen, der sich von der Gesellschaft dazu missbrauchen lässt, die Behinderten aus ihrem Bewusstsein auszurotten (BRONFRANCHI 1997, 20).

Obwohl ich der Überzeugung bin, dass der entfaltete Normalisierungsgedanke, wie er etwa seinen Niederschlag gefunden hat in den Niedersächsischen Leitlinien und Empfehlungen zur Behindertenpolitik (Nieders. Sozialministerium 1994) nach wie vor als ein für alle Institutionen der Behindertenhilfe (vom Kindergarten über die Schule bis hin zu den Lebenssituationen und Lebensorten erwachsener Menschen mit Beeinträchtigungen) gemeinsames, handlungsleitendes Rahmenkonzept darstellt, in das sich ohne Schwierigkeiten die Akzentuierungen wie sie mit der Selbstbestimmungsdiskussion oder mit Strategien des Empowermentkonzeptes vorgenommen werden, integrieren lassen: ein Paradigma ist auch das Normalisierungskonzept nicht. Das ist auch nie von uns Normalisierungsvertretern behauptet worden (zusammenfassend dazu I. BECK u. a. 1996).

Es wäre hilfreich, ja dringend angeraten, die falsche, zumindest aber widersprüchliche Anwendung des ursprünglich auf die Wissenschaftsproduktion beschränkten Begriffes Paradigma (bei Thomas S. KUHN) zu beenden. Eine Zielbestimmung, einen übergeordneter Gesichtspunkt für Handlungsstrategien fälschlicherweise mit dem Begriff des Paradigmas zu belegen: das unterstellt eine Gültigkeit höchsten Ranges für alle und immunisiert gegenüber anderen Konzepten. Das verwischt auch den Unterschied zwischen wissenschaftlicher Tätigkeit als „repräsentativer" und praktischem Entscheidungshandeln als „legitimativer" Tätigkeit (DAHRENDORF 1979, 211 ff.; vgl. dazu THIMM 1997, 223). Vor allem aber sind einige der erwähnten Konzepte unklar in ihrer normativen Struktur und im Hinblick auf ihre Normbegründung: Warum sollten wir – beispielsweise – überhaupt Integration anzielen? Oder: an welchem obersten Wert – schon vorausgesetzt, es gäbe einen solchen – ist das Leitziel Selbstbestimmung ausgerichtet? Sind beide Zielbestimmungen letztlich an utilitaristischen Zielen der Glücks- oder Wohlbefindens- oder Perfektionsmaximierung ausgerichtet, oder sind sie eingebettet in eine anthropologische Konzeption vom dialogischen Charakter menschlicher Existenz? Publikationen dieser Art, die das Ganze der behindertenpädagogischen Tätigkeit griffig auf eine Formel bringen, die dann auch noch mit allem bisher Gedachten und Praktizierten vorgeben zu brechen (wenn auch nicht selten durch Ausblendung), solche Versuche stoßen natürlich bei jungen Menschen, die sich Sonderpädagogik als Profession vorgenommen haben, sehr häufig auf spontane Zustimmung. Das ist verständlich. Einmal ist es immer das Vorrecht der nachwachsenden Generation gewesen, das Überkommene radikal in Zweifel zu ziehen. Zum anderen ist es, wenn wir ernstzunehmenden Zeitzeugnissen Glauben schenken, und dazu zähle ich z. B. die ausführlichen Analysen von KEUPP zum 8. Jugendbericht der Bundesregierung (1990), der ungeheure Individualisierungsdruck angesichts zusammengebrochener kollektiver Sinngebungssysteme, der die Gestaltung der eigenen Biografie zu einem höchst risikoreichen Unternehmen werden lässt, auch die beruflichen Anteile der Biografie. Wer wollte es den in unsere Professionsgemeinschaft Hineinwachsenden anlasten, wenn sie sich mit Vehemenz einem „Neuen" Paradigma verschreiben!

Nur selten allerdings werden die ‚neuen' Ziele (manchmal sind es auch alte Ziele im neuen Gewande) wie Autonomie und Selbstbestimmung, Integration ohne Sonderinstitutionen, Emanzipation als Befreiung vom Expertentum, Assistenz und Begleitung statt Pädagogik, Empowerment als Königsweg der Befreiung aus der Entmündigung – nur selten werden solche Formeln auf dem Hintergrund gesamtgesellschaftlicher Prozesse diskutiert und analysiert.

Einige Merkmale gesellschaftlichen Wandels

In der Tat, der sonderpädagogischen Ziel- und Konzeptkonfusion steht ja auch eine Konfusion in der Beschreibung unserer gesellschaftlichen Situation gegenüber, die wir uns angewöhnt haben, global als Umbruchsituation zu beschreiben: Die einen befürchten die entsolidarisierte Egogesellschaft, in der uns nur noch der Ausweg bleibt, uns „zu Tode zu amüsieren", andere sehen in den Globalisierungsprozessen ungeheure Chancen zu einer Multioptionsgesellschaft (GROSS 1994); wieder andere sehen gerade darin ein ungeheures Risiko. Wir leben in einer Risikogesellschaft (BECK 1986). Oder leben wir friedlich nebeneinander in einer Freizeitgesellschaft, in der niemand dem anderen seinen Lebensstil strittig macht, wenn nur gewährleistet ist, dass auch ich in der Summe ein befriedigendes Leben führen kann, in dem alle Dinge und auch Menschen auf ihren positiven Erlebnischarakter für mich reduziert werden (SCHULZE 1992)?

Gemeinsam ist wohl solchen höchst unterschiedlichen Versuchen, wichtige Elemente einer Umbruchsituation zu benennen, dass sie auf die Entstandardisierung von Lebensverläufen hinweisen. „Lebensbewältigung für das zeitgenössische Subjekt wird zu einer riskanten Chance" (KEUPP 1990, 4). Der Preis der gesellschaftlichen Freisetzungsprozesse, die moderne Gesellschaften unter den Postulaten der Freiheit und Gleichheit in Gang gesetzt haben, bringt erhöhte Chancen zu selbstbestimmten Lebensentwürfen, aber auch ein hohes Risiko des Misslingens mit sich. Gesellschaftliche Risiken werden individualisiert, wie das auch in der Sonderpädagogik gezeigt wurde im Hinblick auf pränatale Diagnostik und darüber hinausgehend bei der politischen Nutzung humangenetischer Forschung. Die Brüderlichkeit im revolutionären Dreigestirn von Freiheit – Gleichheit – Brüderlichkeit ist atrophiert oder bleibt ganz auf der Strecke (RAWLS; MARGALIT). Eine auf Kosten-Nutzen-Maximierung beruhende Ethik, die zudem keinen Unterschied macht zwischen individualistischen Normen und kollektiven Regelungsprinzipien einer Gesellschaft, sind dieser Gesellschaft angemessen: utilitaristische ethische Prinzipien regeln unseren Alltag – jedenfalls bei vielen Menschen – und werden als angemessen angesehen zur Regelung in gesellschaftlichen Institutionen. Eine an der Oberfläche bleibende Vorstellung von Gerechtigkeit unter Menschen, im Verhältnis untereinander, gegenüber der Gemeinschaft und im Verhältnis der gesellschaftlichen Institutionen gegenüber dem Einzelnen ist die Folge. Hier setzt John RAWLS groß angelegter und einflussreicher Versuch zur Entwicklung einer Theorie der Gerechtigkeit als Fairness an (RAWLS 1971, hier zit. nach 1975).

Gerechtigkeit, Gleichheit und Verschiedenheit

Angesichts der Zersplitterung der behindertenpädagogischen Professionsgemeinschaft, der unübersichtlichen, bisweilen widersprüchlichen Diskussion um Konzepte und Ziele behindertenpädagogischen und sozialpolitischen Handelns, möchte ich nun versuchen zu zeigen, dass in Anknüpfung an RAWLS Theorie der Gerechtigkeit als Fairness und in einer erweiterten Akzentuierung der personalen Dimension von Gerechtigkeit ein vernünftiger Rahmen möglich ist, in dem sich ein uns allen gemeinsamer Professionskern abzeichnet. Darauf hingeordnet könnten unser berufliches Handeln bestimmende, jeweils unterschiedliche Konzeptionen vernünftig diskutiert werden.

Die Gerechtigkeit „als Summe aller Tugenden" (PLATON) ist nicht „Teil der ethischen Werthaftigkeit, sondern die Werthaftigkeit in ihrem ganzen Umfang" (ARISTOTELES, Nikomachische Ethik V.3). Schon in den ältesten abendländischen Zeugnissen über die Gerechtigkeit aus dem 4. Jahrhundert v. Ch. tritt eine Differenzierung der Gerechtigkeitskonzeption auf, die alle weiteren Diskussionen in der abendländischen Philosophie- und Theologiegeschichte beeinflusst hat. Gerechtigkeit als Gestaltungsprinzip menschlichen Zusammenlebens betrifft:

1. das Verpflichtungsverhältnis des Einzelnen zum Einzelnen (justitia commutativa oder ausgleichende Gerechtigkeit);

2. das Verhältnis des Einzelnen zum sozialen Ganzen (justitia generalis oder legalis oder legale Gerechtigkeit)

3. das Verhältnis des sozialen Ganzen, des Staates zum Einzelnen (justitia distributiva oder zuteilende Gerechtigkeit).

Zusammengefasst in dem auf PLATON zurückgehenden Grundsatz, dass gerecht ist, „einem jeden das Schuldige zu leisten" – suum cuique tribuere (Politeia 331 e). Das eine wie das andere Grundverhältnis kann nicht in dem anderen aufgehen, nicht Teil des anderen oder gar identisch mit dem anderen sein. Staatliche Gesetze können nicht alle Beziehungen zwischen Menschen regeln; Beziehungsregeln einzelner Menschen können nicht zu verbindlichen Regeln für das Zusammenleben aller Menschen erhoben werden. Und: ohne Macht (und, so würden wir heute näher bestimmen: ohne demokratisch legitimierte Macht) kann sich ausgleichende Gerechtigkeit in den Beziehungen der Menschen untereinander, in den Face-to Face-Beziehungen, nicht verlässlich etablieren, um den einzelnen Menschen das ihnen am Gemeinwohl Zustehende zu garantieren (vgl. dazu auch J. PIEPER).

Die Theorie der Gerechtigkeit von RAWLS bezieht sich zunächst auf die beiden gesellschaftlichen Dimensionen von Gerechtigkeit: die zuteilende oder distributive Gerechtigkeit, welche die Rechte des Einzelnen in einem Gemeinwesen festlegt, und die legale Gerechtigkeit, welche die Pflichten der Mitglieder eines Staates gegenüber dem Gemeinwesen festlegt.

Eine gerechte, „wohlgeordnete" Gesellschaft beruht nach RAWLS auf folgenden beiden Grundsätzen:

1. „Jedermann hat jegliches Recht auf das umfangreichste Gesamtsystem gleicher Grundfreiheiten, das für alle möglich ist". „Soziale und wirtschaftliche Ungleichheiten" sind so zu regeln, „dass sie den am wenigsten Begünstigten den größtmöglichen Vorteil bringen" (1975, 336; 104 usf.) Das sind „diejenigen Grundsätze, die freie und vernünftige Menschen in ihrem eigenen Interesse in einer anfänglichen Situation der Gleichheit zur Bestimmung der Grundverhältnisse ihrer Verbindung annehmen würden" (28), „Diese Betrachtungsweise der Gerechtigkeitsgrundsätze nenne ich Theorie der Gerechtigkeit als Fairness", weil die Grundsätze in einer fairen Ausgangssituation, als „Ergebnis einer fairen Übereinkunft" aufgestellt wurden.. Sie gehen von einer absoluten Gleichheit aller Menschen in einer fiktiven Ausgangssituation aus (RAWLS spricht auch von der Ursituation). Die absolute Gleichheit besteht darin, dass die Menschen als moralische Subjekte aufgefasst werden, als „Wesen mit einer Vorstellung von ihrem Wohl und einem Gerechtigkeitssinn" (36 f). Mit dem ersten Grundsatz sind die Rechte auf wichtige gesellschaftliche Grundgüter wie Freiheit, Gleichheit vor dem Gesetz, Recht auf körperliche Unversehrtheit, Recht auf freie Entfaltung der Persönlichkeit, die Grundrechte benannt, wie sie in den meisten demokratischen Verfassungen festgelegt sind. Sie dienen der Absicherung der „Selbstachtung", als dem „vielleicht wichtigsten Grundgut" (479). „Jemanden als moralisches Subjekt achten heißt also versuchen, seine Ziele und Interessen von seinem Standpunkt aus zu verstehen und ihm Überlegungen vorzulegen, aufgrund derer er seinem Verhalten auferlegte Beschränkungen anerkennen kann" (RAWLS a. a. O. S. 373).

2. Der zweite Grundsatz – Unterschieds- oder Ausgleichsprinzip – geht realistisch von konkreten ungleichen „Startpositionen" in einer konkreten Gesellschaft aus und formuliert den Vorrang der „weniger Begünstigten", der „schwächsten Mitglieder" in einer Gesellschaft. Gesellschaftliche Institutionen sind dann gerecht, wohlgeordnet, wenn sie den „am wenigsten Begünstigten die bestmöglichen Aussichten bringen" (104). „Das Unterschiedsprinzip bedeutet faktisch, dass man die Verteilung natürlicher Gaben in gewisser Hinsicht als Gemeinschaftssache betrachtet", es drückt „eine Gegenseitigkeitsvorstellung aus", S. 122 f.) zum gegenseitigen Vorteil. Betrachtet man mit RAWLS das Grundgut der Selbstachtung als den zentralen Punkt einer Gerechtigkeitskonzeption, dann bedarf der, Freiheit und Gleichheit absichernde *erste* Grundsatz dringend der Abfederung durch die Übereinkunft, ungleiche Ausgangslagen auszugleichen. Erst damit hat die Brüderlichkeit (Geschwisterlichkeit) als konstitu-

tives Element einer demokratischen Gerechtigkeitsvorstellung neben Gleichheit und Freiheit ihren Platz gefunden.

Es ist vor allem dieser zweite Grundsatz – nämlich den „Schwächsten", den am meisten Benachteiligten in einer Gesellschaft bei abwägenden Entscheidungen in Verteilungssituationen den Vorrang einzuräumen – , der im Hinblick auf die Klientel der Behindertenhilfe RAWLS Gerechtigkeit als Fairness besonders interessant erscheinen lässt. Sodann erweckt Interesse, dass RAWLS seine ethische Theorie ausdrücklich in Opposition setzt zu utilitaristischen Theorien, die die Behindertenhilfe in der Version eines Peter SINGER seit knapp zehn Jahren in Atem hält!

Nach RAWLS ist es wahrscheinlich, dass sich Menschen bei der Festlegung der Regeln für ihr Zusammenleben auf das Prinzip der Maximierung des Nutzens, des Glücks für die Gesamtheit oder die Mehrheit der Menschen zum Nachteil einzelner Menschen einigen würden. Eine solche Konzeption, wie sie den verschiedenen Schattierungen utilitaristischer Ethiken zu Grunde liegt, verstößt gegen die Annahme der Gleichheit aller Menschen als moralische Subjekte mit je eigenen Vorstellungen von ihrem Lebensplan und einem Gerechtigkeitssinn, der den Lebensplan des anderen im Auge hat. Der vertragstheoretische Kern in der RAWLSschen Gerechtigkeitskonzeption versteht sich ausdrücklich als Gegenposition zu utilitaristischen Ansätzen. Ohne auf die facettenreiche Argumentation von RAWLS in diesem Punkt einzugehen, sei ein Gegenargument, das für uns von besonderem Interesse ist, hervorgehoben. RAWLS beschränkt seine Theorie der Gerechtigkeit ausdrücklich auf die gesellschaftlichen Dimensionen von 'Gerechtigkeit', also auf das Verhältnis des Gemeinwesens zum Einzelnen und das des Einzelnen zum Gemeinwesen (s. o. Punkt 3 und 2.). Seine Überlegungen zielen darauf, die strukturellen Voraussetzungen zu benennen, die gesellschaftliche Institutionen zu gerechten Institutionen machen, zu Institutionen, die in Anerkennung des Gleichheits- und des Ausgleichsprinzips jedem einzelnen Menschen ermöglichen, seinen ihm gemäßen Lebensplan zu verwirklichen. Nicht ein – vorab festgelegtes – kollektives Gutes ist zu verwirklichen, sondern die Gerechtigkeit als Fairness schafft die strukturelle Voraussetzung für die Realisierung höchst unterschiedlicher individueller Vorstellungen von dem, was „für mich" gut ist. Dagegen werden in utilitaristischen Konzeptionen von Gerechtigkeit die Entscheidungsregeln für das individuelle Handeln und die in gesellschaftlichen Institutionen gleichgesetzt (RAWLS a.a.O.,41 ff.). Handlungen werden danach beurteilt, welchen Nutzen sie auf ein vorab als vorrangig definiertes Bedürfnis haben (sei es das Streben nach Vervollkommnung der Fähigkeiten in unterschiedlichen kulturellen Erscheinungen wie im Perfektionismus, sei es das Angenehme wie im Hedonismus, sei es das Glück wie im Eudämonismus). Bestimmte Werte sind zu maximieren, das Ethische einer Handlung ist das Ergebnis einer Nutzen-Summen-Kontrolle, für die Individualethik wie für die gesellschaftlichen Institutionen. *„Der Utilitarismus nimmt die Verschiedenheit der einzelnen Menschen nicht ernst"* (RAWLS; dazu auch NAGEL 1996).

Hier liegt der zentrale Vorwurf RAWLS an utilitaristischen Konzepten von Gerechtigkeit. In der Sonderpädagogik geht SPECK schon 1991 auf RAWLS Theorie und ihre Beziehungen zum Kant'schen Begriff der Würde und zur Pflichtenlehre ein. Während es SPECK vor allem um eine erziehungswissenschaftliche Einordnung unter Aspekten der moralischen Erziehung geht, fragen meine Ausführungen im Schwerpunkt nach Möglichkeiten einer gemeinsamen normativen Fundierung der in der gesellschaftlichen Institution 'Behindertenhilfe' beruflich Tätigen. Das ist ein anderer Ausgangspunkt.

Es wurde einleitend schon angesprochen: So unterschiedlich Kennzeichnungen unseres gesellschaftlichen Zustandes mit den Begriffen wie Ego- oder Erlebnisgesellschaft, Multioptions- und Risikogesellschaft auch erscheinen mögen, sie verweisen im Kern auf die Gleichsetzung moralischer Vorstellungen über das Leben der Menschen miteinander im alltäglichen Umgang mit den Regeln für das Zusammenleben in gesellschaftlichen Institutionen. Ihnen liegt in gleicher Weise das Nutzen-Summen-Prinzip zu Grunde wie in einer utilitaristischen Ethik. Wir erwarten vom Staat und seinen Institutionen nichts anderes, als die Sicherung und Mehrung unseres höchst individuell bestimmten Glückszieles eines angenehmen Lebens. Dabei verlagern wir die Verantwortung für andere Menschen auf staatliche Regelungen. Nur gelegentlich befällt uns eine Ahnung, dass auch wir selbst bei der kollektiven Nutzenbilanzierung unter die Rubrik 'Störfaktor' fallen könnten, um bei Gelegenheit eliminiert zu werden. Selektionen durch Abtreibungen, effektive Nutzung der Genkartierung und Euthanasieempfehlungen, – sie stoßen ja doch privat schon längst auf hohe Akzeptanz. Wieso erschrecken wir dann gelegentlich davor, dass der „neue Genozid" (WOLFENSBERGER) uns auch treffen könnte?

Ich fürchte – und auch das wurde ebenfalls schon einleitend angesprochen –, dass eine genauere Analyse unterschiedlicher Ziel- und Handlungskonzepte in der Sonderpädagogik einen ähnlichen Befund zutage fördern könnte. Individuelle, utilitaristisch getönte Lebensentwürfe der Glücksmaximierung gehen ungeprüft – ganz dem Zeitgeist verhaftet – in professionelle sonderpädagogische Vorstellungen ein, stoßen sich an den gesellschaftlichen Konsequenzen wie sie uns dann von Singer und anderen Utilitaristen als logische Konsequenz und ethisch vertretbar vorgeführt werden oder von WOLFENSBERGER als Menetekel eines neuen Holocaust (der neue Genozid!) vor Augen gestellt werden. Ich muss es hier bei dem Hinweis bewenden lassen, dass wir oder besser gesagt viele von uns nur allzu geneigt sind, den halben SINGER zu akzeptieren und den halben WOLFENSBERGER zu verschweigen! Dieses lässt sich deutlich an unseren Halbherzigkeiten in der Abtreibungsdebatte zeigen! (Vgl. dazu THIMM 1994, S. 4, 24ff, 153). Man kann einwenden, dass die Anwendung der

Regeln für Gerechtigkeit als Fairness: Anerkennung der absoluten Gleichheit aller Menschen hinsichtlich ihrer Grundrechte und Grundpflichten und Anerkennung der Fairnessregel, dem Schwächeren, dem Benachteiligten, Vorrang einzuräumen bei der Verteilung von Lebenschancen,

möglicherweise eine notwendige, aber keine zureichende Bedingung für eine „anständige" Gesellschaft und ihre Institutionen sei, in der Menschen einander nicht demütigen (so MARGALIT 1997 in seiner Auseinandersetzung mit RAWLS). Wie wir sahen, ist das RAWLSsche Konzept der Gerechtigkeit als Fairness als „politische Gerechtigkeitskonzeption" aufzufassen und nicht als „methaphysische Konzeption" (1975, 37). Die Theorie RAWLS bezieht sich auf Strukturen, auf gesellschaftliche Institutionen und legt ihre Übereinkünfte fest.

Damit sind Grundpflichten und Basisverpflichtungen des Handelns in gerechten Institutionen festgelegt, aber nicht ethische Grundsätze für alle Handlungen der Menschen. Nach RAWLS eignen sich moralische Grundhaltungen wie Güte, Erbarmen, Mitleid oder Wohltätigkeit trotz ihres hohen positiven moralischen Gehaltes nicht als Grundsätze zur Gestaltung gesellschaftlicher Institutionen (1996, 138). Sie sind zweifellos moralisch hoch einzuschätzende selbstlose Haltungen. Aber sie können nicht als für alle verbindliche Haltungen gesellschaftlich eingefordert werden. Eine auf solchen als verbindlich formulierten Haltungen gründende Gesellschaft ist eine „Wohltätigkeitsgesellschaft". Sie führt tendenziell eher zur Entwürdigung von Menschen als eine sich auf die Gerechtigkeit-als-Fairness-Konzeption berufende „Wohlfahrtgesellschaft" (um einen Hinweis von MARGALIT aufzugreifen (1997, 256 ff). Auf der anderen Seite ist mit dieser Gerechtigkeitskonzeption nicht das letzte Wort gesprochen im Hinblick auf die Face-to-Face-Beziehungen zwischen Menschen, also auch nicht für die in pädagogischen Handlungsfeldern.

Unter Verweis auf PESTALOZZI, der auf die Spannung zwischen den fundamental voneinander zu unterscheidenden Bereichen der Gerechtigkeit als gesellschaftlichem Zustand auf der einen und der Sittlichkeit als individuellem Zustand auf der anderen Seite hinweist, hält HAEBERLIN den Dualismus zwischen Gerechtigkeitsnormen zur Regelung gesellschaftlicher Institutionen und der Sicherung individueller, an der Einzigartigkeit eines jeden Menschen anknüpfender Lebenschancen für unüberbrückbar (1996, 249). Ich teile diese Ansicht nicht. Umfassende Konzeptionen von Gerechtigkeit haben immer schon mit der Justitia communitativa auch die umittelbaren Austauschbeziehungen der Menschen untereinander im Blick gehabt. Die christliche Ausdifferenzierung lässt sich mit Josef Pieper, dem 1997 hochbetagt gestorbenen Münsteraner Philosophen so zusammenfassen: „Denn am allererstern für die Verwirklichung der Gerechtigkeit ist gefordert, dass der Mensch absehe von sich selbst. Nicht zufällig bedeuten für den Sprachgebrauch des Alltags Unsachlichkeit und Ungerechtigkeit fast dasselbe" (1996, 20)". *Absehen von sich selbst*: damit meint PIEPER auf die objektive Wirklichkeit ausgerichtetes Erkenntnisstreben und auf Verwirklichung des Guten ausgerichtetes Handeln. Das aber ist Klugheit, und die Klugheit ist der Urgrund aller Tugenden, und somit auch der Gerechtigkeit. Das entspricht ziemlich genau der RAWLSschen Konzeption. In der RAWLSschen Voraussetzung, dass gleichwertige moralische Subjekte die Übereinkünfte für ihr Zusammenleben treffen, und mit der Forderung, dass in allen Beziehungen, in den institutionellen wie den personalen, die Gerechtigkeit als Fairness vor allem die Sicherung des je individuellen Lebensplanes, also die Realisierung der Einzigartigkeit, zu garantieren hat, kommt sehr wohl der Zusammenhang zwischen Gerechtigkeitsnormen als gesellschaftlichen Regelungen und individuellen Lebenschancen in Sicht: Das Individuum gerät in den Blick. Es ist der zentrale Bezugspunkt.

Ich glaube, dass sich im Gesamtsystem der Institutionen der Behindertenhilfe, in dem wir an unterschiedlichsten Stellen tätig sind, die Grundsätze der Gerechtigkeit als Fairness als gemeinsame Basis unseres professionellen Handelns eignen. Von daher bekommen wir für die unterschiedlichsten Ziele, Konzeptionen, Methoden zur Erreichung dieser Ziele ein Tertium comparationis, einen dritten Bezugspunkt für den Vergleich, nämlich: in welchem Verhältnis stehen formulierte Ziele und Wege, und zwar erstens zu den gesellschaftlichen Grundgütern der Gleichheit, der Freiheit und der Selbstachtung und zweitens zu dem Grundsatz, dem Schwächsten bei der Verteilung von Lebenschancen Vorrang einzuräumen. Indem wir uns entschieden haben, in einer dem Grundgesetz verpflichteten gesellschaftlichen Institution verantwortlich mitzuwirken, werden wir verpflichtet zu den Grundsätzen der Freiheitssicherung, der Sicherung gleicher Lebenschancen und der Ermöglichung von Selbstachtung als Rahmenbedingungen für die Ausführung „eines vernünftigen Lebensplanes" (RAWLS 1975, 472) eines jeden einzelnen Adressaten dieser Institution Sonderpädagogik/Behindertenhilfe. In ausdrücklicher Einbindung in eine gesellschaftliche Struktur sind wir über unserer „natürlichen Pflicht zur Gerechtigkeit" ganz allgemein als Bürger hinausgehend nun verpflichtet, nach den Gerechtigkeitsgrundsätzen zu handeln, aus Gründen der Fairness: „Der Grundsatz der Fairness dagegen bindet nun Menschen, die etwa ein öffentliches Amt übernehmen oder in dem System besser gestellt sind und ihre Interessen wahrnehmen können" (RAWLS 1975, 138).

Wir haben mit unserer Berufswahl die Verpflichtung zur Gerechtigkeit als Fairness freiwillig übernommen. Wir sind verpflichtet, den Anderen in seiner Eigenschaft als moralischer Person in den Mittelpunkt unseres beruflichen Handels zu stellen.

‚Achtung vor dem Anderen' als professionelle Haltung in pädagogischen und helfenden professionellen Beziehungen kann sich nur auf dem Boden einer Gerechtigkeitskonzeption für das Zusammenleben der Menschen entfalten. Und hierzu eignet sich nach meiner Einschätzung am ehesten die Gerechtigkeit-als-Fairness-Konzeption von RAWLS. Sie ist die einer demokratischen Gesellschaft angemessene Form, und sie ist auf der Basis der demokratischen Grundordnungen möglich. Sie durchzusetzen, ihr Geltung zu verschaffen, dazu hat das System der Behindertenhilfe als gesellschaftliche Institution in besonderer Weise Anlass. Wir haben es zu tun mit Menschen, deren ‚Anderheiten' (sei es im Verhalten, oder in der äußeren Erscheinung) bisweilen an die Grenzen des Zumutbaren und der Verstehbarkeit zu führen scheinen, die wir – als auch im Spektrum des Menschlichen liegender „Verschiedenheit von mir" – häufig nicht bereit sind, anzuerkennen. Letzte Absicherung solcher Verschiedenheiten und damit grundsätzliche Sicherung des Lebensrechtes eines jeden Anderen, erscheint nur möglich – das mahnen insbesondere auch Grenzerfahrungen im sonderpädagogischen Alltag, in der Psychiatrie, in der Altenpflege, in der Sozialarbeit – wenn wir das jenseits unserer Erfahrung liegende im Anderen akzeptieren.

Das „Herausgehen aus sich selbst ist die Annäherung an den Nächsten" (LEVINAS 1985). Das ist Transzendenz. (Vgl. dazu auch THIMM 1987). Und die „Transzendenz ist Nähe", „ist Kommunikation", die „Nähe ist Verantwortung für den anderen" (LEVINAS 1985,43). Das ist die „Ursituation, in der das Unendliche sich in mich einlässt" (21). Heinrich HANSELMANN formulierte schon 1941 gegen Schluss seiner Grundlinien zu einer Theorie der Sondererziehung die gleichen Gedanken und hebt sie als das Zentrale der Heilpädagogik hervor: Der Andere, das ist der „Mitmensch", als „Mit-mir-zu-Gott-Mensch", „meinem Ich entwunden" (1941, 238). Die Differenz als Nicht-Indifferenz (LEVINAS 1985,37). „Für-den-anderen-Menschen und dadurch Zu-Gott!" (Hanselmann, 1941, 201). Wie die „Achtung vor dem Anderen" als „Prinzip der Erziehungshilfe" zu buchstabieren ist, hat SPECK, ebenfalls unter Rückgriff auf den jüdischen Philosophen Emanuel LEVINAS dargelegt (1998). Ebenso sind eine Reihe von Veröffentlichungen zur Problematik von sozialer Abhängigkeit und Selbstbestimmung vor allem in Bezug auf Menschen mit geistiger Behinderung ausdrücklich von diesem Geist getragen (z. B. HAHN 1981).

Aufgabe der Institutionen der Behindertenhilfe

Damit lässt sich nun ein Doppelauftrag der gesellschaftlichen Institutionen der Behindertenhilfe näher bestimmen.

1. Dem *Gleichheits- und Differenzprinzip* der vorgestellten Gerechtigkeitskonzeption innerhalb des Systems und außerhalb des Systems ist Geltung zu verschaffen.

2. Auf dieser gemeinsamen Grundlage sind zweitens die unterschiedlichsten Tätigkeiten vom Management bis zur Förderpflege, von der Schulpädagogik bis zur basalen Stimulation zu einem System der Würde, in dem das Prinzip „Achtung" handlungsleitend ist, zu realisieren.

Die strenge Beachtung der beiden Gerechtigkeitsprinzipien – Sicherung der menschlichen Basisbedürfnisse unter der Forderung des Gleichheits- und des Differenzprinzips, das den Schwächeren, dem in der schlechteren Ausgangssituation befindlichen Menschen in der distributiven, der austeilenden Funktion von Gerechtigkeit den Vorrang einräumt, und die prinzipielle Achtung des Anderen als den Anderen, den für andere Menschen Unverfügbaren, lässt nun einige der angesprochenen Kontroversen in der Sonderpädagogik in einem anderen, in einem versöhnlicheren Licht erscheinen. Je nach den konkreten Lebensumständen und je nach dem Grad der vorhandenen Fähigkeiten, seinen eigenen Lebensplan zu entwerfen und Schritt für Schritt zu verwirklichen, bedürfen körperlich, geistig und psychisch beeinträchtigte Menschen der besonderen Erziehungshilfe, sie bedürfen der Begleitung, der bloßen Assistenz, ein andermal und einen Anderen betreffend, der helfenden Beziehung in intimster Nähe, und wiederum zu einer anderen Zeit oder einen Anderen betreffend, möglicherweise nur der Bereitstellung von äußeren Ressourcen.

Integration als Globalziel, Normalisierung oder Empowerment als Strategien, Anbieter-Kundenorientierung, Selbstbestimmung als Leitziel, Begleitung statt Pädagogik (diese Reihe der unter uns gehandelten Konzepte ließe sich erweitern) – und damit komme ich zum Ausgangspunkt zurück – , was immer wir in den Mittelpunkt unseres beruflichen, politischen, administrativen, pädagogischen, therapeutischen, sozialpädagogischen oder sozialarbeiterischen beruflichen Handelns stellen und welche Ziele wir dabei konkret angeben: Wir sollten ihren situativen, temporären Charakter, ihre Relativität zu was und zu wem nicht aus dem Auge verlieren! Gerechtigkeit als Fairness in den Institutionen der Behindertenhilfe ist die Basis dazu. Sie ist möglich. Sie realisiert sich in den kleinen Münzen der Selbstlosigkeit des beruflichen pädagogischen oder helfenden Aktes. Viele kleine Münzen der Selbstlosigkeit könnten in der Summierung die Institutionen, in denen wir arbeiten, zu anständigen Institutionen werden lassen, in denen die Entfaltung der einzelnen Lebensläufe, die Verschiedenheiten auf der Basis der Gleichheit, möglich sind und garantiert werden. Das wäre eine Vision ins nächste Jahrhundert hinein: Die Sonderpädagogik als gesellschaftliche Institution aller pädagogischen, sozialen und therapeutischen Hilfen für Menschen mit Behinderungen wird zum gesellschaftlichen Modellfall für Gerechtigkeit als Fairness und des ‚anständigen', das heißt würdevollen Umgangs miteinander. Wer hindert uns eigentlich daran zu glauben, dass dieses Vorbild – unser Vorbild – ausstrahlen kann auf andere gesellschaftliche Institutionen?

Und noch ein Letztes: Sonderpädagogische Berufe haben es in besonderer Weise mit dem zu tun, was wir als Kontingenzen bezeichnen. „Nichts kann uns vor der Undeutlichkeit oder den Grenzen unseres Wissens bewahren oder gewährleisten, dass wir die beste der uns offenstehenden Möglichkeiten finden" stellt RAWLS im Hinblick auf den Lebensplan fest. „Es ist völlig vernünftig, einem bloß befriedigenden Plan zu folgen" (1975, 461 u. 456). Hier erfährt die von RAWLS nicht so ausführlich beschriebene Dimension der Gerechtigkeit, nämlich die den „Umgang der Einzelnen miteinander ordnenden Gerechtigkeit", die ausgleichende Gerechtigkeit, die justitia commutative (PIEPER 1996, 77) eine Deutung, die uns die unbedingte, die kategoriale Andersheit des Anderen bei LEVINAS etwas besser verstehen lässt. Unter Rückgriff auf THOMAS von AQUIN weist PIEPER darauf hin, dass diese personale Seite der Gerechtigkeit eine Restitutio, ein Akt der Wiederherstellung sei. „Die Voraussetzung der Gerechtigkeit ist das in der Tat seltsame Faktum: dass, wie auch der Begriff 'Zustehen' es sagt, einer nicht hat, was dennoch 'sein' ist – weswegen die Zuerkennung des Suum mit Recht 'Wiederherstellung' heißen kann"), dass einem Jeden das Seine, das ihm Zustehende zuzukommen habe. Das, was wir dem Anderen zukommen lassen: Es behält den Charakter des „Behelfsmäßigen", des „Un-Endgültigen" und „Provisorischen"(PIEPER a. a. O., 79 u. 81).

Einem anderen das ihm Zustehende zukommen zu lassen, ist Annäherung an sein Sein, an sein unverfügbares Anderssein. Gerechtigkeit – das ist zuallererst das Prinzip Achtung vor dem Anderen, in der radikalen Fassung von LEVINAS, dem Anderen den Vorrang zu geben vor mir selbst (1995, 366), ihn in seiner „totalen Andersartigkeit außerhalb jeden Kontextes" (MOSES 1995, 366) anzuerkennen und Verantwortung zu übernehmen. Das kann nach LEVINAS so weit gehen, dass ich zur Geisel des anderen werde!

Literatur

ARISTOTELES : Nikomachische Ethik. Zitiert nach der Ausgabe Fischer Bücherei, Frankfurt 1957.
BECK, I.; DÜE, W. ; WIELAND, H. (Hrsg.): Normalisierung. Behindertenpädagogische und sozialpolitische Perspektiven eines Reformkonzeptes. Heidelberg 1996.
BECK, U.: Risikogesellschaft. Auf dem Weg in eine andere Moderne. Frankfurt 1986. Vgl. auch U. BECK u. E. BECK-GERNSHEIM (Hrsg.), Riskante Freiheiten. Frankfurt 1994.
BRONFRANC, R.: Löst sich die Sonderpädagogik auf? Luzern 1997.
DAHRENDORF, R. Lebenschancen. Anläufe zur sozialen und politischen Theorie. Frankfurt 1979.
GROSS, P.. Die Multioptionsgesellschaft. Frankfurt 1994.
HAEBERLIN, U.: Heilpädagogik als wertgeleitete Wissenschaft. Bern 1996.

HAHN, M. Behinderung als soziale Abhängigkeit. München 1981.
HÄHNER, U / NIEHOFF, U. / SACK, U. / WALTHER, H. (Hrsg.): Vom Betreuer zum Begleiter. Eine Neuorientierung unter dem Paradigma der Selbstbestimmung. Marburg 1996.
HANSELMANN, H: Grundlinien zu einer Theorie der Sondererziehung (Heilpädagogik). Erlenbach-Zürich 1941.
KEUPP, H: Lebensbewältigung im Jugendalter aus der Perspektive der Gemeindepsychologie. In: Risiken des Heranwachsens. Materialien zum Achten Jugendbericht, Bd. 3, Bonn 1990, 1-51.
KOBI, E. E. (1985): Personenorientierte Modelle der Heilpädagogik. In: Handbuch der Sonderpädagogik Bd. 1 (Theorie der Behindertenpädagogik). Berlin 1985, 273-294.
KOBI, E. E. (1986): Das schwerstbehinderte Kind. Grenzmarke zwischen einer persönlichkeitsorientierten „Pädagogik des Bewerkstelligens" und einer personorientierten „Pädagogik gemeinsamer Daseinsgestaltung". In: M. THALHAMMER (Hrsg.), Gefährdungen des behinderten Menschen im Zugriff von Wissenschaft und Praxis. München 1986, 81-93.
KUHN, T. S.: Die Struktur wissenschaftlicher Revolutionen. Frankfurt 1962.
LEVINAS, E.: Wenn Gott ins Denken einfällt. Diskurse über Betroffenheit und Transzendenz. Freiburg 1985.
MARGALIT, A.: Politik der Würde. Über Achtung und Verachtung. Berlin 1997.
MOSES, St: Gerechtigkeit und Gemeinschaft bei Emmanuel Levinas In: M. Brumlik und H. Brunkhorst (Hrsg.), Gemeinschaft und Gerechtigkeit. Frankfurt 1993.
NAGEL, Th: Letzte Fragen. Bodenheim 1996.
NIEDERSÄCHSISCHES SOZIALMINISTERIUM (Hrsg.): Leitlinien und Empfehlungen zur Behindertenpolitik in Niedersachsen. Hannover 1994.
PIEPER, J.: Werke in acht Bänden, Bd. 4 (Schriften zur philosophischen Anthropologie und Ethik). Hamburg 1996 (Traktat über die Klugheit, 1-42. Über die Gerechtigkeit, 43-112).
PLATON: Politeia. Zitiert nach der Ausgabe Sämtliche Werke, Bd. 3, Hamburg 1958.
RAWLS, J. (1975): Eine Theorie der Gerechtigkeit. Frankfurt 1975 (9. Aufl.1996).
RAWLS, J. (1995): Gerechtigkeit als Fairness politisch und nicht metaphysisch In: A. Honneth (Hrsg.), Kommunitarismus. Frankfurt 1995, 36-67.
SCHINNER, P. / ROTTMANN, F: Reden über Selbstbestimmung - ein erster Schritt zu ihrer Verwirklichung? In. Zeitschrift Geistige Behinderung 36 (1997), 263-276.
SCHULZE, G.: Die Erlebnisgesellschaft - Kultursoziologie der Gegenwart. Frankfurt 1992.
SINGER; P. Praktische Ethik. Stuttgart 1994.
SPECK, O.: Chaos und Autonomie in der Erziehung. München 1991.
SPECK, O.: Das Prinzip Achtung in der Erziehungshilfe. In: Erziehungshilfe bei Verhaltensstörungen. Bericht über die Fachtagung in Oldenburg, 18. - 21.03.1998. Oldenburg 1998 (im Erscheinen).
THEUNISSEN; G.: Selbstbestimmung und Empowerment handlungspraktisch buchstabiert. In: HÄHNER, U. u. a. (Hrsg.), Vom Betreuer zum Begleiter. Malburg 1997, 153-165.
THIMM, W.: Zur Normativität heil-(sonder-, behinderten-)pädagogischen Handelns. In. U. Haeberlin und Ch. Amrein (Hrsg.), Forschung und Lehre für die Sonderpädagogische Praxis. Freiburg (Schweiz) 1987, 66-76.
THIMM, W.: Leben in Nachbarschaften, Freiburg 1994.
THIMM, W.: Kritische Anmerkungen zur Selbstbestimmungsdiskussion in der Behindertenhilfe. In: Zeitschrift für Heilpädagogik 48 (1997), 222-232.
WOLFENSBERGER, W.: Der neue Genozid an den Benachteiligten, Alten und Behinderten. Gütersloh 1991.

4.2 Leben in Nachbarschaften – Struktur und Konzeption eines gemeindenahen Systems besonderer pädagogischer Hilfen (2000)[81]

Zusammenfassung

Gesellschaftliche Wandlungsprozesse („Umbrüche") rücken die Gestaltung der Feinstruktur sozialräumlicher Lebensbedingungen in den Blickpunkt der Gesellschaftspolitik. Die Perspektive der lebensweltlichen Ausrichtung von pädagogischen und sozialen Hilfen bei körperlich, geistig oder psychisch beeinträchtigten Menschen ist eine zentrale Dimension des seit etwa 1980 in Deutschland entfalteten Reformkonzepts der Normalisierung. Die daraus seit 1989 abgeleitete Programmatik „vom institutionsbezogenen Denken, Planen und Handeln zum personenbezogenen Denken, Planen und Handeln" bedarf der Ergänzung durch eine sozialräumliche Perspektive. Die strikte Trennung von Schul-, Sozial- und Sonderpädagogik und ihrer etablierten Handlungsbereiche trifft nicht mehr die Lebenssituation von Kindern, Jugendlichen und ihrer Familien. Eine regionale Infrastruktur, die auch behinderte Kinder und Jugendliche und ihre Familien in die Lage versetzt, ein Leben so normal wie möglich zu führen, setzt ein Höchstmaß an Kooperationsbeziehungen zwischen unterschiedlichsten Gruppen in einer Gemeinde voraus. Empirische Vorgehensweisen dazu werden an zwei Bereichen (Familien; Schule) kurz erläutert.

Momentaufnahmen: Signaturen der Moderne, Gewinner und Verlierer?

„Der junge, urbane, wohlhabende Mensch ist angesagt: Flexibel und fit in jeder Beziehung. Ein bisschen skrupellos muss er auch sein, aber er muss auch einstecken können. Denn die anderen ‚Marktteilnehmer' sind ja auch individualisiert, jeder will über sein eigenes Leben Regie führen und versucht dabei, den anderen passende Rollen zuzuweisen. Aber da eben alle Regie führen wollen, kommen sie sich in die Quere" (HITZLER, Die Zeit, August 2000,12). Dieser von Klaus HURRELMANN als „Ego-Taktiker" bezeichnete Typ ist offensichtlich gefragt, aber „vielleicht ein Fünftel der Kinder und Jugendlichen, die zu wenig wissen und zu wenig Bildung haben, um sich selbst zu organisieren, sind die Verlierer dieser Entwicklung" (Die Zeit, August 2000, 12).

In einer Artikelserie der Wochenzeitung Die Zeit „Freiheit aushalten – Folgen der Individualisierung" vom August 2000 werden zu Beginn zwei unterschiedliche Schulmilieus vorgestellt:

1. Die zuerst genannte Grundschule liegt in einem Plattenbauviertel Bremens, wird von Kindern aus benachteiligendem Milieu mit hohen Anteilen an Ausländer- und Aussiedlerkindern besucht. Gemeinsames Kennzeichen des Herkunftsmilieus ist die Armut. Das zentrale Lebensthema dieser Familien ist es, hier möglichst wegzuziehen, nicht Bildung, nicht Kreativität. „Wie bringt man potentielle Verlierer der modernen Gesellschaft auf die Gewinnerstraße", das ist die Frage, die sich die Pädagoginnen und Pädagogen dabei stellen.

---

[81] Überarbeitung des Vortrages auf dem Bildungspolitischen Symposion „Bewährtes sichern, Neues wagen, Zukunft gestalten" in Hamburg vom 12. 10. 2000.

2. Szenenwechsel: „Wohlbehütete Kinder wohlhabender Eltern" aus einem gehobenen Milieu: Diese Kinder sind flexibel, durchaus leistungsbereit, haben die Fähigkeit zur Selbstdarstellung, sie sind „selbstverliebte Alleskönner", aber: „sie ertragen keine Kritik. Diese Kinder wollen mit jeder Kleinigkeit im Vordergrund stehen und die größtmögliche Anerkennung haben". Sie zeigen schon jetzt „den unbedingten Glauben an die Erlesenheit der eigenen Biographie." Sind diese Kinder die Gewinner der Modernisierungsprozesse?

Bei allen Widersprüchlichkeiten der sogenannten Modernitätsdiskussion kristallisieren sich doch einige Befunde heraus, die dringend bei Überlegungen zur Weiterentwicklung des Behindertenhilfesystems zu beachten wären. Diskussionen um die Pluralisierung von Welt- und Lebensanschauungen, die Entstandardisierung von Lebensverläufen und die daraus resultierenden Chancen, aber auch neuen gesellschaftlichen Erwartungen zur Individualisierung der Lebensgestaltung, rücken in der Soziologie und in der Gesellschaftspolitik zunehmend die sozialräumlichen Feinstrukturen, die es zu gestalten gilt, in den Blick. Gesellschaftliche Freisetzungsprozesse, unter den Postulaten der Freiheit und Gleichheit in Gang gesetzt, lassen die „Lebensgestaltung für das zeitgenössische Subjekt zu einer riskanten Chance" werden (KEUPP 1990, 4). Schon vor Einsetzen des Modernisierungsdiskurses in Deutschland (eine Signalwirkung hatte hier wohl ULRICH BECKs „Risikogesellschaft" 1986) hatte Ralf DAHRENDORF 1979 am Begriff der „Lebenschancen als Schlüsselbegriff zum Verständnis sozialer Prozesse" auf ein Dilemma postindustrieller demokratischer Gesellschaften hingewiesen. Lebenschancen setzen ein ausbalanciertes Verhältnis zwischen Optionen (d. h. in Sozialstrukturen gegebenen Wahlmöglichkeiten für das individuelle Handeln) und die Einbindung in sinnstiftende Sozialbeziehungen (Ligaturen) voraus. Gegenwärtige Tendenzen, die mit „Individualisierungsprozessen" beschrieben werden, können, so DAHRENDORF, zur „Destruktion" von Bindungen führen. Zwar erscheinen die Optionen des Einzelnen bis ins Grenzenlose gesteigert zu sein – sie werden ja nicht selten auch ausdrücklich eingefordert! –, die Alternativen für das eigene Handeln bewegen sich aber möglicherweise in einer „sozialen Wüste, in der keine bekannten Koordinaten irgendeine Richtung einer anderen vorziehbar erscheinen lassen" (1979, 52). So gesehen reicht die bloße Reklamierung von abstrakten Grundrechten, deren legislative Verankerung selbstverständlich als Fortschritt anzusehen ist und auf die auch nicht wieder verzichtet werden kann, nicht aus. Das alleinige Pochen auf individuelle Rechte, auf Bildung, auf Arbeit, auf ökonomische Grundsicherung, auf Privatsphäre oder auch auf individuellen sonderpädagogischen Förderbedarf kann eine Individualisierungsspirale in Gang setzen. Bei fehlender Einbindung solcher Forderungen in konkrete, erfahrbare und auch verstehbare soziale Horizonte, in sinnstiftende Kommunikationsstrukturen und Interaktionsfelder, kann eine „Ich-habe-ein-Recht-auf-Mentalität" zur Zerstörung gerade der sozialen Strukturen führen, die für die Verwirklichung von Lebenschancen für alle Voraussetzung wären. Eine solche Individualisierungsideologie leistet der Verschiebung kollektiver Verantwortlichkeiten für soziale Probleme auf die Ebene der individuellen Verantwortung Vorschub. Dieses ist heute schon der Fall. Im Zusammenhang mit den Chancen und Risiken der pränatalen Diagnostik und der damit eng verknüpften Schwangerschaftsabbruchproblematik ließe sich zum Beispiel diese Individualisierung sozialer Problemlagen, die in die politische Verantwortung gehören, zeigen. Heiner KEUPP hat in einem Aufsatz von 1990, ebenfalls im Rückgriff auf das Konzept der Lebenschancen von DAHRENDORF, angesichts der ungebremsten Individualisierungstendenzen, Grundlinien einer gemeindepsychologischen Arbeit als Gegenbewegung zum sich ausbreitenden „Psychokult" dargelegt. Unter ausdrücklichem Bezug auf die hier nur kurz angedeuteten „Signaturen der Moderne" münden auch die Analysen des 8. und 10. Kinder- und Jugendberichtes der Bundesregierung (1990; 1998) in Forderungen nach einer Regionalisierung, nach lebensweltlicher Ausrichtung der Hilfen für Kinder, Jugendliche und ihre Familien ein.

Schließlich, und das wird in behindertenpädagogischen Fachkreisen bislang kaum thematisiert, haben wir in modernen Gesellschaften empirisch schon jetzt von einer regionalen kulturellen Vielfalt auszugehen, die individuelle und familiale Lebenslagen und Bildungschancen sowie Werte und Einstellungsmuster innerhalb eines größeren politischen Raumes prägt (BERTRAM u. a. 2000). Diese kulturelle Variabilität lässt sich nicht mehr in überholten Begriffen wie Klassen- oder Schichtenlagen abbilden und speziell in Deutschland auch nicht (fast ist man geneigt zu sagen: wiedervereinigungstraumatisch) in ein bloßes Ost – West-Schema pressen (vgl. dazu die Arbeiten des Deutschen Jugendinstitutes am Familienatlas, BAUERREISS u. a. 1997; BERTRAM u. a. 2000). Beim derzeitigen Stand soziologisch orientierter Regionalanalysen kann noch nicht erwartet werden, dass sie theoretisch, d. h. systematisch mit weiter reichenden theoretischen Perspektiven wie z. B. mit einer Theorie sozialer Ungleichheit verknüpft werden können (KRECKEL 1997). Sie haben aber unter praktischen Gesichtspunkten schon jetzt Bedeutung im Hinblick auf regional angelegte Sozialberichterstattung und daraus abzuleitende politische Strategien (BERTRAM u. a. 2000).

Ich kann hier nicht weiter auf Folgen für die Identitätsentwicklung im Spannungsfeld von Enttraditionalisierung von Lebensverläufen und Individualisierungsprozessen eingehen. In neueren Veröffentlichungen werden sie u. a. unter den Stichworten „Patchworkidentität", „multiple Identität", „Identitätskonstruktion" diskutiert (KEUPP 1999). Hier müsste die Sonderpädagogik ihre selbst in den 70er Jahren geführte, höchst fruchtbare Diskussion um Stigmatisierung und Identitätsgefährdungen behinderter Menschen wieder aufgreifen und angesichts der Erfordernisse einer „Identitätskonstruktion in der Spätmoderne" KEUPP u. a. 1999) fortführen.[82]

Ich konzentriere mich im weiteren Verlauf dieses Beitrags auf einige Schlussfolgerungen für strukturelle Umorientierungen des sonderpädagogischen Hilfesystems. Dabei werde ich einige Voraussetzungen dafür benennen, damit sonderpädagogische Hilfen ihrem Anspruch gerecht werden können, beeinträchtigten Menschen, angesichts spezifischer Gefährdungen, Identität zu ermöglichen oder mit anderen Worten: ihnen die Chancen zur Verwirklichung eines selbstbestimmten Lebensplanes zu eröffnen.

---

[82] Im vorliegenden Band finden sich Beiträge zu dieser frühen Identitätsdiskussion im Kapitel 2 unter 2.2 bis 2.4.

Zur Infrastruktur der nahen Sozialräume Familie und Schule

Programmatisch lassen sich die bisherigen Ausführungen folgendermaßen bündeln:

Wir haben große Fortschritte auf den unterschiedlichen Ebenen des sonderpädagogischen Fördersystems, des Behindertenhilfesystems insgesamt, bei der Durchsetzung der individuellen Perspektive von besonderen Unterstützungsbedarfen zu verzeichnen. In der Fachliteratur wird das seit 1989 als Perspektivenwechsel vom institutionsbezogenen Denken, Planen und Handeln zum personenbezogenen Denken, Planen und Handeln bezeichnet, der individuelle Bedarfslagen ins Auge fasst (so im mehrdimensionalen WHO-Konzept von Behinderung; Ausrichtung des BSHG; personenbezogene Konzepte in der Psychiatrie; individueller sonderpädagogischer Förderbedarf). Diese Perspektive trägt den modernen, auf individuelle Autonomie abzielenden Bedürfnissen auch im Hinblick auf beeinträchtigte Menschen Rechnung.

Die Individuum bezogene Perspektive bedarf nun aber dringend der Ergänzung durch eine sozialräumliche Perspektive, welche die Gestaltung des Gemeinwesens in den Blick nimmt. Die Feststellung und Reklamierung von individuellen Hilfen zur Integration und Partizipation (z. B. zur individuellen pädagogischen Förderung in allgemeinen Schulsettings; zum Wohnen, zur Arbeit, zur Verbesserung der Lebensbedingungen von Familien mit einem behinderten Kind) und ihre Legitimationen und legislativen Absicherungen laufen aber ins Leere, wenn nicht gleichzeitig die Gestaltung der Infrastruktur der nahen sozialen Räume, in denen Partizipation und Integration alltagspraktisch verwirklicht werden müssen, in Angriff genommen wird. Damit wird gesellschaftspolitischen Forderungen Rechnung getragen, die angesichts von Globalisierungs- und Individualisierungsprozessen stärker auf die Gestaltung des Gemeinwesens abheben. Die „Entdeckung des Gemeinwesens" (The Spirit of Community, ETZIONI 1993), das könnte eine Antwort sein auf die negativen Folgen der Freisetzung des Individuums, seiner Entlassung in die soziale Wüste abstrakter Optionen! Die Realisierung einer eigenen Konzeption von „meinem" Leben vollzieht sich zunächst einmal in der gemeinschaftlichen Lebenspraxis mit anderen innerhalb eines überschaubaren sozialen Raumes. Einige daraus zu ziehende Konsequenzen für das System der pädagogischen und sozialen Hilfen möchte ich im Folgenden kurz an zwei Bereichen aufzeigen, und zwar zunächst an praxisorientierten Projekten zur Verbesserung der Lebenssituation von Familien mit behinderten Kindern, und dann an einigen Überlegungen zur Realisierung von „Lernen unter einem Dach" (so die Formulierung eines regionsbezogenen Programmes des Niedersächsischen Kultusministeriums zur schulischen Integration). Ausgangspunkt ist dabei, dass sich sowohl Familienpolitik als auch Bildungspolitik (im engeren Sinne Schulpolitik), in zunehmendem Maße auch als Regionalpolitik zu verstehen haben.

Modellvorhaben: Wege der Unterstützung von Familien mit behinderten Kindern

In dieses auf drei Jahre angelegte Modellvorhaben an unserer Arbeitsstelle REHAPLAN ist je eine Region aus den 16 Bundesländern einbezogen. Die Kooperationspartner dort vor Ort kommen aus unterschiedlichsten Angeboten der Behindertenhilfe (offene Hilfen, teilstationäre und stationäre Angebote). Hamburg ist z. B. mit den Bezirken Mitte, Nord und Bergedorf vertreten. Das globale Ziel des Forschungsvorhabens ist es, auf die konkreten Ausgangslagen der jeweiligen Region bezogen, Wege der Verbesserung der Hilfen für Familien mit behinderten Kindern aufzuzeigen und erste Schritte auf solchen Wegen zu initiieren. Jeweils drei bis fünf Regionen werden über drei Jahre von einer Projektmitarbeiterin bzw. einem -mitarbeiter verantwortlich begleitet. Der Erreichung des Projektzieles dienen u. a. folgende Aktivitäten:

- Erfassung und Bewertung der regionalen Angebotsstrukturen in engster Zusammenarbeit mit den Fachleuten aus der Region.

- Gemeinsame Konferenzen aller mit uns kooperierenden Fachleute aus den Regionen mit dem Forschungsteam: Sie dienen dem Erfahrungsaustausch zwischen den sich in mancher Hinsicht sehr heterogen darstellenden Regionen.

- Einzelgespräche der Teammitglieder in den Regionen.

- Bestandsaufnahmen zu einem vernachlässigten Problembereich, nämlich der Entwicklung des stationären Sektors (Heime für behinderte Kinder und Jugendliche) und Erarbeitung von Vorschlägen zur regionalen Einbindung.

- Befragungen von Familien in den Regionen zur Nutzung und Einschätzung der Hilfen.

- Darstellung der regionsspezifischen Infrastruktur „Familien" allgemein. Hierzu lieferte eine Expertentagung zum Thema „Familialer Wandel und Konsequenzen für die Behindertenhilfe" wichtige Impulse für alle Projektbeteiligten. Aspekte gesellschaftlichen Wandels, Ergebnisse zu regionalen familialen Lebenswelten, wie sie durch das Deutsche Jugendinstitut z. B. im Familienatlas vorgelegt werden *(BAUERREIS* u. a. 1997) und die von uns ermittelten regionalen Behindertenhilfestrukturen sollen im Projekt zusammengeführt werden. Hier betreten wir sowohl praktisch als auch theoretisch Neuland.

- Wir „fahnden" auch nach bestehenden oder möglichen Ansätzen, eine bestehende Infrastruktur freiwilligen sozialen Engagements (z. B. Seniorenbüros; Frauen-, Mütter-Familieninitiativgruppen oder -zentren) mit Behindertenhilfestrukturen zu verbinden.

- Wir erhoffen uns, dass es uns gelingt, mit Vertreterinnen und Vertretern aus unseren Modellregionen eine Vielfalt höchst unterschiedlicher Vorschläge und Maßnahmen zur Verbesserung des Unterstützungssystems für Familien in den Regionen abzuleiten. Durch den von uns vermittelten Erfahrungsaustausch (über gemeinsame Konferenzen und schriftliche Informationen sowie in Einzelgesprächen in den Regionen) dürften sich zusätzliche Impulse ergeben.

- In die Erprobungsphase eingetreten ist ein von uns in Zusammenarbeit mit der Bundesvereinigung Lebenshilfe entwickeltes „Informationssystem Familienratgeber". Hierbei handelt es sich um ein über Internet abrufbares Programm, das eine komplette Angebotsstruktur unter Lebensphasen bezogenen, Institutionen bezogenen und Alltagsproblem bezogenen Gesichtspunkten auflistet. In diese Mustervorlage können nun, zunächst mit Adresseneingaben beginnend, Schritt für Schritt alle für Familien mit behinderten Kindern wichtigen regionalen Informationen eingeschrieben werden. Die bundeseinheitliche Oberfläche ermöglicht damit auch Vergleiche. Ein Nebeneffekt ist dabei, dass beim Einstellen der Regionaldaten auch Angebotslücken sichtbar werden können. Für das Informationssystem interessieren sich inzwischen auch Kommunen oder Einrichtungen, die nicht Kooperationspartner des Modellvorhabens sind.[83]

Schule als offenes Haus des Lernens für alle

Wenn man sich zukunftsorientierten Konzeptionen von der „Schule als Haus des Lernens" (BILDUNGSKOMMISSION NORDRHEIN-WESTFALEN 1995) anschließt, greifen die mir bislang bekannten Versuche zur Etablierung regionaler Integrationskonzepte zu kurz. Die Empfehlungen der Kultusministerkonferenz von 1994 haben hierzu den Rahmen der notwendigen Kooperationsfelder weit abgesteckt. Im Interesse einer abgestimmten ganzheitlichen Förderung wird die Kooperation vor Ort zwischen Schulen, Gesundheits-, Sozial- und Jugendämtern, den schulpsychologischen, schul- und fachärztlichen Diensten, Einrichtungen der Frühförderung, weiteren Fachleuten und Institutionen, Arbeitsämtern, Kammern, Betrieben und Erziehungsberechtigten als notwendig angesehen. Ausführlich geht auch der 10. Kinder- und Jugendbericht darauf ein, wie insbesondere die Zusammenarbeit zwischen Schule und Kinder- und Jugendhilfe ausgestaltet werden müsste und auch könnte. Unter ausdrücklichem Bezug auf die eingangs erwähnten Risiken des Heranwachsens zwischen Individualisierung und Angewiesensein auf Identität ermöglichende soziale Einbindungen, kennzeichnet die Kommission des Jugendberichtes die Schule „als Ort in einem sozialen Netzwerk für Kinder und Jugendliche" (1998, 211). Die Analysen und Empfehlungen haben dabei primär die Zusammenarbeit zwischen Schule und Kinder- und Jugendhilfe vor Ort im Auge.

Kinder- und Jugendhilfe gehören traditionsgemäß, auch in den Ausbildungen, in den Verantwortungsbereich der Sozialpädagogik/Sozialarbeit. Durchweg zu beklagende mangelhafte Kooperationen vor Ort sind ja auch darin angelegt, dass der sozialpädagogische Bereich gesetzlich anders verankert ist (KJHG) als die Hilfen für Behinderte (BSHG). Die Trennung der unterschiedlichen Pädagogikbereiche wie Schul-, Sozial- und Sonderpädagogik wird den tatsächlichen Ansprüchen von Kindern und Jugendlichen heute nicht mehr gerecht. Wenn man sich einmal die in § 1 des KJHG umrissene Aufgabenstellung der Kinder- und Jugendhilfe vor Augen hält, wird deutlich, dass Sonderpädagogik gut daran täte,

---

[83] Inzwischen sind die Ergebnisse des Modellvorhabens in Buchform erschienen: W. THIMM und G. WACHTEL: Familien mit behinderten Kindern. Wege der Unterstützung und Impulse zur Weiterentwicklung regionaler Hilfesysteme. Weinheim/München 2002 (Juventa). – Eine zusammenfassende Übersicht findet sich in: W. Thimm und G. Wachtel, Unterstützungsnetzwerke für Familien mit behinderten Kindern regionale Perspektiven. In: G. CLOERKES (Hrsg.), Wie man behindert wird. Heidelberg 2003 (Universitätsverlag Winter, Edition S. – Die Nutzungsrechte des von uns entwickelten *Familienratgebers* sind inzwischen an die Aktion Mensch übergegangen.

die Entwicklungen in diesem Bereich zur Kenntnis zu nehmen. Die Positionierung der Beschulung behinderter Kinder in einer Region kann ohne Einbeziehung der Kinder- und Jugendhilfe nicht gelingen. Es heißt im KJHG (§ 1): Es ist Aufgabe der Kinder- und Jugendhilfe, „positive Lebensbedingungen für junge Menschen und ihre Familien sowie eine kinder- und familienfreundliche Umwelt zu erhalten oder zu schaffen."

Ein Blick über den Zaun, auch auf Arbeiten wie in dem eben erwähnten Modellvorhaben, könnte bei Planungen zu einer regionalen integrativen Schulstruktur in vieler Hinsicht hilfreich sein. Die Berichterstattung der Bundesregierung zur Lage von Kindern und Jugendlichen berühren in vieler Hinsicht die Belange der Sonderpädagogik und der Behindertenhilfe. Bis auf wenige Ausnahmen (z. B. HEIMLICH 1998) findet in sonderpädagogischen Publikationsorganen so gut wie keine Diskussion darüber statt.

Ich werde im folgenden thesenartig zunächst einen Rahmen für die regionale Planung sonderpädagogischer Hilfen aufzeigen und dann ein diesen Prozess begleitendes Modell vorschlagen, an dem die Schritte der Verwirklichung immer wieder durch alle Beteiligten gemeinsam kontrolliert werden könnten.

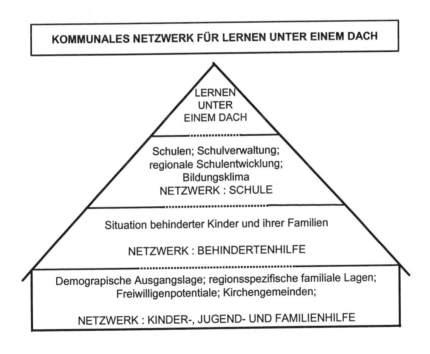

Abb. 1: Kommunales Netzwerk für Lernen unter einem Dach

Planungsrahmen: Kommunales Netzwerk

Regionale Integrationskonzepte sind nur in einem erweiterten Rahmen sozialer Netzwerke für Kinder, Jugendliche und ihre Familien in einer konkreten Region zu verwirklichen. Schule ist ein Ort, der Kindern und Jugendlichen Teilidentitäten neben anderen, notwendigen Teilidentitäten in anderen Lebensorten ermöglicht. Die Beschränkung auf Schule und Schulverwaltung greift zu kurz. Bei der Planung regionaler Integrationskonzepte sind von vornherein Vertreterinnen und Vertreter der regionalen Kinder- und Jugendhilfe hinzuzuziehen. Ich schlage vor, gemeinsam eine Gesamteinschätzung der regionsspezifischen Situation von Kindern, Jugendlichen und ihren Familien zu erarbeiten. In zunehmendem Maße ist Familienpolitik neben der Globalsteuerung z. B. von einkommensbezogenen Leistungen auch auf die Steuerung regionaler Programme ausgerichtet (Familienpolitik als Regionalpolitik!). Dabei ist dem Umstand Rechnung zu tragen, dass familiale Lagen in der Bundesrepublik erhebliche regionale Unterschiede aufweisen. Auf Behinderte und ihre Familien bezogene Planungen müssen das berücksichtigen. Im Rahmen unserer Familienprojekte versuchten wir, so weit ich es sehe, zum ersten Mal, Beziehungen zwischen Behindertenhilfestrukturen und regionsspezifischen Lebenslagen von Familien aufzudecken.

Aus dem Gesagten ergibt sich, dass die Planung regionaler Integrationskonzepte vor dem Hintergrund der gesamten Behindertenhilfestruktur erfolgen muss. Bei Bestandsaufnahmen und Einschätzungen der kinder- und familienbezogenen Angebote der Behindertenhilfe in einer Region sind Eltern und sonderpädagogische Fachleute aus dem nichtschulischen Bereich hinzuziehen. Das schon erwähnte Gesamtraster des von uns entwickelten Familienratgebers könnte hier solche erste Bestandsaufnahmen ermöglichen.

In einem weiteren Schritt wären regionale Kommissionen „Lernen unter einem Dach" um Vertreterinnen und Vertreter anderer Bildungsinstitutionen der Region (von Tageseinrichtungen für Kinder bis zur Erwachsenenbildung) sowie Vertreterinnen und Vertreter der lokalen Gesundheitsdienste zu erweitern.

Implementation: Prozessbegleitende Vergewisserung

Der Prozess der Umsetzung eines gesellschaftspolitischen oder bildungspolitischen Reformprogrammes wird geläufig mit Implementation bezeichnet. Wir haben hierzu in mehreren Forschungszusammenhängen Erfahrungen sammeln können. Dabei ging es einmal um die Überprüfung der Durchsetzung des von Skandinavien ausgehenden Reformkonzeptes der Normalisierung im System der Hilfen für Menschen mit geistiger Behinderung und zum Zweiten um Programme, die regionsbezogen auf die Verbesserung der Lebensbedingungen von Familien mit behinderten Kindern abzielen. Ausgangslage und Zielsetzung dieser praxisbegleitenden und praxisverändernden Programme sind sehr ähnlich der Ausgangslage zur Durchsetzung regionsbezogener Integrationskonzepte im schulischen Bereich. Das Modell (Abb. 2) legt nahe, auf unterschiedlichen Ebenen immer wieder Einschätzungen darüber vorzunehmen, inwieweit sich alle für den Reformprozess Verantwortlichen über Konzept, Wege der Realisierung, Einschätzung der Möglichkeiten (Ressourceneinschätzung) sowie Einbettung in die entsprechenden Strukturen einig sind. Unklarheiten auf einer Stufe des zyklisch zu denkenden Ablaufes einer Implementation können zu nachhaltigen Störungen auf anderen Stufen führen.

Zur Anregung der Diskussion möchte ich einige persönliche Einschätzungen zu der z. Z. geführten Diskussion um die Etablierung regionaler Integrationskonzepte anhand dieses Modells vornehmen.

Implementationsmodell

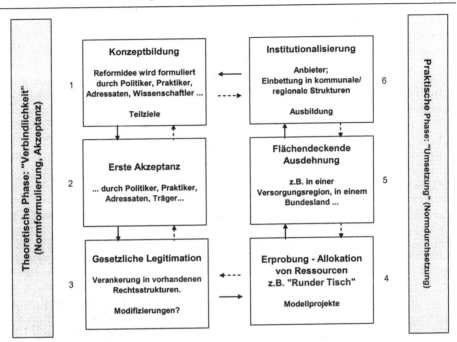

Abb. 2: „Das Implementationsmodell von FLYNN/NITSCH (1980) zur Durchsetzung des Normalisierungsprinzips in den USA. (Vgl. auch THIMM u. a. 1985; V. FERBER 1986; THIMM u. a. 1997)

Im Grundsatz ist die Reformidee von der gemeinsamen Beschulung aller Kinder und Jugendlichen akzeptiert und sie ist auch gesetzlich verankert (Stufen 1 und 3). Die Sonderpädagogik, vor allem an den Hochschulen, muss sich dabei aber den Vorwurf gefallen lassen, dass sie in den letzten 30 Jahren in einer zugespitzten Dichotomisierung der Diskussion den Prozess der Umsetzung erheblich behindert hat. In einem, über längere Zeit ideologieverseuchten Klima geführte Diskussionen, in denen Integrationsforderungen als „Italienische Seuche" (so ein Vertreter eines Behindertenfachverbandes) oder das bestehende sonderpädagogische Fördersystemn als direkter Ausfluss eines ausbeuterischen kapitalistischen Systems gekennzeichnet wurden (so nicht wenige Hochschulvertreter) wirken bis heute noch nach. Es erscheint dringend notwendig, sich auf der Ebene 1 zunächst einmal über Teilziele zu verständigen. Das wiederum gelingt aber sicherlich besser und effektiver, wenn es in Verbindung mit regionalen Gegebenheiten geschieht, also vor dem Hintergrund eines kommunalen Netzwerkes für Lernen unter einem Dach (siehe Abbildung 1).

Ich bin mir nicht sicher, ob alle an der Schaffung einer integrationsfreundlichen kommunalen Struktur zu Beteiligenden, und das muss ja über Schule hinausgehen, überhaupt Integration wollen. Verstehen alle Beteiligten das Gleiche darunter? Bekommen z. B. Eltern beeinträchtigter Kinder möglicherweise völlig widersprüchliche Ratschläge von Ärzten und Therapeuten, von anderen betroffenen Eltern, von Vorschulpädagogen, ja auch von den Sonderschulpädagogen selbst? Inwieweit spielen, wie ich es vorhin nannte, ungebremste Individualismen eine Rolle, die Konzepte gemeinsamen schulischen Lernens so schwer realisieren lassen? Das gilt ja nicht nur für solche Kinder und ihre Eltern, die ich eingangs im Schulmilieu 2 vorstellte, die von „der Erlesenheit ihrer eigenen Biographie" selbstbewusst überzeugt sind! Wie steht es denn damit bei den Schulpädagogen, auch den Sonderpädagogen selbst? Als lebenslang privilegierte Beamte, wohl etabliert im „Abenteuerpark der Individualisierung" (Die Zeit IV, 16), leben wir eine Biographie, die als historisch überholte Normalbiographie gekennzeichnet werden kann. Wir gehören doch eindeutig, sowohl einkommensbezogen als auch gemessen an den Optionen zur Gestaltung höchst individualisierter Lebensstile zu den Individualisierungsgewinnern. Können wir uns überhaupt in den Optionshorizont unserer Klientel einfühlen? Sind wir bereit, Veränderungen der Arbeitssituation, notwendiges Umdenken und Umlernen, Mobilitätserfordernisse (auch räumliche!) in Kauf zu nehmen, die erforderlich wären, um behinderten Kindern die Option für ein Lernen unter einem Dach zu ermöglichen? Beharren wir auf verbrieften Rechten unserer Profession? „Ich habe ein Recht auf Standpunkte" sind aber, wie oben angesprochen, einer solidarischen Kultur nicht förderlich!

Zu diskutieren ist auch – und ich glaube, dass es hier zu größten Kontroversen kommt – inwieweit der alles blockierende Hinweis auf unzureichende Ressourcen (in Niedersachsen z. B. im Hinblick auf die sonderpädagogische Grundversorgung) nicht auch als Alibi dient, gerade genannte Privilegien und eingelebte Gewohnheiten nicht aufgeben oder grundsätzliche Vorbehalte zum Konzept überhaupt nicht öffentlich eingestehen zu müssen (Stufe 4). Wenn es uns nicht gelingt, die von mir genannten Verantwortlichen einer Gemeinde für kinder- und familienbezogene Hilfen insgesamt, insbesondere den Kinder- und Jugendhilfebereich in die Integrationskonzepte einzubeziehen, werden wir Stufe 6 (Institutionalisierung) nicht erreichen. Zur Institutionalisierung eines Reformkonzeptes gehört aber auch wesentlich seine Verankerung in den entsprechenden Ausbildungsgängen (der Sonderschulpädagogen, Sozialpädagogen, Pädagogen anderer Schulformen, des therapeutischen Personals). Die Lehramtsstudiengänge an unseren Universitäten müssen das noch verwirklichen.

„Inszenierte Solidarität" (RAUSCHENBACH 1994) – abschließende Bemerkungen

Die Bemühungen um die Verbesserung der Lage behinderter Menschen und ihrer Familien sowie die Bemühungen um das schulische Lernen unter einem Dach über die Realisierung regionaler Netze in einer konkreten, überschaubaren

Lebensregion sind Teil einer Strategie, die von RAUSCHENBACH (1994) als „inszenierte Solidarität" bezeichnet wird. „Inszenierte Solidarität" als Gemeinwesen orientiertes Programm könnte ein notwendiges gesellschaftspolitisches Korrektiv demokratischer Gesellschaften sein, die ihren Mitbürgerinnen und Mitbürgern auf der einen Seite freiheitliche, plurale Lebensformen ermöglichen, also ein Höchstmaß an Individualisierung, auf der anderen Seite aber auch das Individuum zu einer höchst riskanten Selbstgestaltung auffordern. Die von mir kurz skizzierten Ansätze einer gemeindepsychologisch ausgerichteten und netzwerktheoretisch gestützten Gestaltung einzelner Felder des Behindertenhilfesystems finden im erweiterten Umfeld gesellschaftstheoretischer Überlegungen eine Stütze. Neuere Ansätze zu Theorien der Gerechtigkeit fordern geradezu vernünftige Diskurse über die gerechte Verteilung von Ressourcen für Lebenschancen in den nahen Lebensräumen der Menschen heraus (von RAWLS bis WALZER, aber auch bei Vertretern des sogenannten Kommunitarismus). Programmatische Formulierungen wie *Beeing different and Joining in* – Verschiedensein und Miteinandersein (VLIEGENHARDT 1963); *Anerkennung der Differenz als Nicht-Indifferenz* (LEVINAS 1985), *Leben in Nachbarschaften* (THIMM 1994) zeigen: Es fehlt ja nicht an Signalen dazu in der Sonderpädagogik. Mit der Umsetzung sollten wir dort beginnen, wo es uns allen im unmittelbaren Zugriff möglich ist, in unserem konkreten sozialräumlichen Umfeld als Professionelle und als Bürgerinnen und Bürger einer Gemeinde.[84]

In bemerkenswerter Weise haben die beiden großen christlichen Kirchen in Deutschland in ihrem Memorandum „Für eine Zukunft in Solidarität und Gerechtigkeit" (1998) zu diesen gesellschaftspolitischen Erfordernissen der humanen Gestaltung unserer postmodernen Gesellschaft Stellung bezogen: „Die Erwartung einer umfassenden staatlichen Steuerung gesellschaftlicher Prozesse (ist) kritisch zu hinterfragen. Vielmehr ist es nötig, die Kräfte der gesellschaftlichen Selbststeuerung und Selbstverwaltung zu stärken" (S.57).

In diesen Zusammenhang von gemeinwesenorientierter Subsidiarität und Solidarität sind die Bemühungen um die Verbesserung der Situation beeinträchtigter Kinder und ihrer Familien einschließlich der schulischen Situation zu stellen. Das erfordert aber ein anders akzentuiertes, und ich erlaube mir die Feststellung, auch ein höheres soziales Engagement der Professionellen als Bürgerinnen und Bürger.

Literatur

BAUEREISS, R., BAYER, H. BIEN, W: Familienatlas II. Lebenslagen und Regionen in Deutschland. Opladen 1997.
BERTRAM, H., NAUCK, B., KLEIN, T. (Hrsg.): Solidarität, Lebensformen und regionale Entwicklung. Opladen 2000.
BECK, U.: Risikogesellschaft: Auf dem Weg in eine andere Moderne. Frankfurt/Main 1986
BILDUNGSKOMMISSION NRW: Zukunft der Bildung- Schule der Zukunft: Neuwied 1995
BUNDESMINISTERIUM FÜR FAMILIE, SENIOREN, FRAUEN UND JUGEND (Hrsg.): Zehnter Kinder- und Jugendbericht. Bericht über die Lebenssituation von Kindern und die Leistungen der Kinderhilfen in Deutschland. Bonn 1998.
BUNDESMINISTERIUM FÜR JUGEND, FAMILIE, FRAUEN UND GESUNDHEIT

---

[84] Vgl. dazu den vorigen Beitrag (4.1) in diesem Band.

(Hrsg.): Achter Jugendbericht: Bericht über Bestrebungen und Leistungen der Jugendhilfe. Bonn 1990 (siehe dazu auch KEUPP 1990).

DAHRENDORF; R.: Lebenschancen. Anläufe zur sozialen und politischen Theorie. Frankfurt/Main 1979.

DIE ZEIT. Freiheit aushalten - Folgen der Individualisierung (Dossier).
I. (03.08.2000) Hoppla jetzt komm ich: „sich präsentieren" (Stefan WILLEKE).
II. (10.08.2000) Heute hier, morgen fort. „umziehen" (Andreas MOLITOR).
III. (17.08.2000) Was sich liebt, dass stresst sich: „sich binden" (Sabine RÜCKERT).
IV. (31.08.2000) Der Start ist das Ziel: „Neu anfangen" (Andreas MOLITOR).

ETZONI, A.: Die Entdeckung des Gemeinwesens: Ansprüche, Verantwortlichkeiten und das Programm des Kommunitarismus. Stuttgart 1995.

FERBER v., C.: Zukunftsorientierte Politik für Behinderte (1986). In: Beck, I./Thimm, W. (Hrsg.). Integration heute und morgen, Reha 89. 25.-27. September 1989. Düsseldorf.

FÜR EINE ZUKUNFT IN SOLIDARITÄT UND GERECHTIGKEIT Wort des Rates der evangelischen Kirche in Deutschland und der deutschen Bischofskonferenz zur wirtschaftlichen und sozialen Lage in Deutschland. Hannover 1997 (Gemeinsame Texte 9).

HEIMLICH, U.: Am Ende subsidiär? Organisatorische Innovationsprobleme des sonderpädagogischen Fördersystems in Geschichte und Gegenwart. In: Schmetz, D. und Wachtel, P. (Hrsg.): Sonderpädagogischer Kongress 1998. Entwicklungen – Standorte – Perspektiven. Würzburg 1999, 391-397.

LEVINAS, E.: Wenn Gott ins Denken einfällt. Diskurse über Betroffenheit und Transzendenz. Freiburg 1985.

KEUPP, H.: Gemeindepsychologie. Alternative zum Psychokult? In: Neue Praxis 20 (1990) 168-180.

KEUPP, H.: Lebensbewältigung im Jugendalter aus der Perspektive der Gemeindepsychologie. Förderung präventiver Netzwerkressourcen und Empowermentstrategien. In Risiken des Heranwachsens. Materialien zum 8. Jugendbericht, Band 3, Sachverständigenkommission 8. Jugendbericht (Hrsg.). Weinheim 1990.

KEUPP, H. u. a.: Identitätskonstruktion. Das Patchwork der Identitäten in der Postmoderne. Reinbek 1999.

NIEDERSÄCHSISCHES KULTUSMININISTERIUM: Lernen unter einem Dach. Hannover 1998.

RAUSCHENBACH, T: Inszenierte Solidarität: Soziale Arbeit in der Risikogesellschaft. In: Beck, U. und Beck-Gernsheim, E. (Hrsg.), 1994, 89-111.

RAWLS, J.: Eine Theorie der Gerechtigkeit. Frankfurt 1975 (1996).

RAWLS, J.: Gerechtigkeit als Fairness: politisch nicht metaphysisch. In: Honneth, A. (Hrsg.). Kommunitarismus. Frankfurt 1995, 36-67.

STÄNDIGE KONFERENZ DER KULTUSMINISTER DER LÄNDER DER BRD (KMK): Empfehlungen zur sonderpädagogischen Förderung in den Schulen der Bundesrepublik Deutschland. Beschluss der Kultusministerkonferenz vom 6. Mai 1994. (1994).

THIMM, W., Ch. von Ferber u. a.: Ein Leben so normal wie möglich führen... Zum Normalisierungskonzept in der Bundesrepublik Deutschland und in Dänemark. Marburg/Lahn 1985.

THIMM, W: Leben in Nachbarschaften. Hilfen für Menschen mit Behinderungen. Freiburg 1994.

THIMM, W u. a: Quantitativer und qualitativer Ausbau ambulanter Familienentlastender Dienste – FED. Abschlussbericht. Schriftenreihe des Bundesministeriums für Gesundheit, Band 80. Baden-Baden 1997.

VLIEGENHARDT, W: Being different and Joining in. In: Vita humana 6 (1963), 87-104

WALZER, M.: Sphären der Gerechtigkeit. Ein Plädoyer für Pluralität und Gleichheit. Frankfurt 1992.